Carret
Die Kunst des Spekulierens

Aus der Reihe »Classics« im FinanzBuch Verlag.

Bisher erschienen:

Benjamin Graham,
Intelligent Investieren.
Der Bestseller über die richtige Anlagestrategie,
München 1998

Garet Garrett,
Wo das Geld wächst
Die Anatomie des Kreditschwindels
München 1999

Philip L. Carret,
Die Kunst des Spekulierens.
Strategien einer Wall-Street-Legende,
München 1998

Philip L. Carret

Die Kunst des Spekulierens

Strategien einer Wall-Street-Legende

FinanzBuch Verlag München

Die Originalausgabe erschien 1939 bei Barron's New York.
Neu aufgelegt unter dem Titel »The Art of Speculation« bei
John Wiley & Sons, Inc. 1997.

AUS DEM AMERIKANISCHEN VON ANDREA BALZER

© 1998 by FinanzBuch Verlag
Candidplatz 13, 81543 München
Tel: 089/65 12 85-0   Fax: 089/65 20 96

Gesamtbearbeitung: Michael Volk, München
Druck: Jos. C. Huber KG, Diessen
ISBN 3-932114-06-X

Carret, Philip L.
Die Kunst des Spekulierens. Strategien einer Wall-Street-Legende.
2. Aufl. - München: FinanzBuch Verlag, 1999
ISBN 3-932114-06-X

Vorbemerkung

Wer Spekulation als eine Möglichkeit ansieht, Arbeit zu umgehen, wird wenig Nutzen aus diesem Buch ziehen. Es wurde vielmehr für diejenigen geschrieben, die von der Komplexität der Kräfte fasziniert sind, die die ständigen Gezeiten bei den Wertpapierpreisen verursachen, und die das Bedürfnis haben, diese besser zu verstehen.

Um erfolgreich spekulieren zu können, benötigt man Kapital, Mut und Urteilsvermögen. Der Spekulant selbst muß über alle drei Kriterien verfügen. Ein natürliches, gutes Urteilsvermögen alleine genügt nicht. Um die vielen Seiten der Finanzwelt verstehen zu können, muß das Urteilsvermögen des Spekulanten trainiert werden. Es ist die Hoffnung des Autors, daß dieses Buch bei dieser Aufgabe behilflich sein kann.

P. L. C.

Inhalt

Vorwort

von Victor Niederhoffer

Philip Carrets hundertjähriger Klassiker aus dem Jahr 1996 »The Art of Speculation« beschreibt Leib und Seele der Spekulation von der Zeit seines
Großvaters väterlicherseits, der im 19. Jahrhundert verstarb, bis zum Jahr
1931, dem Mittelpunkt der Rezession, als der Dow auf eine Marke unter
40 fiel. Carret, ein Star zu einem Zeitpunkt, in dem sich das zweite Jahr-
tausend seinem Ende nähert, wird als der Gründer des ersten offenen Anlagefonds, des »Pioneer Fund«, gepriesen. Eine Einlage von $ 1.000.- bei Grün-
dung des Fonds im Jahre 1928 wäre heute über $ 4,1 Millionen* wert. Warren
Buffett, kein anspruchsloser Gutachter, bezeichnet Carrets Erfolg als »den
besten langfristigen Anlageerfolg in der Geschichte Amerikas«.
»Die Kunst des Spekulierens« war in den 20er Jahren dieses Jahrhunderts
genauso anspruchsvoll und verheißungsvoll wie auch heute noch. So erfahren wir, daß »die Preise an der New York Stock Exchange durch die französische Politik, die Situation der deutschen Banken, Kriege und Kriegsgerüchte im Nahen Osten, den chinesischen Geldmarkt, den Zustand der
argentinischen Weizenernte, den Gemütszustand der mexikanischen Regierung ebenso wie auch durch eine Anzahl von Faktoren in der Heimat«
beeinflußt werden.
Die Leser des Buches »Die Kunst des Spekulierens« werden besser dazu in
der Lage sein, die gegenwärtige Anlage- und Spekulationsumgebung zu verstehen und geeignetere Techniken für die Zukunft zu entwickeln. Das Buch
ist voll von Erkenntnissen und Studien, die auch heute nichts an Aktualität
verloren haben:

- Wachstumsunternehmen im frühen 20. Jahrhundert wiesen einen doppelt so großen Gesamtertrag auf, wie der von Nennwertaktien. Die
Erklärung dafür ist, daß der Halter von Wachstumsaktien durch die

---

* Stand per 12/96, mit Berücksichtigung des Ausgabeaufschlages.

Gesetzmäßigkeit der Zinseszinsen genauso viele Vorteile hat, wie jemand, der ein Sparguthaben bei einer Bank unterhält.

- Die Variabilität der Wertentwicklung einzelner Stammaktien in den 20er Jahren überschattete den Einfluß der Profitraten, und bewies dadurch, daß, »auf einzelne Aktien angewendet, Profitraten an sich unwichtig sind.«

- Wandelanleihen in den frühen 20er Jahren wiesen ein »Belohnung-für-Risiko«-Verhältnis auf, das deutlich über dem von Stammaktien lag. Andererseits »ist der Vorteil eines Stammaktionärs während einer Periode des Wohlstandes (wie während der Hausse von 1924 - 1929) offensichtlich.«

- Schulden sind die Nahrung der Spekulation. Weiser Gebrauch der Hebelwirkung verdoppelt den Gewinn aus Anlage gegenüber dem Kauf von dividendenzahlenden Stammaktien. Obwohl Zinsraten keine direkte Kontrolle über den Aktienmarkt ausüben, »waren steigende Geldsätze oft der Auslöser für fallende Aktienpreise und fallende Geldsätze für ansteigende Aktienpreise.«

Es ist ein Vergnügen, »Die Kunst des Spekulierens« zu lesen. Obwohl es ursprünglich geschrieben wurde, als Carret noch als Lehrling bei Barron's beschäftigt war, zeugt es von der glorreichen Tradition heroischer Prosa, die in jener hochgeschätzten Veröffentlichung zu finden ist - und deren verdienstvolle Vertreter, mit Namen wie Abelson, Barron, Baum, Bleiberg, Grant und Nelson, für immer lebendig sein werden. Die behandelten Themengebiete waren 1931 zeitlos, und er schrieb darüber in 24karätiger Prosa. Ich habe in der Tabelle F.I eine, wenn auch nur kleine, Sammlung dessen aufgeführt, was in diesen Seiten an Scharfsinn und Weisheit vorhanden ist. Carrets Vergangenheit als Ingenieur trieb ihn dazu, die meisten seiner Regeln durch Versuche und Beobachtungen zu überprüfen; trotzdem führten die Nachforschungen, die während der folgenden 70 Jahre durch die Besten und Klügsten angestellt wurden, gelegentlich dazu, daß einige seiner Erkenntnisse an Wichtigkeit dazugewannen oder daß sie modifiziert wurden.

Das glänzendste Beispiel dafür ist sein Lobgesang auf Leerverkäufe in Kapitel 9. Es beginnt mit einer meisterlichen Beschreibung ihres Systems und ihrer Funktion. Es endet allerdings mit einem Aufruf an kurzfristige Händler zu versuchen, Gewinne durch Leerverkäufe zu erzielen. Die Friedhöfe der Wall Street sind voll mit Leerverkäufern. Die Hauptursache dafür ist nicht, wie Carret es beschrieb, »einem Monopol zum Opfer zu fallen«, sondern der sichere Ruin durch den Kampf gegen den säkularen Trend von jährlich 10%, dem alle Stammaktien weltweit seit der Zeit von Carrets Großeltern im 18. Jahrhundert ständig folgten. Diese Schwierigkeit wird dadurch verstärkt, daß die Broker die Zinsen auf die Guthaben nicht bezahlten. Doch sogar in Carrets Kapitel über Leerverkäufe, welches mitten in der Panik von 1929 geschrieben wurde, kommt er mit klarem Verstand zu der Erkenntnis: »Wenn der Laie zuletzt den Entschluß trifft, Leerverkäufe denjenigen zu überlassen, die die Spekulation als Geschäft betreiben, wird dies mit großer Wahrscheinlichkeit eine gewinnbringende Entscheidung sein.«"

Eine ähnliche Warnung sollte mit Carrets drittem Gebot für Spekulanten verbunden werden: »Man sollte mindestens die Hälfte seines Gesamtvermögens in gewinnbringenden Wertpapieren anlegen«. Studien zu den Gewinnen von Anleihebesitzern zeigen ständig, daß diese kaum mit der Inflation mithalten können. Warum sollte man nicht 100% seiner spekulativen Mittel in Stammaktien anlegen, bei denen Unternehmer diejenigen, die langfristiges Risikokapital zur Verfügung stellten, beständig mit einem Gewinn von 10% belohnten? Auch Carrets zehntes Gebot sollte mit einer ähnlichen Warnung versehen werden: »Wenn die Aktienpreise hoch sind, die Geldmarktsätze steigen und die Wirtschaft blüht, dann sollte mindestens die Hälfte der Mittel in kurzfristigen Anleihen angelegt werden«. Das Problem besteht aber darin, daß es unmöglich ist zu bestimmen, wann die Aktienpreise »hoch« sind. Diejenigen, die übliche Maßstäbe anlegen, wie es die breite Masse der Wertanleger, die die natürlichen Kunden für kluge Ratschläge dieser Art sind, tut, verpaßten die letzten 4 500 Punkte beim Anstieg des Dow Jones Industrieindex.

Unter der Fülle von Carrets anregenden Studien, Aphorismen und Einblicken in die Geschichte der Spekulation ist mein Lieblingsthema der Hochofenindex. Colonel Leonard Ayer, der legendäre Statistiker aus Cleveland, entdeckte eine bemerkenswerte Korrelation zwischen dem gegenwärtigen Zustand von Hochöfen und der folgenden Tendenz im Aktienmarkt. Wenn mehr als 60% der vorhandenen Hochöfen genutzt werden, ist es an der Zeit, Aktien zu verkaufen. Wenn die Zahl der genutzten Hochöfen auf unter 60% fällt, sollte man Aktien kaufen. Dieser und viele ähnliche Indizes wurden letztendlich durch Townsend zusammengefaßt und bildeten in den 40er Jahren die Grundlage seines Vorhersagedienstes. Townsend ging nach einer gewissen Zeit eine Partnerschaft mit einem seiner intelligentesten Mitarbeiter ein, einem kleinen Volkswirtschaftler mit einer Leidenschaft für Zahlenspielereien und für die Entwicklung neuer Indikatoren - besonders solche, die mit der physischen Bewegung von Wertpapieren, delphischen Verkündungen, angerissener Rückhand, sicherem Geld und sachlichen Studien zu tun hatten - und der nach seinem Einstand als Besitzer der erfolgreichen Firma Townsend & Greenspan dreißig Jahre nach Eintritt in die Columbia Universität promovierte und danach bei der Zentralbank Karriere machte. Carret berichtet über die Ergebnisse des Indexes von 1892 bis 1924 und kommt zu der Erkenntnis:»In Verbindung mit anderen Indikatoren bietet der Hochofenindex eine Grundlage für mögliche Tendenzen bei Aktien«. Obwohl es stimmt, daß es denjenigen, die sich an die Zeit erinnern, als Roheisen der König war, nicht gelingt, in ihre Berechnungen die wichtigeren Faktoren menschlichen Kapitals wie Ausbildung, Markenbezeichnungen, Know-How und Kundentreue einzubeziehen, hat der Hochofenindex etwas an sich, was durch die Jahre hindurch Gültigkeit zeigte. Zu Ehren Carrets habe ich den Index mit jährlichen Zahlen bis 1995 aktualisiert. Diese Periode entspricht seiner Lebensdauer zum Zeitpunkt dieses Textes. Ich habe Hochofen-Kapazitätsangaben bis 1975 benutzt, und industrieweite Kapazitätsangaben bis zum Jahr 1994. Die Korrelation zwischen einer jährlichen Veränderung des Hochofenindex und Aktien zwölf Monate später ist -0.20 (Diagramm F.I). Wie Carret meinte:»Kein Händler kann es sich leisten, die Andeutung außer acht zu lassen.« Ein Anstieg von 100% von einem

Jahr auf das nächste beim Stahlkapazitätsindex würde einen Fall von 4% im Aktienmarkt für das folgende Jahr vorhersagen.

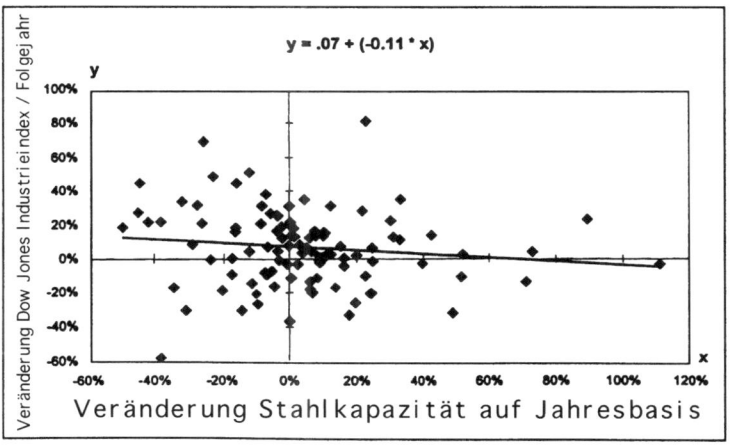

Scharfsinn und Weisheiten von Philip Carret

Sogar die sichersten Wertpapiere beinhalten ein gewisses unvermeidbares, spekulatives Risiko. Dieses Risiko wird nicht dadurch verringert, daß man wie ein Strauß den Kopf in den Sand steckt und sagt: »Ich spekuliere niemals!«

So wie Wasser, bedingt durch die Schwerkraft, immer eine glatte Oberfläche anstrebt, so streben die Preise in den Wertpapiermärkten immer ein Werteniveau an.

Grenzenlose Horizonte erstrecken sich vor dem Möchtegern-Spekulanten.

Während einer Zeit anhaltend fallender Preise fragte ein Anfänger Russel Sage, ob er glaube, daß die Aktien wieder ansteigen würden. »Bisher haben sie das immer noch getan«, war die lakonische Antwort.

Wie der Ozean verhält sich auch der Aktienmarkt niemals still.

Die Schüchternheit eines Durchschnittshändlers angesichts eines Gewinnes und seine Verbohrtheit, wenn er mit einem Verlust konfrontiert wird, wurde bereits erwähnt. Die Erklärung dafür liegt vielleicht in der Verzögerung, mit der sich der Verstand an wechselnde Wertvorstellungen anpaßt.

Die Regelmäßigkeit, mit der auf eine langanhaltende Bewegung in die eine Richtung eine langanhaltende Bewegung in die entgegengesetzte Richtung folgte, ist verblüffend

So gut wie jede andere Erklärung ist die, daß die Menschheit unfähig ist, angesichts angenehmer Lebensumstände ein Regime harter Arbeit aufrecht zu erhalten.

Auf die Zeit der Seidenhemden von 1919 und 1920 folgte die schmerzhafte Rezession von 1921. Durch die gesamte Geschichte hindurch war
dies der Fall.

Eine Überdosis steigender Preise hat letztendlich dieselbe Wirkung wie
eine Überdosis irgendeines anderen Aufputschmittels.

Die Nachfrage nach frischen Eiern ist ein ziemlich konstantes Phänomen.
Hühner zeigen jedoch nicht viel Anerkennung für den menschlichen
Appetit und variieren die Intensität ihrer Anstrengungen je nach Jahres-
zeit.

Die Tatsache, daß ein normaler Händler Kredite mißbraucht ist keine
Begründung gegen den Gebrauch von Krediten in der Aktienmarktspekulation. Für einen Händler, der in Maßen Kredit aufnimmt, ist es ein
sehr nützliches Mittel.

Die meisten Händler sind von Natur aus Optimisten und daher eher
Käufer als Verkäufer von Aktien.

Jenseits eines bestimmten Punktes, der mit einiger Sicherheit bestimmt
werden kann, ähnelt eine Hausse trotz alledem einem Achtzigjährigen,
der "auf geliehene Zeit" lebt. Sie kann noch Monate zu leben haben, ist
jedoch ein zunehmendes Risiko.

Es ist jetzt möglich, »die technische Position« zu definieren. Kurz gesagt
ist es das Verhältnis von Aktien in »starken Händen« zu Aktien in
»schwachen Händen«.

Vermögen werden üblicherweise durch eine Zunahme der Werte erzielt
und nicht durch deren Zerstörung.

Die Kunst des Spekulierens

KAPITEL I

Was ist Spekulation?

Spekulation gibt es in jedem Geschäft – Der Anleger kann der Spekulation nicht entgehen – Eine Definition – Die Bedeutung organisierter Märkte – Der Spekulant zeigt den Weg zum Anleger – Spekulanten helfen bei der Unterstützung des Finanzsystems – Wertanalyse

Eine Abhandlung über Geldanlage bedarf keiner Rechtfertigung. Ein jeder, der kein Sozialist oder Kommunist ist, erkennt mehr oder weniger deutlich die wichtige Rolle, die das Kapital in der modernen Welt spielt. Es ist unbestritten, daß der Anleger durch die Anlage eines Vermögens, das er durch eigenen Verzicht akkumuliert hat, ein Recht auf einen angemessenen Gewinn hat. Die durchschnittlich intelligente Person erkennt durchaus, daß es gerecht ist, daß Hunderttausende von Anlegern, die das unaufhörliche Wachstum unseres Telefonsystems ermöglichen, einen durchschnittlichen Gewinn von 8% auf ihre Einlage erwirtschaften. Eine solche Person erkennt außerdem die Notwendigkeit, den ausgefeilten Mechanismus zu unterstützen, der die mühevoll ersparten eintausend Dollar eines New Yorker Lehrers in Bestandteile der Ausrüstung eines kalifornischen hydroelektrischen Kraftwerkes umwandelt. Nur wirtschaftliche Analphabeten betrachten Verkäufer von Anleihen, Broker und andere Spezialisten der Finanzwelt als »Parasiten« oder »non-producers«, also Leute, die nichts produzieren.

Bei der Spekulation ist dies anders. Dem Normalbürger ist es keinesfalls klar, daß der erfolgreiche Spekulant durch einen Ausgleich für seine finanziellen Gewinne etwas zum Wohl der Welt beiträgt. Selbst wenn er überhaupt etwas über spekulative Geschäfte weiß, sieht der Allgemeinbürger eher die Verluste als die Gewinne. Da es bei oberflächlicher Betrachtung so erscheint, als könnten spekulative Geschäfte von keinerlei Nutzen für die Gesellschaft sein, wird weitgehend an dem Glauben festgehalten, daß bei Spekulationsgeschäften so wie im Glücksspiel, die Gewinne der Erfolgreichen lediglich die Verluste der Verlierer ausgleichen. Es braucht daher nicht zu verwundern, daß Jay Gould, Daniel Drew und andere bekannte Spekulanten niemals anerkannte Persönlichkeiten waren.

Erfolg im Weizenmarkt

Es ist bedauerlich, daß der Ausdruck »Spekulation« bei den meisten Menschen mit dem Wort »Aktien« gleichgesetzt wird. Wenn sich die Nachbarn von Henry Robinson, dem örtlichen Müller, am 19. Loch des heimatlichen Country Clubs versammeln und über dessen offensichtlichen Reichtum diskutieren, wird Henry gewöhnlicherweise als kühler Geschäftsmann bezeichnet. Niemand würde auf die Idee kommen, Henry als erfolgreichen Spekulanten zu bezeichnen, obwohl der blühende Zustand seines Unternehmens viel mehr auf die korrekte Einschätzung des Weizenmarktes zurückzuführen sein dürfte, als auf seine Begabung als Erzeuger oder Händler. Obwohl die mit dem Beruf des Müllers verbundene Spekulation nur zufällig Bestandteil seines Hauptgeschäftes ist, handelt es sich hier nichtsdestotrotz um Spekulation.

Der »Tanz der Millionen«

Man benötigt keine tiefgreifenden Untersuchungen, um klarzustellen, daß diese Art der Spekulation ein großer Bestandteil der Geschäfte eines jeden Unternehmens ist. Im steigenden Zuckermarkt, der mit $22^{1}/_{2}$-Cents für Zucker im Jahre 1920 seinen Höhepunkt erreichte, war es für alle Zuckerproduzenten oder -veredler weltweit sozusagen unmöglich, einem kurzfristigen Reichtum zu entkommen. Daraus resultierte in Kuba eine Orgie der Extravaganz, die unter dem Begriff

»Dance of the Millions - Tanz der Millionen« bekannt wurde. In dem Debakel von 1921, als Zucker 2 Cents pro Pfund kostete, war es gleichermaßen unmöglich für einen Zuckerproduzenten, Gewinn zu erzielen. Solche Extremsituationen sind glücklicherweise selten, allerdings kommen Preisschwankungen bei allen Waren ständig vor. Ein Geschäftsmann, egal ob er ein Stahlhersteller oder der Eigentümer eines Kurzwarengeschäftes ist, wird in einem unterschiedlichen Maß durch Preisfluktuationen bei den Waren, mit denen er handelt, betroffen.

Spekulant aus Notwendigkeit

Es ist weithin bekannt, daß der Erfolg einer Baumwollfabrik fast gleichermaßen davon abhängt, mit wieviel Scharfsinn der Manager seine Rohmaterialien einkauft als von der Effizienz, mit der er seine Fabrik leitet. Der erfolgreiche Hersteller von Baumwolltextilien muß zu einem beträchtlichen Maß ein erfolgreicher Spekulant in Rohbaumwolle sein. Wenn er Baumwolle zur falschen Zeit einkauft oder den Einkauf zum richtigen Zeitpunkt verfehlt, wird er wenig oder gar keinen Gewinn erzielen. Dies ist so selbstverständlich, daß es allgemein anerkannt wird, sogar von denjenigen, die sich gegenüber Aktienspekulanten negativ äußern.

Es wird sofort bemerkt werden, daß es einen maßgeblichen Unterschied zwischen einem Aktienspekulanten und einem Geschäftsmann gibt. Letzterer, so wird man sagen, hat sich nicht freiwillig dazu entschieden, Spekulant zu sein. Gewisse spekulative Risiken sind in seinen Geschäften enthalten, und er muß diese nach bestem Wissen und Gewissen verringern. Sie haben jedoch mit seinem hauptsächlichen Geschäft nur zufällig etwas zu tun. Der Textilhersteller leitet keine Baumwollfabrik, um in Baumwolle spekulieren zu können. Er leitet sie, um die Welt mit Baumwollartikeln beliefern zu können. Die Spekulation ist ein notwendiges Übel. Der Aktienspekulant, so könnte man hören, hat keine solche respektable Entschuldigung für seine Tätigkeiten. Er ist lediglich ein Käufer und Verkäufer von immateriellen Werten, die in keiner Weise verändert werden, während sie sich in seinem Besitz befinden. Wenn der Preis der Aktien, die er verkauft, fällt, hat er sich lediglich auf Kosten des unglücklichen Käufers bereichert. Wenn die, die er kauft, im Preis steigen, wird ihm deshalb kein Lob gezollt. Tatsächlich ist er ein Faulpelz, der fleißig sein sollte, ein Kapitalist, dessen Kapital besser genutzt werden könnte.

Die genauere Betrachtung der Quellen, aus denen der Aktienbroker seine Kunden bezieht, verstärkt die Anklage gegen den Spekulanten. Der Anwalt, dessen Partner die Kanzlei vernachlässigt, um unbezahlte Stunden damit zu verbringen, über dem Preisteil der Morgenzeitung zu brüten und sich im Vorstandszimmer seines Brokers aufzuhalten, ist ein starker Kritiker der Aktienspekulation. Der Geschäftsmann, der beobachtet, wie ein vielversprechender Mitarbeiter das Interesse an seiner Arbeit verliert, nachdem er dem Tickerfieber verfallen ist, ist ein weiterer Kritiker. Außerdem gibt es da noch die allgemein bekannten Statistiken, deren Ursprung niemand zu kennen scheint, deren Richtigkeit jedoch niemand anzweifelt, die besagen, daß 95% der Aktienhändler langfristig Geld verlieren. Diese sind leicht erhältlich für Kritiker der Aktienspekulation.

Der Anleger muß spekulieren

Gibt es denn niemanden, für den die Spekulation in Wertpapieren für die Durchführung seiner normalen Geschäfte genauso notwendig ist wie die Spekulation in Baumwolle für den Textilhersteller? Natürlich gibt es solche Menschen. Der Anleger ist in gleichem Maße ein durch Notwendigkeit bedingter Spekulant wie jeder Geschäftsmann. Wenn er stolz verkündet »Ich spekuliere nie«, ist er ein arroganter Spekulant und mit großer Wahrscheinlichkeit erfolglos. Genauso wie sich die Preise für Waren ständig verändern und somit auf die Erfolge der Geschäftsleute weitreichende Auswirkungen haben, so verändern sich auch die Preise für Wertpapiere ständig. Die Witwe, die im Jahre 1914 Anleihen zu einem Preis von 95 mit 4% Rendite gekauft hat, bekam eine leichte Ahnung von der Wahrheit, als sie ihren Bankberater einige Zeit später bat, ihr den Ausdruck »Fälligkeitsrendite« zu erklären. Sie wurde darüber aufgeklärt, daß zusätzlich zu den jährlichen $ 40,- Zinsen auch ein Teil der Differenz von $ 50,- zwischen dem Preis, den sie bezahlt hatte und Par in den Erträgen aus ihrer Anlage beinhaltet war , und daß ihre Anleihen theoretisch jedes Jahr bis zu ihrer Fälligkeit eine kleine Wertsteigerung erführen. »Das klingt sehr gut«, bemerkte sie, »aber in Wirklichkeit sind sie im Preis gesunken«. Selbst die am höchsten eingestuften Wertpapiere beinhalten ein gewisses unvermeidbares spekulatives Risiko. Dieses Risiko verringert sich nicht dadurch, daß man wie ein Strauß den Kopf im Sand vergräbt und behauptet »Ich spekuliere nie!«.

Was das Lexikon sagt

Was schließlich ist Spekulation? Der schreckliche Webster bietet eine Anzahl von Definitionen. Unter anderem finden wir (1) »geistige Ansicht einer Sache in ihren verschiedenen Aspekten; intellektuelle Betrachtung«; (2) »der Handlung oder die Gewohnheit, Land oder Waren usw. zu kaufen, in der Erwartung einer Preissteigerung, um diese mit Gewinn wieder zu verkaufen.« Zur zweiten Definition fügt er hinzu, daß »einige Leute reicher wurden, viele jedoch durch Spekulation in den Ruin getrieben wurden.« Webster zufolge ist das Motiv die Prüfung mittels derer wir zwischen einer Anlage und einer spekulativen Transaktion unterscheiden müssen. Der Mann, der 1915 Aktien der Firma United States Steel zu einem Preis von 60 mit der Absicht kaufte, sie mit Gewinn zu verkaufen, ist nach Meinung Websters ein Spekulant, obwohl er seine Verkaufsabsicht geändert haben könnte und die Aktien seiner Ansammlung dauerhafter Anlagen hätte hinzufügen können. Andererseits ist der Mann, der 1921 Aktien der Firma American Telephone zu einem Preis von 95 kaufte, um eine bessere Dividende als 8% zu erzielen, ein Anleger, obwohl er ein paar Wochen später der Versuchung hätte verfallen können, einen Gewinn von 10 Punkten zu erzielen.

Obwohl das Ergebnis der Transaktion gegensätzlich zu der ursprünglichen Absicht der daran interessierten Gruppe sein kann, ist es offensichtlich nicht möglich, das Motiv zu übergehen, wenn man Spekulation definieren möchte. Im Sinne dieses Buches kann man Spekulation definieren als »den Kauf oder Verkauf von Wertpapieren oder Waren mit der Erwartung, von den Schwankungen ihrer Preise zu profitieren.« Der Kauf einer Kiste Eier mit der Absicht, sie dem Endverbraucher im Dutzend zu einem etwas höheren Preis zu verkaufen, ist keine Spekulation, obwohl der Händler einen spekulativen Gewinn erzielen könnte, sollte der Eierpreis ansteigen, bevor die Kiste verkauft ist. Auch der Kauf einer Wagenladung Eier im Juni, die man als ganze Wagenladung vom Lager aus im Dezember verkaufen möchte, ist keine Spekulation, obwohl auch hier die Preisschwankungen im Eiermarkt den erwarteten Gewinn entscheidend beeinflussen können. Reine Spekulation bedeutet den Kauf und Verkauf der gleichen Ware, ohne irgendeine Dienstleistung wie Verteilung, Lagerung oder Transport.

Organisierte Märkte

Man kann in Käse, Papier, Kokosnussöl oder in fast jeder anderen vorstellbaren Ware spekulieren, der Großteil der Spekulation erfolgt jedoch in Aktien und Wertpapieren, für die organisierte Märkte vorhanden sind. Die Chicago Board of Trade bietet dem Spekulanten einen Markt für Weizen, Mais, Hafer, Schweine und andere Lebensmittel, die Baumwollbörsen in New Orleans und New York bieten einen Markt für den Baumwollspekulanten, die New York Coffee and Sugar Exchange (Kaffee- und Zuckerbörse New York) einen Markt für den Handel mit diesen Waren. Um die Notwendigkeit zu vermeiden, riesige Mengen von Waren oder sogar Lagerhausscheine an den Spekulanten liefern zu müssen, findet der Handel an diesen Börsen in Kontrakten mit zukünftiger Lieferung statt. Da diese Kontrakte standardisiert sein müssen, ist es möglich, die Börsen dahingehend zu organisieren, daß nur Waren, die einfach zugeordnet werden können, gehandelt werden dürfen. Eine derart wichtige Ware wie Wolle zum Beispiel kann nicht dementsprechend klassifiziert werden. Daher gibt es im Wollgeschäft keinen vergleichbaren Ort zur Cotton Exchange (Baumwollbörse).

Die wichtigsten organisierten Märkte sind die Wertpapierbörsen, angeführt von der New York Stock Exchange. Mehr als tausend Aktien und eine noch größere Anzahl von Anleihen werden an dieser größten aller organisierten Wertpapierbörsen gelistet. Weitere Hunderte von Wertpapieren werden an der New York Curb und den verschiedenen ländlichen Börsen gehandelt. Die strengen Regeln an diesen Börsen verlangen die Erfüllung bestimmter Voraussetzungen bezüglich der Veröffentlichungspflicht der Firmen, deren Aktien gelistet werden. Darüber hinaus begrenzen sie die Provisionen, die die Mitglieder der handelnden Öffentlichkeit abverlangen dürfen, und versuchen auf jede Art, einen freien und offenen Markt zu gewährleisten.

Eine demokratische Einrichtung

Die Infrastruktur der Wertpapierbörse ist dem Anleger und dem Spekulanten gleichermaßen zugänglich. Der Broker weiß weder noch kümmert es ihn, zu welcher Kategorie sein Kunde gehört. Er weiß natürlich, ob sein Kunde bar bezahlt oder ob er sich des Privilegs bedient, Sicherheiten zu hinterlegen, aber selbst diese Unterscheidung definiert nicht die Position des Kunden. Der Käufer, der sofort bar bezahlt, wird vorwiegend mit der Absicht handeln, eine Wertsteigerung zu erzielen, während der Käufer, der Sicherheiten hinterlegt, dem Broker später die Differenz bezahlt, seine Aktien einlöst und sie dauerhaft zu Einkommenszwecken hält. Man kann ruhigen Gewissens annehmen, daß jemand, der lediglich erstklassige Anleihen kauft, hauptsächlich ein Anleger ist, obwohl selbst er gewisse spekulative Risiken eingehen muß. Im Gegensatz dazu ist der Händler, der Sicherheiten hinterlegt, und ständig seine Positionen im Markt umherschiebt, mit Sicherheit ein Spekulant, wenn nicht sogar ein Spieler. Zwischen diesen zwei Extremen gibt es eine unzählige Anzahl von Abstufungen, Käufer und Verkäufer von Wertpapieren, deren Motive mehr oder weniger gemischt sind. Es ist unmöglich, eine scharfe Trennungslinie zu ziehen und die eine Seite als »Anleger« zu bezeichnen und die andere als »Spekulanten«.

Hoffnung oder fundierte Beurteilung

Die zwei oben erwähnten Definitionen von Spekulation aus dem Lexikon sind näher miteinander verwandt als zuerst angenommen werden könnte. Eine »intellektuelle Prüfung« der Gegebenheiten des Wertpapiers oder der Ware, mit der er handeln möchte, ist der erste Schritt für den Spekulanten. Lassen Sie uns erwähnen, daß Webster nicht von »Hoffnung« auf einen Preisanstieg spricht, sondern von »Erwartung«. Jemand, der mit $ 100,- Einsatz eine 1:10 Wette auf »Spark Plug« eingeht, mag hoffen, daß das Rassepferd als erster über die Ziellinie geht. Wenn man auf etwas so Unsicheres wie Pferde setzt, kann man aus keinem logischen Grund heraus einen glücklichen Ausgang erhoffen. Daher ist er ein Spieler und nicht ein Spekulant. Wenn dieselbe Person 100 Aktien der Firma Mack Trucks oder irgendwelche anderen Aktien rein aufgrund einer Hoffnung anstatt aufgrund fundierter Beurteilung kauft, ist er ebenso ein Spieler. Die Tatsache, daß sein Kauf aufgrund des Durchlesens einer Wettratgeberseite oder durch die nachlässige Lektüre der Markteinschätzung eines respektierten Brokers erfolgt sein könnte, ändert diese Zuordnung nicht.

Tatsächlich ist Wetten eine gebräuchliche Aktivität an den Wertpapierbörsen. Diejenigen, die Wertpapierspekulation verleumden, denken normalerweise an Wertpapierwetten. Spekulanten sind diejenigen, die beim Ausfüllen der Auftragsformulare für ihre Broker ihr

Gehirn ebenso benützen wie ihre Tinte. Sie leisten der Gesellschaft einen Dienst von großem Wert.

Vorhut des Anlegers

So wie Wasser durch die Schwerkraft immer eine ebene Oberfläche zeigt, so tendieren die Preise im Wertpapiermarkt immer dazu, ein Wertniveau zu suchen. Spekulation ist das Mittel, durch das die Anpassung erfolgt. Wurde womöglich ein neuer Industriesektor kreiert, der eine neue Nachfrage abdeckt, damit der Gesellschaft neuen Reichtum bringt und andererseits frisches Kapital in großzügigen Mengen benötigt? Der wachsame Spekulant entdeckt ihn, kauft davon Aktien, wirbt mit seinem Reichtum vor Anlegern und liefert ihm somit eine neue Kreditbasis. Könnte es sein, daß es einer einstmals blühenden Firma auf einmal schlechter geht, schwinden gar ihre Profite, läßt die Kompetenz des Managements nach? Der Spekulant sucht nach solchen versteckten Schwachpunkten im Markt. Er konzentriert sich darauf, veröffentlicht die Probleme über den Wertpapierticker und warnt den Anleger rechtzeitig. Dadurch wird der Spekulant zur Vorhut für den Anleger, indem er immer versucht, die Marktpreise dem Investitionswert anzugleichen, indem er dem wachsenden Unternehmen neue Kapitalquellen erschließt und indem er den Nachschub für die Unternehmen stoppt, die das, was sie bereits besaßen, nicht erfolgreich genutzt haben.

Zunehmende Vermarktbarkeit

Ein großer Vorteil, den Wertpapierspekulation und Wertpapierwetten dem Anleger gleichermaßen bieten, ist die verbesserte Vermarktungsmöglichkeit seines Besitzes. Bei gleicher Ausgangssituation wird der Markt für das Wertpapier am besten sein, für das das meiste Interesse vorhanden ist. Vielleicht könnte man Vermarktbarkeit als die

Fähigkeit eines Wertpapiers definieren, sein Preisniveau auch angesichts einer ungewöhnlich hohen Anzahl von Emissionen zu halten. Es ist wahrscheinlich, daß United States Steel Stammaktien nach einer plötzlichen Emission von 10 000 Aktien weniger Rendite abwerfen würden, als es eine mündelsichere bekannte Eisenbahnanleihe wie Atchison General unter dem Druck einer Emission 4% eines Paketes im Wert von $ 1.000.000,- tun würde. Dieses hohe Maß an Vermarktbarkeit von Wertpapieren ist hauptsächlich das Resultat spekulativer Aktivitäten.

Dadurch, daß er versucht, Preise den Werten anzugleichen, ist der Spekulant psychologisch verwandt mit dem Anleger, der versucht, einen über dem Durchschnitt liegenden Gewinn für seine Geldanlage zu erzielen. Der intelligente Anleger, der dieses Ziel erreicht, wird mit Sicherheit spekulative Gewinne ernten. Da er von Natur aus ein Anleger ist, wird er vielleicht seine Ernte nicht so schnell einfahren wie der Spekulant, aber es ist offensichtlich, daß der erfolgreiche Anleger sich vom intelligenten Spekulanten eher durch das Ausmaß als durch den eigentlichen Charakter unterscheidet.

Spekulation und Lebenshaltungskosten

»Es ist einfacher, Geld zu verdienen, als es zu behalten«, beklagt sich oft derjenige, der seinen »Batzen« verdient hat und der sich nicht genau im klaren darüber ist, wie er es am besten bewahren kann. Sein Problem wird auch durch die kürzlich veröffentlichten Forschungsarbeiten von Anlagespezialisten wie Kenneth S. Van Strum nicht vereinfacht, dessen »In Kaufkraft Investieren« erstmals in der Zeitschrift Barron's erschien. Diese und andere Arbeiten betonen die Notwendigkeit, nicht nur den Dollarwert eines Anlagefonds intakt zu halten, sondern auch dessen Kaufkraft angesichts der ständigen Veränderungen der Lebenshaltungskosten. Die traditionelle Gewohnheit, Anleihen und Hypotheken als ausschließliche Instrumente einer konservativen Anlage zu benutzen, wurde durch diese modern orientierten Spezialisten erschüttert. Sie bestehen darauf, daß zu einer gesunden Anlagestrategie auch die Einbeziehung von Stammaktien in den Fonds gehört. Eine lang anhaltende Steigerung der Lebenshaltungskosten würde dann durch die ausgleichende Steigerung des Wertes der Aktien und der Dividendenzahlungen kompensiert werden. Mit anderen Worten, der konservative Anleger muß sich selbst die Möglichkeit eröffnen, spekulative Profite zu erzielen, wenn er den tatsächlichen sowie auch den Nominalwert seines Vermögens erhalten möchte. Dadurch wird nochmals die Schwierigkeit verdeutlicht, von einem praktischen Gesichtspunkt aus zwischen Anleger und Spekulant zu unterscheiden.

Wenn der Anleger einmal ganz und gar verstanden hat, daß er mit der Absicht kaufen sollte, zumindest gelegentlich einen spekulativen Gewinn zu erzielen, wird er höchstwahrscheinlich einen Schritt weiter gehen. Sowohl um sich gegen die seltenen Verluste, die sogar bei »mündelsicheren« Wertpapieren vorkommen, zu schützen als auch um den tatsächlichen Wert seines Vermögens gegen eventuell gestiegene Lebenshaltungskosten abzusichern, muß der Anleger zumindest einen Teil seiner Wertpapiere in der Erwartung auf Gewinn kaufen. Es wird für ihn nicht möglich sein, Gewinne zu erzielen, die die gelegentlichen Verluste durch steigende Lebenshaltungskosten genauestens ausgleichen. Angesichts dieser Unmöglichkeit wird er sich natürlich lieber auf der sicheren Seite aufhalten und versuchen, über die Jahre hinweg einen Nettogewinn in seiner Anlage zu erwirtschaften. Er hat somit die Grenze überschritten. Er ist jetzt in gewissem Maße ein Spekulant. Wieviel Kapitalgewinn er erzielen möchte, wird teilweise von seinem Temperament abhängen, teilweise davon, wieviel Zeit und Anstrengung er dafür aufbringen kann, den Wert der Wertpapiere zu prüfen.

Der Weg zum Erfolg

Der Weg zur erfolgreichen Spekulation ist die Betrachtung der Werte. Der erfolgreiche Spekulant muß Wertpapiere kaufen oder halten, die unter ihrem eigentlichen Wert erhältlich sind, und Wertpapiere vermeiden oder verkaufen, die für mehr als ihren tatsächlichen Wert verkauft werden. Der erfolgreiche Anleger muß genau die selbe Strategie verfolgen. Der eine sucht vor allem den über Jahre hinweg erzielten Gewinnzuwachs, der von einem unterbewerteten Wertpapier im Vergleich zu einem korrekt bewerteten Wertpapier erwartet werden kann; der andere sucht den Kapitalgewinn, den er erzielen wird, wenn sich der Preis des unterbewerteten Wertpapiers dem allgemeinen Wert angleicht.

Die Zeitspanne, die nötig ist, um die Preise den Werten anzugleichen, ist von größter Wichtigkeit für den Spekulanten. Hier unterscheidet er sich vom Anleger, für den es nicht wichtig ist, obwohl es zur Komplexität seines Problems beiträgt. Genau wie bei Kleidung gibt es auch bei Wertpapieren verschiedene Stilrichtungen. Ein Wertpapier mag unterbewertet sein - wenn es jedoch gleichzeitig nicht dem Stil der Zeit entspricht, ist es für den Spekulanten von wenig Bedeutung. Daher ist er gezwungen, sowohl die Psychologie des Wertpapiermarktes als auch die Bestandteile des tatsächlichen Wertes genau zu studieren.

Ähnlichkeiten zwischen Aktien- und Grundbesitz

Unzählige Faktoren beeinflussen den Wert von Wertpapieren. Der Amateurhändler, der darauf hofft, ein erfolgreicher Spekulant zu werden, wird das Erlernen der Wertbestimmung nicht einfach finden. Es wird für ihn faszinierend und profitabel, andererseits aber auch sehr schwierig sein. Grundsätzlich ist die Bestimmung der Werte von Wertpapieren, genau wie auf anderen Gebieten, eine Frage von Vergleichen. Der fähige Grundstücksmakler vergleicht ein bestimmtes Grundstück mit anderen in derselben Nachbarschaft, deren Wert er aufgrund vorheriger Verkäufe kennt. Das Grundstück mag vielleicht nicht identisch sein, aber indem er die Unterschiede mit in die Bewertung einfließen läßt, kann der Experte den wahren Wert vernünftig abschätzen. Im Wertpapiergeschäft vergleicht der erfahrene Händler das eine Wertpapier mit anderen, die möglichst vergleichbar sind, macht sich ein Bild von den Unterschieden und legt einen Preis fest, zu dem es verkauft werden sollte. Außerdem ist es extrem wichtig für ihn, in welche Richtung sich der allgemeine Stand der Wertpapierpreise entwickelt. Hier wiederum muß er die aktuell herrschenden Bedingungen im Wertpapiermarkt mit denen in ähnlichen Perioden in der Vergangenheit vergleichen und dadurch die Richtung bestimmen.

Es wäre unmöglich, in einem einzigen Kapitel auch nur die wichtigsten Faktoren, die den Wert von Wertpapieren und die Richtung von Preisbewegungen bestimmen, zu diskutieren. Vielleicht wurden jedoch genügend erwähnt, um die Frage »Was ist Spekulation?« zu beantworten. Tatsächlich ist Spekulation untrennbar mit Investition verbunden. Der Anleger muß ein gewisses Maß an spekulativem Risiko auf sich nehmen, der intelligente Anleger wird einen gewissen spekulativen Gewinn erzielen wollen. Wenn er die Zeit, den Charakter und die Fähigkeit besitzt, kann er womöglich noch einen Schritt weiter gehen und versuchen, über Dividenden- und Zinserträgen aus seinem Vermögen hinaus einen spekulativen Gewinn zu erzielen. Der Spekulant leistet dem Anleger also einen unschätzbaren Dienst als Vorreiter, indem er die gewinnträchtigsten Investitionsmöglichkeiten sucht, dadurch die Vermarktbarkeit von Investitionsvermögen erhöht und hilft, die Finanzmaschinerie, die hauptsächlich zum Wohl des Anlegers existiert, zu unterstützen.

KAPITEL II

Bestandteile des Marktes

Banken und Broker – Verteilung neuer Wertpapiere – Anleihen/die häu-figsten neuen Emissionen – Der Ursprung von Stammaktien – Geschichte der Wertpapierbörse – Warum börsennotierte Firmen sicher sind – Die Schritte zur Auftragsausführung – Wie Verkäufe bekannt gemacht wer-den – Handeln mit Sicherheiten – Der Markt der nicht börsennotier-ten Wertpapiere

Schauen Sie sich in den Finanzdistrikten der zwölf größten Städte des Landes um, und schauen Sie sich die Schilder an, die sichtbar für den Vorbeigehenden an den Türen und Fenstern angebracht sind. Unter den Namen und Geschäftsformen der Firmen stehen zusätz-liche Beschreibungen. »Mitglied der Wertpapierbörse New York« kann man des öfteren sehen. Andere Beschreibungen sind »Broker«, »Anlage in Wertpapieren«, »Anlage in Anleihen«, »Bankiers«, »Händ-ler« und »Spezialisten« in Wertpapieren verschiedener Art. Zwei Fir-men, die ihre Tätigkeiten durch genau dieselben Ausdrücke beschrei-ben, können in Wirklichkeit soweit voneinander entfernt sein wie Nord- und Südpol, was die Art der Wertpapiere anbelangt, mit denen sie zu tun haben, oder die Qualität des Service, den sie ihren Kunden geben. Die meisten dieser Firmen, die auf diese Weise Anlegern und Spe-kulanten ihre Dienste anbieten, sind Bestandteil des riesigen Systems von Anlage und Spekulation, welches von Amerikanern jährliche Sparbeträge in Höhe bis zu $ 10.000.000,- in mehr oder weniger gewinnbringende Kanäle transferiert und einen Markt für die noch größere Zahl von mehreren Milliarden von Wertpapieren aufrecht-erhält, die bereits ausstehen. Dieses System ist so komplex und die Kontaktmöglichkeiten mit dem einzelnen so zahlreich, daß es kein Wunder ist, daß häufiger blindes Glück als intelligente Auswahl entscheidet, durch welche Tür der einzelne, der bereit ist, Geld auszugeben, tritt.

Der glorifizierte Laufbursche

Allgemein ausgedrückt kann man diejenigen, die in Wertpapieren handeln, in zwei Klassen einteilen: einerseits Händler oder sogenannte Anlagebankiers, andererseits Broker. Erstgenannte kaufen Wertpapiere auf eigene Rechnung in großen Mengen und verkaufen sie an die investierende Öffentlichkeit in kleineren Mengen. Im Prinzip ist dies genau dieselbe Art von Geschäft wie das eines Besitzers des Tante-Emma-Ladens, der Zucker sackweise kauft und in Mengen zu fünf Pfund weiterverkauft. Der Broker bietet einen völlig anderen Service an. Er ist eine Art glorifizierter Laufbursche. Nach Erhalt eines Kauf- oder Verkaufsauftrages durch einen Kunden versucht er, für seinen Kunden einen Käufer oder Verkäufer zu einem möglichst vorteilhaften Preis zu finden. Für diesen Service erhält er eine kleine Provision. Im Verhältnis zur Höhe des in dem Geschäft involvierten Betrages ist die Provision des Brokers normalerweise nur ein kleiner Teil dessen, was die Investmentbank rechtmäßig als Gewinn erhält. Trotz der Tatsache, daß die Funktionen von Broker und Investmentbank unterschiedlich sind, werden viele Firmen in beiden Geschäftsfeldern aktiv. Die führende Brokerfirma im Land handelt auch Wertpapiere, sowohl Anleihen als auch Aktien. Eines der führenden Anleihehäuser im Land unterhält eine aktive Wertpapierabteilung, die Aufträge auf Provisionsbasis in allen führenden Märkten ausführt.

Handelsbanken

Wertpapierhandelshäuser sind zum größten Teil Anleihehäuser. Die langfristigen Kredite, die unsere Großstädte, Gemeinden, Bezirke und

Länder, unsere Eisenbahngesellschaften, Staatsbetriebe und Industrieunternehmen aufnehmen, werden fast ausschließlich dadurch ermöglicht, daß große Anleihemissionen an die großen Handelsbanken im Land verkauft werden. Aktienemissionen werden selten auf dieselbe Art und Weise wie Anleihen begeben oder an die Öffentlichkeit verteilt. Eine große Anzahl von Investmentbanken handelt daher ausschließlich in Anleihen, und es gibt Hunderte, die sich auf die eine oder andere Art von Anleihen spezialisiert haben, wie zum Beispiel in Gemeindeanleihen, in Hypothekenanleihen oder in öffentlichen Anleihen. Die Anleihehäuser schicken Tausende von Vertretern auf die Straße, um Anleger in ihren Häusern, Geschäften und Büros aufzusuchen und diesen Wertpapiere zu verkaufen, die in ihrem Besitz sind und die sie mit Gewinn verkaufen müssen. Diese Vertreter und die von ihnen vertretenen Firmen sind vor allem an den Wertpapieren interessiert, die sie gekauft haben. Es ist unwahrscheinlich, daß sie näheres Wissen oder eine qualifizierte Meinung über andere Wertpapiere haben.

Der Amateur in Anleihen

Anleihehäuser interessieren sich wenig oder gar nicht für den Spekulanten. Die Wertpapiere, die sie anbieten, werfen zum größten Teil einen festen Gewinn ab und bieten daher wenig Möglichkeiten für einen Wertzuwachs. Es kommt manchmal vor, daß in einem steigenden Anleihemarkt eine Anleiheemission mit soviel Enthusiasmus aufgenommen wird, daß der Marktpreis sofort um zwei oder drei Punkte steigen wird. Der Anleger, der in solchen Fällen normalerweise seinen kleinen Gewinn realisieren wird, wird von den Anleihehäusern nicht als wünschenswerter Kunde angesehen. Sie bevorzugen Kunden, die Anleihen zu Einkunftszwecken kaufen und sie auf mehr oder weniger permanenter Basis halten. Jemand, der Anleihen mit dem Ziel kauft, einen schnellen Gewinn zu erzielen, wird als »Mitreiter« bezeichnet. Er wird durch ein solches Vorgehen selten größere Gewinne

erzielen und wird sich normalerweise in eine Position bringen, aus
der heraus er keinen Gefallen von irgendeinem der Häuser, mit dem
er handelt, verlangen kann. Spekulative Tätigkeiten dieser Art sind
für einen Amateur-Anleihekäufer typisch, der sich gerade einmal
genügend Verständnis von Anleihen erarbeitet hat, um sich selbst als
Profi zu bezeichnen.

Wertpapierfinanzierung

Das normale Anleihehaus kümmert sich um die gelegentliche Emission von Vorzugsaktien ebenso wie um vorrangige Arten von Wertpapieren. Emissionen von Vorzugsaktien werden von Firmen, die
zusätzliches Kapital benötigen, auf dieselbe Art und Weise vorbereitet und verkauft wie Anleihen. Um eine sichere Kapitalstruktur beizubehalten, ist die wachsende Firma, die sich wegen zusätzlichem Kapital an die Öffentlichkeit wenden muß, gezwungen, eine bestimmte
Anzahl von Aktien-, Stamm- oder Vorzugsaktien zu verkaufen, um
ihre wachsenden Fremdkapitalanforderungen abzudecken. In den
vergangenen Jahren war es für die öffentlichen Einrichtungen vielfach möglich, eigene Aktien direkt an ihre Kunden zu verkaufen. Sie
unterhielten permanente Abteilungen, die sich um diese Gesell-
schaftsgründungen kümmerten. Eine Firma, die nur manchmal und
in großen Zeitabständen neues Kapital benötigt, könnte es sich
offensichtlich nicht leisten, sich ihrer Aktien durch eine andere
Methode als die gewöhnliche zu entledigen.

Besonders im Fall von Industrieunternehmen werden Stammaktien ganz normal durch fortwährende Reinvestition von Über-
schußgewinnen in das Unternehmen aufgebaut. Nur unter ungewöhnlich vorteilhaften Bedingungen im Markt ist es Firmen, die nicht
zu der Handvoll der Größten gehören, möglich, durch den Verkauf
ihrer Stammaktien die Kapitalanforderungen zu decken. Kurz vor dem
Höhepunkt der großen Hausse von 1924 – 1929 konnten sich viele
große Firmen ganz oder teilweise von der Fremdfinanzierung befreien,

indem sie Stammaktien verkauften. Aber noch nicht einmal jede Fünfte dieser Firmen hätte diesen Verkauf vor 1929 mit Gewinn durchführen oder auch nur ermöglichen können. Wenn eine solche Finanzierung sinnvoll ist, werden die Aktien normalerweise eher den bereits existierenden Aktionären als der breiten Öffentlichkeit direkt durch die Firma angeboten. Ein solches Angebot kann durch Investmentbanken unterstützt werden, die sich dazu bereit erklären, alle Aktien, die nicht von Aktionären gezeichnet werden, gegen eine geringe Provision zu übernehmen.

Gründe für die Emission von Stammaktien

Der Verkauf einer großen Menge von Stammaktien durch eine Investmentbank erfolgt normalerweise deshalb, weil die Hauptinteressensgruppen einer Firma sich ihrer Aktien ganz oder teilweise entledigen möchten. Eine Einzelperson, die ein erfolgreiches Unternehmen aufgebaut hat, möchte sich vielleicht zur Ruhe setzen und ihr Vermögen durch eine neue Anlage in unterschiedlichen Wertpapieren in eine liquidere Form umwandeln. Im Falle einer Fusion zweier konkurrierender Firmen könnte es sein, daß der Eigner der kleineren Firma, nachdem er die Kontrolle aufgegeben hat, um die Fusion zu ermöglichen, den gleichen Weg gehen will. Solche Gründe haben in den vergangenen Jahren zu einer breiten Streuung von Aktien vieler Unternehmen geführt, die noch vor zwölf Jahren als »geschlossenen Unternehmen« galten. In den Fällen, in denen Eigentümer die Vorteile einer breiten Streuung der Aktien ihrer Firmen nicht sahen, zögerten Investmentbanken nicht, diese hervorzuheben. Firmen, die groß genug sind, um ein öffentliches Interesse zu erwecken, deren Aktien jedoch der Öffentlichkeit noch nicht zugänglich waren, sind bereits so schwierig zu finden wie die sprichwörtliche Nadel im Heuhaufen.

Organisierte Märkte

Neben den Firmen, die Wertpapiere – Anleihen oder Aktien - in großen Mengen kaufen und ihren Kunden in kleineren Stückelungen weiterverkaufen, gibt es eine Menge Firmen, die ausschließlich als Broker arbeiten. Die Mehrzahl dieser Firmen sind Mitglieder an einer der organisierten Wertpapierbörsen des Landes, deren größte die New York Stock Exchange ist. Außer der größten Wertpapierbörse im Land bietet die New Yorker »Curb« einen organisierten Markt für eine ständig wachsende Anzahl von Wertpapieren, und in allen anderen wichtigen Städten von Boston bis San Francisco gibt es Börsen von größerer oder kleinerer Bedeutung. Bei weitem das größte Spekulationsvolumen in Wertpapieren findet auf dem Parkett dieser Börsen in Form von Handelsabschlüssen statt.

Unter dem Buttonwoodbaum

Die New York Stock Exchange ist stolz darauf, ihren Ursprung fast bis zur Amerikanischen Revolution zurückverfolgen zu können. Wie bei jedem anderen Krieg folgte auf den Friedensschluß der Kampf um die Finanzierung der Staatsschulden. In diesem Fall wurden »Aktien« zu 6% für $ 80.000.000,- emittiert und durch die öffentlichen Anleger absorbiert. Auf das Ende des Krieges folgte auch schnell die Gründung von Banken, sowohl in Philadelphia als auch in New York. Es war unvermeidbar, daß sich ein Markt für staatliche Wertpapiere und Bankaktien entwickelte. Es gab bald darauf eine Gruppe von Personen, die sich ihren Lebensunterhalt dadurch verdiente, daß sie als Broker für die Käufer und Verkäufer dieser Wertpapiere auftrat. Durch einen Zufall hielten sie ihre Treffen gewöhnlich unter einem alten Buttonwoodbaum ab, der an der Stelle stand, wo sich heute die Wall Street Nr. 68 befindet. Womöglich erlagen einige unter ihnen der Versuchung, Geschäfte dadurch an sich zu ziehen, daß sie die Provisioner so weit kürzten, daß kein Gewinn mehr zu machen war. Was immer jedoch der Grund gewesen sein mag, sie fühlten sich dazu gezwungen, eine Schutzorganisation zu gründen. Dementsprechend unterzeichneten 24 von ihnen am 17. Mai 1792 folgendes Abkommen:

»Wir, die Unterzeichnenden Broker für den Kauf und Verkauf öffentlicher Wertpapiere, versprechen hiermit feierlich und schwören gegenseitig, daß wir von diesem Tag an für niemanden irgendein öffentliches Wertpapier für weniger als ein Viertel Prozent Provision auf den entsprechenden Wert kaufen oder verkaufen werden, und daß wir uns gegenseitig in unseren Geschäften bevorzugen.«

Die Entwicklung aus diesen kleinen Anfängen war langsam. Fünfundzwanzig Jahre lang hielten es die Mitglieder der Brokergemeinschaft für unnötig, ein Dach über ihren Köpfen zu errichten. Es existieren nur unzulängliche Aufzeichnungen über die ersten Jahre der Wertpapierbörse. Die Institution in ihren Kinderschuhen scheint viele Räumlichkeiten belegt zu haben, darunter diente nach einem Feuer eine Scheune eine Zeit lang als Unterschlupf. Diese große Institution, deren Marmorpalast zwischen Broadway und Wall Street hervorsticht und auf dessen Parkett Milliarden von Wertpapieren jeden Monat den Besitzer wechseln, hat somit bescheidene Ursprünge. Ihr Wachstum war eine unvermeidliche Folge des Wachstums der Vereinigten Staaten. Ein derart freier Markt, wie er für Kredit- und Eigentumsinstrumente zur Verfügung steht, ist eine absolute Notwendigkeit für die moderne Zivilisation.

Strenge ethische Verhaltensregeln

Wenn man sich das ursprüngliche Organisationsabkommen der Börse durchliest, scheint es, daß ihre Gründer durch zwei Absichten motiviert wurden: einerseits ihre Provisionsraten zu sichern und andererseits

Konkurrenz von außerhalb ihrer Mitgliedschaft zu verhindern. Die jetzige umfangreiche Konstitution legt ebenfalls eine Bandbreite für Provisionen fest und sichert den Mitgliedern in der Tat ein Handelsmonopol mit Wertpapieren, die auf ihrem Parkett gehandelt werden dürfen. Den modernen Geschäftspraktiken folgend, beschäftigt sie sich auch mit dem Schutz der Interessen der Kunden ihrer Mitglieder, die als Broker auftreten. Wahrscheinlich gibt es heute nirgendwo ein Geschäft, welches unter strengeren ethischen Gesichtspunkten abgeschlossen wird, als das zwischen Mitgliedern der New York Stock Exchange.

Bei logischer Betrachtung sollte man die Wertpapierbörse vielleicht als Gewerkschaft oder als Privatclub bezeichnen. Letzteres ist normalerweise der Fall. Die Börse hat 1375 Mitglieder. Sie stellt die mechanische Ausrüstung für die Durchführung ihrer Geschäfte zur Verfügung und setzt hohe Standards für die Verhaltensregeln untereinander fest. Ein zusätzliches Ziel ist es, »gerechte Prinzipien für Handel und Gewerbe zu vermarkten und zu fördern«. Ein führendes Komitee mit despotischen Rechten und verschiedenen Unterausschüssen kontrolliert die Führung der Börse. Ein Mitglied, das von der Mehrheit des Führungskomitees der absichtlichen Verletzung der Verfassung oder eines Beschlusses des Führungskomitees für schuldig befunden wird, oder das die »gerechten und unparteiischen Prinzipien des Handels« nicht einhält, kann suspendiert werden oder die Zulassung verlieren. Ein Fehlverhalten von seiten eines Mitglieds hat nicht nur eine schnelle und schwere Bestrafung zur Folge, sondern die Gremien der Börse werden genauso schnell sicherstellen, daß alles getan wird, um die Börse als freien und offenen Markt aufrecht zu erhalten. Sollte eine fehlgeleitete Person versuchen, den Preis einer gelisteten Aktie zu manipulieren, könnte er plötzlich in der Lage sein, keinen Markt für seine Positionen mehr zu haben, da die Zuständigen den Handel darin als Folge seines Verhaltens eingestellt haben. Es gab ein oder zwei extreme Krisensituationen, als die Wertpapierbörse selbst geschlossen wurde, was vor allem 1914 nach Ausbruch des Krieges für einige Monate der Fall war.

Ein Broker nimmt die Geschäfte auf

Ein Broker, der Mitglied an der Börse werden möchte, muß zuerst einen »Sitz« von einem sich zur Ruhe setzenden Mitglied kaufen.Der Preis dafür kann, abhängig von der Situation am Markt, bis zu $ 500.000,- betragen. Er muß daraufhin zwei Drittel des »Komitees für Mitgliederzulassung« davon überzeugen, daß er ein wohlschaffener Bürger ist, der auch auf anderem Gebiet qualifiziert ist. Nachdem er diese Prüfung bestanden hat, darf er die Bezeichnung »Mitglied der New York Stock Exchange« unter seinem Firmennamen auf dem Fenster oder der Tür seines Büros anbringen. Er ist jetzt berechtigt, auf das Börsenparkett zu gehen, um die Aufträge seiner Kunden auszuführen. Falls er es vorteilhafter finden sollte, Kundenaufträge zu suchen, anstatt sie auszuführen, kann er alle Aufträge seiner Kunden durch einen »Zwei-Dollar-Broker« ausführen lassen. Letzterer ist ein Broker, der Aufträge für andere Mitglieder ausführt und dafür einen Teil der Provision verlangt, die der Kunde, der kein Mitglied ist und der den Auftrag aufgab, dafür bezahlt.

Der erste Auftrag des Brokers

Angenommen, J. Madison & Co. sind gerade durch die Wahl von J. Madison Mitglied an der Wertpapierbörse geworden. Er befindet sich auf dem Parkett der Börse, als der erste Kunde der Firma das Büro betritt und den Auftrag zum Kauf von 100 Aktien der Firma Atchison gibt. Der Auftrag wird sofort mittels einer Privatleitung in die Telefonzelle der Firma am Rande des Parketts weitergegeben. Der Telefonassistent läßt Herrn Madisons Nummer auf den zwei Anzeigetafeln an der Wand aufrufen, woraufhin der Broker zur Zelle eilt und den Auftrag entgegennimmt. Als nächstes geht er zum Treffpunkt von Atchison. Dort findet er entweder einen anderen Broker mit einem Verkaufsauftrag oder er kann von einem Atchison-Spezialisten kaufen. Sollte der Auftrag seines Kunden auf einen Preis begrenzt sein, der sich momentan nicht mit dem Marktpreis deckt, kann Herr Madison ihn bei dem Spezialisten lassen, welcher ihn in sein Buch aufnimmt und ihn letztendlich in der Rolle als Zwei-Dollar-Broker ausführt. Der Spezialist ist ein Händler in Atchison-und vielleicht in mehreren anderen Aktien, die am Atchison Treffpunkt gehandelt werden. Er kann entweder für einen kleinen Gewinn auf eigene Rechnung kaufen und verkaufen oder als Zwei-Dollar-Broker tätig werden. Die Aufträge, die ihm in seiner letzteren Rolle gegeben werden, werden den Börsenregeln nach vorrangig vor seinen eigenen Abschlüssen behandelt. Außerdem ist es ihm verboten, bei derselben Transaktion sowohl einen Handelsgewinn einzustreichen als auch eine Provision zu verlangen. Die Existenz eines Spezialisten sichert den Erhalt eines fortlaufenden Marktes in jedem gelisteten Wertpapier.

Der Umgang mit kleinen Aufträgen

Der nächste Auftrag, den J. Madison erhält, könnte für den Verkauf von 25 Aktien der Firma General Electric sein. Dieser Auftrag wird prompt durch den Telefonassistenten am Rande des Parketts, am General Electric Treffpunkt, an den Vertreter des Kleinhandelshauses, mit dem J. Madison Geschäfte tätigt, weitergegeben. Es gibt eine Anzahl dieser Kleinhandelshäuser, die ständig für den Kauf und Verkauf aller Aktien in kleineren Mengen, das heißt weniger als 100 Aktien, zur Verfügung stehen. Wenn der nächste Verkauf von General Electric zu einem Preis von 82 stattfindet, wird das Kleinhandelshaus die 25 Aktien für einen Preis von $81^{7}/_{8}$ übernehmen.

Das eine Achtel – bei teureren oder weniger gehandelten Aktien kann dieser Anteil bis zu einem Viertel oder mehr betragen – kompensiert das Kleinhandelshaus für das Risiko, daß zu dem Zeitpunkt, an dem es 100 Aktien auf diese Weise erstanden hat, der Markt unter diesen Kaufpreis gefallen sein könnte. Dank der Kleinhandelshäuser kann der kleine Anleger oder Händler gelistete Aktien mit einem minimalen Nachteil gegenüber den Kunden, deren Aufträge über 100 Aktien lauten, kaufen oder verkaufen. Der Handel von Kleinaufträgen ist ein wichtiger Faktor für die Vergrößerung und Stabilisierung des Marktes in gelisteten Aktien und trägt zu einem Großteil des Gesamtvolumens bei. Mechanische Beschränkungen verhindern die Berichterstattung dieser Kleinstabschlüsse über den Wertpapierticker, der kaum in der Lage ist, den größeren Abschlüssen in einem aktiven Markt gerecht zu werden.

Im Falle des Kaufs der 100 Atchison-Aktien könnte der Verkäufer weder der Spezialist noch ein anderer Broker, sondern ein Parketthändler sein. Solch ein Händler ist ein Mitglied der Börse, das auf eigene Rechnung handelt und einen kleinen, schnellen Gewinn sucht. Er hält ständig nach einer Möglichkeit Ausschau, daß der Markt sich dreht. Aktienübertragungssteuern sind ein ernsthaftes Hindernis für den Parketthändler. Bei jedem Verkauf von 100 Aktien zu $ 100,- Nennwert erhebt der Staat und die Regierung eine Steuer von $ 4,-. Ein Bruttogewinn von $^1/_8$ auf 100 Aktien wird dadurch zu einem Nettogewinn von $ 8,50, während ein Verlust von $^1/_8$ den Verlust von $ 16,50 bedeutet. Rein um einen Breakeven zu erzielen, muß der Parketthändler daher bei zwei von drei Handelsabschlüssen die richtige Entscheidung treffen. Vor der Einführung dieser Steuern gab es bis zu 200 Parketthändler. Heute hat ihre Zahl deutlich abgenommen.

Strenge Lieferordnung

Nachdem J. Madison für einen Kunden eine Reihe Aktien von einem anderen Broker, einem Aktienspezialisten, einem Parketthändler, einem Kleinhandelshaus oder durch einen Zwei-Dollar-Broker gekauft hat, muß noch viel getan werden, bevor die Transaktion abgeschlossen ist. Als nächster Schritt kommt die Lieferung. Den Regeln der Börse nach muß der Verkäufer die Wertpapiere bis um 14.00 Uhr des folgenden Tages an den Käufer liefern. Dies ist eine »normale«

Lieferung. Der Käufer und der Verkäufer können sich anderweitig einigen. Ein Anleger in Kalifornien, der seine Wertpapiere in einem Safe in San Francisco aufbewahrt, kann offensichtlich nicht an dem auf den Verkauf folgenden Tag liefern. Möglicherweise hat das New Yorker Büro seines Brokers genügend Aktien im Auftrag anderer Kunden auf Lager, um in die Lieferung zu gehen, indem es kurzfristig genügend Aktien aus den anderen Konten ausleiht, bis die Zertifikate des Kunden aus dem Westen angekommen sind. Sollte diese Lösung nicht möglich sein, kann der Verkauf unter der Bedingung »Verkäufer 7 Tage« stattfinden, die dem Verkäufer die Zeit ermöglicht, die er benötigt, um seine Wertpapiere nach New York zu schaffen.

Der Preis dafür wird sich offensichtlich etwas von dem Preis für eine normale Lieferung unterscheiden. Im Falle einer normalen Lieferung hat der Käufer das Recht, »sich im Markt einzudecken«, falls die Lieferung der Wertpapiere nicht rechtzeitig erfolgt. Händlern, die Aktien der Firma Northern Pacific in der Erwartung einer späteren Lieferung durch europäische Inhaber während der berühmten Knappheit von 1901 verkauften, wurde eine teure Lektion in der strengen Einhaltung der Lieferregeln der Börse erteilt.

Die Abwicklung (Clearing) von Wertpapiertransaktionen

Um die tatsächliche Arbeit der Lieferung von Wertpapierzertifikaten nach einer Transaktion auf dem Parkett möglichst gering zu halten, führte die Börse 1892 ein Clearingsystem ein. Die am meisten gehandelten Wertpapiere werden für die Mitglieder von der Stock Clearing Corporation abgewickelt. Nehmen wir an, J. Madison & Co. hat 300 Aktien der Firma U.S. Steel an John Q. Adams & Co. verkauft, während letztere 300 Aktien an die Firma B. Franklin & Co. verkauft hatte. Jede der Firmen würde der Clearing Corporation am Ende des Tages einen Lieferschein für die Aktien schicken, die sie verkauft hat, und einen Bezugsschein für die Aktien, die sie gekauft hat. Der Lieferschein würde die Clearing Corporation beauftragen, vom Konto des Verkäufers Aktien an den Käufer zu liefern, und der Bezugsschein würde die Clearing Corporation beauftragen, die Aktien vom Verkäufer zu besorgen und auf das Konto des Käufers zu übertragen. Durch einen Vergleich der Scheine, die von allen Clearing-Mitgliedern eingereicht wurden, würde sich herausstellen, daß sich viele der Scheine gegenseitig aufheben. Im oben beschriebenen Beispiel würde die Clearing Corporation J. Madison & Co. beauftragen, 300 Steel-Aktien direkt an B. Franklin & Co. zu liefern, um dadurch eine Lieferung zu sparen, die ohne ein Clearingsystem notwendig wäre.

Die Informationstafel und der Ticker

Nachdem wir kurz umrissen haben, was sich auf dem Parkett der Wertpapierbörse abspielt und wie Lieferungen zwischen Brokern stattfinden, kehren wir in das Büro eines Brokers zurück. Der Durchschnittskunde versteht nur selten die komplizierten Vorgänge hinter der Kulisse. In einem typischen Brokerbüro gibt es einen Besprechungsraum mit einer großen Tafel, auf der Transaktionen in den führenden Wertpapieren notiert werden. Ein Angestellter steht neben einem Ticker, der die Wertpapiertransaktionen, die gerade auf dem Börsenparkett stattfinden, auf ein Stück Papier druckt. Er liest die Vorgänge in den führenden Wertpapieren vor und Lehrlinge vermerken die zuletzt gehandelten Preise auf der Tafel. Die Kunden, die direkt vor der Tafel stehen, können sich jederzeit einen Eindruck über die Entwicklungen in den führenden Emissionen bilden und werden über Tageswerte, Eröffnungspreis, Höchstpreis, Niedrigpreis und die letzten Quotierungen in den verzeichneten Werten informiert. Die Tafel zeigt die Tagesentwicklung des Marktes, der Ticker selbst verschafft ein Bild über das gegenwärtige Marktgeschehen. Ausführungen auf dem Börsenparkett geschehen in einer solchen Geschwindigkeit, und das Berichtsystem ist so perfekt, daß ein Händler in

einer entfernten Stadt unter normalen Bedingungen im Zeitraum von
zwei Minuten einen Auftrag erteilen, die Bestätigung der Auftragsausführung erhalten und den Bericht durch den Ticker ausgedruckt
sehen könnte. Leider kann ein Ticker in aktiven Märkten, bedingt
durch die extreme Zunahme der Anzahl börsennotierter Wertpapiere und dem Wachstum im Handelsvolumen, diese Berichterstattung nicht mehr leisten. Während der Tage der Panik im Oktober
und November 1929 hinkte der Ticker manchmal Stunden hinter
dem Markt her. Die Tatsache, daß eine akkurate Information unter
diesen Bedingungen nicht zur Verfügung stand, trug merklich zu
der Hysterie unter den Händlern bei und beschleunigte ohne Zweifel den Untergang.

Das Handeln auf Basis von Sicherheitsleistungen (Margins)

Der Kunde, der einen Auftrag zum Kauf von 100 Aktien der Firma
Steel gibt, könnte ein Kunde sein, der mit Bargeld bezahlt. Es ist jedoch
wahrscheinlicher, daß er auf Kredit kauft. In gewissen schlecht informierten Schichten der Gesellschaft wird es einem Mann gegenüber
als Vorwurf gewertet, daß er auf Basis von Margins mit Wertpapieren handelt. Es ist ein unglücklicher Umstand, daß dieser Begriff nur
im Zusammenhang mit Wertpapieren benutzt wird. Es wird niemals
gesagt, daß jemand ein Haus, ein Auto oder eine Stereoanlage auf
Margin gekauft hat. Die Nutzung von Krediten im Zusammenhang
mit diesen Vermögensformen unterscheidet sich nicht maßgeblich
von der Nutzung eines Kredits im Zusammenhang mit dem Kauf
von Wertpapieren. In beiden Fällen ist eine anfängliche Barhinter-
legung erforderlich. Bei Vermögensformen wie Autos oder Stereo-
anlagen, deren Wert sehr schnell abnimmt, muß die Rückzahlung
vom Käufer an den Verkäufer in Raten erfolgen. Ein Haus ist ein
beständigerer Vermögenswert, und eine Hypothek auf einen bescheidenen Anteil seines Wertes kann unbegrenzt laufen. Wenn Wertpa-

piere auf Kredit gekauft werden, verlangt der Broker lediglich, daß die Differenz zwischen deren Wert und dem Kredit begrenzt bleibt. Betrüger, die wertlose Wertpapiere verkaufen, predigen des öfteren gegen den Handel auf Margin. Bei einfachen Leuten, die Spekulation mit Glücksspiel verwechseln, hinterlassen solche Predigten einen positiven Eindruck. Vom Blickpunkt des Fürsprechers aus liegt ihre Bedeutung in der Tatsache, daß die Wertpapiere, die er zu verkaufen versucht, von keiner verantwortungsbewußten Bank oder Brokerfirma als Sicherheit akzeptiert werden würden.

Der Händler, dessen Ersterwerb 100 Aktien der Firma Can zu einem Preis von 125 ist, muß zuerst einen Minimalbetrag als Margin bei seinem Broker hinterlegt haben. Je nach Marktlage kann die Margin, die verlangt wird, zwischen $ 1.500,- und $ 5.000,- betragen. Die Differenz wird von seinem Broker gestellt, der wiederum den ganzen oder fast den ganzen Betrag von seiner Bank geliehen hat. Er wird vom Kunden etwas höhere Zinsen verlangen, als er für sein Bankdarlehen bezahlen muß und verdient dementsprechend nicht nur durch seine Provision, sondern auch durch Zinsen. Da die Ansprüche eines Brokers an seine Bank sehr unterschiedlich sind, beschafft er sich den größten Teil auf Anfrage oder mit einem jederzeit kündbarem Kredit. Die Höhe des jeweiligen Satzes für jederzeit kündbare Darlehen werden täglich mittels des Wertpapiertickers veröffentlicht und ist eine der wichtigen Indikatoren für den Zustand des Marktes, die von den Händlern genau beobachtet wird. Die Leihe von Börsenwertpapieren ist praktisch risikolos und wird daher von Banken und anderen Kreditgebern im Land als Mittel angeboten, um ihre Überschüsse anzulegen. Obwohl die jederzeit kündbaren Kredite einen Großteil des Gerüstes für die Spekulation bilden, wird ein beträchtliches Geldvolumen auf bestimmte Zeit geliehen. Solche Darlehen können über 60 Tage oder sechs Monate laufen.

Der Handel außerhalb der Börse (Over-The-Counter)

Die Liste von Wertpapierhändlern ist durch eine kurze Beschreibung von Investmentbanken oder Börseninstituten nicht erschöpft. Die nicht börsennotierten Wertpapiere, die sich mehr oder weniger weitverbreitet im Besitz von Anlegern befinden, übertrumpfen um ein Vielfaches die Tausende von Wertpapieren und Anleihen, die an den führenden Wertpapierbörsen des Landes notiert werden. So wie es Broker gibt, die ausschließlich oder hauptsächlich in börsennotierten Wertpapieren handeln, gibt es auch Broker und Händler für nicht börsennotierte Wertpapiere. In allen Finanzzeitungen kann der Leser die Anzeigen solcher Broker in Form von Listen mit angebotenen und gesuchten Wertpapieren sehen. Sollte ein bestimmter Broker in seinem Angebot auch Aktien der Firma Continental Gadget Co. anbieten, könnte dies bedeuten, daß er einen Markt für einen Kunden sucht, oder daß er die Aktien auf eigene Rechnung anbietet. Wer in nicht börsennotierten Wertpapieren investiert oder handelt, darf nicht vergessen, daß die Händler und Broker nicht solch strengen Verhaltensregeln wie denen an der New York Stock Exchange unterliegen. Sie versuchen, billig zu kaufen und teuer zu verkaufen. Weder ihre Gewinne noch Provisionen werden durch etwas anderes begrenzt als durch ihr Gewissen und durch die Konkurrenz. Im nicht börsennotierten Markt gibt es keinen Treffpunkt für Continental Gadget, an dem alle Transaktionen in dieser Aktie unter strenger Beobachtung stattfinden. Caveat Emptor ist das Gesetz im nicht börsennotierten Markt.

Der Händler in nicht börsennotierten Wertpapieren versucht, wo immer er kann, auf ehrliche Weise eine Provision oder einen Gewinn zu erwirtschaften. Das Telefon ist sein wichtigstes Werkzeug. Er versucht ständig, durch Notierungen anderer Händler den Markt nach Wertpapieren, mit denen er handelt, abzusuchen. Wenn er herausfindet, daß ein Broker ihm Aktien der Firma Continental Gadget für 81 verkauft und ein anderer sie ihm für 82 abnimmt, ist das wie ein Geschenk für ihn. Es kann manchmal vorkommen, daß ein Broker in New York Aktien von einem Broker in Philadelphia kauft, und diese wiederum mit Gewinn an einen anderen Broker in Philadelphia, der sich im selben Gebäude befindet, verkauft. Der Durchschnittsanleger ist in seinen Verhandlungen mit einem solchen berechnenden und cleveren Spezialisten leicht benachteiligt, besonders dann, wenn er kein regelmäßiger Kunde ist. Gleichzeitig sollte der Anleger oder Spekulant lernen, im nicht börsennotierten Markt zu handeln, wenn auch nur deshalb, weil die dort herrschende Undurchsichtigkeit oft auch sehr gute Chancen versteckt hält.

Aktienversteigerungen

In New York, Boston und Philadelphia bieten die Versteigerungen einen öffentlichen Markt für die nicht börsennotierten Wertpapiere, was sehr wichtig ist. Diese Versteigerungen finden normalerweise wöchentlich statt. Der Großteil des Handels findet normalerweise in kleineren Paketen örtlicher, nicht börsennotierter Aktien statt. Die Versteigerungen sind auch oft die Stelle, an der man obskure und häufig wertlose Emissionen loswerden kann, wenn ein Nachlaß aufgelöst wird. Manchmal werden lange Listen solcher Wertpapiere als ein Versteigerungsartikel angeboten. Die Versteigerungen ziehen Goldsucher an, die des öfteren Weizen unter der Spreu finden. Gelegentlich kommt es vor, daß solch ein Händler für fünf oder zehn Dollar Wertpapiere kauft, deren Wert sich hinterher auf Tausende von Dollar beläuft. Im Falle von bekannten, nicht börsennotierten Aktien bieten die Versteigerungspreise eine Kontrolle gegenüber den Quotierungen der Händler.

Wie findet man einen verläßlichen Broker

Die große Mehrheit der Investmentbanken im Lande, die einen guten Ruf genießt, ist Mitglied der Investment Bankers Association of America (Gemeinschaft der Investmentbanken von Amerika). Eine Mitgliedschaft in dieser Vereinigung ist keine Garantie für Verläßlichkeit wie eine Mitgliedschaft in der New York Stock Exchange, sie gibt jedoch eine gewisse Garantie dafür, daß eine Firma über ausreichendes Kapital verfügt, seit mindestens zwei Jahren im Geschäft ist und bei der Konkurrenz einen guten Ruf genießt. Der Anleger hat Recht, wenn er Nachforschungen darüber anstellt, warum eine bestimmte Investmentbank kein Mitglied dieser Vereinigung ist. Im Fall eines Spekulanten, der mit börsennotierten Wertpapieren handelt, kann es durchaus sein, daß von seinem Broker eine Mitgliedschaft an der New York Stock Exchange verlangt wird. Nach den Regeln dieser Organisation dürfen Mitglieder ihre Provision nicht mit Nicht-Mitgliedern teilen. Daher gibt es keine legitime Art und Weise, wie eine Firma, die nicht Mitglied der Börse ist, durch eine Spezialisierung auf börsennotierte Aktien Gewinne erzielen könnte. Ein Mitglied einer Wertpapierbörse außerhalb New Yorks kann eine gegenseitige Übereinkunft mit einem Mitglied der New York Stock Exchange treffen, bei der es ihm sein gesamtes Kundengeschäft an der New Yorker Börse gegen dessen gesamtes Kundengeschäft an der örtlichen Börse überläßt. Jede Firma mit gutem Ruf wird einen Auftrag in einer börsennotierten Aktie ausführen, um einem Kunden einen Gefallen zu tun. Eine Firma, die Aufträge in börsennotierten Aktien sucht, jedoch nicht Mitglied einer Wertpapierbörse ist, ist eine Firma ohne sichtbare Unterstützung. Wie einer Person ohne sichtbare Unterstützung wird auch einer solchen Firma Mißtrauen entgegengebracht. Sollte der laienhaft tätige Spekulant auch nichts über die Funktionsweise der Spekulation gelernt haben, so sollte er doch genügend über die Einschätzung von Brokern und Investmentbanken lernen, um nicht Opfer der Pleite eines Tante-Emma-Ladens zu werden.

KAPITEL III

Spekulationsinstrumente

Die riesige Vielfalt der dem Spekulanten zur Verfügung stehenden Wertpapiere – Aktien von Minenfirmen, die Probebohrungen durchführen, bis zu Bundesanleihen – Anleihen bieten im allgemeinen begrenzte Gewinnmöglichkeiten – Wandelanleihen bieten Gewinn bei geringem Risiko – Spekulanten bevorzugen selten Vorzugsaktien - Stammaktien, ein weites Gebiet für Spekulation

Grenzenlose Horizonte erstrecken sich vor dem Möchtegern-Spekulanten. Alle im Handel befindlichen Waren sind mögliche Objekte für seine Tätigkeit. Sollte er jedoch seine Geschäfte auf Anleihen und Aktien beschränken, begrenzt er dadurch keinesfalls die Möglichkeiten seiner Aktivitäten auf ein enges Gebiet. Die Werte und Preise von Wertpapieren werden durch eine Vielzahl von Faktoren bestimmt. Interessiert er sich für Jute? Möglicherweise findet er Wertpapiere, deren Wert durch das Wetter in Indien genauso beeinflußt wird wie die Ware selbst. Schätzt er sich selbst als Baumwollspezialist ein? Das Steigen und Fallen von Düngemittelaktien, Textilaktien und bestimmten Eisenbahnaktien hängt ebenso wie die Quotierungen in den Baumwollterminkontrakten von den Vorhersagen über die Baumwollernte ab.

Unter den Wertpapieren wird er Emissionen finden, die, was Qualität und Wahrscheinlichkeit eines Preisanstieges anbelangt, von Pennyaktien einer Minengesellschaft bis zu Regierungsanleihen reichen. Sein Broker ist bereit, diese oder sonstige, zwischen den beiden Extremen angesiedelten Wertpapiere, auf seinen Auftrag hin zu kaufen. Er ist keinesfalls auf Anleihen oder Aktien beschränkt. Bezugs-

rechtsemissionen, Verkaufs- und Kaufoptionen und Options-
schuldscheine bieten ihm ein zusätzliches Betätigungsfeld für spekulative Aktivitäten. Unter den Anleihen wird er viele Untergrup-
pierungen finden, die ihn einladen – Hypothekenanleihen, Schuldverschreibungen, Einkommensanleihen, Wandelanleihen und Anleihen mit Schuldscheinen. Eine ähnlich große Auswahl existiert bei
Aktien: Vorzugsaktien, Stammaktien, dividendenberechtigte Aktien
mit beschränktem Stimmrecht (»CLASS A«), Vorzugsaktien mit
zusätzlicher Gewinnbeteiligung und viele mehr. Vor dem Versuch,
Geld für den tatsächlichen Kauf und Verkauf von Wertpapieren zu
riskieren, sollte der Händler zumindest wissen, was alle diese Begriffe
bedeuten, und eine Ahnung davon haben, welche Risiken und
Gewinnmöglichkeiten damit verbunden sind.

Unbegrenzte Möglichkeiten

Die erste grobe Unterscheidung im Wertpapierbereich liegt zwischen
Anleihen und Aktien, zwischen dem Nachweis einer Verpflichtung
und dem Nachweis eines Eigentums. Die Anleihe ist eine Verpflichtung, eine festgelegte Summe oder festgelegte Zinsen bei Ablauf zu
bezahlen. Allgemein ausgedrückt, wird der Schuldner nichts anderes tun, als diese Hauptverpflichtung zu erfüllen, während es unbegrenzte Gewinnmöglichkeiten gibt, wenn man ein gut organisiertes
Unternehmen besitzt. Dies ist der Ursprung des uralten Glaubens,
daß Anleihen grundsätzlich Anlagen und Aktien grundsätzlich Spekulation sind. Ein Schuldner muß seinen Verpflichtungen nach-
kommen, ansonsten provoziert er rechtliche Schritte zu deren Erfüllung, während es vorkommen kann, daß es keinerlei Gewinn aus
dem Eigentum gibt.
   Um dies klar auszudrücken, besteht der mögliche Gewinn durch
den Kauf einer Anleihe in der Differenz zwischen dem Preis, zu der
sie verkauft werden kann, und dem Betrag, der bei Ablauf für sie bezahlt
wird oder zu der sie eingelöst werden kann. Der mögliche Verlust ist

gleichermaßen einfach auszurechnen. Er besteht aus der Differenz
zwischen dem Verkaufspreis und Null. Wenn die Anleihe eine gesunde
Anlage ist, dessen Kupon oder festgelegter Zinssatz ungefähr dem
gleicht, der am Markt für ein solches Wertpapier geboten wird, wird
es sich entweder zum Nominalwert oder zumindest zu einem nicht
stark davon abweichendem Wert verkauft werden können. Die Chance
auf einen Gewinn durch seinen Kauf ist zu vernachlässigen. Wenn
es sich um eine gleichermaßen gesunde Anlage handelt, dessen Kupon
jedoch beträchtlich unter der Zinsrate am Markt liegt, wird sie sich
billiger verkaufen lassen. Die Differenz zwischen dem Marktpreis
und dem Nominalwert repräsentiert jedoch keinen spekulativen
Gewinn, sondern lediglich einen Ausgleich für den niedrigen Kupon.
Ein gewissenhaftes Anleiheinstitut fühlt sich berechtigt, die Ermäßigung als aufgeschobenes Einkommen zu betrachten, und kalkuliert
die theoretische Rendite dementsprechend, wenn es seinen Kunden
die Anleihe anbietet.

Gewinne bei Anleihe-Verzug

Wenn die Ermäßigung, mit der sich eine Anleihe verkauft, mehr als
ausreichend ist, um den niedrigen Kupon der Anleihe auszugleichen,
ist die Differenz offensichtlich der Ausgleich für das Ausfallrisiko. Eine
solche Situation kann den aufmerksamen Spekulanten auf eine
Gewinnmöglichkeit hinweisen. Sollte er nach einer genaueren Untersuchung der Situation überzeugt sein, daß das Ausfallrisiko viel kleiner ist als der Preis andeutet, sollte er das Wertpapier kaufen. Angenommen, der Ausfall wird wirklich erwartet oder ist tatsächlich passiert. Der Preis der Anleihe kann immer noch unverhältnismäßig niedrig sein. Ein Moment genügt. Im März 1924 meldete die Firma Virginia-Carolina Chemical Co. Konkurs an. Diesem Vorfall ging ein
starker Preisverfall ihrer Anleihen voraus. Der Preisverfall dauerte bis
einige Wochen nach dem Konkurs an und die Ersthypotheken sanken um 7% auf einen Tiefstwert von $53^{1}/_{8}$ in der letzten Maiwoche.

Zu diesem Preis verkaufte sich eine Ersthypothek von $ 22.500.000,-
auf den gesamten Besitz der Firma im freien Markt für weniger als
$ 12.000.000,-. Die öffentlichen Anleger hatten den Besitz der Firma
im Jahre 1919 – zugegebenermaßen ein Jahr, in dem es der Industrie
finanziell sehr gut ging – auf einen zur damaligen Zeit niedrigen Wert
von $ 50.000.000,- geschätzt. Die Firma hatte ihre Einkommens-
möglichkeiten aus dem Jahre 1919 vollständig und ihr Arbeitskapi-
tal teilweise verloren. Allerdings war ihr festes Vermögen intakt, und
ihre Ware war immer noch ein wichtiges Handelsgut. Man hätte mit
großer Wahrscheinlichkeit annehmen können, daß in einem Basis-
wirtschaftszweig eine Firma mit umfangreichen festgelegten Investitionen und einem enormen etablierten Umsatz eine Lösung finden
würde, um ihr Betriebskapital zu ersetzen und letztendlich ihre Ver-
dienstfähigkeit wieder herzustellen. Genauso passierte es, und die Firma
Virginia-Carolina Chemical erholte sich und stieg auf ein Preisniveau, das mehr als doppelt so hoch lag wie das Tief von 1924.

Geduld ist notwendig

Wer mit einer Ersthypothek zu 7% der Firma Virginia-Caroline Chemical (»First 7s«) spekuliert hatte, konnte nach weniger als zwei Jahren seine Belohnung ernten. Wenn man statt dessen eine andere
Hypothekenanleihe aus derselben Industrie, wie zum Beispiel eine
Ersthypothek zu 6% der Firma American Writing Paper (»First 6s«)
gekauft hätte, hätte man viel länger Geduld üben müssen. Die Firma
meldete mehrere Monate vor der großen Düngemittelfirma ihren Konkurs an. Als letztere mit Triumph und einer modifizierten Kapitalstruktur wieder auftauchte, war die Reorganisation der Firma American Writing Paper immer noch ein Ereignis der unvorhersehbaren
Zukunft. Die bloße Tatsache, daß eine Hypothek auf ein großes
Stück festen Eigentums für sehr viel unter ihrem Wert verkauft wird
oder sogar für viel weniger als dem realen Wert des Eigentums, bedeutet nicht automatisch die Möglichkeit eines schnellen Gewinns. Es

sollten zusätzlich gute Aussichten auf eine Wiederherstellung der Erwerbsfähigkeit und auf eine unter guten Bedingungen angestrebte Reorganisation bestehen.

Bei der Reorganisation einer bankrotten Firma kommt es oft vor, daß Anleihen, die sich als attraktive Spekulationsinstrumente herausstellen, begeben werden. Am Anfang überschattet der kürzliche Bankrott in den Köpfen der Anleger die ebenso wichtige Tatsache des chirurgischen Eingriffs, der vorgenommen wurde, und der sich abspielenden Rekonvaleszenz. Wenn die Bankiers, die die Reorganisation in die Wege leiten, fähige Finanzchirurgen sind, werden sie sicherstellen, daß das neue finanzielle Setup von ihnen so festgelegt wird, daß die Firma auf einfache Weise für all ihre Anleihen Zinsen verdient. Im Fall der Firma Brooklyn Rapid Transit Co. resultierte die Reorganisation zum Beispiel in der Schaffung einer neuen nachrangigen Hypothek, unter der Hypotheken mit 6% und einer Laufzeit von 45 Jahren im Wert von $ 92.000.000,- begeben wurden. Trotz der Tatsache, daß die Firma in den vorangegangenen Jahren mehr als genug verdiente, um die Zinslast zu decken, wiesen die Verkaufspreise der Anleihen im Jahr 1923 extreme Schwankungen zwischen 65¼ und 74³/₈ auf. Die Rendite auf den Durchschnitt dieser Preise lag bei knapp unter 9%. Innerhalb von zwei Jahren verkauften sich die Anleihen für über 90 und lagen seither über dem Nennwert.

Der Ursprung von Verdienstanleihen

Eine bevorzugte Lösung von Reorganisatoren, die sich bei der vorgeschlagenen neuen Struktur nicht sicher sind, um wieviel das Einkommen die Zinslast übersteigen wird, ist es, die neuen Anleihen teilweise oder ganz als Verdienstanleihen zu begeben. Zinsen auf diese Anleihen werden nur bezahlt, wenn sie verdient und durch die Direktoren deklariert wurden, obwohl es manchmal Vereinbarungen dahingehend gibt, daß die Direktoren zumindest ein bestimmtes Minimum des verfügbaren Einkommens deklarieren müssen. Anleihen dieser

Art sind eigentlich eine Kreuzung aus richtigen Anleihen, denen sie dadurch ähneln, daß sie eine feste Fälligkeit und manchmal ein Hypothekenpfandrecht haben, und Vorzugsaktien. Solche Anleihen können über einige Jahre hinweg den Rang einer hochwertigen Anlage erzielen. Atchison Reorganisationsanleihe 4% von 1995 werden heute als mündelsichere Anleihen betrachtet, obwohl sie immer noch reine Verdienstanleihen sind, deren Kupons theoretisch nur nach Gutdünken der Direktoren bezahlt werden. Verdienstanleihen dieser Art liefern des öfteren ausgezeichnete Spekulationsmöglichkeiten. 1922 wurde die Missouri-Kansas-Texas Eisenbahngesellschaft reorganisiert, und im Laufe dieses Prozesses wurden Reorganisationsanleihen mit 5% im Wert von $ 55.820.000,- begeben. Unter der Konkursverwaltung lagen die Einkünfte der Gesellschaft im Jahre 1921 bei 7,88% auf die neuen Reorganisationsanleihen, und trotzdem verkauften sich diese Anleihen 1922 für weniger als 50. Drei Jahre später lag der Verkaufspreis bei über 90.

Im Fall der Missouri-Kansas-Texas Reorganisationsanleihe lag ein Grund dieser Verteuerung in dem Vorteil, daß die Anleihen sich in Vorzugsaktien der Firma mit 7% zum Nennwert umwandeln. Privatanleger interessieren sich zunehmend für Anleihen mit Wandlungsrecht. Solch ein Recht ermöglicht dem spekulativen Anleger, je nach Wunsch Gläubiger zu bleiben oder Teilhaber der Firma zu werden. Wenn die Firma zunehmend gewinnbringend arbeitet, kann er zu einem theoretisch unbegrenzten Maß davon profitieren, indem er sein Recht auf die Umwandlung in Stammaktien ausübt. Sollte der erwartete Reichtum ausbleiben, behält er seinen Status als Gläubiger und damit das Recht, pünktlich Zinsen bezahlt zu bekommen, und wichtiger eingestuft zu sein als die Aktionäre. Das Recht zur Umwandlung in Vorzugsaktien bietet offensichtlich begrenztere Möglichkeiten als das Recht zur Umwandlung in Stammaktien, da die Dividende bei einer Vorzugsaktienemission normalerweise festgelegt ist. Gelegentlich kann ein solches Recht von Wert sein, wie das der Fall der Missouri-Kansas-Texas Reorganisationsanleihe beweist.

Vom Standpunkt des emittierenden Unternehmens aus betrachtet, bieten Wandelanleihen aus mehreren Gründen eine attraktive Finanzierungsmöglichkeit. Es geschieht häufig, daß eine Anleiheemission mit einer nachrangigen Hypothek oder überhaupt keiner Hypothekensicherheit, mit einer Umwandlungsklausel als »Bonbon« verkauft werden kann. Dadurch bleibt die Möglichkeit einer vorrangigen Finanzierung für den Notfall bestehen. Zudem ist die Wahrscheinlichkeit groß, daß die Anleihen letztendlich umgewandelt werden, dadurch ein Großteil der Fixkosten des Unternehmens eliminiert und seine Kapitalstruktur und sein Ansehen verbessert wird.

Todsichere Spekulationen

Vom Standpunkt des spekulativen Anlegers aus könnte die Wandelanleihe als todsichere Spekulation bezeichnet werden. Durch ihre Anschaffung kauft er ein festes Einkommen mit einer durchschnittlichen bis guten Sicherheit. Sein Verlustrisiko ist nicht höher als beim Kauf einer Anzahl von anderen Anleihen ohne Umwandlungsrecht. Gleichzeitig erwirbt er alle Gewinnmöglichkeiten der Stammaktien unter Abzug der Differenz zwischen dem Umwandlungspreis und dem gegenwärtigen Marktpreis der Aktien. Mit einem minimalen Risiko erwirbt er so unbegrenzte Gewinnmöglichkeiten. Aus Sicht der Unternehmensführung ist die Aussicht, daß ihre Fremdschulden durch die Umwandlung von Anleihen verringert oder eliminiert werden, sehr attraktiv. Eine Variante der Wandelanleihe, die Anleihe mit Optionsscheinen auf Aktienkauf, hat andere, jedoch manchmal sogar größere Vorteile. Diese Optionsscheine auf Aktienkauf beinhalten für den Besitzer der Anleihe, auf die sie sich beziehen, das Recht, eine bestimmte Anzahl von Aktien einer definierten Aktienart innerhalb eines festgelegten Zeitraumes zu einem bestimmten Preis oder in einer bestimmten Preislage zu kaufen. Für das Unternehmen ist dies ein viel flexibleres Abkommen als das Umwandlungsrecht. Im Falle eines Unternehmens, dessen Aktien sich zu einem Preis um die 15 verkauften, würde das Recht, eine Anleihe über $ 1.000,- für weniger als 50 Aktien einzutauschen, auf den Anleger wahrscheinlich wenig attraktiv wirken. Damit eine Emission verkauft werden kann, würde es im Gegensatz dazu genügen, wenn mit den $ 1.000,- Anleihen Optionsscheine verbunden wären, die dazu berechtigen, 10 Aktien zu jeweils $ 20,- zu kaufen. Eine voraussichtliche Aufstockung der ausgegebenen Aktien wäre im letzten Fall nur ein Fünftel so groß. Dadurch würde ein Kontrollverlust des Unternehmens durch die Emission zusätzlicher Aktien merkbar verringert werden.

Wandelanleihen bringen dem emittierenden Unternehmen lediglich die Einkünfte aus ihrem ursprünglichen Verkauf; Optionsscheinanleihen bieten die Aussicht auf zusätzliches Kapital durch die Ausübung der Optionsscheine. Wer in ein solches Wertpapier investiert, zieht vielleicht die Optionsscheinanleihe der Wandelanleihe vor, da sie ihm die Möglichkeit bietet, seine Anleihe als Anlage zu behalten, nachdem alle Gewinne durch die Optionsscheine eingelöst wurden. Im Falle der Wandelanleihe kann er seinen Gewinn nur durch die Aufgabe seiner Anlage realisieren. In der Vergangenheit wurden durch Wandelanleihen und Anleihen mit Optionsscheinen einige beträchtliche Gewinne erzielt, die sich auf bis zu mehrere Hundert Prozent des ursprünglichen Verkaufspreises der Anleihen beliefen. Natürlich erwies sich nicht jede solche Emission als gewinnbringend für den Anleger. Der Spekulant sollte nie vergessen, daß er in allererster Linie eine Anleihe kauft und erst dann eine Aktienoption. Nachdem er sich versichert hat, daß die Anleihe verhältnismäßig sicher ist, kann er als nächstes überlegen, ob das Recht auf Umwandlung oder auf eine Option vernünftige Gewinnmöglichkeiten bietet, ob der Preis der Anleihe nahe genug an dem Preis liegt, zu dem man mit Recht annehmen könnte, daß sich die Anleihe ohne das Privileg verkaufen ließe, damit er nicht für die Option einen extrem hohen Preis bezahlt. Obwohl eine Anleihe dieser Art durch ihre theoretisch unbegrenzten Gewinnmöglichkeiten bei minimalem Risiko als todsichere Spekulation bezeichnet werden könnte, sollte es einleuchten, daß ein Anleger unrecht hat, eine Anleihe nur deshalb zu kaufen, weil sie als »wandelbar« bezeichnet wird oder einen Optionsschein beinhaltet. Genausowenig sollte ein anderer Anleger eine Anleihe nur deshalb kaufen, weil sie »Ersthypothek« heißt.

Der Rekord von 20 Wandelanleihen

Ein Spekulant, der zum Beispiel jeweils eine der 20 Wandelanleiheemissionen kaufte, die der Öffentlichkeit 1922 angeboten wurden, hätte in den darauf folgenden drei Jahren viele aufregende Momente erlebt. Von den 20 Emissionen meldeten innerhalb dieser Zeitspanne vier den Konkurs an und zwei weitere Unternehmen, deren Wertpapiere auf der Liste standen, wurden freiwillig neu organisiert. Diese »Sterberate« liegt viel höher, als dies normalerweise bei Anleiheemissionen der Fall ist. Trotz dieser Performance waren die 20 Anleihen am 31. Dezember 1925 durchschnittlich etwas mehr wert als ihr ursprünglicher Ausgabepreis. Bei der Kalkulation wurde davon ausgegangen, daß Anleihen, die vor Ende 1925 eingelöst wurden, zu ihrem Kaufpreis zurückgenommen oder in Aktien umgewandelt worden waren, was auch immer die profitabelste Lösung war. Bei der Umwandlung von Anleihen wurde der entsprechende Wert der Aktien als Preis für die Anleihe genommen. Geht man von diesen Annahmen aus, erscheint es so, als ob die 20 Anleihen, die $ 19.667,50 kosteten, $ 19.740,- wert waren. Die ursprünglichen Ausgabepreise lagen zwischen 88 und $101^3/_4$ und die Preise am 31. Dezember 1925 zwischen 33 und $181^1/_8$.

Fälle von Schönfärberei

Jeder erfahrene Anleger, der 1922 den Kauf von Wandelanleihen in Betracht zog, konnte allerdings erkennen, daß eine Anzahl der angebotenen Emissionen keine wirklichen spekulativen Möglichkeiten bot.

In sieben der 20 Fälle waren die Anleihen entweder nur oder zu einem großen Teil in Vorzugsaktien umwandelbar. In diesen Fällen war es ziemlich offensichtlich, daß das Umwandlungsrecht reine Schönfärberei war, die helfen sollte, die Anleihen zu verkaufen, ohne dem Anleihenbesitzer eine berechtigte Gewinnmöglichkeit zu geben. Wenn man diese sieben Anleihen wegläßt, ergeben sich Kosten für je eine Anleihe der restlichen 13 von $ 12.877,50 obwohl sie am 31. Dezember 1925 zusammen $ 13.647,50 wert waren. Der hier entdeckte Profit ist keineswegs sensationell, man sollte jedoch nicht vergessen, daß es sich um eine rein zufällige Auswahl handelte. Hinzu kommt, daß die Rendite für die zwanzig Anleihen auf ihren Ausgabepreis 7,06% betrug, was weit über dem Profit lag, den ein konservativer Anleger 1922 mit Anleihen erzielen konnte. Der Spekulant, der alle im Jahr 1922 angebotenen Anleihen, die in Stammaktien umwandelbar waren, ohne weitere Qualitätskontrolle kaufte, war in dem untersuchten Zeitraum relativ erfolgreich.

Die praktische Schwierigkeit bei einer derart theoretischen Untersuchung wie der oben dargestellten, ist die Nichteinbeziehung der darin enthaltenen psychologischen Faktoren. Die Liste der Emissionen von 1922 beinhaltet Wandelschuldscheine der Art $7^1/_2\%$, 1937 der Firma Virginia-Carolina Chemical. Am 31. Dezember 1925 verkauften sich diese Anleihen zu einem Preis von $99^3/_4$. Unter der Annahme, daß der ursprüngliche Käufer einer dieser Anleihen sie bis zum Ende 1925 behielt, kann man von einer großen Portion Mut und Geduld von seiner Seite ausgehen. Nach der Konkursanmeldung lag der Verkaufspreis der Anleihen bei nur 27, und ein Besitzer hätte mit Recht annehmen können, daß ihm bereits eine Erholung von viel weniger als 72 Punkten auf diesen Preis eine durchaus gute Möglichkeit bot, aus der zweifelhaften, spekulativen Position herauszukommen.

Direktbeteiligung

Durch den Kauf einer Wandelanleihe geht der Händler eine eher vorsichtige Spekulation ein. Es wird nur dann eine erfolgreiche Spekulation sein, wenn der Preis der Aktien, in die die Anleihe umgewandelt werden kann, gegenüber dem Umwandlungspreis stark ansteigt. Der Umwandlungspreis wiederum liegt normalerweise zu dem Zeitpunkt, an dem die Anleihen erstmals angeboten werden, weit über dem Marktpreis der Aktien. Wenn man nun aber erwartet, daß die Aktien steigen, warum kauft man sie dann nicht direkt und nimmt den zusätzlichen, aus der Spanne zwischen Markt- und Umwandlungspreis bestehenden Gewinn mit? Das ist genau die Handlungsweise eines Durchschnittshändlers, der Aktien anstatt Aktienoptionen kauft und so ein eher direkter als indirekter Teilhaber wird.

Dem Spekulanten stehen natürlich viele Arten von Aktien zur Verfügung. Normalerweise wird ein Käufer von Unternehmensaktien Teilhaber mit beschränkter Haftung für die Schulden des Konzerns, mit vielleicht einem beschränkten Mitspracherecht in dessen Management, oft mit einem beschränkten Recht auf Gewinnbeteiligung, grundsätzlich jedoch wird er Teilhaber. Seine Stellung unterscheidet sich daher in vielen Punkten von der eines Anleihebesitzers.

Viele Aktienkategorien

Es war früher bei jeder Klassifizierung von Aktien gebräuchlich, sie in Vorzugs- und Stammaktien einzuteilen. In den letzten Jahren wurde die Unternehmensfinanzierung jedoch immer komplexer. Heute finden sich sowohl Anteilsaktien, bevorrechtigte Stammaktien, dividendenberechtigte Aktien mit beschränktem Stimmrecht, Gründeraktien, Managementaktien als auch Vorzugs- und Stammaktien auf jeder umfangreicheren Liste von ausstehenden Aktien. Zwei verschiedene Ausgaben von Vorzugsaktien können in ihren Vorzügen und Beschränkungen sehr unterschiedlich sein. Daher ist es unmöglich, eine Verallgemeinerung darüber abzugeben, was aus Sicht des Spekulanten die Attraktivität oder Unattraktivität einer jeden einzelnen Aktienart ausmacht. Jede Ausgabe muß aufgrund ihrer eigenen Verdienste beurteilt werden. Die typische Vorzugsaktie ist vorrangig vor der Stammaktie derselben Firma zu Dividenden berechtigt. Die Firmenführung muß die Höhe der Vorzugsdividenden festsetzen und veröffentlichen, bevor eine Dividende für Stammaktien bezahlt werden kann. Das Recht von Vorzugsaktionären auf Dividende ist oft kumulativ. Sollte das Unternehmen in einem Jahr nicht in der Lage sein, die vollen Vorzugsdividenden bezahlen zu können, muß diese Unterlassung in einem der folgenden Jahre wieder gutgemacht werden, bevor den Stammaktionären etwas ausbezahlt werden kann. Bei einem Konkurs bedeuten Vorzugsaktien oft einen vorrangigen Anspruch auf Vermögenswerte. Da der freiwillige Konkurs eines Unternehmens beinahe seltener ist als eine totale Sonnenfinsternis, hat diese Vereinbarung keine praktische Bedeutung. Eine Vorzugsaktie kann oft zu einer vereinbarten Prämie über pari zurückberufen werden. Da es manchmal passiert, daß eine erfolgreiche Firma den Wunsch hegt, ihre Vorzugsaktien zurückzunehmen, könnte diese Möglichkeit von einiger Bedeutung sein.

Allgemein ausgedrückt sind Vorzugsaktien weniger interessant für den Spekulanten als Anleihen. Ist die Vorzugsaktie eine sichere Anlage, die jahrelang Dividenden und Gewinne erzielt hat, werden ihre Schwankungen gering sein. Da die Dividende normalerweise auf einen festen Betrag festgelegt ist, ist der zunehmende Erfolg des emittierenden Unternehmens, außer wenn es um die Sicherheit seiner Dividenden geht, für den Vorzugsaktionär wenig bedeutsam.

Während der Hausse der Jahre 1924 - 29 stiegen zum Beispiel die Vorzugsaktien (7%) von American Can, dank der Tatsache, daß sie nicht zurückberufen werden konnten, von einem Tiefstpreis von 109 im ersten Jahr auf einen Höchstpreis von 145 im letzten Jahr. Aus Sicht eines konservativen Treuhänders würde dies eine zufriedenstellende Wertsteigerung bedeuten. Allerdings wurde sie vollkommen durch die Entwicklung der Stammaktie in den Schatten gestellt. Mit einer 50%igen Aktiendividende und einer Verringerung des Nominalwertes, schoß die Juniorausgabe von einem Tiefstpreis von 16 im Jahr 1924 auf einen Höchstpreis von $184^1/8$ im Jahr 1929. Die Vorteile für einen Stammaktionär in einer erfolgreichen Periode sind unübersehbar.

Andererseits ist das Verlustpotential bei einer Vorzugsaktie in einer Situation, in der sich die Lage eines emittierenden Unternehmens verschlechtert, so groß wie bei einer Stammaktie. Mit der Ausnahme von Bankaktien, die nach amerikanischem Gesetz die doppelte Verbindlichkeit nach sich ziehen, kann der Käufer in keinem Fall mehr als 100% seiner Einlage verlieren.

Wandelschuldverschreibungen und Aktien mit zusätzlicher Gewinnbeteiligung

Eine Vorzugsaktie sowie eine Anleihe können mit einem Recht auf Umwandlung oder einem Aktienbezugsrechtsschein verbunden sein. In diesem Fall erhält der Käufer lediglich eine Option auf die Stammaktien mit einem etwas geringerem Risiko, als wenn er diese direkt kaufen würde.Etwas unterschiedlich ist der Fall bei einer Vorzugsaktie mit Recht auf Gewinnbeteiligung. Der Besitzer einer Vorzugsaktie mit Gewinnbeteiligungsrecht hat nicht nur Anspruch auf die erklärte Dividende, sondern auch auf zusätzliche Ausschüttungen unter vereinbarten Bedingungen. Dies ist zum Beispiel der Fall, wenn die Geschäftsführung eine größere Dividende als die festgelegte ausschütten möchte. Der Markt für solche Aktien wird den zunehmenden Erfolg eines emittierenden Unternehmens genauso reflektieren wie der für Stammaktien, allerdings behält der Besitzer ständig seine bevorzugte Position. Ist jedoch die Vorzugsaktie durch das emittierende Unternehmen rückrufbar, könnten ihren Steigerungsmöglichkeiten Grenzen gesetzt sein.

Eine »ehemalige Stammaktie« oder eine »Aktie mit zusätzlicher Gewinnbeteiligung« oder »dividendenberechtigte Aktien« könnten tatsächlich Vorzugsaktien sein, möglicherweise zweit- oder drittrangige Vorzugsaktien. Der Spekulant sollte ihre genauen Bedingungen prüfen, um zu verstehen, wo innerhalb der Kapitalstruktur des Unternehmens sie tatsächlich angesiedelt ist. Eine National Cash Register »A« Aktie ist in Wirklichkeit eine Vorzugsaktie mit zusätzlicher Gewinnbeteiligung, aber ohne Stimmrecht, mit einem Wert von $ 3,-. Nachdem $ 3,- pro Aktie für jede Kategorie bezahlt wurde, erzielen sie bei weiteren Ausschüttungen denselben Gewinn. Andererseits unterscheidet sich die Fox Film »A« Aktie von der »B« Aktie nur beim Stimmrecht. Die kleine Anzahl der Besitzer der Letzteren ist berechtigt, die Mehrheit der Vorstände zu wählen, solange für beide Aktienkategorien eine Dividende von $ 4,- ausgeschüttet wird.

Beliebte Vorzugsaktien

Für den Spekulanten sind nicht nur am Gewinn beteiligte und umwandelbare Vorzugsaktien von Interesse, sondern auch gewöhnliche Vorzugsaktien, wenn diese von der Dividendenausschüttung aufgrund zeitlich begrenzter Schwierigkeiten ausgenommen werden. Im Fall der Chicago, Milwaukee und St. Paul & Pacific Eisenbahngesellschaften sind es beispielsweise die Vorzugs- und nicht die Stammaktien, die das wirklich spekulative Instrument sind. Bei vielen anderen ist dies ebenso der Fall. Es ist besonders dann wahrscheinlich, daß eine Vorzugsaktie eine aktive Spekulationsaktie wird, wenn auf sie keine Dividende ausgeschüttet wird. Wenn eine solche Aktie unter 50 verkauft und die Dividendenrückstände sich auf einen großen Teil des Marktpreises belaufen, wird es sich für den Spekulanten lohnen, nach Anzeichen einer Erholung des Unternehmens Ausschau zu halten. Tatsächlich werden solche Dividendenrückstände selten in bar ausgeschüttet, da die Aktionäre meist bereit sind, neue Wertpapiere anstatt der Barzahlung zu akzeptieren. Die Aussicht auf eine der Barzahlung gleichgestellte Lösung bietet während einer Hausse immer ein gutes Gesprächsthema für Enthusiasten der Aktie.

Ungewöhnliche Gewinnmöglichkeiten durch Stammaktien

Das gewöhnliche Spekulationsvehikel, die Stammaktie, verkörpert das Eigenkapital eines Unternehmens und damit das Vermögen, welches nach der Begleichung aller Schulden und Ansprüche von Vorzugsaktionären und anderen Hauptaktionären übrigbleibt. Sie bedeutet auch das Recht auf Nettoeinkünfte des Unternehmens nach Zahlung von Zinsen, Steuern, Mieten für geleaste Räumlichkeiten und Dividenden auf Vorzugsaktien. Da die Stammaktionäre die letzten sind, die Anspruch auf das Vermögen und die Einkünfte eines Unternehmens haben, sind sie die ersten, die während einer schlechten Zeit leiden. Als Ausgleich dafür profitieren sie, und zwar nur sie, von einem zunehmenden Erfolg, nachdem die Ansprüche von Gläubigern und Vorzugsaktionären erfüllt wurden. Die Geschichte von Unternehmen ist weltweit voller Beispiele von Betrieben, die sich von bescheidenen Anfängen zu Firmen mit riesigen Gewinnmöglichkeiten entwickelten. Die Besitzer eines bestimmten Rasierapparateherstellers sahen den Wert ihrer Anlage innerhalb von weniger als 10 Jahren von $ 16.000.000,- auf $ 200.000.000 ,- ansteigen. Solche spektakulären Erfolge sind selten. Es gibt jedoch viele Unternehmen, deren Wert sich über einen Zeitraum von mehreren Jahren hinweg durch die Zunahme des Wohlstandes und der Bevölkerung verdoppelt oder verdreifacht. Nicht Gläubiger oder Vorzugsaktionäre, sondern Stammaktionäre profitieren von diesem Wachstum.

Das Management tritt niemals zurück

Die Stammaktionäre haben nicht nur Anrecht auf die Vermögenswerte und Einkünfte, nachdem die festgelegten Ansprüche von Gläubigern und Vorzugsaktionären befriedigt wurden, sondern sie kontrollieren theoretisch auch das Management des Unternehmens. Vorzugsaktien können das Wahlrecht beinhalten oder auch nicht und Stammaktien können je nach Kategorie ein verschiedenes Wahlrecht beinhalten. Das Management des Unternehmens wird jedoch normalerweise durch die Stimmen der Stammaktionäre gewählt. Dieses Stimmrecht hat mehr theoretische als praktische Bedeutung, wenn es sich um Unternehmen handelt, deren Aktien weitverbreitet sind. Die kleinen Aktionäre stimmen normalerweise aus Gewohnheit für den Erhalt des vorhandenen Managements. Daher vertritt das Management normalerweise in den Unternehmensangelegenheiten andere Interessen als die Stammaktionäre. Letztere wollen vielleicht während einer Zeit großer Erfolge umfangreiche Dividenden ausgeschüttet bekommen, während das Management es vorzieht, den Großteil der Einkünfte in die Rücklagen zu stellen, um weiteren Macht- oder Prestigeambitionen nachgehen zu können. Stammaktionäre einer Firma mit geringen Einkünften über Jahre hinweg könnten berechtigterweise den Wunsch hegen, die Firma aufzulösen, um möglichst viel Geld zurückzubekommen und dieses dann auf einem lukrativeren Gebiet neu anzulegen. Dies würde das Ende des Managements bedeuten und die gesamte Belegschaft vom Direktor bis zum Bürolehrling zwingen, eine neue Anstellung zu suchen. Das ist wahrscheinlich einer der Gründe, warum freiwillige Liquidierungen fast nie vorkommen.

Die Einschätzung der Geschäftspolitik

Die mögliche Sichtweise des Managements ist ein Faktor, den der Spekulant berücksichtigen muß, wenn er versucht, Preisbewegungen vorherzusehen. Er kann beispielsweise nicht fest davon ausgehen, daß ein bestimmter Anteil der Einkünfte tatsächlich in Form von Dividenden verteilt wird. Er muß annehmen, daß ein Unternehmen niemals freiwillig in die Liquidation geht. Daher gibt es keinen logischen Grund für eine Annahme bezüglich der Beziehung zwischen Buch-

und Marktwerten. Den voraussichtlichen Marktwert einer Stammaktie zu bestimmen, ist nicht so einfach wie eine bloße Subtraktion
von Schulden und anderen vorrangigen Ansprüchen von den Buch-
werten des Unternehmens.

Das Hauptinteresse des Spekulanten ist auf die Stammaktien
gerichtet. Er sollte sich mit Anleihen und Vorzugsaktien auskennen
und bereit sein, günstige Gelegenheiten auf diesen Gebieten zu nutzen. Der Großteil seiner Handelsaktivitäten wird sich jedoch in den
Tausenden von Stammaktien, die an den Wertpapierbörsen in den
wichtigsten Städten der Welt notiert werden und in denen eine große
Anzahl von Brokern außerhalb der Börse handeln, abspielen.

KAPITEL IV

Marktbewegungen – Wogen und Wellen

Ein einfacher Plan und seine Schwächen – Anonyme Käufer und Ver-
käufer – »Insider« *haben nicht immer Recht – Unprofitable Pools – Die*
Chancen gegen einen kurzfristigen Händler – Für lang anhaltende Bewe-
gungen braucht man Geduld

Was all denjenigen, die den Markt beobachten, bei Wertpapierpreisen ins Auge sticht, ist deren Schwankung. Während einer Periode
andauernden Preisverfalls fragte ein Anfänger Russel Sage, ob dieser
erwartete, daß die Aktien ansteigen würden. Dessen lakonische Antwort darauf war: »Bisher sind sie immer wieder angestiegen«.

Angenommen, der Anfänger von damals hätte sich die Marktent-
wicklung einer seit Jahren gehandelten Aktie, zum Beispiel von American Telephone, flüchtig angesehen. Im Fall dieser besonderen Emission hätte er herausgefunden, daß ihr Preis über lange Jahre hinweg
zwischen einem extremen Tief um die 90 und einem extremen Hoch
um die 150 schwankte. Während der Dauer von 20 Jahren konnte
die Aktie nur in Panikmärkten für unter 100 verkauft werden, während
ihr Preis in normalen Jahren gewöhnlich zwischen 115-120 und 135-
140 betrug. »Wie einfach«, hätte sich der Anfänger gesagt. »Ich werde
American Telephone Aktien kaufen, wenn sie für 120 angeboten
werden und verkaufe sie, wenn der Preis 135 erreicht. Auf diese
Weise kann ich innerhalb weniger Monate $12^{1}/_{2}\%$ Gewinn für mein
Geld erzielen und bekomme außerdem zufriedenstellende Dividendenzahlungen«.

Sieben Jahre für 15 Punkte

Auf dem Papier hätte bei einem solchen Plan nichts schiefgehen können. In der Realität würde er bald scheitern. Hätte ein Spekulant im Jahr 1917 nach diesem Plan gehandelt, dann hätte er American Telephone Aktien problemlos für 120 erstehen können. Nach einer Wartezeit von sieben Jahren hätte er einen Gewinn von 15 Punkten erzielt. Sicherlich hätte er zwischenzeitlich $6^2/3$ % Gewinn gemacht, allerdings hätte er seine Aktien über die Zeit der Unsicherheit des großen Krieges, einer enormen Inflation und einer tiefen Rezession hinüberretten müssen. Lange vor Ablauf der sieben Jahre hätte er wahrscheinlich das Spekulieren völlig aufgegeben oder zumindest seine Theorien über Spekulation modifiziert. Hätte er daran festgehalten, hätte er in der Anfangsphase der größten Hausse in der Geschichte verkauft.

Der Anfänger lernt schnell, daß solch eine einfache Planung nicht funktionieren wird. Seine Erfahrung erschüttert jedoch nicht seinen Glauben an die Tatsache, daß Aktienpreise ständig schwanken. Tatsächlich wäre der nächste Schritt in der Weiterentwicklung des Anfängers – manche Händler entwickeln sich nie über dieses Stadium hinaus – die Beobachtung, daß bei Wertpapierpreisen beträchtliche Schwankungen von Tag zu Tag und von Woche zu Woche vorkommen. Wenn er eine Aktie mit einer größeren Volatilität als die American Telephone Aktie betrachtet, bemerkt er bald, daß sie innerhalb einiger Tage eine Schwankungsbreite von 5 bis 10 Punkten aufweisen kann. Hier besteht anscheinend eine echte Gewinnmöglichkeit. Allerdings werden an der New York Stock Exchange Hunderte ziemlich aktiv gehandelter Aktien notiert, ganz zu schweigen von denen, für die es einen aktiven Markt an der »Curb« oder anderen Wertpapierbörsen gibt. Welche Aktie soll ein Händler als Instrument für seine Aktivitäten auswählen? Soll er kaufen oder verkaufen?

Die Lösung des Hochschullehrers

Ein Hochschullehrer könnte dieses Problem angehen, indem er zuerst versucht, die Gründe für die Schwankungen der Aktien zu analysieren. Nachdem er diese Gründe zu seiner eigenen Zufriedenheit bestimmt hat, bestände der zweite Schritt bei einer logischen Untersuchung in einer Analyse der Position der zahlreichen Aktien, um herauszufinden, welche sich in der besten Kauf- oder Verkaufssituation befindet. Es ist offensichtlich, daß eine solche Untersuchung viel mehr Zeit, Überlegung, Energie und Wissen in Anspruch nehmen würde, als der Durchschnittshändler jemals dafür aufbringen könnte. Da dieser üblicherweise ein »praktisch veranlagter« Geschäftsmann ist, würde er eine so sorgfältige Art, das Problem der Spekulation anzugehen, sowieso ablehnen.   Hatte nicht sein Nachbar Joe Smith, nach Aussage seiner Mitreisenden im 5-Uhr-15-Zug, letztes Jahr im Aktienmarkt $ 10.000,- verdient? Wenn sogar Joe, von dessen Geschäftstüchtigkeit er nicht allzu viel hält, im Aktienmarkt erfolgreich sein kann, muß es sich um eine einfache Angelegenheit handeln. Nachdem sich unser Anfänger entschlossen hat, das Wagnis einzugehen, besucht er das Büro eines Brokers, dessen Bekanntschaft er gemacht hatte. Das Geld, welches er zu Spekulationszwecken riskieren möchte, wiegt schwer in seiner Tasche – er kann es kaum erwarten. Wäre er kein Optimist, würde er dieses Wagnis nicht eingehen. Daher kann man fest davon ausgehen, daß sein erster Auftrag ein Kaufauftrag ist. Vielleicht wird er die Aktien eines Unternehmens kaufen, das er aufgrund der Gespräche zwischen seinen Geschäftsbekanntschaften für erfolgreich hält. Möglicherweise wird er durch die Lektüre einer Finanzzeitung auf eine attraktive Emission hingewiesen. Sollte er keinen Zugriff auf diese Quellen haben, könnte ihm einer der zahlreichen Dienstleister, deren Bulletins zu einem Preis zwischen $ 40,- und $ 5.000,- an Abonnenten geliefert werden, zur Verfügung stehen. Sollte der Händler beschließen, daß er nicht nur die mechanische Dienstleistung seines Brokers, sondern auch dessen Ratschlag in Anspruch nehmen will, kann er sich darauf verlassen, daß der Kundenberater, der für sein Konto zuständig ist, ihm viele Vorschläge unterbreiten wird.

Die Vorteile aktiv gehandelter Aktien

Während er seine Entscheidung trifft, beobachtet der zögernde Händler wahrscheinlich den Strom der Transaktionen, die über den Ticker laufen. Es wird ihm auffallen, daß einige Symbole viel häufiger auftreten als andere. An einem typischen Tag werden die zehn aktivsten unter den 600 bis 700 notierten Aktien möglicherweise 30 – 40% des Gesamtvolumens ausmachen. Seine Aktivitäten auf die führenden aktiven Aktien zu konzentrieren, birgt entscheidende Vorteile. Der Amateur wird sie wahrscheinlich rein deshalb bevorzugen, weil das häufige Auftauchen der Symbole, die sein Abenteuer verkörpern, auf dem Tickerband eine Belohnung für ihn darstellt. Wichtiger sind die besseren Vermarktungsmöglichkeiten und die Sicherheit, daß alle wichtigen, die Aktie betreffenden Neuigkeiten gewissenhaft veröffentlicht werden.

Zufällig könnte die Wahl des neuen Kunden auf General Motors fallen. Beim Betrachten des Tickerbandes könnte er die Aufzeichnung einiger Transaktionen in dieser Aktie wie folgt sehen: GM 3.48 5.48 $1/8$ $1/4$. Sein Kundenberater wird ihm bereitwillig erklären, daß diese kryptischen Symbole den Verkauf von 300 Aktien von General Motors zu einem Preis von $ 48,- pro Aktie, gefolgt von einem Verkauf von 500 Aktien zu $48 1/8$ und 100 Aktien zu $48 1/4$ bedeuten. Nachdem er einen Kaufauftrag über 100 Aktien erteilt hat, könnte er bald mitgeteilt bekommen, daß auch er 100 Aktien zu $48 1/4$ gekauft hat. Wenn er die Abendzeitung liest und daraus erfährt, daß General Motors einen Schlußpreis von $49 1/4$ erzielte, könnte er hocherfreut sein, hätte jedoch keinen Grund, eine derartige Marktbewegung als außergewöhnlich anzusehen.

Wie schnell kann sich der Wert verändern?

General Motors hat, während diese Zeilen geschrieben werden, ungefähr 43.000.000 Stammaktien im Umlauf. Ein Ansteigen der Aktien um 1 ¼ Punkte bedeutet daher, daß der Markt den Wert der Fabrik, das Umlaufvermögen, das Management, die Ertragskraft und die Zukunftsaussichten des Unternehmens um $ 54.000.000,- höher einschätzt. Kein vernünftiger Mensch wird behaupten, daß es wahrscheinlich ist, daß eine Veränderung des Realwertes eines Unternehmens in einer solchen Größenordnung innerhalb einiger weniger Stunden eintreten wird. Wie groß ist dann die Bedeutung der Tagesschwankungen einer bestimmten Aktie?

Anonyme Käufer und Verkäufer

Das Tickerband gibt Einzelheiten über die Anzahl der Käufe und Verkäufe in einer bestimmten Aktie an einem bestimmten Tag und über den Preis, zu dem jeder Abschluß stattfand, bekannt. Man muß sich auf seine Phantasie verlassen, um sich die Gründe der Käufer und Verkäufer vorstellen zu können. Der Käufer von 1000 General Motors Aktien könnte ein Anlagefonds sein, dessen Management nach genauer Betrachtung der Einkünfte, Zustände und Aussichten der Firma ein Paket davon ansammeln möchte. Ein anderer Anlagefonds, der vielleicht gleich gut informiert ist, könnte am selben Tag ein Aktienpaket auflösen, um die Mittel für den Kauf einer noch besseren Anlage zu schaffen. Ein einzelner Anleger kauft mit den Erträgen von Anleihen bei deren Verfall 100 Aktien und begründet seinen Kauf mit dem flüchtigen Wissen, daß das Unternehmen stark ist, und mit dem Glauben daran, daß ihre Dividenden sicher sind. Ein Händler kauft weitere 100 Aktien in der Hoffnung, daß der jahreszeitlich bedingte Anstieg der Autoverkäufe sich in der Wertsteigerung der Aktien der größten Motorfirma widerspiegeln wird. Gleichzeitig entscheidet sich ein anderer Händler dazu, seinen Gewinn

zu realisieren. Der Versteigerer des Nachlasses eines reichen Geschäfts-
mannes verkauft alle Wertpapiere, die in dessen Safe gefunden wurden, um das Erbe bar ausbezahlen zu können. Das Aufzählen von
Beispielen könnte unendlich fortgesetzt werden.

Geringe Schwankungen in den Aktien von General Motors oder
anderen Unternehmen sind das Resultat ständiger Veränderungen in
der Größenordnung von Angebot und Nachfrage. Bei einer Ware wie
Kupfer kann es vorkommen, daß die Kundennachfrage einen Tag oder
sogar einen Monat lang größer ist als die Produktion, ohne daß
dadurch der Preis beeinflußt wird. Im Aktienmarkt genügt ein geringes kurzfristiges Überangebot an Aktien gegenüber einer geringen
Nachfrage oder umgekehrt, um die Notierungen zu verändern. Das
Übergewicht von Angebot gegenüber Nachfrage oder von Nachfrage
gegenüber Angebot kann rein zufällig und kurzfristig sein, es kann
jedoch auch das Anzeichen für einen starken Trend sein. Niemand
kann das in dem Moment sagen.

Anstieg bei Can

Wie der Ozean ist auch der Aktienmarkt ständig in Bewegung. Außer
den sanften Wogen, deren Ursache ein undurchdringliches Geheim-
nis bleibt, gibt es kräftigere Bewegungen, deren Ursachen zu untersuchen mehr Aussicht auf Erfolg zu bieten scheint. In den elf Tagen
zwischen dem 4. und dem 14. Februar 1930 wies ein breiter Durchschnitt von Unternehmensaktien eine Schwankung von 2% zwischen Tiefst- und Höchstpunkt auf. American Can dagegen erfreute
sich eines Anstiegs von mehr als 13% innerhalb derselben Zeitspanne. Wenn ein Händler nur die Hälfte dieser Bewegung mitnehmen
konnte und an jedem elften Tag so erfolgreich sein könnte, könnte
er alle fünf Monate sein Vermögen verdoppeln. Diese Rechenüber-
legungen sind für das geistige Wohlbefinden eines mathematisch
veranlagten Menschen genauso gefährlich wie das Schwelgen in Dro-
gen für einen anderen Abhängigen.

Wenn man in den Finanzzeitungen blättert, die während dieser Periode erschienen sind, stößt man auf kein wichtiges, American Can betreffendes Ereignis. Es ist jedoch erstaunlich, daß drei Tage, nachdem die Aktie ihren höchsten Punkt erreicht hatte, eine wichtige Neuigkeit veröffentlicht wurde. Es handelte sich dabei um den Jahresbericht für das Jahr 1929, der Einkünfte angab, die fast ebenso hoch lagen wie die extravaganten Schätzungen, die zum Höhepunkt der Hausse des Jahres 1929 öffentlich verbreitet wurden. Eine einfache Untersuchung beweist, daß ein Händler, der zwei Wochen vor der Veröffentlichung American Can Aktien gekauft hätte, einen ansehnlichen Gewinn erzielt hätte, während derjenige, der auf den Bericht gewartet hätte, seine Ungeduld fast fünf Wochen lang hätte zügeln müssen, bevor er auch nur einen kleinen Gewinn erzielt hätte. Egal ob hilfreich oder nicht, diese Erkenntnis ist zumindest interessant.

»Insider« haben nicht immer Recht

Aus diesem einfachen Beispiel könnte man die Erkenntnis ziehen, daß eine echte »inside information«, also eine Information von innen, für den Händler unbezahlbar ist. Daß dies nicht unbedingt richtig ist, wird durch den Rekord von 1929 bewiesen. Einige der größten Tragödien waren die Verluste, die hochgestellte Unternehmensvertreter erlitten, die große Pakete eigener Aktien, die sie fremdfinanziert hatten, besaßen. In vielen Fällen wurden sämtliche Lebensersparnisse vernichtet. Diese Verluste erlitten Menschen, die über den Wert der Aktien mehr Informationen hatten, als jeder andere Mensch.

Ein rätselhafter Anstieg

Eine noch spektakulärere Bewegung als die gerade beschriebene, war der Anstieg von Advance Rumely Stammaktien von einem Stand unter 50 im Januar 1929 auf einen Höchstpreis von $104^7/_8$ am 1. Mai. In den vorangegangenen sechs Jahren hatten die Stammaktien des Unternehmens keinerlei Gewinnkraft gezeigt und es bestand kein Grund, 1929 eine bedeutende Verbesserung zu erwarten. Erst viele Monate später wurde bekannt, daß das Unternehmen im Jahr 1929 sogar noch weniger Gewinn erzielte als in den sechs Jahren davor. Der scharfe Anstieg der Aktien Anfang 1929 kann möglicherweise auf das Handwerk eines waghalsigen Pools zurückgeführt werden. Da sich nur 137.500 Aktien im Umlauf befanden, bot sich das Unternehmen geradezu für ein solches Unterfangen an. Kein Händler, der die Absicht des Poolführers nicht kannte, hätte den Anstieg von Advance Rumely vorhersehen können. Selbst ein Händler, der über die Absichten informiert gewesen wäre, hätte einen starken Glauben aufbringen müssen, um auf die Information hin zu handeln.

Aktivitäten von Pools

Handlungen durch Pools wurden erwähnt. Es sollte klar sein, daß es zwei verschiedene Arten von Pools gibt. Der häufigste Pool ist der »stabile Pool«, der dafür ins Leben gerufen wird, um den Markt einer bestimmten Aktie ständig zu gewährleisten, und nicht um Gewinne zu erzielen. Ein Markt, der ohne Grund plötzlichen und heftigen Bewegungen unterworfen ist, verängstigt Anleger. Banken, Großaktionäre und Geschäftsführer, die sich für ein bestimmtes Unternehmen interessieren, stellen häufig einen schlauen Broker zum Betreiben eines Pools ein, um solche Schwankungen zu verhindern. Zu Zeiten starker Nachfrage wird der Pool verkaufen, um die Preise innerhalb bestimmter Grenzen zu halten. Ebenso könnte der Verkauf eines großen Aktienpaketes einen starken Preisverfall nach sich ziehen, falls der Pool nicht bereit wäre zu kaufen. Durch diese Kauf- und Verkaufsaktionen kann ein ordentlicher Markt aufrecht erhalten werden, und der Anleger wird die Sicherheit haben, daß er die Aktien jederzeit zu einem Preis, der nahe an der letzten Notierung liegt, kau-

fen und verkaufen kann. Ein solcher Pool arbeitet normalerweise
kostendeckend, erzielt jedoch keine Gewinne.

Ein historischer Pool in Rock Island

Die zweite Art von Pool arbeitet mit der erklärten Absicht, durch Aktivitäten in einer bestimmten Aktie Gewinne zu erzielen. Sollte eine
bestimmte Aktie scheinbar zu einem unvernünftig niedrigen Preis zum
Verkauf angeboten werden, während die allgemeinen Marktbedin-
gungen günstig sind, könnte ein solcher Pool versuchen, ein großes
Aktienpaket anzusammeln. Nachdem genügend Aktien gekauft wurden, wird das verfügbare Angebot größtenteils verschwunden sein,
und weitere Käufe werden dazu tendieren, die Preise nach oben zu
treiben. Diese Preisbewegung alleine wird die Aufmerksamkeit des
Marktes auf sich ziehen und, soweit die Aktie wahrhaftig unterbewertet sein sollte, das Ergebnis sich von selbst einstellen. Diese
Anstiegsbewegungen werden gelegentlich durch die passende Veröffentlichung von vorteilhaften Berichten über das Unternehmen, dessen Aktien gehandelt werden unterstützt, besonders dann, wenn der
Pool seine Holdings verkauft. Grundsätzlich unterscheiden sich diese
Poolaktivitäten überhaupt nicht von dem Versuch eines kleinen
Händlers, durch den Kauf einer Aktie, die für weniger als ihren Real-
wert verkauft wird, einen Gewinn zu erzielen. Es ist offensichtlich
schwieriger, Tausende von Aktien anzusammeln, ohne ihren Preis nach
oben zu treiben, oder die Holdings des Pools zu verteilen, ohne den
Markt zu zerstören, als in Stückzahlen von einhundert zu kaufen oder
zu verkaufen, obwohl dies ein Unterschied in der Größenordnung
und nicht in der Art und Weise ist. Anfang 1926 trieb ein Pool den
Preis von dividendenberechtigten Aktien mit beschränktem Stimmrecht der Firma Devoe & Reynolds auf $104^1/8$. Der Versuch, die Aktien
an die Öffentlichkeit zu vertreiben, scheiterte, und innerhalb von drei
Wochen war der Preis auf 40 gefallen. Sogar einige der durch den
Pool angestellten Brokerhäuser erlitten ernsthafte Verluste bei die-

sem Zusammensturz. Vor einigen Jahren wurde in Rock Island ein
Pool unter dem Management eines bekannten Spekulanten gegründet. Aufforderungen zur Teilnahme wurden verteilt und veröffentlicht, und viele kleine Händler wurden Mitglied. Der Pool wurde
letztendlich mit schweren Verlusten aufgelöst. Selbst wenn jemand
aufgrund des Tickerbandes und der stattfindenden Aktivitäten erkennen kann, daß eine Aktie in großen Mengen aufgekauft wird, hat er
keine Versicherung dafür, daß er in guter Gesellschaft wäre, wenn er
die Aktie selbst kaufen würde.

Wie handelt der Laie

Der Händler, dessen ursprünglicher Kauf von General Motors Aktien
in einem der vorherigen Paragraphen angenommen wurde, würde
wahrscheinlich nicht sofort die Schwierigkeit, kleinere Bewegungen
vorherzusehen, erkennen. Daher ist es unvermeidlich, daß er sehr bald
eine der Schwierigkeiten des Spekulationsgeschäfts selbst erfahren
würde. Nachdem er am Morgen nach dem Kauf in sein Büro käme,
könnte er versucht sein, seinen Gewinn zu realisieren und einen Verkaufsauftrag zu 49 ¼ aufzugeben. Geistig könnte er sich selbst zu
einem Profit von $ 100,- in einem einzigen Tag und bei einem Einsatz von vielleicht $ 1.500,- bis $ 2.000,- beglückwünschen.

Am folgenden Tag wird der Anfänger die Gelegenheit haben, die
Kauf- und Verkaufsbestätigungen seines Brokers zu vergleichen. Er
wird sofort feststellen, daß er keinen Profit von $ 100 gemacht hat.
Von diesem Bruttogewinn muß er Provisionen von 15 Cents pro Aktie
bei Kauf als auch bei Verkauf abziehen, wie auch Überweisungssteuern von 4 Cents pro Aktie beim Verkauf. Die Summe dieser Kosten
beläuft sich auf $ 34 ,- bei einer Transaktion von $ 100,-. Der Nettogewinn ist somit $ 66,- und nicht $ 100,-. Wäre die Aktie um einen
Punkt gefallen anstatt gestiegen, hätte auch der Verlust nicht $ 100,-
betragen. Die Provision des Brokers und die Überweisungssteuern
wären dem Kunden ebenso berechnet worden. Sein Nettoverlust

hätte dann $ 134,- betragen. Wenn man diese Rechnungen einen
Schritt weiterführt, ist es leicht zu erkennen, daß ein Händler, der
sich damit begnügt, Gewinne von einem Punkt zu realisieren und
seine Verluste auf einen Punkt zu begrenzen, bei zwei von drei Handelsabschlüssen erfolgreich sein müßte, um kostendeckend zu arbeiten - und dies beinhaltet noch nicht die Zinsen, die der Broker dem
Marginkonto des Kunden belastet. Da die Schwankungen des Aktienmarktes im ein- oder zwei-Punkte-Bereich von tausend Faktoren
abhängen können, die man unmöglich einschätzen kann, ist das
Handeln auf solche Schwankungen reines Glücksspiel. Ein Spieler
kann unmöglich einen Gewinn erzielen, wenn die Chancen 2:1 gegen
ihn stehen.

Schwankungen von 10 Punkten brauchen Zeit

Je größer der Gewinn ist, den der Spekulant zu erzielen beabsichtigt,
desto geringer belasten ihn die Kosten wie Provisionen, Überweisungssteuern und Zinsen. Bei Schwankungen von 10 Punkten muß
der Händler nur in 52 von 100 Fällen richtig liegen, um kostendeckend
zu arbeiten. Wie groß sind seine Aussichten, 10-Punkte-Schwan-
kungen richtig vorherzusagen? Bewegungen von einem Punkt können mit den sanften Wogen im Aktienmarkt verglichen werden,
deren Eintreten von so vielen Faktoren abhängig sein kann, daß es
unmöglich ist, sie vorherzusagen. 10-Punkte-Bewegungen können
vielleicht mit Wellen verglichen werden. Sie haben ihren Ursprung
in einer kleineren Anzahl von stärkeren Ursprüngen und sind dementsprechend leichter vorherzusagen. Dies soll keineswegs heißen,
daß Bewegungen dieser Größenordnung leicht vorhersagbar sind. Am
Tag, bevor dieser Abschnitt geschrieben wurde, konnte man den
Markt als relativ fest bezeichnen. Von den 631 Aktien, die auf der
Bank erschienen, stiegen 429, unverändert blieben 79 und 123 fielen. Wenn man das Geschehen ein bißchen mehr analysiert, scheint
es, daß 80 Aktien um zwei bis acht Punkte stiegen. Bei einer Zufalls-

auswahl wären die Chancen des Händlers besser als 1:8 gestanden, eine Aktie auszuwählen, die einen Anstieg von bedeutendem Ausmaß aufzeigte. Selbst dann wäre jedoch wahrscheinlich am nächsten Tag der größte Teil seines Gewinns verloren gegangen, da die meisten Aktien dann fielen. Es kommt selten vor, daß sich ein solcher Tag fünfmal hintereinander abspielt. Es ist wahrscheinlicher, daß sich der Markt drei oder vier Tage lang in die eine Richtung bewegt, um dann für ein oder zwei Tage in die entgegengesetzte Richtung auszuschlagen. Die auffallend starken Aktien des einen Tages werden mit aller Wahrscheinlichkeit am nächsten oder übernächsten Tag durch eine andere Gruppe ersetzt werden. Es ist unwahrscheinlich, daß ein Gewinn von 10 Punkten innerhalb einer Woche erzielt wird, es sei denn, der Händler hat ungewöhnliches Glück.

Die lang anhaltenden Schwingungen

Der Anfänger lernt schnell, daß Aktien mit großer Wahrscheinlichkeit Aufwärts- oder Abwärtstrends über lange Zeitspannen hinweg mit geringen Unterbrechungen des Haupttrends verfolgen. Diese Bewegungen werden durch die Durchschnitte der Preise führender Aktien auf täglicher Basis gezeigt. Dow, Jones & Co., Herausgeber des Wall Street Journal, stellen seit vielen Jahren einen Preisdurchschnitt von 20 führenden Eisenbahnaktien und von 30- davor 20 und noch früher zwölf - führenden Industrieaktien zur Verfügung. Von Zeit zu Zeit wird auf den Listen der Aktien, die für die Durchschnittsberechnung benutzt werden, ein Austausch vorgenommen, um die Listen repräsentativ zu halten. Während der allgemeine Markt sich monatelang am Stück in eine Richtung bewegen kann, kann eine bestimmte einzelne Aktie eine völlig unterschiedliche Richtung verfolgen oder sogar sämtliche Ausschläge auf einige Wochen konzentrieren und sich den Rest der Zeit völlig still verhalten. 1922 zum Beispiel war der allgemeine Trend des Aktienmarktes ständig nach oben gerichtet und erreichte im März des Folgejahres seinen Höhepunkt. Sehen Sie sich dagegen die Aktivitäten von Gulf States Steel genauer an. Allgemein ausgedrückt folgte diese Aktie sicherlich dem Verlauf des allgemeinen Marktes. Sie stieg von einem Tief von 25 im Jahr 1921 auf ein Hoch von $104^5/_8$ im Jahr 1923. Mehr als die Hälfte dieses Anstieges von 80 Punkten fand jedoch innerhalb der zweiwöchigen Periode statt, die mit dem 21. Januar 1922 endete. Während dieser Zeit stieg die Aktie um 45 Punkte von $45^1/_2$ auf $90^1/_2$.

Schüchternheit und Verbissenheit

Dies ist ein ziemlich ungewöhnliches Beispiel für die Art und Weise, wie sich einzelne Aktien im Vergleich zu dem allgemeinen Markt verhalten. Wenn ein Händler auswählen könnte, welche Aktie sich in der nächsten oder übernächsten Woche am besten entwickeln würde, wenn er seinen Gewinn daraus einstecken und in die nächste Aktie investieren könnte, würde der Aktienmarkt für ihn tatsächlich der Weg zum Reichtum bedeuten, für die ihn viele Leute halten. Wie soll der Händler aus den tausend Aktien, die in der einen Emission gehandelt werden, diejenige aussuchen, die in der nächsten oder übernächsten Woche die größte Bewegung aufweisen wird? Nur Allwissenheit wird ihn dazu befähigen können. Trotzdem versuchen Tausende von Händlern ständig, eben dies zu erreichen. Ungeduldig springen sie von einer Aktie zur nächsten, machen hier einen kleinen Gewinn oder dort einen Verlust und erreichen langfristig nicht mehr, als ihren Brokern Provisionen zu verschaffen. Hier kommt ein psychologischer Faktor ins Spiel. Da er keinen vernünftigeren Grund für seinen Kauf hat als einen Ratschlag, hat der Durchschnittshändler wenig Mut und läßt sich aus Angst leicht dazu bringen, kleine Gewinne einzustecken. Andererseits ist er verbissen genug zu glauben, daß jede von ihm gekaufte Aktie zumindest soviel wert sein muß, wie er dafür bezahlt hat. Daher wird er wahrscheinlich in einem fallenden Markt kaum loslassen, und er wird am Ende des Jahres feststellen, daß viele Gewinne von 5 oder 10 Punkten nötig waren, um die wenigen Verluste von 20 oder 25 Punkten, die Provisionen, Überweisungssteuern und Zinsen auszugleichen.

Wie es den kleinen Fischen geht

Es heißt, die Wall Street sei der Sitz aller den Aktienmarkt betreffenden Weisheit. Angesichts dieser Meinung könnte der Anfänger über den folgenden Artikel in der *New York Times* vom 7. April 1926 nachsinnen, welcher die möglichen Auswirkungen eines Schreibens der Börsenaufsicht an ihre Mitglieder diskutiert. Darin werden die Börsenmitglieder auf eine Regel hingewiesen, die Börsenmitgliedsunternehmen verbietet, von Angestellten anderer Mitglieder, Bankangestellten und Angestellten anderer, ähnlicher Unternehmen Konten anzunehmen. Die Times schreibt: »Berichten zufolge, die im Finanzviertel die Runde machten, lag die Ursache dieses Handelns in Gerüchten über die finanzielle Notlage, in der sich Angestellte bestimmter Unternehmen nach der kürzlichen Periode drastischer Liquidationen befanden. Die Berichte besagen, daß die Existenz vieler kleinerer Büroangestellter und Mitarbeiter von Wall Street-Firmen als Folge des kürzlichen Preisverfalls völlig zerstört wurde.«

Die Furcht vor dem Unbekannten

Jeder, der über die Wall Street und die anderen Finanzzentren der Welt informiert ist, weiß, daß »Büroangestellte und niedrige Beamte« nicht die einzigen sind, die im Aktienmarkt Geld verlieren. Unter Bankdirektoren, Teilhabern von Anleihehäusern und hohen Unternehmensbeamten kann man viele Individuen finden, die sich regelmäßig mit dem Aktienmarkt befassen, die für kleine Gewinne und große Verluste kaufen und verkaufen und die über eine Reihe von Jahren hinweg einen beträchtlichen Teil des Einkommens verlieren, das sie durch harte Arbeit oder Vermögensanlagen erwirtschaftet hatten. Die Panik von 1929, gegen die das Geschehen von 1926 sehr milde erscheint, fand ihre Opfer auf allen Ebenen der Wall Street. Die Scheu des Durchschnittshändlers in Anbetracht eines Gewinns und seine Verbissenheit, wenn es um einen Verlust geht, wurden bereits beschrieben. Die Erklärung kann vielleicht in der Verzögerung gefunden werden, mit der sich das Gehirn an veränderte Wertideen anpaßt. Angenommen, ein Händler kauft eine Aktie zu 70, die bereits von einem vorherigen Tiefpunkt von 49 angestiegen war. Jeder weitere Punkt, den sie ansteigt, ist seiner vorherigen Erfahrung nach ein Schritt in ein unerforschtes Gebiet. Jedes Anzeichen von Zögern im Markt führt dazu, daß er den sprichwörtlichen Spatz in der Hand der Taube auf dem Dach vorzieht, besonders dann, wenn er größtenteils mit Fremdkapital arbeitet. Andererseits spricht nach Meinung des Durchschnittshändlers die Tatsache, daß er 70 für die bestimmte Aktie bezahlt hat, automatisch dafür, daß diese Summe annähernd den tatsächlichen Wert der Aktie repräsentiert. Selbst wenn die Aktie sich in die falsche Richtung davon entfernen sollte, wird der Durchschnittshändler sich nur langsam mit dem Gedanken abfinden, daß die Aussichten auf Rückkehr zweifelhaft sind.

Glücksspiel mit Aktien

Was gesagt wurde, genügt vielleicht, um die größten Schwierigkeiten anzudeuten, auf die ein Spekulant trifft, wenn er versucht, von kurzfristigen Bewegungen in der Aktie zu profitieren. Das Vorkommen von Wogen und Wellen bei der Preisbewegung ist zu praktischen Zwecken nicht vorhersagbar. Der Versuch, auf solche Bewegungen hin zu handeln, ist reines Glücksspiel, bei dem die Chancen in beträchtlichem Maße gegen den Händler stehen. Es ist erstaunlich, daß Tausende von ansonsten intelligenten Menschen darauf bestehen, auf diese Weise zu Geld kommen zu wollen. Allgemein anerkannte Zahlen etwas zweifelhaften Ursprungs werden des öfteren zitiert, um zu zeigen, daß 90% bis 95% aller Marginhändler im Aktienmarkt Geld verlieren. Der tiefverwurzelte Spielerinstinkt und der starke Glaube daran, daß in stark schwankenden Märkten Gewinnmöglichkeiten vorhanden sein müssen, bringen trotzdem dauerhafte Ströme neuer Rekruten in die Brokerbüros. Einige von ihnen lernen letztendlich die Methoden, durch die man tatsächlich Geld am Aktienmarkt verdienen kann.

KAPITEL V

Die Gezeiten der Spekulation

Hausse und Baisse – Warum Erfolg nie ewig währt – Ursprünge einer berühmten Panik – Die rechtzeitige Warnung eines Bankiers – Die Rolle des Erdbebens von San Francisco in der Panik – Wie sich die Panik bei den Aktien zeigte – Mögliche Gewinne beim Handeln auf langfristige Bewegungen.

Sie nehmen 20 beliebige, aktiv gehandelte Aktien, addieren täglich ihre Schlußpreise und teilen durch 20. Führen Sie dies zwölf Jahre lang jeden Tag durch und vermerken Sie die Zahlen in einem Diagramm. Die vertikale Achse zeigt die Schwankungen dieses Durchschnitts und die horizontale Achse den Zeitverlauf. Noch besser wäre es, man würde die Dow Jones Durchschnittswerte von 20 Eisenbahnwerten und 30 industriellen Werten (ursprünglich zwölf, dann 20, jetzt 30) betrachten, die ununterbrochen seit 1897 zusammengestellt wurden: ein solches Diagramm wird eine ziemlich regelmäßige Serie von starken Auf- und Abwärtsbewegungen aufweisen, die man die Gezeiten der Spekulation nennen könnte. Die Aufwärtsbewegungen, in der Sprache der Wall Street Haussen genannt, dauerten normalerweise18 bis 24 Monate. Die Abwärtsbewegungen oder Baissen zwölf bis 21 Monate. Gelegentlich kam es zu bis zu vier Jahre andauernden Intervallen, während denen der Markt sich etwas ziellos in einem mehr oder weniger engen Tunnel bewegte. Alles in allem ist jedoch die Regelmäßigkeit, mit der eine lang anhaltende Bewegung in eine Richtung durch eine lang anhaltenden Bewegung in die entgegensetzende Richtung ersetzt wurde, bemerkenswert.

Konjunkturzyklen in der Bibel

Jeder Sonntagsschüler kennt die malerische Geschichte von Josef, der von seinen Brüdern in die Sklaverei nach Ägypten verkauft wurde. Nachdem er in eine führende Position in der ägyptischen Regierung aufgestiegen war, rettete er das ägyptische Volk durch seine Weitsichtigkeit, Lagerhäuser zu bauen und den Produktionsüberschuß aus sieben Jahren reicher Ernte zu lagern, vor einer Katastrophe. Durch diesen Überschuß überlebten die Ägypter während der sieben Jahre andauernden Mißernten, und Josef rettete auch seine eigenen Brüder vor dem Verhungern. Hier finden wir in den frühen Aufzeichnungen der Menschheit die Erkenntnis dessen, was heute als Konjunkturzyklus bezeichnet wird.

Eine Parallele im Boxkampf

Es wurden viele Erklärungen für den Konjunkturzyklus gefunden. Ein führender Volkswirtschaftler versuchte sogar, die Konjunkturschwankungen von Wohlstand zu Depression und zurück mit dem Vorkommen von Sonnenflecken in Verbindung zu bringen. Eine ebenso einfache und vielleicht gute Erklärung liegt in der Unfähigkeit des Großteils der Menschheit, unter bequemen Lebensbedingungen eine durch harte Arbeit geprägte Lebensweise beizubehalten. So wie einige Jahre verweichlichten Lebens im Bereich des Boxkampfes einen Dempsey zu einer leichten Beute für einen Tunney machen würden, so enhält eine Wohlstandsphase den Samen für die eigene Zerstörung. Der Arbeitseinsatz läßt nach, relativ leicht erarbeitete Löhne werden für Luxusartikel ausgegeben, Geschäftsleute vergessen die Sorgfalt, mit der sie ihre Unternehmen aufgebaut haben und lassen sich auf fahrlässige Erweiterungspläne ein; andere verkürzen ihre Büroarbeitsstunden und verbringen mehr Zeit auf dem Golfplatz. Auf die Ära der Seidenhemden von 1919 und 1920 folgte die schmerzhafte Depression von 1921. So verlief die ganze Weltgeschichte.

Die Geschichte der Vereinigten Staaten kann als Aufzeichnung von Kriegen und Schlachten oder als Chronik von Präsidenten und weniger bedeutenden Staatsmännern verfaßt werden. Sie kann aber auch als die Geschichte der Eroberung eines Kontinentes mit Ochsenkarren und Eisenbahn, des Industriewachstums, der Entwicklung des Bankwesens, des Zusammenspiels von Politik und Wirtschaft geschrieben werden. Bei der zweiten Sichtweise gibt es bestimmte wichtige Daten, die jedes Schulkind kennen sollte: 1814, 1837, 1857, 1873, 1884, 1893, 1907, 1921, 1929. Dies sind die Jahre unserer großen Panikreaktionen und Depressionen.

Zwischen diesen größeren Unterbrechungen auf dem Weg zum Fortschritt kommt es zu kleineren Rezessionen in der Wirtschaft, so daß weniger ausgeprägte Zyklen von Aufschwung und Rezession viel häufiger vorkommen als in Abständen von 14 bis 20 Jahren, wie es normalerweise zwischen den Krisen und Depressionen historischer Größenordnung der Fall ist.

Der Sieg über Bryan

Die Faktoren, die den Zustand beeinflussen, den wir als »allgemeine Wirtschaftslage« bezeichnen, sind unendlich. Der Mann auf der Straße, der sich bereits vor dem Krieg über die hohen Lebenshaltungskosten beschwerte, hatte noch nie etwas von den zwei Chemikern gehört, die den Vorgang des Bleichens von Golderzen mit Zyanid entdeckten. Deren Entdeckung war jedoch für das Ende einer zwanzigjährigen Abwärtsbewegung der Warenpreise im Jahre 1896 verantwortlich. Sie etablierte den Standard für Gold angesichts der Regierung Bryans und bildete den Anfang für den langen Anstieg der Warenpreise. Der Stoff, aus dem die heutige Zivilisation gemacht ist, wurde aus Millionen von Fäden gewoben. Kein Teil davon ist so stark, daß er nicht die Auswirkungen einer Schwäche an einem anderen Teil spüren würde. Findet in Indien eine Rezession statt? Dann müssen die Baumwollfabriken in Lancashire ihre Produktion kürzen, amerikanische Baumwollfarmer verkaufen ihre Ernten zu niedrigen Preisen, und Düngemittelhersteller leiden als Folge davon. Eine Weizenjahrhundernternte in Argentinien könnte weltweit ähnliche Folgen haben. Wie die Menschheit 1914 feststellen konnte, kann die Tat eines Mörders in einem entfernten Winkel des Balkans Währungen auslöschen, ansässige Industriezweige zerstören und andere wiederum Tausende von Meilen entfernt aufbauen, neue Handelsrouten öffnen und viele alte stillegen, das ganze Gleichgewicht internationaler Zahlungsströme stören und neue Richtlinien für die Grundstückswerte der Weizenfelder in Kansas festlegen.

Die Ausnahme zur Regel

Wenn die allgemeine Wirtschaftslage sehr gut oder sehr schlecht ist, heißt das natürlich nicht, daß jedes einzelne Unternehmen oder selbst jeder Industriezweig davon gleichermaßen betroffen ist. Ein Wechsel in den Modetrends kann bei den Herstellern von Gingham genau zu der Zeit eine Rezession auslösen, in der die Hersteller von Rayon Tag und Nacht daran arbeiten, die Nachfrage in ihrem Produkt zu decken. Eine geringe Zuckerernte kann steigende Preise und große Gewinne für Raffinerien zur Folge haben, während die meisten anderen Industriezweige harte Zeiten bewältigen.

Während der Rezession im zweiten Quartal des Jahres 1930 nahmen die Stahlfabriken, die sich auf die Produktion von Rohren spezialisiert hatten, Kapazitätsaufträge von Herstellern von Erdgasleitungen an. Benachbarte Stahlfabriken, die Stahlbleche für Automobilkarosserien herstellen, produzierten als Folge nur noch mit einem Bruchteil ihrer Kapazitäten. Zur selben Zeit erfreuten sich die Hersteller von elektrischen Kühlschränken der besten drei Monate in ihrer Geschichte. Hersteller von Radios waren gleichzeitig in einen ernsthaften Konkurrenzkampf ums Überleben verwickelt. Dies sind bemerkenswerte Beispiele dafür, daß Aufschwung und Rezession Seite an Seite existieren können. Die Mehrheit der Industriezweige erleben jedoch ungefähr dasselbe Maß an Aufschwung oder Rezession zusammen.

Ein berühmter Konjunkturzyklus

Wenn wir ein paar Jahre zurückblicken, wäre es interessant, die Geschichte eines berühmten Konjunkturzyklus zu erzählen, der in der Panik von 1907 gipfelte. Heute haben wir eine bessere Sichtweise von diesem Konjunkturzyklus als von dem sogar noch spektakuläreren Zyklus, der von 1927 bis 1930 andauerte. Allgemein betrachtet bedeuteten die ersten Jahre des Jahrhunderts eine Zeit des Wohlstandes. Im Mai 1901 entwickelte sich aus dem nordpazifischen Raum heraus eine Panik im Aktienmarkt und 1903 kam es zu einer Baisse, die allgemein als »die Panik des reichen Mannes« bezeichnet wurde. Die Geschäfte liefen jedoch bis ins Jahr 1907 gut. Während dieser Zeit produzierten die Bauern des Landes reiche Ernten, die sie zu hohen Preisen verkauften. Es wurde sehr viel für den Fortschritt auf dem Gebiet industrieller Konsolidierung getan, was sich in der Gründung von United States Steel manifestierte. Der Bau von Eisenbahnlinien wurde unter der Leitung von Harriman & Hill durchgeführt, und die Länge des Streckennetzes nahm beständig zu. Selbst im November 1906 konnte Hill noch allen Ernstes behaupten, daß die Vereinigten Staaten »dringend« weitere 115 000 Meilen an Eisenbahnlinien benötigten. Eine tatsächliche Erweiterung um 25 000 Meilen in den folgenden 21 Jahren erwies sich als mehr als ausreichend, um mit dem Zuwachs im Verkehrsvolumen fertig zu werden. Der Aufschwung in der Landwirtschaft, der Industrie und bei der Eisenbahn wurde selbstverständlich von einem Wachstum der Bankreserven begleitet. In den ersten Jahren des Jahrhunderts waren die Zinsen der Kreditinstitute im Vergleich mit der heutigen Zeit ungewöhnlich niedrig.

Der Tag der Schlammschlacht

Aus politischer Sicht verliefen die Anfangsjahre des 20. Jahrhunderts ruhig. Der Niederlage Bryans im Jahr 1896 folgte eine Rückkehr zum Wohlstand, die sozusagen den Radikalismus für einige Jahre abschaffte. 1900 wurde McKinley mit einer überwältigenden Mehrheit wiedergewählt. Nach seiner Ermordung übernahm Theodore Roosevelt, der oft mit Washington und Lincoln in die Liste der wichtigsten Präsidenten eingereiht wird, die Führung. 1904 gab es wenig Widerstand gegen seinen nochmaligen Amtsantritt. Während seiner zweiten Amtsperiode ergriff eine Welle politischer Unruhe das Land. Geschäftsmethoden, die zu der damaligen Zeit gängig waren, wurden weitgreifend verurteilt. Schlammschlachten waren an der Tagesordnung. Ida Tarbells »Die Geschichte von Standard Oil« und Upton Sinclairs »Der Dschungel« brachten Methoden der Geschäftsführung ans Tageslicht, die eine öffentliche Feindseligkeit gegenüber den »Interessen« bewirkten. Insbesondere die Enthüllung, daß es gang und gäbe war, daß Eisenbahngesellschaften größeren Speditionen heimlich Preisnachlässe gewährten, zog den Zorn der Öffentlichkeit nach sich. Die »Armstrong«-Untersuchung in New York, die Korruption im Management führender Lebensversicherungen aufdeckte, schürte die Flammen immer höher.

Die wahre Prophezeiung eines Bankiers

Das Jahr 1906 begann mit außergewöhnlicher Aktivität im Bereich des Handels und der Industrie. Die politischen Umstände waren jedoch merkbar instabil, und die öffentliche Meinung war im großen und ganzen der politischen Führung des Landes gegenüber feindselig eingestellt. Auch am Geldmarkt machten sich Anzeichen von Belastung bemerkbar. Die unnatürlich niedrigen Zinsen der vier oder fünf vorangegangenen Jahre waren verschwunden, und die Belastung der flüssigen Mittel des Landes durch den Bau neuer Eisenbahnlinien und anderer Arten von Anlagekapital hatte höhere Zinsen zur Folge. Im Januar wurde Tagesgeld, das heißt durch Sicherheiten der Börse garantierte Kredite an Broker, die auf Abruf zurückzahlbar sind, zu 60% angeboten. Der bekannte Bankier Jakob H. Schiff äußerte sich in einer öffentlichen Rede unter Bezugnahme der Kreisbewegungen bei Tagesgeld und die damals lebhafte Diskussion über eine Währungsreform folgendermaßen:»Wenn das Währungssystem nicht reformiert wird, wird früher oder später eine Panik ausbrechen, gegen die alle früheren Paniken wie ein Kinderspiel aussehen werden«. Niemand beachtete seine oder andere Warnungen. Der Aufschwung beschleunigte sich in einem verrückten Tempo. Zusätzlich zu den 13 500 Eisenbahnmeilen, die in den vorherigen drei Jahren konstruiert worden waren, wurden weitere 5 400 Meilen verlegt.

Die Roheisenproduktion erreichte im Laufe des Jahres einen neuen Höchstrekord. Der Prozentanteil von Firmen, die Konkurs anmelden mußten, im Vergleich zu funktionierenden Unternehmen war an seinem tiefsten Punkt seit 1881 angelangt. Noch nie war das Außenhandelsvolumen größer als im Jahr 1906 und der Binnenhandel, gemessen nach der Abwicklung durch Banken, erreichte seinen zweithöchsten Stand in der Geschichte. Riesenernten wurden eingebracht und zu guten Preisen verkauft.

Trotz der Tatsache, daß 1906 erfolgreiche Bedingungen für Geschäfte vorherrschten, manifestierte sich die Feindseligkeit gegenüber Geschäftsinteressen auf vielfache Weise. Das Hepburn-Eisenbahntarif-Gesetz, welches der Interstate Commerce Commission die Macht gab, Eisenbahntarife zu regulieren, wurde vom Kongreß verabschiedet. Dieses gleiche Organ veranlaßte Fleischinspektionen und Reinheitsgesetze im Nahrungsmittelbereich, die heutzutage einigermaßen üblich sind, damals jedoch als radikal angesehen wurden. In New York befahl der Ausschuß des öffentlichen Dienstes eine Reduzierung der Gasgebühren. In Chicago wirkten sich Gerichtsbeschlüsse gegen die Gültigkeit von Franchise-Abkommen von Transportlinien vertrauensmindernd aus. Die Regierung erzielte einen Fortschritt in ihren Verfahren gegen die Firmen American Tobacco

Co. und Standard Oil Co. und gegen die Packer unter Anwendung des seit langem ruhenden Sherman Antitrust-Erlasses.

Das Unglück von San Franzisco

In einer großen amerikanischen Stadt wird das Jahr 1906 nie in Vergessenheit geraten. San Franzisco wurde durch ein Erdbeben und Feuer am 18. April praktisch zerstört. Der Eigentumsverlust belief sich auf $ 350.000.000,-. Diese unheimliche Zerstörung von Reichtum mußte weitreichende Folgen haben, wenn auch nicht unmittelbarer Art. Der Druck auf den Geldmarkt wurde zeitweise durch riesige Goldimporte aus dem Ausland verringert, die vom Finanzministerium künstlich angeregt worden waren. Außerdem legte die Regierung eine Panama-Kanal-Anleihe im Wert von $ 30.000.000,- auf. Da es sich um eine Zeit handelte, in der riesige Summen an der Tagesordnung waren, mutet es etwas eigenartig an, in den Zeitungen zu lesen, daß dem Finanzminister »alle Mittel recht waren, um den Verkauf zu fördern«. Im Oktober erhöhten mehrere europäische Zentralbanken, darunter auch die Bank of England, ihre Diskontsätze, um die Abwanderung von Gold zu begrenzen. Der Zustand, in dem sich der Geldmarkt befand, wird dadurch illustriert, daß im Oktober kurzfristige Schuldtitel – die von Händlern und Herstellern durch Schuldscheinbroker an Banken verkauft wurden – zu 6% bis $6^1/2\%$ gehandelt wurden, während sie ein Jahr zuvor erst einen Stand $4^1/2\%$ bis 5% erreicht hatten.

Im Verlauf des Jahres 1906 stiegen die Warenpreise. Bis in den Juli 1907 stiegen sie weiter an. Der allgemeine Handel, gemessen an der Bankenabwicklung, lief bis weit in das Panikjahr hinein gut. Der Höhepunkt wurde im März erreicht, und daraufhin folgte zuerst eine stufenweise Rezession. Die monatlichen Bruttoeinnahmen der Eisenbahngesellschaften lagen bis Dezember durchgehend höher als in den entsprechenden Vorjahresmonaten. Der größte Anstieg wurde im April erzielt. Die Geldkonditionen blieben weiterhin unbefriedigend. Sie wurden durch das Bestreben der Eisenbahngesellschaften, ihren Bedarf zu finanzieren, nicht verbessert. Im Januar und Februar verkaufte die New York Central and Pennsylvania allein Drei-Jahres-Anleihen im Wert von $ 110.000.000,-. Auch die meisten anderen Eisenbahngesellschaften versuchten sich an größeren Finanzierungsprojekten. Später schien es, als ob die Angebotskonsortien der Banken auf großen Teilen der Emissionen sitzen blieben, da die Öffentlichkeit sich weigerte, angesichts des knappen Geldes und aufgrund der negativen Einstellung den Eisenbahnen gegenüber in diese zu investieren. Im Jahre 1907 waren die meisten der südlichen und westlichen Staaten dabei, Gesetze zu erlassen, die die Eisenbahntarife und andere feindlich gestimmte Gesetze festlegten. Präsident Finley wurde aufgrund einer amtlichen Verletzung eines solchen Gesetzes festgenommen. Der Staat Arkansas versuchte das Eigentum von Rock Island zu konfiszieren. Minnesota ging gerichtlich gegen Great Northern and St. Paul vor. Missouri versuchte, die vermeintlich illegale Fusion der Missouri Pacific, Wabash and Iron Mountain aufzulösen. Die Interstate Commerce Commission war zwischenzeitlich damit beschäftigt, die Harriman »Roads« zu untersuchen und Präsident Roosevelt charakterisierte Harriman als »unerwünschten Bürger«.

Die zunehmende Knappheit auf dem Geldmarkt und das nachlassende öffentliche Vertrauen in die Werte von Eisenbahn- und anderen Anlagen waren Anzeichen für einen nahenden Sturm. Im Juni lösten sich einige Anleihekonsortien auf, nachdem der Großteil ihrer Emissionen unverkauft geblieben waren. Im selben Monat versuchte die Stadt New York ohne Erfolg, Anleihen im Wert von $ 29.000.000,- zu verkaufen. Zwei Monate später bot die Stadt Boston Anleihen im Wert von $ 3.900.000,- an, für die sie Kaufangebote im Wert von $ 200.000,- erhielt. Die politische Lage verbesserte sich zwischenzeitlich nicht. Angriffe auf die Eisenbahngesellschaften waren allgemein üblich, der Präsident setzte sich auch weiterhin für die Anwendung radikaler Maßnahmen ein, und die Standard Oil Co. wurde mit einer Strafe von $ 29.000.000,- belegt. Um das ganze zu verstärken, waren die Ernteaussichten alles andere als rosig, und der Goldfluß verlagerte sich nach auswärts. Im Spätsommer begannen die Warenpreise, vor allem die Preise im Kupfermarkt, stark zu fallen.

Der geschichtliche Crash

Die Katastrophe ereignete sich im Oktober. Eingeleitet wurde der Sturm durch den Konkurs der Knickerbocker Trust Co., einer der führenden Banken in New York, deren Aktien noch kurz zuvor zu einem Preis von $ 1.000,- notiert worden waren. Viele andere Banken waren die Opfer von Panikverkäufen, und einige kleinere New Yorker Banken mußten schließen. Eine Zeitlang war es unmöglich, Kredite aufzunehmen, und das Tagesgeld wurde bei bis zu 125% notiert. Einige kommerzielle Kreditnehmer von ausgezeichnetem Ruf konnten ihre Wertpapiere zu 16% plazieren. New York und andere Städte mußten auf die Emission von Clearinghauszertifikaten ausweichen, um die Geldknappheit zu umgehen. Der Schließung von Banken und Börsenunternehmen in New York und im Inneren des Landes folgte der massenhafte Konkurs von Wirtschaftsunternehmen. Der wichtigste darunter betraf die Westinghouse Electric & Manufacturing Co.. Daraufhin folgte eine Lähmung des Handels. Die Abwicklungen der Banken in allen Städten außer New York – eine Nichteinbeziehung von New York läßt die Aktivitäten an der Börse außer acht und ermöglicht daher ein klareres Bild von Handel und Industrie – lagen im Oktober immer noch vor denen des Jahres 1905. Die Auswirkungen der Panik waren unmittelbar. Die Abwicklungen im Monat November zeigten einen Rückgang um 17,6% und die des Monats Dezember um 19,8%.

Die natürliche Folge der Panik war eine ernst zu nehmende Rezession. Fabriken wurden geschlossen, beim Handel herrschte Ebbe, Einwanderung wurde zwischenzeitlich durch Auswanderung ersetzt, und es gab unnatürlich viele Konkurse. Die Abwärtsbewegung bei den

Warenpreisen setzte sich bis weit ins Jahr 1908 fort und erreichte im Juni ihren Tiefpunkt. Erst im November lag das Handelsvolumen, gemessen durch die Fremdabwicklungen der Banken, verglichen mit den entsprechenden Monaten des Vorjahres, höher. Dieses Phänomen konnte bei den Bruttoeinnahmen der Eisenbahngesellschaften beobachtet werden. Die Monatsproduktion von Eisenstahl erreichte ihren Höhepunkt im Panikmonat Oktober 1907. Noch im Juni 1908 lag die Eisenstahlproduktion mehr als die Hälfte unter der Rekordproduktion. Danach trat jedoch eine stetige Erholung ein. Nach der Knappheit während der Panik gaben die Geldmarktsätze langsam nach und sanken auf einen niedrigen Stand, während sich verfügbares Kapital ansammelte und die Wirtschaftslage bedrückend blieb. Durch den leichten Wirtschaftsaufschwung im Jahre 1909 stiegen sie leicht an. Dieser Aufschwung erreichte seinen Höhepunkt, gemessen am Stand der verschiedenen, bereits erwähnten Indizes, ungefähr gegen Ende des Jahres 1909. Der Aufschwung von 1909 war natürlich ein ruhiges Ereignis, verglichen mit der fieberhaften Aktivität, die 1906 und Anfang 1907 an den Tag gelegt worden war.

Der Aktienmarkt und die Panik

Nachdem wir den Verlauf eines Konjunkturzyklus verfolgt haben, der allen Geschäftsleuten über 50 Jahre danach noch lebhaft im Gedächtnis ist, müssen wir jetzt noch den dazugehörigen Zyklus auf dem Aktienmarkt betrachten. Der Dow-Jones Preisindex von 20 aktiv gehandelten Eisenbahnaktien erreichte seinen Rekordstand im Januar 1906. Von diesem Stand fiel er im Mai ein wenig auf ein Jahrestief, das lediglich 18 Punkte unter dem Rekord lag. Angesichts des unglaublichen Wertverlustes durch die Katastrophe in San Francisco und die dadurch den Versicherungsgesellschaften auferlegte Notwendigkeit, einen Großteil ihrer vermarktbaren Wertpapiere zu verkaufen, um Schadensansprüche von mehr als $ 200.000.000,- zu decken, hätte man ein viel tieferes Absinken erwarten können. Statt dessen erholte sich der Aktienmarkt nahe seinem Höchstwert und bewegte sich bis Dezember um diesen Stand herum. Der Höchststand des Eisenbahnindexes wurde am 11. diesen Monats erreicht und lag bei 137,56. Daraufhin folgte ein plötzlicher Stillstand, der den Index am 25. März bis auf einen Stand von 98,27 senkte. Die Wirtschaft boomte zu diesem Zeitpunkt immer noch. Im April fand eine schwache Erholung statt, danach verhielt sich der Markt sehr still und zeigte bis Oktober eine nur geringe Schwankungsbreite. Dann erfolgte der endgültige Schlag, der den Markt auf seinen tiefsten Stand trieb und der für den Eisenbahnindex im November bei 81,41 lag. Es wird sich zeigen, daß sich der bei weitem größte Teil der Senkung vollzog, bevor eine merkliche Rezession in der Wirtschaft erfolgte. Der Industrieaktienindex zeigte im großen und ganzen dieselbe Kursentwicklung wie der Eisenbahnindex. 20 Jahre zuvor hatte der Großteil spekulativer Aktivität mit Bahnaktien stattgefunden.

Von dem tiefen Stand, auf dem sie sich im November 1907 befanden, erholten sich die Aktienpreise stetig und ziemlich schnell durch das ganze Jahr 1908 hindurch und während des größten Teiles des Jahres 1909. Es gab keine nennenswerten Unterbrechungen in dieser Bewegung, die den Eisenbahnindex bis auf ein paar Punkte an seinen Rekordstand zurückbrachte. Am 14. August 1909, als der Eisenbahnindex bei 134,46 lag, erreichte die Hausse der Jahre 1908 und 1909 ihren Höhepunkt. Der August-Höchststand des Industrieindexes lag bei 99,26, verglichen mit dem Hoch von 100,53, das im November erreicht wurde. Da der November-Höchststand des Eisenbahnindexes 4,50 Punkte unter dem August-Höchststand lag, kann man gerechterweise behaupten, daß das Ende der Hausse im August auftrat. Wir konnten bereits feststellen, daß der größte Teil der Geschäftsaktivitäten am Ende des Jahres abgewickelt wurde, so daß wieder einmal der Richtungswechsel im Aktienmarkt mehrere Monate vor dem Wirtschaftsumschwung geschah.

Wenn man den Konjunkturzyklus mit dem Aktienmarktzyklus vergleicht, ist es hinreichend offensichtlich, daß eine enge Beziehung zwischen den beiden besteht. Für den Aktienspekulanten, der Hin-

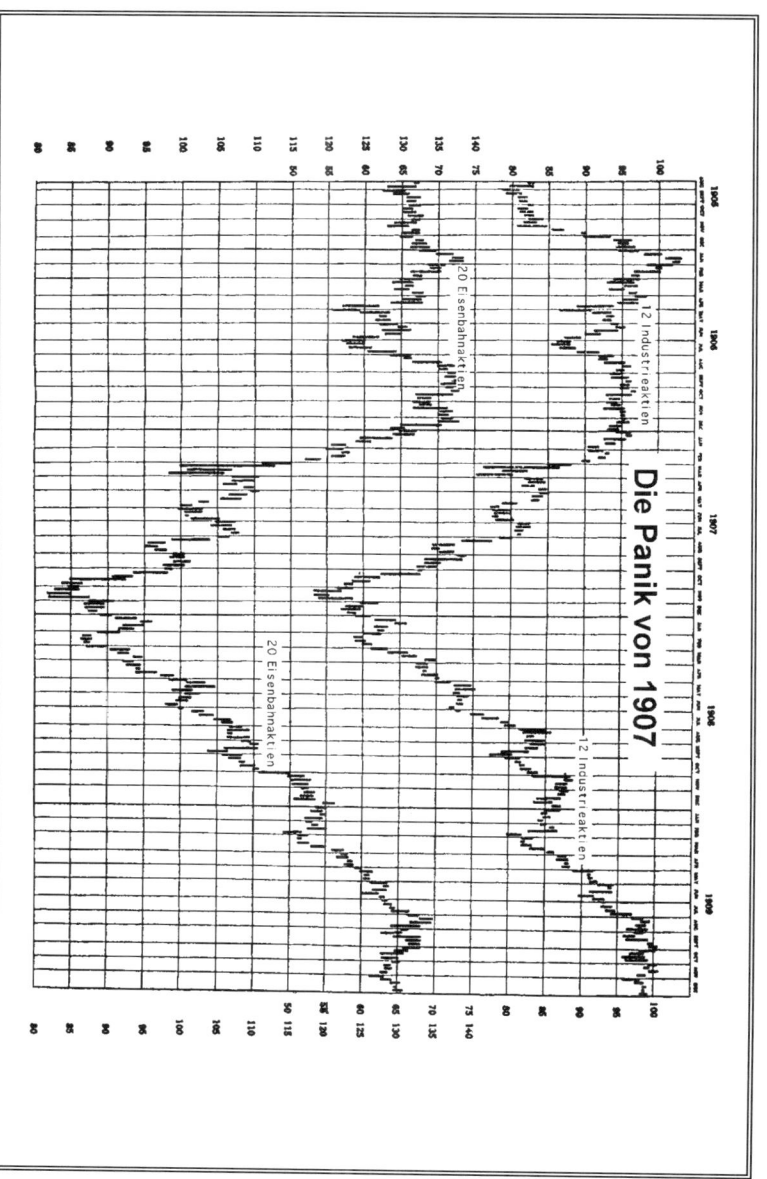

Die Panik von 1907

weise sucht, wann er kaufen und wann er verkaufen soll, ist es äußerst ungünstig, daß, wie im Jahr 1906, ein Richtungswechsel im Aktienmarkt entweder ein paar Monate vor einem Richtungswechsel in der Wirtschaft eintritt, oder wie 1929 so nahe hintereinander geschieht, daß sogar ein Experte getäuscht werden kann. Die allgemeine Wirtschaftslage sagt daher nicht die Entwicklung des Verlaufes der Aktienpreise voraus, außer auf die scheinbar paradoxe Weise, daß großer Wohlstand eine abenteuerliche Zeit für den Verkauf und extreme Rezession eine Gelegenheit für den Kauf von Aktien bietet. In den vergangenen 20 Jahren wurden zahlreiche Methoden zur Vorhersage allgemeiner Aktienmarkttendenzen entwickelt, die auf speziellen Wirtschaftslagen-Indizes basieren. Das Thema ist umfangreich genug, um ein eigenes Kapitel zu rechtfertigen.

Die Betrachtung lang anhaltender Marktbewegungen wird klar zeigen, daß ein Händler, der in der Lage ist, die allgemeine Tendenz des Marktes über die lang anhaltenden Bewegungen hinaus einigermaßen akkurat vorherzusagen, dadurch bedeutende Gewinne erzielen kann. Nehmen wir an, daß ein Anleger 1904 genügend Geld hatte, um zehn Aktien aller im Eisenbahnindex vertretenen Werte auf einmal kaufen zu können. Nehmen wir weiter an, daß er ab jenem Zeitpunkt jede Richtungsänderung des Indexes von mehr als 25 Punkten korrekt vorhersagte, jedoch den Bewegungen mit einer kleinen Verzögerung folgte, so daß er jedes Mal den Höchst- und Tiefststand um zehn Punkte verpaßte. Gehen wir außerdem davon aus, daß unser Phantomhändler sein Geld während den Zeiten einer Baisse in der Bank ließ. Zu guter Letzt nehmen wir an, daß er nach 1912 eher in Industriewerten als in Eisenbahnwerten tätig war.

Der Tiefststand der Baisse von 1903 wurde im September erreicht, als der Eisenbahnindex bei 88,80 stand. Spätestens im Januar wäre der Phantomhändler davon überzeugt gewesen, daß sich eine Aufwärtsbewegung entwickelte. Laut unserer Annahme hätte er daraufhin zehn Aktien eines jeden im Index vertretenen Wertes zu einem Preis von $ 19.760 gekauft. Im April 1906 war der Markt um zehn Punkte von seinem Höchstwert gefallen und er hätte diese Aktien für $ 25.672,- verkauft. Daraufhin hätte er nichts im Markt unternommen bis zum Januar 1908, denn dann hätte er genügend Geld gehabt, um 14 Aktien eines jeden Wertes zu einem Durchschnittspreis von 91,41 zu kaufen. Er hätte $ 77,- Bargeld übrig gehabt. Die Aktien wären dann im Januar 1910 zu einem Durchschnittspreis von 124,46 für insgesamt $ 36.848,- endgültig verkauft worden. Eine Bargeldsumme von insgesamt $ 36.925,- wäre dann bis 1915 auf ein Bankkonto einbezahlt worden. Während dieser Ruhephase fanden nur relativ kleine Bewegungen im Aktienmarkt statt.

Phantomhandel

Nach der Wiedereröffnung der Wertpapierbörse im Jahre 1914 war der Tiefpunkt ein Indexstand der Industriewerte von 53,17. Unserer Hypothese folgend hätte der Phantomhändler dann 29 Aktien eines jeden der 20 im Industrieindex vertretenen Werte gekauft. Das hätte $ 36.639,- gekostet und hätte ihm $ 209,- auf seinem Bankkonto übrig gelassen. Es ist notwendig, die Tatsachen hier ein wenig verändert darzustellen, da der Industrieindex von 20 Aktienwerten den Index von zwölf Aktien erst im darauffolgenden Jahr ersetzte. Ein Versuch, diesen Wechsel mit einzubeziehen, würde jedoch die Kalkulation unnötigerweise komplizieren, ohne das Endresultat ernsthaft zu beeinflussen. Die Hausse des Ersten Weltkrieges endete im November 1916, als der Industrieindex einen Höchststand von 110,15 erreicht hatte. Wenn die Aktien des Phantomhändlers einen Monat später bei einem Stand von zehn Punkten weniger verkauft worden wären, hätte der Händler $ 58.087,- aus dem Verkauf erhalten und sein Bankkonto hätte einen Stand von $ 58.296,- ausgewiesen, der für die nächsten 13 Monate beibehalten worden wäre.

Die Baisse des Krieges erreichte im Dezember 1917, als der Industrieindex bei 65,95 stand, einen Tiefpunkt. Im folgenden Monat hätte der Phantomhändler 38 Aktien eines jeden führenden Wertes im Industrieindex gekauft, was seinen Kontostand auf $ 574,- reduziert hätte.

Diese Aktien hätte er während der schleppenden Aufwärtsbewegung des Jahres 1918 und dem spektakulären Anstieg von 1919 behalten. Der Höchststand der letzteren Bewegung wurde im November erreicht, als der Index bei 119,62 stand. Unserer Prämisse folgend wäre der Aktienbesitz unseres Phantomhändlers innerhalb einiger Tage zu einem um 10 Punkte darunter liegenden Durchschnittspreis verkauft worden, was seinen Kontostand auf $ 83.885,- erhöht hätte. An diesem Punkt können wir zu unserer eigenen Bequemlichkeit annehmen, daß dieses Fantasieprodukt starb und seinen Phantomerben sein kleines Vermögen hinterließ. Sollten diese mit dem Ergebnis seines Scharfsinns zufrieden sein?

Anleger im Vergleich zu Händlern

Wenn im Januar 1904 $ 19.760,- zu 6% mit einer vierteljährlichen Verzinsung angelegt und die Zinsen ständig der Kapitalsumme hinzugefügt worden wären, hätte sich bis November 1919 ein Gesamtbetrag von $ 50.901,- angesammelt. Während des größten Teils dieser Zeitspanne wäre es unmöglich gewesen, eine Zinsrate von 6% auf eine solide Anlage zu erzielen. Wenn man daher die Ergebnisse einer Anlage mit denen einer langfristigen Spekulation über eine Zeitspanne von 16 Jahren hinweg vergleicht, wird der Anlage ein künstlicher Vorteil zugestanden. Dieser Vorteil wird noch dadurch vergrößert, daß keine Zugeständnisse dahingehend gemacht wurden, daß die Dividenden auf die gehaltenen Aktien und die Zinserträge der Konten in die Ergebnisse der Spekulation mit einberechnet wurden. Obwohl die im Dow-Jones enthaltenen Aktien hauptsächlich deshalb ausgewählt werden, weil sie für Spekulationszwecke sehr beliebt sind, werden auf die meisten von ihnen Dividenden ausgeschüttet. Hätte der Phantomhändler seine Dividenden und die Zinsen von 2% auf sein Bankguthaben zu seinem Vermögen hinzugefügt, wäre es bedeutend größer gewesen als die Summe von $ 83.885,-, zu der es durch reine Wertsteigerung heranwuchs.

Wieviel Scharfsinn verlangte unsere Hypothese dem Phantom-händler ab? Es wurde nicht von ihm verlangt, bei der Auswahl sei-ner Aktien ein Urteil zu fällen. Es wurde lediglich erwartet, daß er in der Lage ist, größere Marktbewegungen zu erkennen, wenn sie bereits im Gange sind. Außerdem mußte er aufgrund dieser Erkennt-nis achtmal in 16 Jahren eine Entscheidung treffen. Es ist offensichtlich einfacher, achtmal in 16 Jahren mit seiner Entscheidung richtig zu liegen, als alle paar Tage neue Entscheidungen zu treffen und damit zu 75% richtig zu liegen, wie es beim »In-and-Out«-Händler der Fall sein muß, wenn er Geld verdienen will. Hinzu kommt, daß langfri-stige Spekulationen nicht soviel Zeit und Energie in Anspruch neh-men wie die tagtäglichen Aktivitäten des Durchschnittsspekulanten.

KAPITEL VI

Wie man die größten Bewegungen vorhersagen kann

Zwei Verleger entwickeln eine Aktienmarkttheorie – Einige richtige Vorhersagen – Die Anwendung eines physikalischen Gesetzes auf Aktien – Ratschläge aus der Stahlindustrie – Der Dividendenfaktor – Ein Preisindex, der eine Neuigkeit ist – Ein Mutindex – Die Kennzeichen sind niemals eindeutig

Grundschularithmetik verdeutlicht die Gewinne, die ein Händler erzielen könnte, der die größten Bewegungen des Aktienmarktes korrekt vorhersagen kann. Sofort stellt sich die Frage, ob solche Vorhersagen mit einem gewissen Maß an Genauigkeit getroffen werden können. Es genügt als Antwort auf diese Frage nicht, die Verallgemeinerung zu zitieren, daß Aktien dann gekauft werden sollten, wenn die Wirtschaft am Boden liegt, und verkauft werden sollten, wenn die Wirtschaft floriert. Die Geschichte der Volkswirtschaft wiederholt sich niemals genau. Die gegenwärtige Rezession unterscheidet sich in vielerlei Hinsicht von der des Jahres 1929, und die nächste Rezession wird keine reine Wiederholung derjenigen aus dem Jahre 1930 sein.

Die Phasen des Wohlstandes sind ebenfalls in vielen Punkten unterschiedlich, sowohl in ihrer Art als auch in der Intensität. Die Wirtschaft florierte sowohl im Jahr 1905 als auch in den Jahren zuvor. Der Spekulant, der seinen Aktienbesitz im Sommer 1905 verkaufte, hätte nichtsdestoweniger die Demütigung erfahren müssen, den Aktienmarkt weitere sechs Monate ansteigen zu sehen und dann zur Kenntnis zu nehmen, daß dieser danach für zehn Monate auf relativ hohem Niveau verblieb. Obwohl in der Mitte des Sommers von 1928 ein Rekordwohlstand herrschte, verpaßte der vorsichtige Händler, der sich zu diesem Zeitpunkt von seinen Aktien trennte, den größten Teil der unglaublichsten Hausse in der Geschichte der Vereinigten Staaten.

Eine Rezession, die nicht stattfand

Betrachten wir einen etwas neueren Zyklus im Aktienmarkt. Wie wäre es einem langfristigen Spekulanten im Jahr 1923 ergangen, wenn er sich nur an die gegebene Verallgemeinerung gehalten hätte? Zu Beginn des Frühjahres 1923 ging es der Wirtschaft im allgemeinen gut, besonders wenn man die Bedingungen, die zwei Jahre zuvor geherrscht hatten, zum Vergleich heranzieht. Ein Händler, der seine Aktien zu diesem Zeitpunkt verkauft hätte, würde dies zweifelsohne auf einem hohen Marktniveau getan haben. Hätte er dann jedoch auf eine ernste Rezession gewartet, bevor er gekauft hätte, hätte er die große Hausse des Jahres 1925 völlig verpaßt. Weder im Sommer noch im Herbst 1923 ereignete sich eine solche Rezession, in der es für einen allgemein informierten, langfristigen Händler ratsam gewesen wäre, Aktien zu kaufen. Offensichtlich werden bessere Methoden zur Vorhersage der wichtigen Veränderungen der Marktrichtung benötigt.

Die »Dow-Theorie«

Eine der frühesten Methoden, die Entwicklung der Wirtschaft und zufälligerweise des Aktienmarktes selbst vorherzusagen, wurde von Charles H. Dow, dem Gründer des »The Wall Street Journal« und Urheber der Dow-Jones-Indizes, entwickelt. Nach dem frühen Tod Herrn Dows fand seine Theorie ihren fähigsten Vertreter in der Person William P. Hamiltons, dem späteren Verleger des »The Wall Street Journal«, dessen »Stock Market Barometer« von allen, die sich für Spekulation interessieren, gelesen werden sollte. Die Publikation spricht für sich selbst, so daß hier lediglich eine kurze Beschreibung der »Dow-Theorie« notwendig ist.

Die meisten erfahrenen Händler kennen die Theorie, daß die Bewegung einer Aktie innerhalb einer geringen Bandbreite über eine beträchtliche Zeitspanne hinweg entweder Anhäufung oder Verteilung bedeutet, und daß das Ausbrechen der Aktie aus der Bandbreite eine Bewegung beträchtlichen Ausmaßes vorhersagt. Solche Bewegungen können das Resultat unkluger Manipulation oder auch eines Zufalls sein. Es ist jedoch klar, daß der Aktienmarkt als Ganzes zu breitgefächert ist, um in größerem Ausmaß durch Manipulation beeinflußt zu werden. Ein einzelner oder eine kleine Gruppe mag vielleicht in der Lage sein, unter vorteilhaften Umständen bedeutende Preisbewegungen einzelner Aktien durch kluges Lenken und sorgfältig geplante Öffentlichkeitsarbeit in die Wege zu leiten. Der Versuch, eine solche Transaktion mit den Milliarden von Wertpapieren, die an der New York Stock Exchange notiert werden, als Ganzes durchzuführen, läge jenseits menschlichen Könnens. Eine Studie der Entwicklung der Wirtschaft und der Entwicklung des Aktienmarktes über viele Jahre hinweg verdeutlicht außerdem ziemlich abschließend, daß die größten Bewegungen in den Aktienmärkten keine Zufallsergebnisse sind. Die Wechselbeziehung ist zu auffällig.

Die Talsohle einer Baisse

Nachdem Manipulation und Zufall eliminiert wurden, scheint es, daß das Verhalten des Marktes als Ganzes, wenn es darum geht, eine Linie zu bilden, von Bedeutung ist. Wenn sich beispielsweise während der Phase einer Wirtschaftsrezession der Dow-Jones oder ein anderer repräsentativer Index über längere Zeit hinweg innerhalb einer geringen Schwankungsbreite bewegen, ist das Ausbrechen aus diesem Muster wahrscheinlich von Bedeutung. Orthodoxe Anhänger der Dow-Theorie messen einem solchen Verhalten Bedeutung zu, allerdings nur, wenn das Verhalten der Industrieaktien das der Eisenbahnaktien bestätigt und umgekehrt. Angesichts der gegenwärtigen Ungleichheit von Eisenbahn- und Industrieaktien in bezug auf Marktverhalten, wäre es nicht ketzerisch vorzuschlagen, daß der Eisenbahnindex in der modernen Anwendung der Theorie durch einen Index öffentlicher Einrichtungen ersetzt werden sollte. Das Jahr 1921 bietet uns ein typisches Beispiel für den Tiefststand einer Baisse. Von November 1919 an zeigte die Tendenz des Marktes nach unten. Diese Tendenz hielt während des Jahres 1920 und bis weit ins Jahr 1921 hinein an. Im Sommer 1921 erreichte der Markt einen Punkt, an dem sich die Liquidation selbst erschöpft zu haben schien. Der Eisenbahnindex erreichte im April einen Tiefststand bei 67,86, einen weiteren im Juni bei 65,52 und einen dritten Tiefststand bei 69,87 im August. Der Höchststand während dieser Zeit lag bei 75,38. Der Industrieindex erreichte im Juni ein Tief von 64,90 und ein weiteres Tief im August bei einem Stand von 63,90. Während dieser drei Monate lag der Höchststand bei 73,51. Beide Indizes bewegten sich daher nach 18 Monaten fallender Preise und zu einem Zeitpunkt, zu dem eine äußerst schlechte Wirtschaftslage herrschte, innerhalb einer geringen Bandbreite. Der Industrieindex brach als erster aus dem Trott heraus. Er berührte am 29. Oktober den Stand von 73,93 und kletterte am 9. November über den Stand von 75. Im späteren Verlauf des Monats wurde dieses Verhalten durch den Eisenbahnindex bestätigt, als dieser 76,66 erreichte. Diese Aufwärtsbewegung, die so zögerlich begann, trug die Indizes im März 1923 auf einen Höchststand. Nach einem geringen Rückgang wurde der Aufwärtstrend 1924 wieder aufgegriffen, und der Industrieindex erreichte im Winter 1926 einen Rekordstand.

Eine optimistische Vorhersage

Im nachhinein, so könnte der Leser jetzt sagen, ist das alles gut und recht; aber sagte damals tatsächlich irgendein Betrachter aufgrund der vorhandenen Zahlen eine Hausse voraus? Wir finden die Antwort in einem Zitat aus einem Artikel von Herrn Hamilton, der am 5. November 1921 in »Barron's« erschien:
»Ich wurde herausgefordert, einen Beweis für den Wert der Vorhersagen des Aktienmarktbarometers zu liefern. Trotz des demoralisierten Zustandes des europäischen Finanzmarktes - was auf die Inflation während des Krieges zurückzuführen ist -, trotz all dieser Dinge, die

die Wirtschaft des Landes gegenwärtig überschatten, verhielt sich
der Aktienmarkt so, als ob bessere Aussichten bestünden. Er hat deutlich gemacht, daß die Baisse, die Ende Oktober und Anfang November 1919 einsetzte, am 20. Juni 1921 bei einem Stand von 64,90
für die 20 Industriewerte und von 65,52 für die zwanzig Eisenbahnwerte seinen Tiefpunkt erreicht hatte.«

Ein Marktereignis wurde vorhergesehen

Dieselbe Persönlichkeit erfüllte die weitaus schwierigere Aufgabe, in
einem Leitartikel, der am 25. Januar 1926 im »Barron's« erschien,
den Wendepunkt am Gipfel einer Hausse vorherzusagen. Das Folgende ist ein Auszug aus dem Artikel:
»Die Preisbewegungen im Aktienmarkt zu betrachten, ist gegenwärtig
eine Erleuchtung. Nach einer Hausse, die seit Oktober 1923 vor-
herrschte, sind die möglichen Schlüsse gewissermaßen provisorisch,
jedoch äußerst interessant. Die 20 Industriewerte zeigen das Phänomen eines deutlich gekennzeichneten doppelten Höchststandes.
Am 6. November 1925 erreichten sie den Höchstand der Bewegung und den Rekordstand bei 159,39. Danach folgte eine deutliche Zweitreaktion, die alle charakteristischen Merkmale einer solchen Bewegung aufwies, und die den Preis am 24. November um
über elf Punkte auf einen Stand von 148,18 absenkte. Die darauf
folgende Aufwärtsbewegung erreichte 159,00, und von dort bewegte
sich der Markt am 21. Januar auf 153,20.
Dies wäre von großer Bedeutung, wenn sich die zwanzig Eisenbahnaktien nur annähernd parallel verhalten hätten. Die Eisenbahnaktien schlossen sich der elf-Punkte-Schwankung der Industriewerte jedoch nicht an. Sie bewegten sich zwar um knapp einen
Punkt nach unten, erreichten jedoch am 7. Januar mit einem Stand
von 113,12 den Höhepunkt ihrer gegenwärtigen Bewegung. Von diesem Stand bewegten sie sich bis zum 21. Januar um weniger als fünf
Punkte auf 108,26.
Um eine Fortsetzung der großen Hausse anzudeuten, was grundle-
gend von allen vorherigen Erfahrungen abhängen würde, müßten
die Industriewerte über dem Höchstand vom November und die
Eisenbahnwerte über dem Hoch vom 7. Januar zum Verkauf angeboten werden. Da die Industriewerte jedoch bereits einen bedeutenden
Doppelhöchststand erreicht haben, würde die Erholung des Eisenbahnindex auf einen Stand, der etwa annähernd bei 113,12 liegt,

und eine darauf folgende Reaktion nahezu bedeuten, daß die lange
Aufwärtsbewegung ihrem Ende zugeht.«

Der Februar brachte die Erholung des Eisenbahnindex auf einen
Stand etwas unter 113,12, gefolgt von einer Reaktion. Der Folge-
monat war eine Zeit ernsthaften Preisverfalls.

Babson's XY Linie

Einer der frühesten Vertreter des modernen Berufs der Wirtschafts-
und Aktienmarktvorhersage war Roger W. Babson. Er trug vielleicht
mehr als alle anderen dazu bei, das Konzept von Konjunkturzyklen
bekannt zu machen. Tausende von Geschäftsleuten, Bankiers und
Anleger kennen das Babson-Diagramm der Wirtschaftsbedingungen.
Das Diagramm stellt eine Ansammlung von Statistiken über Ban-
kenabwicklungen, Geschäftspleiten, verfügbarem Frachtraum, der
Handelsbilanz und vieler anderer Zahlen dar. Es zeigt eine Reihe
schwarzer Berge und Täler, die durch eine XY-Linie unterteilt werden, die dazu da ist, das Wachstum der Wirtschaft des Landes zu repräsentieren. Das Diagramm und die Vorhersagemethode von Babson
beruhen auf der Annahme, daß das physikalische Gesetz - Aktion
und Reaktion sind gleich und gegensätzlich - auf die Wirtschaft und
die Finanzen anzuwenden ist. Ein schwarzes Feld auf einem Babson-Diagramm bedeutet Rezession unterhalb der Linie und Aufschwung über der Linie. Erwartungsgemäß sollen diese Felder über
einen bedeutenden Zeitraum hinweg gleich verlaufen und daher eine
schwere Rezession durch hektischen Aufschwung ausgeglichen werden, während einer schwächeren Wirtschaftsaktivität eine entsprechende kleinere Rezession gegenübersteht. Unter der Annahme, daß
diese Erwartung korrekt ist, wäre es lediglich notwendig festzustellen, an welchem Punkt ein Rezessionsfeld halb so groß ist wie das
davor liegende Aufschwungsfeld, um daraus eine Erholungsphase
abzuleiten. Der tiefste Punkt in einem Zyklus sollte außerdem eine
hervorragende Gelegenheit darstellen, Aktien zu kaufen.

Eine unglückliche Auswahl

Die Methode, nach der die Babson-Organisation die XY-Linie festlegt, wurde der Öffentlichkeit niemals auf zufriedenstellende Weise erklärt. Es gab unfreundliche Andeutungen, daß der Verlauf der XY-Linie der Aktions-/Reaktionstheorie angepaßt wurde. Während der Zeit der Kriegsinflation reichte scheinbar auch diese Methode nicht aus, um die Felder im Gleichgewicht zu halten. Vom Blickpunkt der Logik aus betrachtet, ist es schwierig zu erkennen, warum das Gesetz von Aktion und Reaktion auf die Wirtschaft anzuwenden sein sollte. Wenn sich Rezession und Aufschwung in menschlichen Angelegenheiten gezwungenermaßen ausgleichen, sollte die Benennung eines Konkursverwalters mehr als willkommen sein, da er die Garantie für einen kommenden ungewöhnlichen Aufschwung bedeuten würde. Tatsächlich führte die Aktions-/Reaktionstheorie die Babson-Organisation 1921 dazu, den Fehler zu begehen, Spekulationskunden zu raten, Aktien von Firmen und Industrieunternehmen zu kaufen, die gründlich »liquidiert« worden waren, mit anderen Worten: Aktien von Unternehmen, die eine Menge Geld verloren hatten. Daher wurden vorrangig Leder- und Düngemittelaktien zu Spekulationszwecken empfohlen, während Aktien von Ladenketten vernachlässigt wurden. Das Ergebnis war ungünstig.

Man sollte nicht über den Babson-Rekord diskutieren, ohne eine Ansprache zu erwähnen, die Herr Babson am 5. September 1929, zwei Tage, nachdem der Markt seinen Rekordstand erreicht hatte, hielt. »Ein Crash wird passieren und er könnte schrecklich sein,« sagte Herr Babson. Unglücklicherweise hatte er dieser Aussage vorangestellt: »Ich wiederhole immer noch, was ich letztes Jahr und das Jahr zuvor gesagt habe.« Der Kunde, der 1927 auf diese Vorhersage einer Baisse reagierte, hatte weniger Grund zur Dankbarkeit als der, der erst im September 1929 darauf reagierte.

Trotz ihrer Erfahrung aus dem Jahre 1921 hielt die Babson-Organisation an ihrem Glauben an flaue Märkte fest. Ein Bericht an Kunden vom 3.Juli 1928 stellte fest: »Es ist sinnlos, teuren Favoriten nachzujagen. Auf der Basis langfristigen Wachstums sollte man sorgfältig ausgewählte Emissionen wie Philadelphia & Reading Coal & Iron kaufen. Warten Sie die Beruhigung des übrigen Marktes ab. Es gab starke Preisgefälle, und es wird mehr davon geben.« An jenem Tag wurde Philadelphia & Reading Coal & Iron zu einem Preis von 29 ¼ angeboten. Die fünf teuersten Aktien der zehn notierten Werte, die in der vorigen Woche am aktivsten gehandelt worden waren, können vernünftigerweise als repräsentativ für die »teuren Favoriten« angesehen werden. Jeweils eine Aktie dieser Werte hätte den Käufer $ 787,13 gekostet. Vierzehn Monate später wären dieselben fünf Aktien – General Motors, Montgomery Ward, Radio, Sears Roebuck und US Steel – unter Berücksichtigung von Spliting und Bezugsrechten $ 1.512,25 wert gewesen. Philadelphia & Reading Coal & Iron fiel zwischenzeitlich auf einen Preis von 23³/4.

Die Beobachtung der Stahlindustrie

Von den modernen Beobachtern des Aktienmarktes verfaßte wahrscheinlich keiner eine gründlichere Studie über die Beziehungen zwischen Aktienmarktbewegungen und anderen Wirtschaftsfaktoren als Col. Leonard P. Ayres, Vizepräsident der Cleveland Trust Co.. In seinen Forschungen entdeckte Col. Ayres eine Vielzahl solcher Beziehungen. Zweifelsohne lag es an seinem Wohnort in einem Stahl- und Eisengebiet, daß Col. Ayres früh damit begann, die Beziehung zwischen Veränderungen der Aktivitäten dieser Industrie und Aktienmarktzyklen zu erforschen. Man sollte sich daran erinnern, daß die Stahl- und Eisenindustrie die grundlegendste aller unserer Industrien ist. Stahl spielt bei der Konstruktion und Instandhaltung von Eisenbahnen, Automobilen und Gebäuden eine Rolle. Bauern nutzen Stahl auf vielen Gebieten. Es gibt niemanden, der nicht ständig auf Stahl reitet, geht oder an Stahlmaschinen arbeitet. Veränderungen in den Aktivitäten der Stahl- und Eisenindustrie sind daher typisch für Veränderungen in der industriellen Aktivität als ganzes. Sie sind jedoch viel ausgeprägter. Die Tendenz der Stahlaktivitäten zeigt daher um ein Vielfaches vergrößert die Tendenz der Industrie als ganzes.

Der Hochofen-Index

In seinen mehrjährigen Studien der Stahl- und Eisenindustrie entdeckte der Statistiker aus Cleveland, daß es eine erstaunliche Korrelation zwischen dem Zustand der Hochofenaktivitäten und der Tendenz des Aktienmarktes gab. Wenn 60% aller Hochöfen im Land in einer Zeit zunehmenden Wohlstandes in Betrieb und mit Roheisenproduktion beschäftigt waren, bedeutete dies normalerweise das Erreichen eines Höchststandes in der Aufwärtsbewegung des Aktienmarktes. Dagegen bedeutete ein Absinken in der Anzahl aktiver Hochöfen auf unter 60% normalerweise eine günstige Gelegenheit zum Kauf von Aktien. Der Hochofen-Index war keinesfalls unschlagbar. Sowohl 1901 als auch 1904 gab er beispielsweise das Verkaufssignal zu früh. Auf der Kaufseite gab er das Signal 1907 und 1920 etwas verfrüht.

Das Verhalten des Index im Jahre 1929

Eigenartigerweise hörte man in den späteren Phasen der großen Hausse, die 1929 ihren Höhepunkt hatte, wenig von der Hochofen-Theorie. Die Entwicklung zu Anfang des Jahres 1926 und spätere, durch ihren Urheber geäußerte Zweifel waren wahrscheinlich für diese Vernachlässigung verantwortlich. Im vorangegangenen Jahr hätte ein blinder Anhänger seine Aktien am Vorabend einer ernsthaften Reaktion verkauft und hätte praktisch am Tiefststand ein Kaufsignal erhalten. Der Hochofen-Index sagte den Umschwung der Reaktion des Monats März 1926 etwas verfrüht an. Am 1. Januar waren zum ersten Mal seit vielen Monaten 60% aller funktionsfähigen Hochöfen in Betrieb. Die Aktien waren damals nahe an extre-

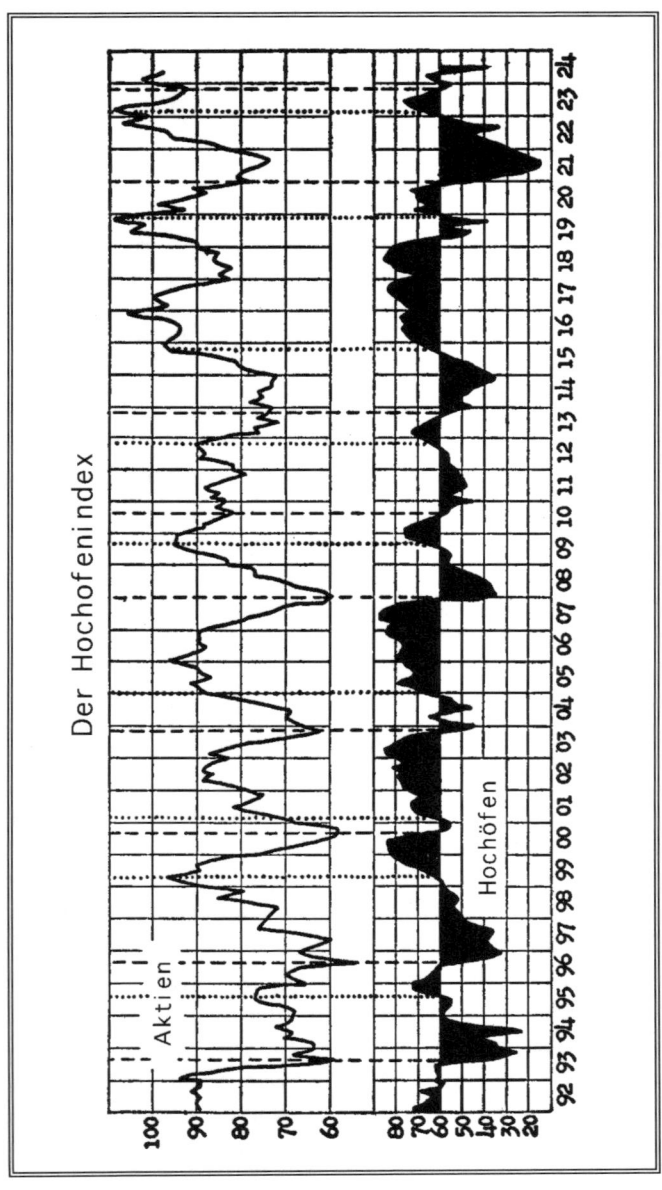

men Höchstständen, die sie sechs Wochen später erreichten. Unglücklicherweise fiel die Anzahl der in Betrieb befindlichen Hochöfen vor Erreichen der Höchststände unter den kritischen Punkt, wenn auch nur um 1%. Offensichtlich kann man bei einer Faustregel keine bis auf den Punkt exakte Genauigkeit erwarten. Der Index als Vorhersager beging einen ernsthafteren Fehler, als er am 1. März eine Abwärtsbewegung vorhersagte und bis zum 1. Juli, als die Aktien beinahe ihre Februar-Höchststände wiedererreicht hatten, kein neues Kaufsignal gab.

Außer für Stände im April und Mai 1927, die ganz leicht über 60% lagen, blieb der Hochofen-Index während der ganzen Jahre 1927 und 1928 hindurch auf einen Anstieg eingestellt. Die Annahme, daß ein Anstieg auf über 60%, jedoch nicht über 61%, von Bedeutung sei, würde bedeuten, daß man dem Hochofen-Index eine enorme Sensitivität andichten würde, die er nicht besitzt. Das Verhalten im April und Mai 1927 deutete auf keine Reaktion in den Aktien hin. Im Gegenteil, der Hochofen-Index gab keinerlei Warnung vor den einschneidenden Reaktionen der Monate Juni und Dezember 1928. Erst im Februar 1929 gab dieses Barometer ein deutlich erkennbares Verkaufssignal. Ein Händler, der sich also einzig und allein auf dieses Barometer verlassen hätte, hätte seine Aktien während des größten Teiles der Hausse gehalten. Keine andere, auf Wirtschaftsstatistiken basierende Vorhersagemethode hätte ihm weniger verfrüht das Ende der Hausse vorhergesagt.

Die Bedeutung des Hochofen-Index

Es ist klar, daß der Hochofen-Index alleine nicht verläßlich genug ist, um die Basis für einen profitablen Aktienhandel zu bilden. Er ist es in Verbindung mit anderen Indizes. Wenn der Markt selbst (nach Interpretation durch die Dow-Theorie), der Hochofen-Index, die allgemeine Wirtschaftslage und andere Indizes, die wir noch näher betrachten werden, alle in dieselbe Richtung deuten, kann kein

Händler es sich leisten, diese Erkenntnis nicht zu beachten. Der Hochofen-Index ist besonders nützlich, da er monatlich zu einem frühen Zeitpunkt im Monat zur Verfügung steht. Die Stahlindustriezeitschriften veröffentlichen jeden Monat genaue Zahlen zur Hochofenaktivität.

Wirtschaftsaktivität

Es wurde bereits angedeutet, daß die bloße Verallgemeinerung, Aktien sollten in Zeiten ruhiger Wirtschaft gekauft und in Zeiten aktiver Wirtschaft verkauft werden, keine passende Basis für spekulative Maßnahmen bildet. Trotzdem sollte man seine Aufmerksamkeit auf die Existenz von Indizes, die die Wirtschaftsaktivität widerspiegeln, richten. Das Wirtschaftsministerium, das Federal Reserve Board, die Harvard Economic Society und die Standard Statistics Company sind einige der bekannten Organisationen, die solche Statistiken erstellen. Um von größtem Nutzen zu sein, sollte ein solcher Index sowohl die jahreszeitlichen Schwankungen als auch ein normales langfristiges Wachstum berücksichtigen. Der Standard Statistics-Index der Industrieproduktionszahlen der Monate Mai 1929 und März 1930 bedeutete, wenn obige Faktoren auf richtige Weise berücksichtigt wurden, daß die Produktion von Waren in den Vereinigten Staaten im früheren der beiden Monate um 16% über und im letzteren um 7% unter den Normalwerten lagen. Diese Indizes gewinnen dadurch an Wert, daß sie frühzeitig zur Verfügung stehen und wöchentliche Zahlen besonders willkommen sind.»The Annalist« fing kürzlich damit an, einen wöchentlichen Index der Wirtschaftsaktivität zu veröffentlichen, der für Beobachter des Aktienmarktes von großem Nutzen sein sollte.

Wie nützlich sind die Vorhersagen der Wirtschaftsindizes?

Früher wurde es als axiomatisch angesehen, daß Aktienmarktbewegungen Veränderungen in der Wirtschaftsaktivität vorhersagen sollten. Die Abwärtsbewegung der Aktien im November 1919 geschah zum Beispiel vier Monate vor Erreichen eines Höchststandes in der Wirtschaftsaktivität. In den letzten zehn Jahren scheint der Aktienmarkt seinen Wert als Wirtschaftsprophet verloren zu haben; möglicherweise hat die Wirtschaftsaktivität an Wert dazugewonnen, was die Bedeutung als Aktienmarktvorhersage anbelangt. 1929 erreichten führende Indizes der allgemeinen Wirtschaft ihre Höchststände im Mai, Juni oder Juli. Diese Tatsache erwies sich für die Meinungsmacher im Aktienmarktbereich für nicht so nützlich wie erwartet. Mit Datum vom 23. September, als sich die Aktien bereits auf ihrer rasenden Talfahrt befanden, schrieb der »Standard Statistics Trade and Securities Service«: »Bei Emissionen von bedeutendem inneren Wert wird nichts Ernsthafteres als gelegentliche technische Rückschläge erwartet. Die Lage der Wirtschaft als Ganzes bleibt unverändert äußerst zufriedenstellend.«

Dividendenrendite

In einer völlig anderen Richtung entdeckte Col. Ayres einige interessante Tatsachen bezüglich der Beziehung zwischen Aktienpreisen und Dividenden. Wenn man den Gesamtpreis der Aktien, die im Dow-Jones Industrieindex vorhanden sind, durch die Gesamtsumme der ausgeschütteten Dividenden teilt, erhält man einen Index, der ihre Durchschnittsrendite widerspiegelt. In einer Hausse verkaufen sich Aktien natürlich, um kleine Renditen abzuwerfen, in einer Baisse werden große Gewinne erwartet. In den letzten dreißig Jahren schaffte es nur eine Hausse nicht, diesen Index auf über 20 zu bewegen, und es gab keine Baisse, die ihn nicht unter 17 trug. Wenn die Richtung eines Marktes erst einmal erkannt ist, ist es möglich, aufgrund dieser Tatsache eine Mindestbegrenzung seiner Bewegung festzulegen.

Es ist interessant festzustellen, daß ein Diagramm dieser »Times Line« – die Gesamtpreise sind ein Vielfaches der Gesamtdividenden - ziemlich unterschiedlich von einem Diagramm des Indizes selbst aussehen würde. Die »Times Line« erreichte 1906, als die Industriewerte zu einem Preis verkauft wurden, der 26mal ihren angehäuften Dividenden entsprach, ihren höchsten Stand in vielen Jahren. Auf diese Art und Weise betrachtet, waren die Haussen der Jahre 1919, 1925 und 1926 keine derart herausragenden Ereignisse, wie es durch die bloße Betrachtung der Dow-Jones-Indizes den Anschein geben könnte. Selbst der Hausse von 1926 bis 1929, der auf einem Diagramm der Dow-Jones-Indizes wie der Mount Everest in der Mitte der Alpen erscheint, erreichte nur eine Preis-mal-Dividende-Zahl von ungefähr 30. Der alte Rekord war, wenn auch nicht mit einer gewaltigen Spanne, gebrochen.

Der Fisher-Index

Ein weiterer Index von großem Nutzen für den Beobachter des Aktienmarktes ist der Fisher Warenpreisindex (Fisher Commodity Price Index), der von Professor Irving Fisher aus Yale zusammengestellt wurde. Es gibt viele Warenpreisindizes, aber der Fisher-Index ist möglicherweise der beste. Sein großer Vorteil liegt darin, daß er wöchentlich zur Verfügung steht. Die Veröffentlichung seines Standes ist daher eine Neuigkeit und nicht bereits Geschichte. Handel und Industrie erzielen in einem steigenden Warenmarkt größere Profite als in einem fallenden. Der große Preisanstieg, der im Mai 1920 seinen Höhepunkt erreichte, machte es fast allen Geschäftszweigen leicht, Gewinne zu erzielen. Andererseits verursachte der gewaltige Preisverfall, der im Laufe der folgenden 20 Monate das Preisniveau beinahe halbierte, eine Lähmung des Handels, bei der nur die Kon-

zerne Gewinn erzielten, die extrem viel Glück hatten oder außergewöhnlich gut organisiert waren.

Die Auswirkungen von Preisbewegungen auf die Wirtschaft

Eine Überdosis steigender Preise hat dieselbe Wirkung wie die Überdosis irgendeines anderen Aufputschmittels. Geschäftsleute sehen
daher große und schnelle Anstiege der Preise der von ihnen gehandelten Waren nicht gerne. Früher war man der Meinung, daß eine
bescheidene Aufwärtsbewegung ideale Geschäftsbedingungen nach
sich ziehen würde, da die normalen Handelsprofite durch den ständigen Wertzuwachs der Warenbestände etwas vergrößert wurden.
Bei einem leichten und unregelmäßigen Preisrückgang, wie es bis zum
Sommer 1929 der Fall war, erfreute sich die Wirtschaft jedoch einer
der am längsten andauernden Aufschwünge der amerikanischen
Geschichte. Anscheinend sind es nur die besonders heftigen Veränderungen der Preise, die sich störend auf die Wirtschaft auswirken.
Größere Rückgänge der Warenpreise dauern normalerweise länger
an als Rückgänge in der Wirtschaft und im Aktienmarkt. Dadurch
verlieren die Warenindizes teilweise an barometrischer Bedeutung
   Der Leser mag jetzt leicht enttäuscht darüber sein, daß keine todsichere Methode vorgestellt wurde, die es ermöglicht, den Wendepunkt einer Bewegung im Aktienmarkt zu erkennen. Eine kurze
Überlegung zeigt jedoch, daß es keine größeren Schwankungen geben
würde, wenn es eine sichere Methode der Vorhersage von größeren
Schwankungen im Aktienmarkt gäbe. Wenn alle Händler wüßten oder
durch eine halbstündige Nachforschung herausfinden könnten, daß
sich der Aktienmarkt nach unten bewegen wird, gäbe es keine Käufer. Es kam noch nie vor, daß alle nur möglichen Umstände darauf
hinwiesen, daß die Wertpapierpreise steigen würden, noch gab es einen
Zeitpunkt, zu dem alles auf das Einsetzen einer Baisse hindeutete.
Man kann höchstens darauf hinweisen, daß die Gesamtheit der Fak-

toren entweder eine Aufwärts- oder eine Abwärtsbewegung für wahrscheinlicher hält.

Ein »Mutindex«

In den vorhergegangenen Abschnitten wurde die komplizierte Beziehung zwischen Wirtschaftsaktivität und dem Aktienmarkt kurz umrissen. Eine viel detailliertere Analyse der statistischen Methoden, Wirtschaftszahlen ins Verhältnis zu Spekulation zu setzen, ist in Van Strums gewissenhaftem Werk mit dem Titel »Forecasting Stock Market Trends« beschrieben. Alle diese Methoden, so nützlich sie auch sein mögen, haben eine grundsätzliche Schwäche. Die Tendenzen des Aktienmarktes spiegeln die Käufe und Verkäufe Tausender von Menschen wider. Deren Handelsaktivitäten reflektieren nur teilweise, bewußt oder unbewußt, die Lage im Handel. Manchmal beeinflussen ihre Hoffnungen, ein anderes Mal ihre Ängste, die Preise mehr als die Stahlproduktion, Ladeauslastung oder andere wichtige Wirtschaftsfaktoren.

Im Mai 1929 wies der bekannte Volkswirtschaftler Paul Clay während einer Ansprache bei einem Abendessen der American Statistical Association darauf hin, daß der Aktienmarkt immer schneller gewesen war als jedes bekannte, auf Wirtschaftsstatistiken und volkswirtschaftlichen Grundsätzen basierende Verkaufssignal. Er behauptete außerdem, daß die Aktien so lange steigen konnten, wie die Händler entweder genügend Geld, Möglichkeiten der Kreditaufnahme oder Mut hatten, sie zu kaufen. Herr Clay äußerte seinen Glauben daran, daß die Wende, die laut seiner Meinung nur durch einen »Mutindex« vorhergesagt werden konnte, vor Labour Day eintreten würde. Diese bildhafte Prophezeiung verpaßte ihre Erfüllung um nur einen Tag.

Das Gleichgewicht der Faktoren

Spekulation ist kein einfaches Geschäft. Der Laie kann nicht einfach ein paar tausend Dollar und 15 Minuten Zeit pro Tag opfern, das Ganze als Nebengeschäft betreiben und dabei erfolgreicher abschneiden als bei einer anderen Tätigkeit. Tatsächlich erfordert Spekulation ein breiteres Wissen, mehr Aufmerksamkeit und gesünderes Einschätzungsvermögen als ein durchschnittliches Geschäft. Die Preise an der New York Stock Exchange werden durch die französische Politik, deutsche Bankenkonditionen, Kriege und Kriegsgerüchte im Nahen Osten, den chinesischen Geldmarkt, den Zustand der argentinischen Weizenernte, das Verhalten der mexikanischen Regierung und durch eine Menge Einflüsse aus dem Heimatland beeinflußt. Der erfolgreiche Spekulant muß all diese Einflüsse sorgfältig gegeneinander abwägen, Vor- und Nachteile genau prüfen und zu einer sinnvollen Entscheidung gelangen. Dies ist jedoch erst der Anfang. Wenn er zu dem Entschluß kommt, daß eine Aufwärtsbewegung wahrscheinlicher ist, muß er immer noch entscheiden, welche Aktien er kaufen soll, um einen maximalen Gewinn zu erzielen.

Langandauernde Marktbewegungen

Der Händler muß nicht nur eine sorgfältige Analyse der Situation durchführen, wenn er zuerst entscheidet, daß sich der Markt definitiv in eine bestimmte Richtung bewegt. Er muß seine Position in einigermaßen regelmäßigen Abständen neu evaluieren. Haussen und Baissen dauern lange genug an, daß der durchschnittliche Händler wahrscheinlich, bis der Höhepunkt schließlich naht, vergessen hat, daß es auch andere Bewegungen gibt. Sein Einschätzungsvermögen findet durch die allgemeine Laune der Geschäftsleute in solchen Zeiten keine Unterstützung. Eine Hausse kommt meist dann zu Fall, wenn es der Wirtschaft allgemein gut geht und wenig Wolken am Himmel zu sehen sind. In solchen Zeiten schmieden viele Geschäftsleute Erweiterungspläne, Wirtschaftsführer treffen optimistische Aussagen, und die Aussichten sind rosig. Unter solchen Umständen muß man wirkliche Stärke besitzen, um Aktien zu verkaufen. Hinzu kommt, daß viele dieser Aktien in den Augen ihres Besitzers noch unterbewertet scheinen im Vergleich mit vielen anderen Aktien, die er nicht besitzt. Die umgekehrten Bedingungen gelten bei Einsetzen einer Hausse. Dann befindet sich die Wirtschaft in einer Rezession, die Konkursanmeldungen sind zahlreich, und die Wirtschaft geht scheinbar vor die Hunde. Wenn jemand dann von einem Aufschwung redet oder in der Hoffnung auf eine Aufwärtsbewegung handelt, werden seine Freunde seinen Verstand in Frage stellen

KAPITEL VII

Das Lebenselixier der Spekulation

Der Spekulant erhöht die Gewinne durch Kreditaufnahme – Anziehung und Gefahren von »Pyramiding« – Die Gleichbewegung von Aktien und Geld – Warum Geld während einer Rezession nachgibt – Eine Hausse kann Selbstmord begehen – Einige Faustregeln für Prognostiker

Kredite sind das Lebenselixier der Spekulation. Es ist zwar möglich zu spekulieren, ohne Geld aufzunehmen, aber größtenteils wird Spekulation durch Kreditaufnahme finanziert. Die Gewinne einer erfolgreichen Spekulation werden durch den Einsatz geliehenen Geldes um ein vielfaches vergrößert. Daher ist der Geldmarkt für spekulative Handlungen äußerst wichtig, sogar für jemanden, der selbst keinen Kredit aufnimmt.

Eine mathematische Demonstration der Tatsache, daß der Gewinn aus einer erfolgreichen Spekulation durch eine Kreditaufnahme vergrößert wird, ist einfach. Nehmen wir an, ein Händler kauft 100 Aktien zu $ 100,- pro Aktie, indem er $ 2.000,- seines eigenen Geldes verwendet und $ 8.000,- aufnimmt. Wenn man Provisionen und Zinsen außer Acht läßt, wird er durch den Verkauf zu $125,- pro Aktie einen Gewinn von $ 2.500,- erzielen, oder einen Zuwachs von 125% seines Kapitals. Hätte er nur soviele Aktien gekauft, wie er von seinem eigenen Geld hätte bezahlen können, hätte er nur zwanzig Aktien erworben, und sein Gewinn wäre nur 25% seines Kapitals gewesen.

»Pyramiding« - *Pyramidenbau*

Verändern wir die Annahme etwas und stellen wir uns einen Anstieg
des Aktienpreises von 100 auf 200 vor. Nehmen wir außerdem an,
daß der Händler in Abständen Geld aufnimmt, um mehr Aktien zu
kaufen, so daß sein Eigenkapital nie viel mehr als 20% des Markt-
wertes übersteigt. Unter dieser letzteren Annahme könnte er 80
zusätzliche Aktien kaufen, nachdem die Aktienpreise einen Stand von
125 erreicht haben. Er besäße dann 180 Aktien mit einem Marktwert von $ 22.500,- und würde $ 18.000,- schulden. Wenn die
Aktien 150 erreicht hätten, würde er 120 zusätzliche Aktien zu einem
Preis von $ 18.000,- kaufen und würde seinen Gesamtbesitz so auf
300 Aktien mit einem Wert von$ 45.000 ,- erhöhen. Sein Darlehen
betrüge nun $ 36.000,-. Bei einem Stand von $ 175,- könnte er weitere 140 Aktien für $ 24.500,- kaufen und würde so den Gesamt-
wert seines Aktienbesitzes auf $ 77.000,- und sein Gesamtdarlehen
auf $ 60.500,- erhöhen. Nachdem die Aktien endlich einen Stand
von 200 erreicht hätten, könnte er seine 440 Aktien für $ 88.000,-
verkaufen. Nach Rückzahlung seines Darlehens hätte er einen Restbetrag von $ 27.500,- und einen Gewinn von 1275%. Hätte er bis
zu seinem Limit Geld aufgenommen und jedesmal, wenn die Preise
um zehn Punkte gestiegen wären, neue Aktien hinzu gekauft, hätte
sein Gewinn noch beeindruckendere Proportionen angenommen.

Wenn der Marginverantwortliche Arbeit bekommt

Man braucht nicht zu erwähnen, daß dieser Prozeß des»Pyramiding«
in der Praxis mit solchen Ergebnissen niemals durchgeführt werden
kann. Ein Broker mag sicherlich ein Kundenkonto mit einer Sicherheitsleistung (Margin) von 20% annehmen, was jedoch nicht heißt,
daß ein Händler vor einem Verlust von nicht mehr als 20% sicher
ist. Es bedeutet im Gegenteil, daß er darauf achten muß, daß er niemals weniger als 20% Margin hält. Sobald eine Reaktion in einer Aktie

weit genug fortgeschritten ist, um diese 20% Kapital anzugreifen, würde der Broker Margin nachfordern. Sollte diese Nachforderung nicht beachtet werden, würde er den Besitz seines Kunden teilweise oder ganz verkaufen, um sich selbst zu schützen. Dies muß er gerechterweise für seine übrigen Kunden tun, die sich auf die Integrität seines Kapitals zum Schutz ihrer Konten verlassen. Ein erfahrener Händler bevorzugt einen Broker, der auf adäquaten Margins besteht, und nicht einen, der in dieser Hinsicht zu liberal eingestellt ist.

Nehmen wir an, daß unser »Pyramiding«-Händler seine Aktivitäten so weit fortgeführt hat, daß seine Aktien zu 150 verkauft werden können, als eine Reaktion von 15 Punkten in den Aktien auftritt. Seine dreihundert Aktien sind jetzt statt $ 50.000,- nur $ 40.000,- wert und sein Kapital nur noch $ 4.500,-. Sollte er nicht in der Lage oder unwillig sein, zusätzliches Bargeld zu überweisen, wird der Broker gezwungen sein, 150 Aktien zu verkaufen, um sein Kapital auf 20% seiner Gesamtschulden zu bringen. Eine etwas größere Reaktion würde beinahe zu seinem Bankrott führen. Genau dies passiert dem durchschnittlichen Margin-Händler. Er kann ständig Aktien in einer Hausse kaufen und wird trotzdem durch eine Reaktion oder durch die erste steile Abwärtsbewegung, die sein Ende anzeigt, in den Ruin getrieben.

Eine Lösung für Banküberschüsse

Die Tatsache, daß der Durchschnittshändler Kredite mißbraucht, ist kein Argument gegen die Verwendung von Krediten in der Aktienmarktspekulation. Ein Darlehen ist ein nützliches Werkzeug für einen Händler, dessen Kreditaufnahme sich in Grenzen hält. Darlehen auf notierte Aktien und Anleihen sind ebenso eine äußerst nützliche Anlagemöglichkeit für die überschüssigen Mittel von Banken, Unternehmen und wohlhabenden Individuen im ganzen Land. Darlehen, die zeitweise beinahe eine Höhe von $ 7.000.000.000,- erreichten, werden von New Yorker Banken in eigenem Namen, für die Konten von Korrespondenzbanken im Inland und für die Konten »Anderer« vergeben. Darlehen für die Konten »Anderer« wurden erst kürzlich entwickelt, obwohl sie ein wichtiger Faktor im Markt für gesicherte Kredite darstellen. Solche anderen Kreditgeber sind unter anderem Unternehmen, Anlagefonds und reiche Einzelpersonen mit Überschußgeldern. Der Großteil dieser Darlehen sind jederzeit kündbare Kredite, die auf Abruf zurückzahlbar sind und normalerweise von den kreditgebenden Brokern von Tag zu Tag erneuert werden. Eine Regionalbank in Kansas, die überschüssige Mittel in ihrem Tresor aufbewahrt, könnte diese Gelder beispielsweise ihrer New Yorker Korrespondenzbank zum Zwecke der Kreditvergabe auf Abruf überlassen, dadurch 3% bis 6% verdienen und gleichzeitig sicher sein, daß die Gelder mit einer Frist von 24 Stunden zurückgefordert werden können. Solche Kredite sind nicht nur die liquideste Form der Anlage überschüssiger Mittel, sie beinhalten praktisch auch kein Risiko. Die Stabilität der Brokerkredite wurde 1929 auf die Probe gestellt, als Kredite von fast drei Milliarden Dollar innerhalb einiger Wochen zurückgefordert und ohne einen einzigen Tag Verspätung oder irgendeinen Verlust zurückbezahlt wurden.

Außer dem Gewinn, den ein Darlehen einem Händler dadurch zu erzielen ermöglicht, daß er zwischen zwei- und fünfmal so viele Aktien für dasselbe Kapital erstehen kann, wird eine andere Art von Gewinn durch die Aufnahme eines Kredites ermöglicht. Sollte beispielsweise während einer Rezessionsphase eine bewährte, Dividenden zahlende Aktie mit einer Rendite von 8% verkauft werden, während Kredite zu 5% zur Verfügung stehen, kann der Käufer einen großen Gewinn auf sein Kapital erzielen, obwohl die Aktie niemals auch nur um einen Punkt steigt. Nehmen wir an, die Aktie wird zu 100 angeboten und bietet eine Rendite von 8%. Der Händler nimmt $ 7.000,- zu 5% bei seiner Bank auf, um 100 Aktien zu kaufen. Seine Dividenden werden sich auf $ 800,- pro Jahr belaufen, für die Zinsen auf seinen Schuldschein werden davon $ 350,- abgehen und die Differenz wird sein Nettoeinkommen aus den Aktien sein. Dieses wird sich auf $ 450,- oder auf 15% der $ 3.000,- seines eigenen Kapitals belaufen.

Kontrolliert der Geldmarkt den Aktienmarkt?

Teilweise basierend auf der offensichtlichen Beziehung zwischen der Höhe der Geldkurse und den Gewinnen des einzelnen Spekulanten haben viele Beobachter des Aktienmarktes begonnen, der Theorie Glauben zu schenken, daß der Geldmarkt den Aktienmarkt direkt kontrolliert. Normalerweise heißt es, niedere Geldsätze begünstigen eine Erhöhung der Aktienpreise, hohe Geldsätze dagegen ein Nachlassen derselben. Die Autoren eines kürzlich erschienenen Buches über dieses Thema fassen die orthodoxe Theorie folgendermaßen zusammen: »die Doktrine, daß Schwankungen der kurzfristigen Zinsraten die Hauptursache der Veränderungen der Preise spekulativer Aktien und der Handelsvolumina an der Aktienbörse sind«. Die Studie (Owens & Hardy, »Interest Rates and Stock Speculation«) kommt zu der Erkenntnis, daß »es keine Beweise dafür gibt, daß der Geldmarkt auf irgendeine Weise als dominanter Faktor der Auslöser für Auf- und Abwärtsbewegungen der Aktienpreise ist.«

Wie Aktien sich selbst finanzieren können

Da eine Art des möglichen Gewinns aus dem Kauf von Aktien durch Kredite direkt von dem Bestehen eines günstigen Spreads zwischen der an den Spekulanten ausgeschütteten Dividende und der für den Kredit zu bezahlenden Zinsrate abhängt, könnte man zu der logischen Schlußfolgerung gelangen, daß die Aktivitäten eines Spekulanten, der vor allem diese Art von Gewinn sucht, hauptsächlich vom Zustand des Geldmarktes abhängen. Wenn die Geldmarktsätze bis zu einem Punkt ansteigen, an dem er keine sicheren, Dividenden zahlenden Aktien kaufen kann, die mehr Rendite bringen als die Kosten

seines Kapitals betragen, wird er sich natürlich aus dem Markt zurück-
ziehen. Die Frage ist, in welchem Ausmaß spekulative Aktivitäten dieser Art tatsächlich getätigt werden. Es gibt wahrscheinlich wenige
Händler, die zu 5% Geld aufnehmen würden, um eine 8%ige Aktie
zum Nennwert alleine aufgrund des Einkommens zu kaufen. Der normale Händler würde die Aktie nur kaufen, wenn er auch daran glauben würde, daß ihr Preis mit großer Wahrscheinlichkeit ansteigen
würde. Umgekehrt kann der Glauben an die Wahrscheinlichkeit
eines Preisanstieges auch einen Kreditsatz von 10% vergessen lassen,
wie es zum Beispiel bei Tausenden von Händlern im Sommer 1929
der Fall war. Die Tatsache, daß die Aktien »sich selbst finanzierten«,
wenn man die erhaltenen Dividenden und die zu bezahlenden Zinsen betrachtete, würde ihn entschiedenermaßen mehr in seinem
Glauben bestärken, als wenn die Ausgaben größer als die Einkünfte
wären. Wären die Aktien so weit angestiegen, daß ihre Rendite die
Zinsraten eines neuen Käufers nicht mehr decken würden, oder
wären die Zinsraten so hoch, daß das Resultat dasselbe wäre, wäre er
sich seiner Sache längst nicht mehr so sicher. Eine Andeutung, daß
der Markt wahrscheinlich fallen würde, würde intelligente Anleger
dazu bringen, einen Verkauf zu erwägen. Letztendlich haben die
Aktienverkäufe intelligenter Spekulanten viel mit dem Beenden von
Haussen zu tun.

Ursache oder Zufall?

Was auch immer für einen Volkswirtschaftler an der Frage „Ursache
oder Zufall?« interessant sein mag, der praxisnahe Aktienspekulant
ist nicht daran interessiert zu wissen, ob Zinsschwankungen Veränderungen der Aktienpreise nach sich ziehen. Wenn die zwei Phä-
nomene stattdessen abhängige Ergebnisse anderer Ursachen sind,
soll uns das für diesen Zweck egal sein. Vielleicht verursacht der
Geldmarkt keine Veränderungen der Wertpapierpreise, aber wenn die
Tatsachen beweisen, daß in der Vergangenheit gestiegene Geld-

marktsätze oft einer Abwärtsbewegung der Aktienpreise vorangingen und fallende Geldmarktsätze einem Anstieg der Aktienpreise, dann wird eine Betrachtung des Geldmarktes für den Aktienspekulanten absolut notwendig.

Jahreszeitlich bedingte Schwankungen

Es ist jetzt notwendig, zwei Lieblingsbegriffe von Berufsstatistikern zu kommentieren. Diese sind »jahreszeitliche Veränderung« und »säkularer Trend«. Der erste erklärt sich selbst. Jede Hausfrau kennt die jahreszeitlich bedingten Unterschiede bei den Preisen frischer Eier. Die Nachfrage nach frischen Eiern ist ziemlich konstant. Allerdings zeigen Hennen ein beachtliches Unverständnis für den menschlichen Appetit und variieren je nach Jahreszeit die Intensität ihrer Anstrengung. Die Schwankung bei den Eierpreisen ist ein natürliches Ergebnis. Es ist nicht sofort gleichermaßen sichtbar, daß die jahreszeitlich bedingte Schwankung im Geldmarkt ein natürliches Phänomen ist. Die Banken sind sich sehr wohl der Tatsache bewußt, daß die Geldmarktsätze dazu tendieren, im Spätsommer und Herbst zu steigen und im letzten Quartal des Jahres einen Höchststand zu erreichen. Danach fallen sie im Januar abrupt ab, da dann die Geschäftsleute gerne ihre Schulden zurückzahlen, um ihre Jahresberichte so gut wie möglich aussehen zu lassen. Zu Anfang des Frühlings gibt es einen jahreszeitlich bedingten Anstieg, der im März seinen Höhepunkt erreicht und der von einer Abwärtsbewegung, die im Juni die Talsohle erreicht, gefolgt wird.

Die Auswirkungen der Bundesaufsicht der US-Banken (»Federal Reserve System«)

Früher waren die jahreszeitlich bedingten Schwankungen der Geldmarktsätze viel ausgeprägter als heute. Vor der Gründung des Bundesaufsichtsamtes der US-Banken war das Währungssystem der Vereinigten Staaten absolut unbeweglich. Unser Geld bestand aus Gold und Ersatzmünzen, Papierzertifikaten, die auf hinterlegtes Gold und Silber ausgestellt wurden, US-Schuldscheinen oder Dollarscheinen und Banknoten, die Dollar für Dollar durch gewisse Regierungsanleiheemissionen garantiert waren. Die Währung konnte sich nur so weit entwicklen, wie Gold geschürft und geprägt wurde. Bankkredite waren ebenfalls notwendigerweise inflexibel, da die Banken gewisse Minimumreserven an gesetzlichen Zahlungsmitteln lagern mußten. Unter diesem System bewies sich die Währung des Landes alle 15 oder 20 Jahre für die Wirtschaftsexpansion als unzureichend. Das Ergebnis war eine Panik und die Geldmarktsätze waren buchstäblich für eine Zeitlang aus dem Blick verschwunden. Dieses absurde System wurde 1913 durch ein »Federal Reserve System« ersetzt. Jetzt gibt es zwölf Regionalbanken, die die Macht haben, Schuldscheine der Bundesaufsicht an Mitgliedsbanken auszustellen, die die Schuldscheine ihrer Kunden oder Bundesanleihen als Sicherheitsleistung hinterlegen. Dadurch wird eine flexible Währung für die schwankenden Bedürfnisse der Wirtschaft des Landes gewährleistet. Sollte ein Aufschwung ein extremes Ausmaß annehmen, kann die Über-Expansion dadurch bis zu einem gewissen Grad gezügelt werden, daß der Rediskontsatz, den kreditnehmende Mitgliedsbanken bezahlen müssen, erhöht wird. Dies kontrolliert nicht nur die spekulative Kreditaufnahme durch die dadurch erhöhten Kosten, sondern hat auch eine unheimliche Auswirkung auf die Stimmung der Wirtschaft. Grundsätzlich sollte es jetzt keine jahreszeitlichen Schwankungen der Geldmarktsätze mehr geben, da man nun von unserer Währung erwarten kann, daß sie je nach Wirtschaftsbedarf expandiert, beziehungsweise schrumpft. In Wirklichkeit gibt es jedoch scheinbar immer noch jahreszeitliche Schwankungen, die ungefähr halb so groß sind wie die, die vor 1913 existierten.

»Säkularer Trend« bedeutet eine lang andauernde Tendenz, die nicht jahreszeitlich bedingt ist. Wenn man beispielsweise die Eierproduktion auf monatlicher Basis in einer Tabelle verzeichnen würde, würde diese nicht nur jahreszeitliche Schwankungen, sondern auch eine Tendenz dazu aufweisen, im Laufe der Jahre zuzunehmen, bedingt durch das Anwachsen der Hühnerpopulation und die Verbesserungen in der Hühnerhaltung und -aufzucht. Bei der Erstellung von Wirtschaftsstatistik-Diagrammen ist es notwendig, nicht nur die jahreszeitlichen Schwankungen, sondern auch die »säkularen Trends« aufzuzeichnen, um die wahre Bedeutung der Tatsachen zu verdeutlichen. Es gibt natürlich einige Arten von Statistiken, die davon nicht so berührt werden. Es gibt bei den Geldmarktsätzen keinen klar erkennbaren »säkularen Trend«.

Tagesgeldsätze

Oberflächlich gesehen mag es so erscheinen, als ob die für den Spekulanten wichtigste Art von Geldmarktsatz der Tagesgeldsatz wäre, der im New Yorker Markt für die Darlehen der Broker gilt. Dieser ist zufälligerweise ein äußerst volatiler Satz, der von Tag zu Tag aufgrund wechselnder Umstände große Schwankungen aufweist. Der Satz für Sicherheitsdarlehen an Broker von 60 bis 90 Tagen ist ein noch besserer Index für die Bedingungen am Geldmarkt. Nichts destotrotz ist der wirklich wichtige Satz, der den Zustand des Geldmarktes verdeutlicht, keiner von den oben erwähnten, sondern eher der gültige Satz für erstklassige kurzfristige Schuldtitel mit 60 bis 90 Tagen Fälligkeit. Schuldscheine von Herstellern und Händlern, die mit Preisnachlaß von Schuldscheinbrokern gekauft wurden, und von diesen wiederum an Banken, die überschüssige Mittel haben, weiterverkauft werden, bedeuten die Verfügbarkeit kurzfristiger Schuldtitel. Der Satz, zu dem diese Papiere angeboten werden, spiegelt die Kosten für große, in gutem Ruf stehende Kreditnehmer wider. Bankakzeptanzen sowie auf angesehene Banken bezogene Wechsel für zukünftige Zahlungen, die normalerweise von diesen in Verbindung mit den Geschäften ihrer Kunden akzeptiert werden, sind eine äußerst liquide Form einer kurzfristigen Anlage. Akzeptanzsätze sind daher ein zusätzlicher Index der Geldmarktsätze. Allerdings werden zu diesem Zweck wahrscheinlich zumeist die Sätze kurzfristiger Schuldtitel benutzt.

Korrelation

Wir sind jetzt an einem Punkt angekommen, an dem entschieden werden muß, ob es eine Beziehung zwischen Zinssätzen und Aktienpreisen gibt. Owens und Hardy, deren Werk bereits erwähnt wurde, haben umfangreiche Nachforschungen zu diesem Thema angestellt. Sie gelangen zu der Feststellung, daß der »Zusammenhang zwischen Aktienpreisen und Zinssätzen nicht zufällig ist.« Durch die Anwendung eines schwerverständlichen, mathematischen Konzeptes, bekannt als der »Pearsonian« Koeffizient der Korrelation, ist es möglich, auf statistische Weise das Ausmaß festzustellen, mit welchem zwei schwankende Indizes sich normalerweise aufeinander zubewegen. Wenn ihre Bewegungen völlig synchron verlaufen, lautet der Koeffizient 1; liegt überhaupt kein Zusammenhang vor, ist der Koeffizient 0. Das Ausmaß an Korrelation kann auch dadurch getestet werden, daß eine Datenreihe mit einer bestimmten Verzögerung gemessen wird. In dem vorliegenden Fall stießen die beiden Autoren auf ein sehr geringes Maß an Korrelation zwischen Zinssätzen und Aktienpreisen, die gleichzeitig betrachtet wurden. Wenn die Zinssätze mit einer Zeitverzögerung von neun bis zwölf Monaten zu den Aktienpreisen betrachtet wurden, kam es zu einem großen Maß an Korrelation. Weniger technisch ausgedrückt bedeutet dies, daß »auf Zinserhöhungen nach neun bis zwölf Monaten typischerweise eine Abwärtsbewegung der Aktienpreise folgt und umgekehrt Zinssätze steigen oder fallen, ungefähr ein Jahr, nachdem ähnliche Schwankungen bei den Aktienpreisen auftraten.«

Wenn die Aktienpreise fallen

Bei dem Versuch, die Erkenntnis über die umfangreiche Korrelation zwischen Zinssätzen und Aktienpreisen bei der Suche nach der besten Methode zur Vorhersage von Aktienmarktbewegungen zu nutzen, ist es hilfreich, trotz der gegenteiligen Behauptung der Herren Owens und Hardy, einen kausalen Zusammenhang zugrunde zu legen. Die weitverbreitete Theorie des Zusammenhanges zwischen Geldmarktsätzen und Wertpapierpreisen geht von einem Zyklus aus, der mit einer Rezession anfängt. Eine größere Rezession in der Wirtschaft wird normalerweise von fallenden Zinssätzen begleitet, da die geschäftlichen Aktivitäten nachlassen und die Nachfrage nach Geld abnimmt. Die Aktienpreise beginnen kurz vor oder kurz nach einem Höchststand der Wirtschaftsaktivität zu fallen und sind daher bereits beträchtlich zurückgegangen, bis der Rückgang der Wirtschaft richtig im Gange ist. Der Rückgang der Aktienpreise und der Wirtschaftsrückgang haben zu diesem Zeitpunkt bereits dem Vertrauen der Anleger und Spekulanten ernsthaft geschadet. Hinzu kommt, daß viele weniger Kapital zur Verfügung haben. Übertrieben optimistische Geschäftsleute fühlen sich gezwungen, Teile ihrer Aktien zu verkaufen, um ihr Wirtschaftskapital angesichts der schrumpfenden Bestandswerte und möglicher schwerer Verluste zu erhalten. Spekulanten, die auf einen Aufschwung hofften und die ihre Aktien zu lange behielten, wurden größtenteils automatisch eliminiert.

Auf Schnäppchenjagd

Zu einer solchen Zeit gibt es immer eine gewisse Anzahl von geschäftstüchtigen Personen, die Kapital zur Verfügung haben. Hinzu kommt, daß sich Kapital trotz der verlangsamten Wirtschaft weiter anhäuft. Anleger und Spekulanten mit bereitstehendem Kapital können jetzt solide Anlagen, Anleihen und die höher notierten Aktien mit attraktiven Renditen erwerben. Wenn sowohl die Wertpapierpreise als auch die Geldmarktsätze fallen, nimmt die Attraktivität der Renditen doppelt so schnell zu. Wenn eine solide, 7% Dividenden zahlende Aktie in einem Geldmarkt, der bei 5% liegt, zu 100 ein guter Kauf ist, ist sie zu 90 in einem Geldmarkt von $4^1/_2$ % ein doppelt so guter Kauf. Die Anhäufung guter Wertpapiere beginnt daher frühzeitig in einer Rezessionsphase und lange vor Ende der Abwärtsbewegung. Die erstklassigen Wertpapiere werden im Vertrauen auf eine Ebbe zuerst gekauft, und aus diesem Grund steigen Anleihepreise normalerweise vor den Aktienpreisen an. Investmentaktien erreichen aus genau diesem Grund vor den spekulativeren Emissionen ihren Tiefststand.

Wie man Geschäftsgewinne vergrößern kann

Da während einer Rezession die Gewinne auf den meisten Gebieten sehr gering oder nichtexistent sind, achten viele Wertpapierkäufer zu Anfang wenig auf mögliche Geschäftsgewinne und Dividenden. Was sie interessiert, ist die ungefähre Wahrscheinlichkeit, mit der Konzerne wie American Telephone, General Electric und Atchison ihre Dividendenzahlungen fortführen. Dadurch, daß Aktien wie diejenigen dieser Firmen als Anlage gekauft werden, wird die Abwärtsbewegung letztendlich aufgehalten. Ein weiteres Absinken der Geldmarktsätze erhöht ständig die Attraktivität von Aktienkäufen, und es wird den Beobachtern klar, daß die Preise trotz gelegentlicher neuer Liquidationswellen bei bestimmten Aktien oder Aktiengruppen im allgemeinen kein Anzeichen für einen weiteren Preisverfall geben. Diese Stabilität alleine sorgt für neues Vertrauen. Bald darauf bildet sich eine neue Hausse heraus.

Jetzt beginnt der Aufschwung, der manche Industriezweige früher als andere erfaßt. Zu der Attraktivität hoher Renditen aus soliden, Dividende zahlenden Aktien gesellt sich die Aussicht auf einen möglichen Zuwachs der Dividenden durch die Zunahme der Gewinne aus der Wirtschaft. Monatliche und vierteljährliche Einkommenserklärungen führender Unternehmen aus vielen Industriezweigen geben

Anlaß für die Gerüchte »konstruktiver« Dividendenbeeinflussung, die in den Finanzvierteln größerer Städte durch Brokerberichte und über den Finanzteil der Zeitungen verbreitet werden. Der allgemeine Mangel an Zuversicht, an dem die Öffentlichkeit während der Rezession litt, hat nun für den natürlichen Optimismus gesunder Menschen Platz gemacht. Das Verhalten des Marktes an sich ist die beste Werbung für die Broker. Alte und auch neue Kunden werden durch die Hausse angezogen und wollen ihren Anteil am allgemeinen Wertzuwachs des Marktes ernten.

Eine Baisse untergräbt sich selbst

Letztendlich beendet die Spekulation auf den Anstieg selbst die Abwärtstendenz der Geldmarktkurse und untergräbt damit ihr eigenes Fundament. Danach stärkt der wirtschaftliche Aufschwung die Nachfrage nach Geld, und die Kurse beginnen zu steigen. Der Geldmarkt hat somit aufgehört, ein mächtiger Antrieb für die Aufwärtsbewegung der Wertpapierpreise zu sein. Mit zunehmendem Aufschwung mag es trotzdem zu der Hoffnung auf erhöhte Dividenden kommen, die dadurch die zunehmenden Kosten spekulativer Gelder ausgleichen. Hinzu kommt, daß der Anstieg der Wertpapierpreise sich in vollem Schwung befindet. Es bedarf einer mächtigen Bremse, um ihn zu stoppen. Normalerweise dauert eine größere Marktbewegung so lange, daß der amateurhafte Spekulant vergißt, daß eine entgegengesetzte Bewegung jemals vorkam. Es bedarf mehr als eines leichten Anstiegs der Geldmarktkurse, um eine Hausse zu beenden.

Letztendlich erreicht eine Hausse, wie wir sie beschrieben haben, einen Punkt, an dem die Aktien mit einer Rendite angeboten werden, die vielleicht nur die Hälfte oder zwei Drittel so hoch ist, wie sie zu Beginn der Aufwärtsbewegung war. Wenn man den Zusammenhang zwischen tatsächlichen Dividenden und Geldmarktkursen betrachtet, sind sie nicht länger billig. Händler, die Aktien besitzen, kaufen nicht länger aufgrund der Aussicht auf höhere Gewinne oder

Dividenden in den kommenden Monaten und verlassen sich in vielen Fällen nicht länger auf die guten Aussichten der nächsten zehn Jahre. Hier gibt es zwei Stellen, über die sogar ein intelligenter Händler stolpern kann. Erstens hat er gesehen, wie die Preise bestimmter Aktienarten – die »Kriegsbräute« von 1916 und die öffentlichen Einrichtungen 1929 – um einiges höher steigen, als der gesunde Menschenverstand ihren maximalen Wert einschätzen würde, so daß er ausgerechnet am Vorabend der Abwärtsbewegung zu der Überzeugung gelangen könnte, daß die allgemeinen Regeln bezüglich der Werte auf bestimmte bevorzugte Gruppen nicht zutreffen. Zweitens konnte eine beträchtliche Anzahl von Aktien aufgrund fehlender Unterstützung aus dem Markt oder aus einem anderen Grund nicht mit dem allgemeinen Tempo mithalten, und er könnte der gefährlichen Vorstellung verfallen, daß der Anstieg nicht enden kann, bevor diese Aktien nicht auch davon profitiert haben.

Wenn die Geldkurse jetzt aufgrund der steigenden Nachfrage nach Mitteln von seiten der Händler und Hersteller ansteigen und die Renditen aufgrund der steigenden Wertpapierpreise fallen, wird die Spekulation mit geliehenen Geldern schnell unprofitabel. Es kommt nun oft vor, daß Geschäftsleute Wertpapiere verkaufen, um zusätzliches Kapital für einen größeren Umsatz zur Verfügung zu haben. Kaltblütige Spekulanten verkaufen die Aktien, die ihre Kosten nicht mehr decken. Diese Verkäufe sind der Todesstoß für die Aufwärtsbewegung. Wenn die Talfahrt erst einmal angefangen hat, gewinnt sie schnell an Tempo. So wie Spekulanten in einem ansteigenden Markt immer mehr Aktien kaufen können, so sind hartnäckige, an einen Anstieg glaubende Händler gezwungen, in einem fallenden Markt zu verkaufen. Nachdem ihre Sicherheitsleistungen durch die Abwärtsbewegung erschöpft sind, werden ihre Bestände von ihren Brokern verkauft. Die Zwangsverkäufe bringen noch tiefere Preise mit sich und verbrauchen die Sicherheitsleistungen anderer Spekulanten. Dieser Vorgang setzt sich fort, bis die Renditen wieder weit über den Kreditkosten liegen und Schnäppchenjäger, die Gelder zur Verfügung haben, von neuem die Welle der Liquidationen stoppen.

Große Schwankungen von Wertpapierpreisen können gleichzeitig mit kleineren Schwankungen bei den Geldmarktkursen auftreten, ohne unsere Theorie über eine Verbindung zwischen den beiden ungültig zu machen. Wenn eine Hausse lange genug andauert und wenn zusätzlich die Renditen niedrig genug sind, muß sie sich zwangsläufig selbst beenden, obwohl die Geldmarktkurse vielleicht nicht genügend angezogen haben. Ähnlich ist es, wenn die Aktienpreise genug gefallen sind. Dann wird sogar eine kleine Entspannung in einem Geldmarkt von 8% einen Aufschwung einleiten.

Ein Harvard-Index

Ein Diagramm der Aktienpreise und der Geldmarktkurse zeigt deutlich genug die Beziehung zwischen beiden. Vor einigen Jahren entdeckten die Volkswirtschafter und Statistiker, die die Belegschaft der Harvard Economic Society ausmachen, beim sorgfältigen Betrachten der Zahlen, daß, nach Berücksichtigung der jahreszeitlichen Schwankungen, ein Anstieg von 1 ¼% beim Monatsdurchschnittskurs für erstklassige kurzfristige Schuldtitel von einem deutlichen Tiefstand fast immer einen günstigen Zeitpunkt für den Verkauf von Aktien bedeutete. Dagegen deutete eine Abwärtsbewegung von 1 ¼% von einem Höhepunkt normalerweise auf einen günstigen Zeitpunkt zum Kauf von Aktien hin. Hier haben wir eine gültige Faustregel für die Vorhersage von Bewegungen im Aktienmarkt. Sie ist nicht unfehlbar und hat nicht immer funktioniert, liefert aber in Verbindung mit anderen Indizes ein nützliches Werkzeug.

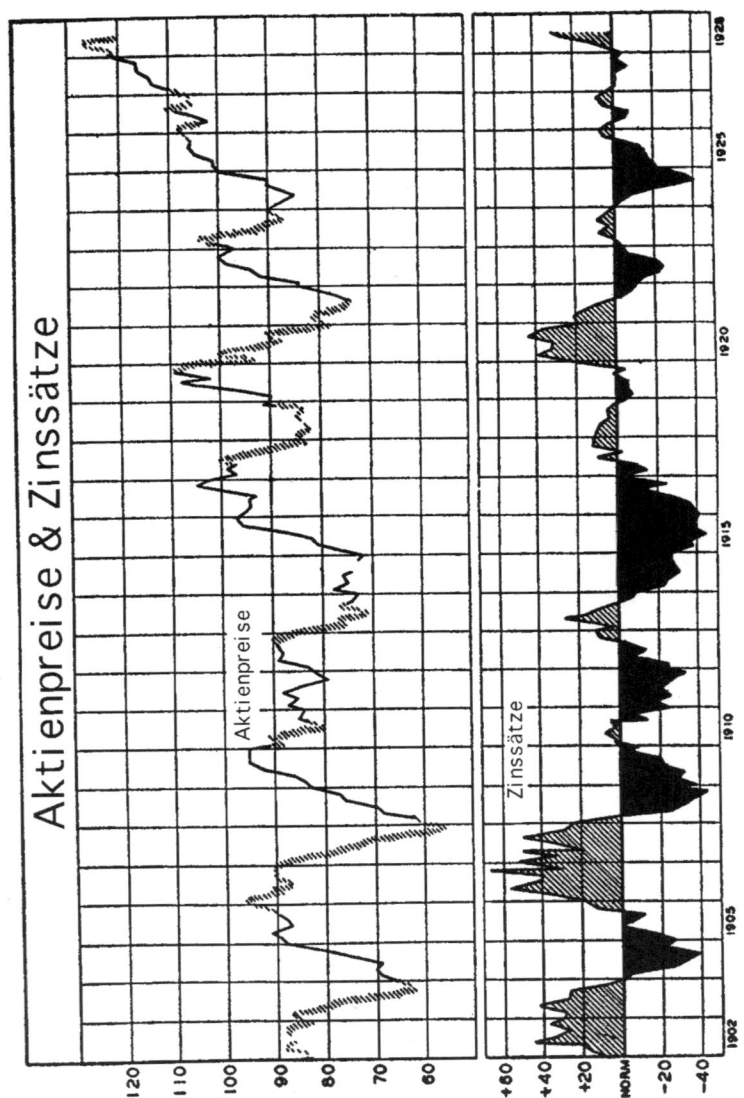

Kurzfristige Kredite und Anleiherenditen

Eine Geldmarktbeziehung, die für den Aktienmarkt von Bedeutung zu sein scheint, ist diejenige zwischen kurzfristigen Darlehen und der Rendite erstklassiger Anleihen. Colonel Ayres hat bewiesen, daß während der letzten 30 Jahre die Aktien dann zu einem Anstieg neigten, wenn die Kurse für die Leihe 90tägiger Sicherheiten niedriger waren als die Renditen erstklassiger Anleihen, und daß sie zu einer Abwärtsbewegung neigten, wenn diese kurzfristigen Kurse höher als die Anleiherenditen standen. Auf dem folgenden Diagramm ist dieser Zusammenhang deutlich erkennbar. Die Linie der Aktienpreise ist dort durchgehend gezeichnet, wo die Kurse für Termindarlehen niedriger lagen als die Anleiherenditen, sie ist dort schattiert, wo sie höher lagen. Obwohl das Diagramm nur bis zum Sommer 1928 erstellt wurde, zeigt es, daß dieses Barometer im Januar 1928 ein Verkaufssignal zeigte, das um mehr als 18 Monate zu früh kam. Ein Verkaufssignal erfolgte im März 1930.

Warum alle Barometer versagt haben

Kein statistischer Index, der auf Wirtschaftsaktivität oder den Geldmarkt basierte, funktionierte während der Hausse von 1929 zufriedenstellend. Alle sagten den Umschwung viele Monate zu früh voraus. Ein Händler, der in blindem Gehorsam zu ihnen seine Aktien verkauft hätte, hätte dadurch ansehnliche Gewinne geerntet, anders als bei einem Kauf von Aktien zu den Preisniveaus, bei denen sie vorher Signale gegeben hatten. Angesichts des weiteren Anstieges, der dann folgte, hätte er jedoch ihre Leistung kaum als zufriedenstellend angesehen.

Warum versagten alle diese Indizes? Die Antwort liegt natürlich in der Tatsache verborgen, daß Aktienpreise auf unvorhersehbare menschliche Impulse reagieren. Die meisten Händler sind von Natur aus Optimisten und daher eher Käufer als Verkäufer von Aktien. Eine

lange andauernde Hausse nährt den Optimismus der handelnden
Öffentlichkeit und liefert zunehmende Ressourcen, die der Optimist
nutzen kann. Je mehr Momentum eine Hausse entwickelt, desto
länger benötigen die wirtschaftlichen Bremsen, um sie anzuhalten.
Was den Geldmarkt betrifft, schien die Hausse von 1929 viele
Monate lang der Theorie, daß Aufwärtsbewegungen des Marktes auf
billigem Geld beruhen, zu widersprechen. Trotzdem sollte man hier
anmerken, daß die Orgie des Jahres 1929 auf die längste Periode billigen Geldes in der amerikanischen Geschichte folgte. Sechs aufeinander folgende Jahre lang überstieg das Tagesgeld nie 6%. Dies bedeutete einen neuen Rekord in der Einfachheit, mit der Geld zu haben
war. Eine andere Erklärung für die Verspätung, mit der die hohen
Geldmarktkurse die Hausse von 1929 zu Fall brachten, liegt wahrscheinlich darin, daß hohe Geldsätze nicht auch knappes Geld bedeuteten. Zum ersten Mal in der amerikanischen Finanzgeschichte gab
es genügend Kredite, um sowohl einen Rekordaufschwung in der Wirtschaft als auch einen rekordbrechenden Aktienmarkt gleichzeitig zu
unterstützen. Für diese Phänomen waren größtenteils »andere« Kre-
ditgeber, deren Tätigkeiten nicht der Kontrolle der Bankenaufsicht
unterlagen, verantwortlich.

Existenz auf »geliehene Zeit«

Eine Betrachtung der wirtschaftlichen Grundlagen zeigt, daß ein
Aktienhändler manchmal erfolgreich seine Aktien halten kann, nachdem die üblichen Wirtschaftsindizes Warnsignale abgaben. Offensichtlich hört eine Hausse nicht genau dann auf, wenn es der nach
Vorsätzen handelnde Volkswirtschaftler oder Statistiker für richtig
hielte. Jenseits eines bestimmten Punktes, der mit einiger Sicherheit
bestimmt werden kann, ähnelt eine Hausse einem Achtzigjährigen,
der auf »geliehene Zeit« lebt. Es könnte sein, daß sie noch viele
Monate zu leben hat, sie ist jedoch zunehmend mit Risiko behaftet.

KAPITEL VIII

Technische Faktoren im Vergleich zu wirtschaftlichen Grundlagen

Ein kombiniertes Vorhersagebarometer–»schwache« und »starke« Hände – Die Erfahrung von Stahlunternehmen – die Gefahrensignale bei Brokerdarlehen – Der Aufbau von Aktiendiagrammen – Die Grenzen beim Lesen von Diagrammen – Noch einmal die Dow-Theorie

Es bleibt zu hoffen, daß die vorangegangenen Kapitel klar die Existenz einer eindeutigen Beziehung zwischen dem Maß an Wirtschaftsaktivität, dem Zustand des Geldmarktes und dem Trend des Aktienmarktes bewiesen haben. Wie enthusiastisch sich auch diejenigen, die im Sommer 1929 eine Hausse erwarteten, in den Glauben verrannten, daß alte Wirtschaftstheorien ausgedient hatten, so bewiesen die darauffolgenden Ereignisse ganz klar die Gültigkeit langerprobter Prinzipien.

Wehe dem Optimisten, der den einfachen Weg zum Reichtum sucht! Die Aufzeichnungen belegen außerdem, daß wirtschaftliche Grundlagen den Aktienmarkt ruckartig beeinflussen. 1923 beruhigte eine schwache Dosis korrigierender Medizin eine beginnende Inflationsphase im Handel und bei den Aktienpreisen. Sechs Jahre danach wurden korrigierende Maßnahmen der Bankenaufsicht völlig ignoriert, und eine rasende Hausse beging beinahe buchstäblich Selbstmord.

Ein kombiniertes Vorhersagebarometer

Selbst wenn kein einziger statistischer Index fehlerlos die Bewegungen des Aktienmarktes vorhersagt, ist es immer noch möglich, daß eine Kombination aus allen das erwünschte Resultat liefert. Seit Jahren haben Statistiker ein kombiniertes Barometer gesucht, das dieses Problem löst. Einer der anstrengendsten und wissenschaftlichsten Versuche ist der von Dr. Willford I. King von der New York University. Nach jahrelanger Forschung hat Dr. King, einer der herausragendsten Vertreter seiner Profession, verkündet, daß er ein »kombiniertes Vorhersagebarometer« entwickelt habe, das durch die Verbindung von 44 statistischen Reihen entstanden sei. Die Ergebnisse dieser Vorhersage über einen Zeitraum von 30 Jahren hinweg wurden veröffentlicht.

Eine Analyse des »kombinierten Vorhersagebarometers« Kings verdeutlicht, daß ein Anleger, der die im Dow-Jones Industrieindex enthaltenen Aktien auf die Signale des Barometers hin ge- und verkauft hätte, um ein Vielfaches besser abgeschnitten hätte als ein Anleger, der dieselben Aktien 1900 ge-, aber nie verkauft hätte. Diese Feststellung betont lediglich den klaren Tatbestand, daß der Kauf führender, aktiv gehandelter und notierter Aktien auf der Talsohle jeder Baisse und der Verkauf dieser Aktien am Höchststand jeder Hausse profitabler ist, als diese Aktien auf Dauer zu behalten. Der Härtetest, dem wir die anderen Barometer unterzogen, bestand in der Analyse ihres Verhalten im Jahre 1929. Kings Vorhersage-Barometer gab im Januar 1929 ein Verkaufssignal. Es war daher nicht erfolgreicher bei der Vorhersage des Wendepunktes im Jahre 1929 als beispielsweise der einfache Hochofen-Index.

Ein sensationeller Anstieg

Es sollte nie vergessen werden, daß Händler einzelne Aktien und nicht Indizes kaufen. Ein Leser der veröffentlichten Beschreibung von Kings Vorhersage-Barometer fand genügend Interesse daran, die Geschichte eines Aktienpaketes der Standard Gas & Electric, das im Sommer 1928 zu 64 gekauft und im September 1929 zu 221 ¾ verkauft wurde, nochmals genauer zu betrachten. Wenn der glückliche Besitzer dieser Aktien sie im Januar statt im September verkauft hätte, hätte er zwischen 82 und 99⁷/₈ dafür bekommen. Nur an zehn

Tagen während der Panik des folgenden Herbstes wäre es möglich gewesen, diese für weniger als diesen Durchschnittspreis zurückzukaufen.

Der Betrachtung von Kings Vorhersage-Barometer wurde viel Platz gewidmet. Man kann fairerweise annehmen, daß, nachdem schon das Produkt einer so umfangreichen Forschung eines hervorragenden Statistikers nicht besser funktioniert, die Suche nach einem zufriedenstellenden, auf wirtschaftlichen Grundlagen basierenden Vorhersage-Barometer aufgegeben werden kann. Selbst wenn ein solches Barometer entwickelt werden könnte und selbst wenn es im Finanzteil jeder amerikanischen Zeitung veröffentlicht werden würde, könnten wir sicher sein, daß der Durchschnittshändler beim nächsten Verkaufssignal sagen würde: »Dieses Mal muß es sich täuschen!«

Wenn die wirtschaftlichen Grundlagen lediglich eine teilweise zufriedenstellende Lösung des Problems der Vorhersage von Aktienmarkttendenzen liefern, woher soll dann die Erleuchtung kommen? Könnte die Antwort in der Bezeichnung »die technische Marktposition« gefunden werden, die dem Verfasser der Broker-Marktanalyse so sehr zu liegen scheint? Bedeutet diese Bezeichnung tatsächlich etwas, oder ist sie lediglich Teil des Jargons, den der geplagte Verfasser des Marktkommentars benützt, um seine Ratlosigkeit über die weitere Entwicklung des Marktes zu verstecken? Eine klare und qualifizierte Anwort auf diese Frage ist unmöglich. Es kann jedoch behauptet werden, daß die »technische Position« eine Bedeutung hat, daß sie wichtig ist und eine weitere Teillösung unseres Problems bietet.

Was versteht man unter »Schwache Hände«

Wem an exakten Definitionen liegt, der wird sich durch den regelmäßigen Gebrauch einer anderen Bezeichnung, die man in der Aktienmarktliteratur findet, irritiert fühlen. Was bedeuten diese »starken Hände«, in die Aktien scheinbar so oft wandern? Ohne längere

Betrachtung kann gesagt werden, daß ein Aktienpaket, das aus 500 Aktien von Consolidated Ketchup besteht, in starke Hände übergeht, wenn es von Herrn Henry Sprague-Jones, dem Direktor zweier Banken und einem Dutzend Industrieunternehmen, dem Besitzer eines Rolls-Royce und einer Yacht und Eigentümer eines Penthouses in der Park Avenue gekauft wird. Andererseits könnte der Kauf von fünfundzwanzig Aktien derselben Firma durch den unscheinbaren William Smith, einem bescheidenen Untergebenen, der weder im Verzeichnis der Direktoren noch im Sozialverzeichnis erscheint, leicht als Übernahme durch »schwache Hände« angesehen werden. Diese Annahmen sind nicht unbedingt richtig. Wenn beispielsweise Herr Sprague-Jones ein Margin-Händler ist, der die Aktien als Sicherheitsleistung hinterlegt (der Umfang spielt dabei keine Rolle), Herr Smith jedoch die Aktien gegen Bargeld übernimmt, ist Letzterer und nicht der zuerst Genannte ein wahres Mitglied der »starken Hände«.

Bei der Erteilung von Kaufaufträgen hat der Bargeld-Händler keinerlei Vorteile gegenüber dem Margin-Händler. Das Gegenteil ist der Fall. Obwohl der Margin-Händler normalerweise viel größere Provisionen an seinen Broker abführt, hat er proportional viel geringere Ausgaben für die Verwaltung. Durch Aktienbesitz hat der Bargeld-Händler einen enormen Vorteil. Egal wie groß oder klein sein Besitz auch sein mag, niemand kann ihn ihm wegnehmen. Wenn seine Aktien jemals verkauft werden, wird das nach seinem Gutachten geschehen und nicht auf Befehl Außenstehender, die daran interessiert sein könnten. Der Margin-Händler ist dem Markt ausgeliefert. Wenn der Wert seines Aktienbesitzes auf ein gewisses Niveau sinkt, muß er entweder seinem Broker mehr Geld überweisen oder einen Teil seiner Aktien verkaufen.

Die Gefahren großer Margins

Wir können jetzt mit einiger Sicherheit behaupten, daß Margin-Händler zu den »schwachen Händen« gehören. Die Größe ihres Besitzes hat nichts mit dieser Definition zu tun. Händler, deren Besitz sich auf Millionen belief, gingen während der Panik von 1929 unter, während niemand, der die Aktien direkt besaß, seinen ganzen Besitz verlor. Eine Absurdität von 1929 war der Glaube, daß 40% Marginanforderungen einen gewisse Sicherheit in der herrschenden finanziellen Situation stellten. Später stellte sich heraus, daß, nachdem die Abwärtsbewegung in vollem Schwung war, Sicherheitsleistungen von 40% das Ausmaß der ununterbrochenen Talfahrt automatisch vergrößerten. Da jede weitere Marginanforderung zu weiteren Zwangsverkäufen führte, erlitten andere Konten Schaden. Als der Großteil dieser Konten eliminiert war, war die Panik zu Ende. Direkte Aktienbesitzer, deren Aktienportfolios nur auf ihren eigenen Wunsch aus ihren Schließfächern entfernt werden können, sind offensichtlich die »starken Hände«, deren oft gelobte Käufe jeden Vorstand erfreuen.

Nachdem wir uns durch das Vorhergehende der einen Definition entledigt haben, können wir jetzt den Begriff »technische Position« definieren. Kurz ausgedrückt bedeutet er das Verhältnis von Aktien in »starken Händen« gegenüber denen in »schwachen Händen«. Wenn der Anteil an Aktien in »starken Händen« ungewöhnlich hoch ist, kann man mit Sicherheit behaupten, daß sich der Markt in einer starken technischen Position befindet. Wenn eine Tendenz festgestellt werden kann, daß Aktien die »starken Hände« verlassen, um in Margin-Konten zu wandern , schwächt dies die technische Position des Marktes.

Brokerdarlehen und Technische Stärke

Eine mögliche Quelle für eine mathematische Messung der technischen Stärke kann die Höhe der Brokerdarlehen sein. Die Bankenaufsicht sammelt und veröffentlicht jede Woche die Gesamtsumme der Darlehen, die New Yorker Banken für hinterlegte Aktien und Anleihen an Broker und Händler vergeben. Diese Summe beinhaltet sowohl die Darlehen an Kommunalobligationshäuser als auch an Broker; nicht enthalten sind Darlehen an Broker, die durch andere Kanäle verhandelt wurden als durch führende New Yorker Banken. Trotzdem geben die Zahlen ein ungefähres Bild ab von der Größenordnung der Kredite, die von »schwachen Händen« aufgenommen werden. Noch besser ist, daß sie pünktlich jede Woche erhältlich sind. Die Zahlen, die am späten Donnerstagnachmittag veröffentlicht werden, geben mit Stand vom Vortag die Höhe der Darlehen an Broker an.

Wenn man die Zahlenangaben zu den Brokerdarlehen als grobe Einschätzung der Schulden von Margin-Händlern akzeptiert, kann man daraus folgern, daß das Ausmaß der Zu- bzw. Abnahme der Brokerdarlehen einen Rohindex für die Verbesserung oder Verschlechterung der technischen Stärke des Marktes darstellt. Es ist ein starker Hinweis auf eine Verschlechterung der technischen Position des Marktes, wenn die an Broker vergebenen Kredite schneller als die Aktienkurse steigen. Die Tatsache, daß die Aktienmarktindizes im September und Oktober 1929 nicht anstiegen, obwohl die Brokerdarlehen um Hunderte von Millionen zunahmen, wurde damals von einigen Kommentatoren als ein warnendes Signal erkannt. Dagegen hätte die anhaltende Abnahme der Brokerdarlehen um mehr als $ 800.000.000,- von Mitte November bis Heiligabend 1929 sogar den Schüchternsten davon überzeugen sollen, daß der Aufschwung von den Tiefständen der Panik bis zum zuletzt genannten Datum lediglich die Einleitung für eine deutlich größere Aufwärtsbewegung war.

Ein deutliches Gefahrensignal

In den wenigen Jahren, in denen Angaben über Brokerdarlehen veröffentlicht wurden, kam es viermal vor, daß die Darlehen ein so starkes Wachstum aufwiesen, daß dieses bei weitem das Wachstum im Markt übertraf. In allen Fällen kam es innerhalb der darauf folgenden 60 Tage zu einer steilen Abwärtsbewegung des Marktes. Den Wertminderungen der Monate Juni und Dezember 1928, Oktober/November 1929 und Mai/Juni 1930 folgten extrem schnelle Zuwächse der Brokerdarlehen, die in allen Fällen innerhalb von sechs Wochen mehr als 10% betrugen. Noch beachtenswerter ist, daß im Januar 1929 ein rapides Wachstum der Brokerdarlehen von einem gleichzeitigen Anstieg der Aktienpreise begleitet wurde. Der Händler, der sich also auf die hier erwähnten Anzeichen verlassen hätte, hätte daher seine Aktien während dieser Zeit nicht verkauft, als die meisten Vorhersagen entschieden und verfrüht auf eine Abwärtsbewegung hindeuteten. Aufzeichnungen aus weniger als fünf Jahren rechtfertigen dogmatische Aussagen zur Qualität dieses Indexes nicht. Trotzdem weisen sowohl Logik als auch Erfahrung darauf hin, daß ein Zuwachs der Brokerdarlehen um 10% oder mehr innerhalb von sechs Wochen oder weniger, der nicht mit einem gleichzeitigen Anstieg in den aktivsten, führenden Aktien einhergeht, als ein deutliches Gefahrensignal gedeutet werden sollte.

Soweit hat sich die Diskussion über die technischen Faktoren, außer auf die Aktivitäten des Marktes selbst, auf Daten beschränkt. Die Behandlung dieses Themas wäre jedoch unvollständig, wenn nicht auf verschiedene Abänderungen der Theorie, daß die zukünftigen Aktivitäten des Marktes aufgrund der Aktivitäten in der unmittelbaren Vergangenheit vorhergesagt werden können, hingewiesen werden würde. Tausende von Händlern glauben, daß ein bestimmter Zusammenhang zwischen der Entwicklung einer führenden Aktie und dem Transaktionsvolumen einiger Tage oder Wochen einen Vorhersagewert hat. Andere erwarten, sowohl in der Größe der Transaktionen als auch im Volumen und der Bewegungsrichtung einen Hinweis auf die Zukunft der Aktie zu entdecken. Die logische Basis dieses Glaubens liegt natürlich in der Tatsache, daß Aktien die einzigen Handelsinstrumente sind, bei denen praktisch alle Transaktionen öffentlich aufgezeichnet werden. Ein Importeur, der sich für Kakaoboh-

nen interessiert, hat die Aufzeichnungen aller Kakaobohnenverkäufe
mit Angaben zum Verkaufszeitpunkt, Verkaufsmenge und Preis nicht
zur Verfügung. Selbst ohne die Angaben zur Identität der Käufer und
Verkäufer würde er eine solche Aufzeichnung der Transaktionen als
äußerst nützlich ansehen. Ein Händler, der sich für General Motors
interessiert, kann genau diese Statistik problemlos bekommen.

Wenn Pools viel zu tun haben

Indem er den Ticker beobachtet, kann ein Händler, der Aktien von
General Motors besitzt, nicht nur sehen, wie groß der nicht realisierte Gewinn oder Verlust auf seinem Konto ist. Er kann auch die
Aufzeichnung aller Käufe und Verkäufe von »Pools«, die in der Aktie
aktiv sind, erkennen. Diese Aufzeichnungen sind natürlich verdeckt
durch Hunderttausende anderer Transaktionen, die durch individu-
elle Händler oder Anleger zustande kommen, die nichts mit dem Pool
zu tun haben. Es gibt natürlich zu keinem Zeitpunkt eine Garantie
dafür, daß ein Pool in der Aktie aktiv ist. Die zynische Ansicht, daß
»eine Aktie nicht steigt, sondern angehoben wird,« wird von genügend Händlern vertreten, um einen durchschnittlichen Anbeter der
Vorstandsetage zumindest vermuten zu lassen, daß bei allen aktiv
gehandelten Aktien ein Pool dahinter steckt. Wenn man die Aktivitäten eines Pools oder auch bloß die Existenz unterschiedlicher
Kräfte im Markt, die stark genug sind, eine beträchtliche Bewegung
zu verursachen, vermutet, stellt sich die Frage, welche Art von Marktaktivität den Hinweis auf derartige Bewegungen oder Kräfte gibt.
   Feste Anhänger der hier diskutierten Theorie sind unweigerlich
Diagramm-Leser. Die Vorbereitung seines Diagramms ist eine einfache Angelegenheit, die nicht viel länger als eine halbe Minute pro
Aktie pro Tag in Anspruch nimmt. Die Vertikalachse zeigt im Dia-
grammkörper die täglichen Preisschwankungen der betreffenden
Aktie. Am Boden des Diagramms verzeichnen andere Vertikalach-
sen die Transaktionsvolumina. (Die Samstagsangaben werden nor-

malerweise verdoppelt, um eine durchgehende Statistik zu ermöglichen). Die Zeit wird aus der Horizontalachse ersichtlich. Ein Blick
auf ein solches Diagramm genügt seinem Zeichner, um zu erkennen,
daß an einem bestimmten Tag der Höchst- und Tiefstpreis seiner Lieb-
lingsaktie beispielsweise bei 80 ¼ und 79 lag, das Volumen 14.000
Aktien betrug, daß am folgenden Tag bei einem Umsatz von 18.500
Aktien die Bandbreite zwischen 81 ½ und 79 ¾ lag, usw..

Wie man ein Diagramm deutet

Der Händler sucht beim Überfliegen seines Diagramms Anzeichen
für »Anhäufung« oder »Verteilung«. Er könnte herausfinden, daß eine
Aktie sich über drei oder vier Tage, vielleicht sogar über mehrere
Wochen hinweg, innerhalb einer relativ geringen Schwankungsbreite
bewegt hat. Schwindendes Transaktionsvolumen deutet darauf hin,
daß es für einen angenommenen Pool immer schwieriger wird, seinen Besitz zu vergrößern, ohne seine Nachfrage merkbar zu vergrößern. Ein plötzlicher Anstieg auf einen Preis, der über der vorherigen Obergrenze der Handelsspanne liegt und der von einem Umsatz-
zuwachs begleitet wird, deutet darauf hin, daß der Pool seine Anhäufung beendet hat und versucht, die Aktie nach oben zu treiben. Angenommen, diese Erkenntnisse sind korrekte Ableitungen aus den dürf-
tigen, jedoch unbestreitbaren Fakten, die aus dem Diagramm ersichtlich sind, und weiterhin angenommen, daß der Pool ein fähiges
Management besitzt und die Operation zur richtigen Zeit stattfindet, sollte der Aktienkauf für einen ergebenen Anhänger jetzt ein pro-
fitables Unterfangen sein.
  Wenn er bei der Erstellung seines Diagramms eine sogenannte
»Linie« entdeckt, ist der Händler nicht sicher, ob diese nicht eher eine
starke Abwärtsbewegung anstatt eines Anstieges vorhersagt. Wenn man
zu der nicht beweisbaren Annahme zurückkehrt, daß eine bestimmte
Marktaktivität als Folge einer Manipulation durch einen Pool auftritt, könnte eine Periode von Bewegungen innerhalb einer engen

Bandbreite, die auf eine starke Aufwärtsbewegung folgt, bedeuten, daß der Pool durch zu viele Verkäufe von Anlegern an einem weiteren Vorantreiben der Aktie gehindert wird. Wenn der Pool nun zu verkaufen beginnt, könnte die Aktie mit erhöhtem Umsatz durch die Untergrenze ihrer Handelsspanne brechen. Der Leser des Diagrammes würde ein solches Geschehen als Vorzeichen einer beträchtlichen Abwärtsbewegung ansehen.

Einige Beispiele für das Lesen von Diagrammen

Während der ersten sechs Monate des Jahres 1929 schwankten die Stammaktien der Firma Remington Rand, deren Entwicklung dazu dienen kann, die etwas geheime Wissenschaft des Diagrammlesens zu illustrieren, zwischen 28 und $35^3/4$. Ein Diagramm, das den letzten Teil dieser Periode abdeckte, wie auch die Fortsetzung zeigt, daß sie im Mai mit großen Umsätzen auf 35 ¼ hochschnellten. Während der darauf folgenden Rezession fielen sie auf $28^1/8$, und die täglichen Umsätze schrumpften auf sehr kleine Einheiten. Eine weitere Aufwärtsbewegung bis auf $35^3/8$ erfolgte Mitte Juni bei viel größeren Tagesumsätzen. In den letzten neun Handelstagen im Juni wurden die Aktien für Preise zwischen $33^5/8$ und $35^1/2$ angeboten. Am 1. Juli sorgte ein verstärkter Handel dafür, daß die Preise über den bisherigen Jahreshöchststand anstiegen. Zu diesem Zeitpunkt kaufte ein Händler, der die Aktien beobachtet hatte, ein Paket. Die Richtigkeit seiner Interpretation des Diagramms wurde innerhalb eines Monats mit einem 35%igen Gewinn belohnt.

Ein Preis von 35 für Remington Rand Aktien im Frühling 1929 bedeutete einen sogenannten »Widerstand«. Zweimal, im Februar und im Mai, überschritt die Aktie den Preis von 35, erreichte jedoch die 36 nicht. Daß es ihr gelang, am 1. Juli 36 zu überschreiten, war daher aus Sicht eines Diagrammlesers ein Hinweis darauf, daß eine Hausse bevorstand. Ein ähnlicher Widerstand erscheint im Diagramm der Firma Borden, welches den Anfang des Jahres 1930 abdeckt. Borden-Aktien erreichten 72³/₄ im Dezember während der ersten Erholungsphase nach der Panik, fielen dann auf knapp über 60 zurück, um dann zwei Monate lang zwischen 60 und 68 zu schwanken. Gegen Ende Februar schnellten sie plötzlich auf 70¹/₂, was einen Anstieg von 6¹/₂ Punkten mit großem Umsatz in zwei Tagen bedeu-

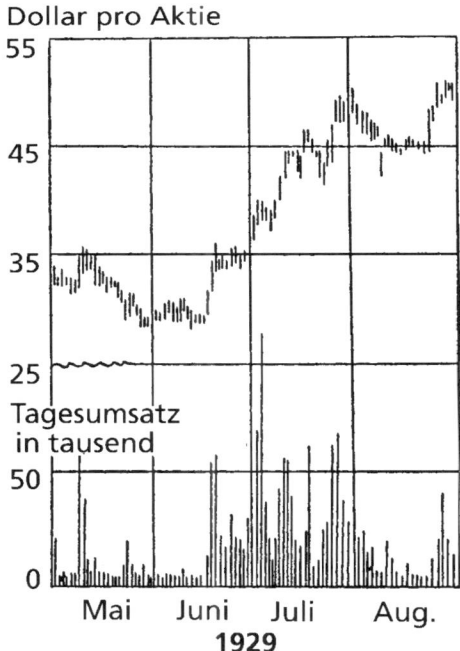

tete. Aus Sicht eines Diagrammlesers deutete ein starker Umsatzrückgang in den darauf folgenden Tagen fallender Preise auf eine Hausse hin. Wäre er immer noch durch den Widerstand bei 72³/₄ beunruhigt gewesen, hätte er nur ein paar Tage zu warten brauchen. Es war eigenartig genug, daß das Durchbrechen dieses Widerstan-

des nur drei Tage nach der Veröffentlichung eines positiven Jahres-
berichtes erfolgte. Es war der Anfang einer Aufwärtsbewegung, die
die Aktien innerhalb von drei Monaten mit wenigen Unterbrechungen bis auf $90^3/8$ trieb. Dieses Verhalten steht in deutlichem
Gegensatz zu dem von American Can, welches in einem früheren Kapi-

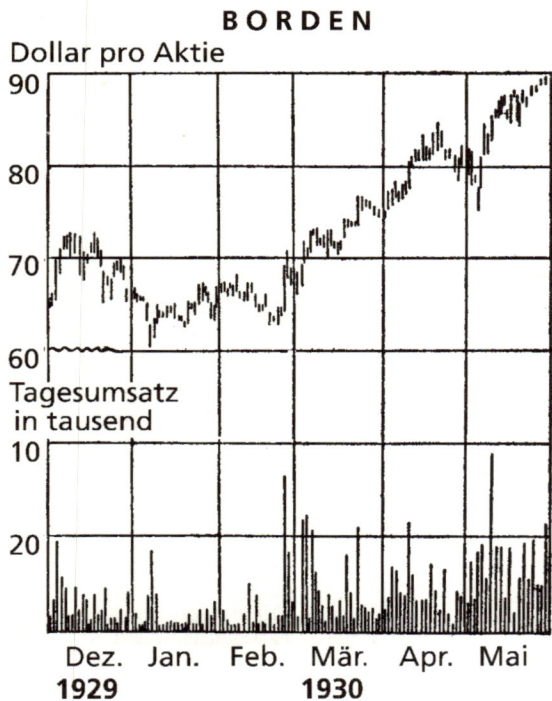

tel beschrieben wurde, und illustriert die vielen scheinbaren Unbe-
ständigkeiten von Wall Street.

Ein Fall schlechten Benehmens auf dem Diagramm ist der von
Union Carbide im Frühling 1930. Ein ruckartiger Anstieg vom Tiefpunkt der Panik ließ diese Aktien Ende März auf $106^3/8$ anschnel-

len. In 15 aufeinanderfolgenden Börsensitzungen lag der Verkaufspreis der Aktie dreimal über 105, erreichte jedoch die 106 nicht
mehr.

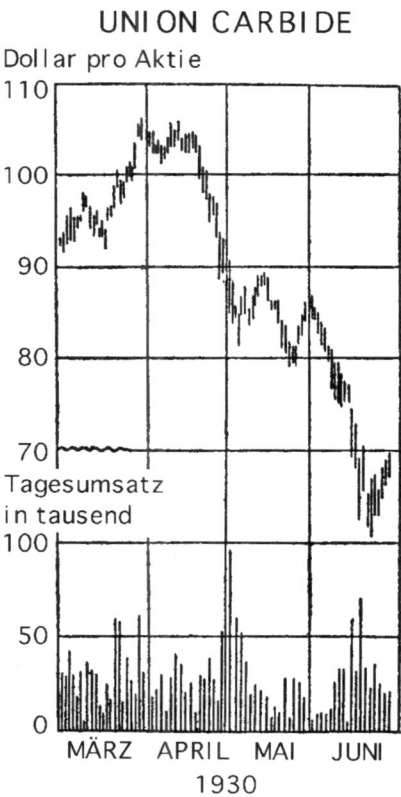

UNION CARBIDE

Andererseits fiel er während dieser Zeit auch nicht mehr bis auf 101.
In der letzten Phase dieser Bewegung erhöhte sich das Handelsvolu-
men merklich. Auf dieses ungünstige Signal folgte ein noch schlim-
meres, nämlich eine Abwärtsbewegung am 21. April bis unter den
Nominalwert. Darauf folgte eine ununterbrochene Talfahrt von 40
Punkten.

Die Grenzen von Diagrammen

Hier wird sich ein skeptischer Leser fragen, ob es sich dabei nicht um ausgesuchte Beispiele handelt, die eher einen Rückblick als eine Vorhersage darstellen. Größtenteils stimmt das. Es kommt nicht oft vor, daß ein Diagramm eine so klare Andeutung seiner technischen Position gibt, wie dies bei den hier erwähnten der Fall ist. Hinzu kommt, daß Diagramme im Falle von Aktien, deren täglicher Umsatz nicht mehr als ein paar Tausend beträgt, nutzlos sind. Ihr Nutzen wird durch ihre Beschränkung auf kurzfristiges Handeln zusätzlich eingeschränkt. Ein Händler kann schwerlich die Diagramm-Theorie dafür verantwortlich machen, wenn er Verluste durch zu langes Halten einer Aktie erleidet, nachdem er sie aufgrund eines Hinweises durch das Diagramm gekauft und deren Anstieg um 10% erlebt hat, sich danach jedoch zögernd verhielt. Ein Händler wird sich außerdem sicherer fühlen, wenn sich nach Anwendung der Diagramm-Theorie auf einzelne Aktien herausstellt, daß seine Erkenntnisse aus den Diagrammen mit seinen Erkenntnissen bezüglich des inneren Wertes der bestimmten Aktien und bezüglich der Richtungstendenz des Marktes übereinstimmen.

Wenden wir uns einem weitläufigeren Thema zu: Kann die allgemeine Markttendenz durch das Marktverhalten vorhergesagt werden? Hier geht es nicht darum, nach Anzeichen einer Pool-Manipulation zu suchen. Ein einzelner Pool könnte unmöglich so mächtig sein, daß er einen ganzen Markt ins Wanken bringen könnte. Anstatt nach Pools zu suchen ist es notwendiger, nach Anzeichen von öffentlichem Hunger auf Aktien zu suchen, dem »Mut-Index«, der bereits beschrieben wurde. Zeigt das Marktverhalten den Zustand dieses Indexes?

Die Dow-Theorie von Neuem

Eine Antwort auf diese Frage wird natürlich durch die Dow-Theorie gegeben. Wenn beide Indizes, Eisenbahn und Industrie (mögli-

cherweise Öffentliche Einrichtungen und Industrie) aus einer engen
Handelsbandbreite ausbrechen, deutet dies auf die Wahrscheinlichkeit einer weiteren größeren Bewegung hin. Eine Hausse neigt nicht
zu flachen Höhepunkten, und ein Händler, der im Herbst 1929 darauf wartete, daß die Indizes ihre August-Tiefststände durchbrechen
würden, hätte den Höchststand um ein beträchtliches Maß verfehlt.
Er hätte jedoch immer noch den größten Teil der Abwärtsbewegung
verpaßt. Kurz vor dem Juni 1930 erzielte die Dow-Theorie ein besseres Ergebnis. In der ersten Juniwoche durchbrachen beide Indizes
die untere Grenze der Handelsspanne, die seit Ende Mai bestand,
und führten durch eine steile Abwärtsbewegung ziemlich früh zu einer
Wende. Ein Jahr zuvor waren beide Indizes ohne Schwierigkeiten und
nach einer nur kurzen zweitrangigen Reaktion durch den ersten Ral-
lye-Punkt der Mai-Abwärtsbewegung gebrochen. Dieses Verhalten
deutete korrekterweise darauf hin, daß die andauernde Talfahrt des
Monats Mai 1929 nicht den Anfang einer Baisse bedeutete, wie ein
Betrachter der wirtschaftlichen Grundlagen angenommen haben
könnte, sondern lediglich eine Reaktion innerhalb einer Hausse.

Verkaufsrekorde

Ein weiteres Thema, welches der Betrachtung durch einen Anhänger technischer Faktoren würdig ist, ist die Beziehung zwischen
Umsatzvolumen und Tendenz der Preise. Im September 1929 war
die Tendenz des Umsatzes, auf Reaktionen hin anzusteigen, eine der
ungünstigen Eigenschaften des Marktverhaltens. Diese Tendenz sollte
jedoch nicht mit dem Auftreten von »Verkaufsrekorden« oder »Auf-
räumtagen«, die nach starken Reaktionen auftreten, verwechselt werden. Nach einer ausgedehnten Periode fallender Preise bedeutet ein
Tag mit hohen Umsätzen und ernsthafter Schwäche normalerweise
einen Tiefstand der Bewegung. Auf solche Tage folgt üblicherweise
ein steiler Anstieg, der mindestens zwei bis drei Tage lang dauert.

Während der Panik von 1929 gab es eine Reihe solcher Unterbrechungen, bei denen der Markt zeitweise »überverkauft« war. Anhänger des Lesens von Diagrammen legen große Betonung auf die Entwicklung führender aktiv gehandelter Aktien wie American Can, General Electric, General Motors und Steel. Wenn der Großteil einer ausgewählten Gruppe solcher Aktien ihre Fähigkeit oder Unfähigkeit bewiesen hat, zuvor etablierte Widerstände in eine der beiden Richtungen zu durchbrechen, wird diese Tatsache als ein bedeutender Hinweis auf die Tendenz des Marktes gedeutet. Grundsätzlich handelt es sich hier um eine Ableitung der Dow-Theorie.

Kunst, nicht Wissenschaft

Technische Faktoren können nicht auf eine einfache Anzahl von Regeln reduziert werden. Die Auslegung des Marktverhaltens ist mehr noch eine Kunst und weniger eine Wissenschaft, als die meisten Gebiete der Spekulation. Ein Betrachter technischer Faktoren interessiert sich normalerweise vor allem für kurz anhaltende Bewegungen. Sogar der Händler, der sich ausschließlich mit lang anhaltenden Schüben beschäftigt, kann durch die Beschäftigung mit diesem Thema profitieren. Ansonsten ist er gezwungen, sich allein auf die grundlegenden Fakten der Wirtschaft und des Geldmarktes als Ratgeber für Käufe oder Verkäufe zu verlassen. Über einen längeren Zeitraum hinweg wird die Fähigkeit, die richtigen Schlüsse aus diesen Fakten zu ziehen, beträchtliche Gewinne ermöglichen. Wenn dazu die Fähigkeit kommt, die technische Position des Marktes einzuschätzen, werden sich sogar die Gewinne des Händlers, der einen längerfristigen Ausblick hat, merklich vermehren.

KAPITEL IX

Der Leerverkauf

Leerverkäufe bedeuten normalerweise »professionelles« Handeln – Der Aktien-Leerverkäufer hat viel Geld – Leerverkäufe sind für einen ordentlichen Markt wichtig – Der Leerverkäufer schadet dem Händler mit Long-Positionen nicht – Monopole sind bei Leerverkäufen ein sehr kleines Risiko – Der Normalhändler profitiert selten von Leerverkäufen

»Wer verkauft, was ihm nicht gehört, muß es richtig machen oder er wandert ins Gefängnis«. Der Amateur-Spekulant lernt dieses Wall-Street-Wortspiel sehr schnell und wird dadurch oft von einem Leerverkauf abgehalten. Es ist jedoch äußerst wichtig, daß er die Mechanik eines Leerverkaufs, seine wirtschaftliche Funktion und vielleicht die Ethik, falls vorhanden, einer solchen Transaktion versteht.

Der Normalhändler glaubt naturgemäß und chronisch an eine Hausse. Es liegt in der menschlichen Natur, Optimismus dem Pessimismus vorzuziehen. Hinzu kommt, daß Reichtümer normalerweise durch Wertzuwachs zustande kommen und nicht durch Wertverlust. Der Mann auf der Straße assoziiert das Erlangen von Reichtum mit steigenden Märkten; Pleiten, Ruin, Rezession und Panik mit fallenden Märkten. Wer an eine Baisse glaubt, ist nicht beliebt, obwohl Leerverkäufe jetzt häufiger vorkommen als noch vor ein paar Jahren. Noch vor einigen Jahren wurden Leerverkäufe nur von professionellen Händlern durchgeführt. Die breite Öffentlichkeit besaß entweder Aktien oder hielt sich aus dem Markt heraus.

Theoretisch hat ein Leerverkauf nichts Rätselhaftes an sich. Der Margin-Händler, der Aktien kauft, besitzt Aktien, aber kein Geld. Er schuldet seinem Broker Geld, und der Broker schuldet ihm die Aktien. Wenn er jedoch Aktien verkauft, die er nicht besitzt, hat er Geld, aber es fehlen ihm die Aktien. Der Broker schuldet ihm Geld und er seinem Broker die Aktien. Bis hierher gibt es nichts Kompliziertes an einem Leerverkauf.

Die Liefervorschrift

Das Komplizierte an Leerverkäufen umfaßt die Liefervorschriften an der New York Stock Exchange. Ein normaler Abschluß, der auf dem Parkett der Börse zustandekommt, verpflichtet den Käufer zur Lieferung der Aktien bis um 14.15 Uhr des folgenden Tages. Verträge können natürlich auf Bargeldbasis abgeschlossen werden, entweder für Lieferung am selben Tag oder für eine verzögerte Lieferung. »Verkäufer sieben Tage« bedeutet, daß die Lieferung nach sieben Tagen erfolgen muß. Wie wichtig Liefervorschriften sind, wurde 1901 während des berühmten Northern-Pacific-Monopols deutlich. Arbitrage-Händler, die in London Aktien gekauft und auf dem Parkett der New York Stock Exchange verkauft hatten, waren gezwungen, unglaubliche Preise für Barlieferungen zu bezahlen, um ihre Verträge einhalten zu können, obwohl die Zertifikate, die sie in London gekauft hatten, wahrscheinlich bereits auf dem Wasser unterwegs waren.

Die Macht des Brokers

Offensichtlich ist ein Händler, der Aktien verkauft, die er nicht besitzt, in der Hoffnung, sie später zu einem niedrigeren Preis zurückkaufen zu können, nicht in der Lage, normal zu liefern. Er könnte natürlich die Aktien mit dem Zusatz »Verkäufer dreißig Tage« verkaufen - wahrscheinlich zu einem niedrigeren Preis als er bekommen würde, wenn er zu Normalbedingungen verkaufen würde - und darauf hoffen, daß er sie während des Monats auf normalem Weg zurückkaufen könnte, was jedoch ein mühsames Unterfangen wäre. Statt dessen leiht sich ein Händler, der einen Leerverkauf tätigt, Aktien, um auf normale Weise liefern zu können. Es könnte sein, daß sein Broker die notwendigen Aktien in seinem Tresor für das Konto eines Margin-Kunden, der diese bestimmte Ausgabe gekauft hat, aufbewahrt, oder er könnte sie von einem anderen Broker ausleihen. Auf keinen Fall muß ein Broker sich für ausgeliehene Aktien gegenüber dem Kunden, auf dessen Konto sie eigentlich gebucht waren, rechtfertigen. Bei der Kontoeröffnung unterzeichnet der Margin-Händler eine Vereinbarung mit seinem Broker, die den Broker zu vielem ermächtigt, einschließlich der Berechtigung, Aktien aus seinem Konto zu verleihen.

Eine typische Vereinbarung, die von einem Kunden eines Mitgliedes der New York Stock Exchange unterzeichnet wurde, sieht folgendermaßen aus:

»... ein jedes meiner Wertpapiere, die sich jetzt oder später zu einem anderen Zweck als der Aufbewahrung in Ihrem Besitz befinden, und alle Bargeldbestände, die sich irgendwann auf meinem Konto bei Ihnen befinden, sollen dazu dienen, Sie gegen jegliche Verschuldung meinerseits Ihnen gegenüber abzusichern, und können dazu jederzeit verwandt werden; daß jedes dieser Wertpapiere ohne Benachrichtigung an mich von Ihnen verliehen werden kann, oder entweder alleine oder mit anderen Wertpapieren zusammen als Bezahlung einer Teilsumme, unabhängig vom Ausmaß meiner Schulden bei Ihnen, als Pfand hinterlegt werden kann; daß, sollten meine ganzen Schulden bei Ihnen und/oder all Ihre Verpflichtungen, die sich aus meinem Konto ergeben, nie zu Ihrer Zufriedenheit beglichen werden, ist es Ihnen ohne Benachrichtigung an mich erlaubt, auf jeder Broker-Anzeigetafel oder bei einem öffentlichen oder privaten Verkauf, die Wertpapiere, die für mein Konto gehalten werden, teilweise oder komplett zu verkaufen und/oder durch Ihren Kauf alle für mein Konto getätigten Leerverkäufe zu decken....«.

Nachdem er von seinen Kunden eine so vollständige Vereinbarung erhalten hat, kann der Broker die Aktien aus deren Aufbewahrungskonten jederzeit an die Kunden, die Leerverkäufe tätigen, oder an

andere Broker verleihen. Angenommen, John Smith, ein Kunde von
Adams, Jefferson & Co., hat 100 Stammaktien von United States Steel
auf seinem Konto. Nehmen wir weiter an, daß Henry Jones beschließt,
daß der Preis einer bestimmten Aktie zu hoch ist und daher Adams,
Jefferson & Co. mit einem Leerverkauf beauftragt. Der Broker wird
daraufhin die Aktien von John Smith an den Broker liefern, an den
Henry Jones Verkauf ging. Dies stellt eine reguläre Lieferung in Übereinstimmung mit den Vorschriften der Börse dar.

Buchhaltung bei Leerverkäufen

Sollte es vorkommen, obwohl es im Fall einer führenden Stammaktie wie der von Steel sehr unwahrscheinlich wäre, daß Adams, Jefferson
& Co. die Aktien auf keinem Kundenkonto hätten, um sie gegen
den Leerverkauf eines anderen Kunden liefern zu können, wäre es
notwendig, sie von einem anderen Broker auszuleihen. Der auslei-
hende Broker hätte bei Lieferung der Aktien das Recht auf einen Scheck
über den ungefähren, aufgerundeten Wert. Die vom ausleihenden
Broker gehaltene Barsumme würde jeden Tag den Schwankungen der
Aktie angepaßt werden. Da der Aktienverleiher ein Kreditnehmer
ist, bezahlt er Zinsen. Bei zahlreich zur Verfügung stehenden Aktien
ist die Zinsrate, die der Verleiher bezahlen muß, vergleichbar mit dem
geltenden Tagesgeldkurs. Wenn es schwieriger ist, die Aktie auszuleihen, liegt die Rate niedriger. Wenn eine bestimmte Aktie sehr
schwierig zu finden ist, kann die Rate als »flach« bezeichnet werden.
In diesem Fall bezahlt der Aktienverleiher keine Zinsen auf das Geld,
das er dafür erhält. In besonderen Fällen kann es sogar vorkommen,
daß er eine Prämie für den Verleih der Aktie erhält, zusätzlich dazu,
daß er die entsprechenden Gelder kostenlos nutzen kann. Am Tag,
an dem dies geschrieben wird, werden beispielsweise American Woo-
len-Vorzugsaktien zu einer Prämie von $1/64$ verliehen. Daher bezahlt
ein Händler, der 100 Vorzugsaktien von American Woolen verkauft
hat, $ 1,56 ¼ täglich für das Privileg, seine Position aufrecht erhal-

ten zu können, zusätzlich dazu, daß er den Wert der Aktien ohne Gegenleistung erbracht hat. Zu guter Letzt muß derjenige, der die Aktien ausleiht, dem Verleiher alle Dividenden, die sich auf der Aktie während der Verleihperiode ansammeln, bezahlen.

Der Nutzen des Leerverkaufs

Was ist die wirtschaftliche Funktion des Leerverkaufs oder, um nicht in die Fragen provozierende Terminologie der Wall Street zu verfallen, was ist die wirtschaftliche Funktion der Spekulation im Hinblick auf die Abwärtsbewegung? Dies ist nur ein Teil der größeren Frage: Was ist die wirtschaftliche Funktion aller Spekulation, die an den organisierten Börsen stattfindet? Es wäre sehr einfach, diese Frage zum Thema einer ganzen Abhandlung zu machen. Für unsere Zwecke genügt es zu sagen, daß die Spekulation eine wichtige Rolle bei der ordnungsgemäßen und bequemen Vermarktung von Wertpapieren und Waren spielt. Ohne weiter auf das breitere Thema einzugehen, wäre es hier angebracht, einige der nützlichen Funktionen der Spekulation auf eine Abwärtsbewegung zu erwähnen.

Der weit entfernte Kunde

Die Möglichkeiten des Leerverkaufs werden häufig benutzt, wenn der Verkauf nicht eine Spekulation im eigentlichen Sinne ist und, außer in einem technischen Zusammenhang, wenn er nicht einmal ein Leerverkauf ist. Angenommen, ein Anleger, der in Europa unterwegs ist, entscheidet sich zum Verkauf einiger seiner Atchison-Aktien und übermittelt einen Auftrag an seinen Broker in New York. Er könnte auch in Florida, Texas oder Kalifornien zu Hause sein. Wenn der Broker heute die Aktien verkauft, hat er eine Verpflichtung, diese bis morgen um 14.15 Uhr zu liefern; es könnte jedoch sein, daß sein Kunde, der Anleger, sie ihm allerdings erst in einer Woche oder

einem Monat liefert. Tatsächlich fehlen dem Broker selbst die Aktien.
Er hält die Lieferung dadurch ein, daß er seine Aktien ausleiht, wie
er es auch getan hätte, wenn sein Kunde ein spekulativer Leerverkäufer gewesen wäre. Das Resultat der durch das Ausleihen der Aktien
entstandenen Verpflichtung ist dasselbe. Ein großer Teil des Ver-
kaufsinteresses, das jederzeit im Markt zu finden ist, hat diesen Charakter.

Ein wichtiger Aktienbesitzer eines Unternehmens könnte sich
dazu entschließen, einen Teil seines Besitzes aufzulösen. Wenn er bei
dem Verkauf seine eigenen Zertifikate liefert, könnten Berichte über
»Inside«-Verkäufe (Verkäufe durch Innenstehende) seinen Markt
demoralisieren oder zerstören. Um dies zu vermeiden, beauftragt er
seinen Broker, die für die Lieferung nötigen Aktien auszuleihen und
gibt seine Aktien erst nach Beendigung seiner Liquidation ab. In keinem der Fälle war die Hauptperson entweder ein Spekulant oder sie
war zum Zeitpunkt des Verkaufs nicht im Besitz der Aktien, obwohl
der Broker keine Aktien besaß und vielleicht für lange Zeit keine besitzen wird.

Ein wichtiges Merkmal des Marktes für kleine Mengen

Wenden wir uns jetzt dem richtigen Leerverkauf zu, bei dem die
Hauptperson zum Zeitpunkt des Verkaufes das Wertpapier nicht
besitzt und bei dem sein Motiv für den Verkauf in seiner Erwartung
liegt, später zu einem niedrigeren Preis zurückzukaufen. Ein großer
und ständig zunehmender Teil des Anlagegeschäftes, das auf dem Parkett der New York Stock Exchange abgewickelt wird, ist nur durch
das Vorhandensein einer Anzahl von solchen Leerverkäufern möglich. Der Käufer einer »kleinen Anzahl« von Aktien (das heißt weniger als 100 Aktien) wird seinen Auftrag sofort zu einem Preis ausführen können, der etwas über dem, was zuletzt für eine »runde
Menge« (100 Aktien) bezahlt wurde, liegt. Dies wird durch die Prä-
senz von »Odd-Lot«-Brokern (Broker für kleine Mengen) ermöglicht,

die jederzeit bereit sind, auf Anfrage eine gewünschte Kleinstmenge in Stückzahlen von jeweils hundert bei den größten aktiv gehandelten Aktien zu einem Achtel über dem Marktpreis leerzuverkaufen. Bei anderen Aktien liegt der Verkaufspreis mehr als ein Achtel über dem Marktpreis. Der »Odd-Lot«-Broker verläßt sich darauf, seine Leerverkäufe dadurch auszugleichen, daß er je nach Bedarf entweder neu angebotene Kleinstmengen zu Preisen ersteht, die um denselben Prozentsatz unter dem Marktpreis angeboten werden oder »runde Mengen« zum Marktpreis kauft.

Die Aufrechterhaltung eines ordentlichen Marktes

Eine weitere nützliche Funktion der Leerverkäufe ist es, konstante Vermarktbarkeit bei gleichbleibenden Preisen zu gewährleisten. In einem Markt, in dem es keine Verkaufsaufträge für eine bestimmte Aktie gibt, könnte sogar ein Kaufauftrag über 100 dieser Aktien einen grundlosen Aufschwung zur Folge haben, wenn es nicht die Parketthändler gäbe, die, bedingt durch ihre Wachsamkeit allen vorübergehenden Diskrepanzen zwischen Angebot und Nachfrage gegenüber, bereit sind, die gewünschten Aktien für einen kleinen Aufpreis leerzuverkaufen in der Erwartung, diese mit bescheidenem Gewinn zu decken, sobald das Angebot überwiegt. Daher handelt es sich bei Leerverkäufen um einen sehr wichtigen Bestandteil bei der Aufrechterhaltung eines geordneten Marktes.

Weitergehend betrachtet, verringern die Aktivitäten der Leerverkäufer die Schwingungen des Aktienmarktes. Wenn gegen Ende einer Hausse wilder Enthusiasmus die Preise ohne Rücksicht der Aktienwerte in immer größere Höhen treibt, bringen diese Verkäufe oft den Markt wieder zu Sinnen, sie decken die Schwachstellen auf und warnen Anleger rechtzeitig. Sollte der Markt dem anderen Extrem verfallen sein, wenn also unbegründeter Pessimismus vorherrscht und wenn schüchterne Anleger ihre Käufe aus Furcht vor niedrigeren Preisen verzögern, sind die überzeugten Kaufhandlungen solcher Händler zum Zweck der Einhaltung ihrer Verpflichtungen ein mächtiger und manchmal der einzige stabilisierende Einfluß.

Die Schwierigkeiten bei »Over-The-Counter«-Geschäften

Der Nützlichkeit von Leerverkäufen kann am besten durch einen Vergleich zwischen notiertem und unnotiertem Markt erklärt werden. Im Dezember 1925 wurde bekannt, daß die Southern Minnesota Joint Stock Land Bank einen übermäßig großen Anteil ausstehender Darlehen und Hypotheken in ihren Büchern hatte, bei denen sie gerade im Begriff war, sie vorzeitig zwangsvollstrecken zu lassen. Das Unternehmen war eines der größten seiner Art, und seine Aktien waren erst einige Monate zuvor als erstklassige Emission an Anleger verteilt worden. Da die Aktien-Hypothekenbanken als Gruppe weniger als zehn Jahre alt waren und innerhalb von nur zwei Jahren die Aufmerksamkeit der anlegenden Öffentlichkeit auf sich gezogen hatten, bedeutete diese Neuigkeit einen schweren Schlag für das Vertrauen. Gegenüber dem Herbst 1925, als die Nachfrage nach Aktien von den Aktien-Hypothekenbanken größer als das Angebot war und die Preise dadurch angestiegen waren, war die Lage jetzt umgekehrt. Nachdem die Neuanleger in Aktien von Aktien-Hypothekenbanken ihr Vertrauen verloren hatten, hatten sie es offensichtlich nicht eilig, ihren Aktienbesitz zu vergrößern, Verkäufer von Investmenthäusern konnten in der herrschenden, verwirrten Lage keine neuen Käufer für die Aktien finden, und die Investmenthäuser an sich schafften es offensichtlich nicht, ihr Kapital fest anzulegen, indem sie die Aktien, die sie verkauft hatten, zurückkauften. Kaufangebote existierten daher so gut wie gar nicht, und im Winter 1925/1926 kam es wochenlang vor, daß Anleger die meisten Aktien von Aktien-Hypothekenbanken um keinen Preis verkaufen konnten. Hier handelt es sich keineswegs um einen Einzelfall, wenn es um die Schwierigkeiten, mit denen ein Händler manchmal im unnotierten Markt konfrontiert wird, geht.

Welche Auswirkungen hätte es auf den Markt gehabt, wenn Leerverkäufe von Aktien-Hypothekenbanken im Herbst und zu Beginn des Winters 1925/1926 möglich gewesen wären? Bei der ersten Einschüchterung durch ungünstige Entwicklungen hätten diejenigen, die die Lage genau verfolgten, zweifelsohne Aktien verkauft. Viele davon hätten nicht nur ihren eigenen Aktienbesitz verkauft, sondern auch Leerverkäufe getätigt. Nachdem die negativen Nachrichten die Öffentlichkeit erreicht hätten, hätte es aller Wahrscheinlichkeit nach eine genauso überstürzte Talfahrt gegeben, wie sie übrigens tatsächlich vorkam, die durch weitere Leerverkäufe beschleunigt worden wäre. Bei fortgesetzter Talfahrt hätten Händler, die leerverkauft hatten, jedoch ein starkes Interesse daran gehabt, ihren Gewinn zu realisieren. Sie hätten nur durch den Kauf von Aktien Gewinn machen können. Daher wären zu jeder Zeit Kaufaufträge am Markt gewesen, und richtige Anleger hätten sich niemals in der mißlichen Lage befunden, ihren Besitz absolut nicht verkaufen zu können.

Baisse-Anhänger während der Panik

Wenn man aus der Panik von 1929 eine Lehre ziehen kann, dann ist es die, daß alle Beschwerden bezüglich des Vorkommens von Leerverkäufen an der New York Stock Exchange in Verbindung mit ihrer relativen Seltenheit gesehen werden sollten. Gerüchte über groß angelegte, von fallenden Preisen ausgehenden Aktivitäten wurden damals weitläufig zirkuliert und veranlaßten die Börse letztendlich dazu, Nachforschungen anzustellen. Die Antworten auf die Fragebögen, die an alle Mitglieder verschickt wurden, zeigten, daß die gesamte Anzahl ausgeliehener Aktien am 12. November nur ein Achtel eines Prozentes des Wertes aller notierten Aktien betrug. Diejenigen, die auf einen Aufschwung hofften und litten, haben wahrscheinlich um viel höhere kurzfristige Zinsen gebeten. Die Anhänger einer Hausse, und nicht die einer Baisse, waren offensichtlich die Ursache für die Panik.

Die Ethik von Leerverkäufen

Leerverkäufe werden manchmal von Beobachtern der Aktienmärkte als unmoralisch verurteilt, sogar von solchen, die dem System nahe stehen. Diese Kritiker berufen sich darauf, daß niemand das moralische Recht habe, das Eigentum eines anderen zu verkaufen. Diese Beschwerde läßt natürlich die Tatsache ungeachtet, daß der Leerverkäufer so etwas in Wirklichkeit nicht macht. Er schließt lediglich einen Vertrag darüber ab, eine bestimmte Anzahl von Aktien in der Zukunft zu liefern, und verpflichtet sich dadurch, diese Anzahl an Aktien zu einem zukünftigen Zeitpunkt zu kaufen, um seinen Vertrag erfüllen zu können. In der normalen Geschäftswelt könnte ein Stahlunternehmen einen Vertrag abschließen, der es verpflichtet, ein paar Monate später eine bestimmte Tonnenanzahl von Stahlschienen zu liefern, obwohl das Erz, aus dem diese Schienen hergestellt werden, noch nicht einmal geschürft wurde. Niemand käme auf den Gedanken, diesen Verkauf als unmoralisch zu bezeichnen, noch würde ihn jemand als Leerverkauf ansehen. Diejenigen, die glauben, daß Leerverkäufe etwas Unmoralisches an sich hätten, sind lediglich durch die Ausdrucksweise der Wall Street verwirrt, in der etwas, was einen Vertrag für eine zukünftige Lieferung von Wertpapieren darstellt, als Leerverkauf bezeichnet wird.

Außerdem ist der Leerverkäufer ein sicherer, zukünftiger Kunde für ein fremdes Eigentum. Jemand, der an einen Aufschwung glaubt, fühlt sich durch die Existenz von jemandem, der an eine Rezession glaubt, viel sicherer, da dieser eines Tages mit der Absicht, seinen Besitz zu kaufen, zu ihm kommen muß. Dies wäre nicht der Fall, wenn es keinen solchen sicheren Kunden gäbe. Man muß sich immer daran erinnern, daß der Leerverkauf notwendigerweise eine unvollständige Transaktion ist. Jemand, der eine Aktie kauft, kann sie in einer halben Stunde weiterverkaufen, oder er könnte sie für seine Enkel in einen Tresor einschließen. Diese Wahl hat der Leerverkäufer nicht. Früher oder später und normalerweise innerhalb kürzester Zeit muß er seine Position decken. Theoretisch könnte er den Leerverkauf

einer aktiven Aktie jahrelang halten. Tatsächlich werden jedoch sehr
wenige Leerverkäufe in der Absicht eingegangen, sie länger zu behalten. Eine beendete spekulative Transaktion bedeutet das Schließen
von zwei Verträgen: einem, die Lieferung anzunehmen, und einem
zweiten, Wertpapiere zu liefern, die beide in der Erwartung begründet sind, daß sich die Preisdifferenz vorteilhaft für den Spekulanten
auswirken wird. Wenn man etwas darüber nachdenkt, wird man
bemerken, wie absurd die Annahme ist, daß die Entscheidung, welchen Vertrag man zuerst abschließt, irgend etwas Moralisches an sich
hätte.

Wenn man sich an seinen eigenen Haaren aus dem Schlamm zieht

Feindlich eingestellte Kritiker des Leerverkäufers verurteilen auch die
scheinbare Ungerechtigkeit gegenüber dem auf Aufschwung hoffen-
den Händler, indem der Leerverkäufer es durch den Gebrauch seiner Aktien dem auf Rezession eingestellten Händler ermöglicht, die
Lieferregeln einzuhalten. Nehmen wir an, Herr A. besitzt 500 Aktien
der Firma North American, die er auf Margin gekauft hat. Er kaufte
sie in der Annahme, daß die Preise steigen würden. Sein Kauf beeinflußt durch die Tat allein den Preis der Aktie, die dadurch meistens
ansteigt. Herr B., ein anderer Kunde desselben Brokerhauses, könnte
der Meinung sein, daß die Preise für North American fallen werden.
Daher verkauft er jetzt 500 Aktien, obwohl er sie nicht besitzt. Der
Broker liefert Herrn A.s Aktien zu dem Händler, der von Herrn B.
gekauft hat. Der Verkauf drückte natürlich den Markt, genauso wie
der Kauf die Preise ansteigen ließ. Den Protesten der Kritiker des
Leerverkaufs zufolge handelt es sich hier um eine Beleidigung jegli-
chen Anstandsgefühles. Durch den Gebrauch seines Eigentums wurde
der an steigende Preise glaubende Händler des Ergebnisses beraubt,
das er rechtens als Resultat seines Kaufs hätte erwarten können.
    Wenn man die rein rechtliche Begründung beiseite läßt, daß der
an steigende Preise glaubende Händler in unserem hypothetischen

Fall ein formelles Abkommen ähnlich dem oben erwähnten unterzeichnet hatte, das den Broker berechtigte, seinen Besitz genauso zu verwenden, stellt sich die Frage, ob er einen berechtigten Grund hat, sich zu beschweren. Wenn er sich entscheidet, seine 500 North American Aktien zu verkaufen und sich an den Umständen nichts geändert hat, wird der Preisdruck auf die Aktie, der durch den Verkauf entsteht, den stimulierenden Effekt seines Kaufs genau neutralisieren. Andererseits wird der preisdrückende Effekt durch den Leerverkauf, in dem die Aktien des auf steigende Preise spekulierenden Händlers eine wichtige Rolle spielten, durch den stimulierenden Effekt, der durch die Deckung des Leerverkaufs entsteht, exakt ausgeglichen. Wir erkennen dadurch, daß all diese Einflüsse sich langfristig aufheben. Es besteht nicht einmal ein großer Unterschied darin, ob der Leerverkäufer seine Position schließt, bevor der auf steigende Aktien spekulierende Händler verkauft oder umgekehrt.

Nach kurzer Überlegung wird deutlich, daß ein Händler nicht allein durch den Kauf von Aktien Gewinn erzielen kann. Wenn sein Geldbeutel groß genug ist, kann er durch Kaufen die Preise ansteigen lassen. Dies wäre jedoch mit einem Versuch, sich an den eigenen Haaren aus dem Schlamm zu ziehen, vergleichbar. Wenn es für den Preisanstieg keinen wichtigeren Grund als seine Käufe gibt, wird der Preisverfall, der durch seine Verkäufe entsteht, genauso groß sein, und ihm werden durch die Provisionen Unkosten entstanden sein. Nur wenn in der Zeit zwischen seinem Kauf und seinem Verkauf andere Käufer angezogen wurden und das zur Verfügung stehende Angebot um einiges mehr als die Menge seines Kaufs verringert wurde, kann er Gewinn erzielen. Wenn man dieses Prinzip erkannt hat, wird deutlich, daß der auf steigende Preise hoffende Händler dadurch, daß seine Aktien benutzt wurden, um Leerverkäufe zu ermöglichen, nichts Wertvolles verloren hat.

Die Angst vor einem Monopol

Außer der vagen Befürchtung, daß eine solche Transaktion etwas Unethisches an sich hat, werden viele Händler aus Angst vor einem Monopol davon abgehalten, Aktien leerzuverkaufen. Es gab in der Geschichte der Wall Street einige Monopole, durch die Händler, die Aktien leerverkauft hatten, ruiniert wurden. Es gab gerade genügend viele davon, um einen normalen Händler bei Leerverkäufen vorsichtig sein zu lassen. Ein Monopol tritt ein, wenn Aktienkäufer die Aktien aus dem Markt herausnehmen und dadurch das verfügbare Angebot reduzieren, so daß nicht genügend Aktien vorhanden sind, um sie an Händler, die sie benötigen, verkaufen zu können. Es kann in solchen Situationen vorkommen, daß die Käufer die Preise durch ihren Versuch, die Aktien zu bekommen, die sie zum Einhalten ihrer Verträge benötigen, auf phantastische Höhen treiben. Das berühmte Northern Pacific Monopol war das Ergebnis eines Kampfes zwischen zwei großen Eisenbahngenies, Hill und Harriman, die versuchten, die Kontrolle jener Linie zu ergattern. Der eine sicherte sich die Mehrheit der Stammaktien, der andere die Mehrheit der gesamten Aktien, einschließlich der Vorzugsaktien. Das endgültige Ergebnis der Rivalität war ein Kompromiß, der jedoch den Spekulanten, die die Aktien leerverkauft hatten, als ihre Preise über deren inneren Wert schnellten, und die danach, als sie herausfanden, daß keine Aktien ausgeliehen werden konnten, um jeden Preis ihre Positionen decken mußten, nicht viel half. Ein solcher Wettbewerb kommt höchstens einmal in jeder Generation vor.

Ein verhängnisvolles Monopol

Im Fall einer Aktie, die zum größten Teil in den Händen weniger konzentriert ist, kann es zu einem Monopol als Folge von Manipulation kommen. Vor einigen Jahren versuchte der Vorsitzende einer Lebensmittelkette, deren Aktien an der New York Stock Exchange notiert wurden, der Wall Street eine Lektion zu erteilen. Das Unternehmen war von bescheidener Größe, seine Aktienemission klein und nicht weit verbreitet. Als die Aktie auf einen Preis anstieg, der weit über dem Wert des Firmenvermögens oder der Einkünfte lag, kam es natürlich zu einer beträchtlichen Menge an Verkäufen dieser Aktie. Der fragliche Gentleman beschloß, daß er die Leerverkäufer in die Enge treiben würde. Er weigerte sich, seine eigenen Aktien zu verleihen und reduzierte das verfügbare Angebot praktisch auf Null, indem er alle angebotenen Aktien aufkaufte. Es war also scheinbar seine Absicht, die Abrechnungsbedingungen für Leerverkäufer, die nicht liefern konnten, zu bestimmen. Dabei rechnete er nicht mit den umfassenden Befugnissen der Mitglieder des Börsenrates der New York Stock Exchange. Die Regeln der Stock Exchange wurden mit der Absicht festgelegt, einen freien und offenen Markt zu gewährleisten, und nicht dazu, ihn zu ersticken. Dadurch, daß die gesamte Aktienemission im Besitz weniger war, gab es keinen freien Markt mehr, und das Aussetzen der Aktie war die selbstverständliche Konsequenz. Durch Verhandlung wurde dann ein vernünftiger Abrechnungspreis festgelegt. Der selbstgefällige Napoleon der Finanzwelt fand sich selbst im Besitz eines Großteils der Aktien seines Unternehmens, die er zumeist zu Preisen weit über deren innerem Wert gekauft hatte. Durch sein Verhalten hatte er sie aus dem größten Markt der Welt ausgeschlossen. Nicht lange danach mußte er die Öffentlichkeit um finanzielle Unterstützung bitten. Wall Street hat ihn schon lange vergessen.

Finanzieller Selbstmord

Eine Aktie zu beherrschen ist offensichtlich der Versuch, ihren Markt zu zerstören. Die womöglich jahrelang dauernde Verteilung in die Hände von Anlegern, wird dadurch ersetzt, daß sich ihr Besitz in den Händen eines Manipulanten konzentriert. Um einige Leerverkäufer in die Enge treiben zu können und sie zu zwingen, Immunität von der Erfüllung ihrer Verträge zu kaufen, mußte der Manipulant Tausende von Aktien weit über ihrem tatsächlichen Wert am offenen Markt kaufen. Außerdem wurde das Anlegervertrauen in die Aktie durch die wilden Schwankungen ihres Preises erschüttert. Die Aktie wurde wahrscheinlich aus den Notierungen der Stock Exchange gestrichen, und es gibt keine Käufer mehr, an die die Aktien abgegeben werden könnten. Ein Monopol anzustreben, entspringt einem verwirrten Kopf und ist mit finanziellem Selbstmord vergleichbar. Da dies jedem intelligenten Anleger bekannt ist, kommen diese Vorfälle nur in sehr langen Zeitabständen vor.

Nur wer gute Nerven hat, verkauft leer

Die Tatsache, daß ein Monopol möglich, jedoch unwahrscheinlich ist und die Tatsache, daß das Ausmaß der Aufwärtsbewegung in der Aktie unbegrenzt ist, während die Preise nicht weiter als auf Null fallen können, bedeutet, daß Leerverkäufe normalerweise für längerfristige Vorhaben ungeeignet sind. Man benötigt sehr gute Nerven, um angesichts eines steigenden Marktes eine Leerverkaufsposition zu halten, auch wenn die Aktie ganz deutlich überbewertet zu sein scheint. Der dramatische Zusammenbruch am Ende der Hausse der Jahre 1924-1926 eines Pools, der dividendenberechtigte Aktien mit beschränktem Stimmrecht der Firma Devoe & Reynolds hielt, wurde bereits in einem vorherigen Kapitel erwähnt. Die Aktie fiel fast senkrecht von 105 auf 35. Es gab kaltblütige Händler, die gegen Ende ihres unbegründeten Anstieges die Aktie verkauft hatten und trotzdem von der Abwärtsbewegung nicht profitierten. Anhaltende Stärke ohne scheinbaren Grund führt bei einer solchen Aktie zu Mutmaßungen über ein mögliches Monopol oder zu Anhäufung der Aktien durch interessierte Parteien, die die Kontrolle darüber suchen. »Das Band erzählt die Geschichte«, sagt der Leerverkäufer und deckt sich mit einigen Punkten Verlust ein. Es kann jedoch sein, daß das

Band keine Geschichte erzählt, außer der üblichen, die die Torheit der Menschen offenlegt.

Ein unrentables Gebiet für den langfristigen Händler

Es gibt noch andere Gründe, weshalb die Verkaufsseite des Marktes kein rentables Beschäftigungsfeld für langfristige Händler bietet. Eine Hausse dauert fast immer länger als eine Baisse. Ein Händler, der Indizes oder irgendeine andere Zusammenstellung von Aktien kauft oder verkauft, hat viel mehr Zeit, sich zu entscheiden, ob er eine Position im Markt eingehen will, und eine viel größere Chance, das Ende falsch einzuschätzen und trotzdem dabei Gewinn zu erzielen. Für den langfristigen Händler bietet eine Hausse schon alleine aufgrund des Zeitfaktors viel sicherere Gewinnmöglichkeiten. Der langfristige Händler, der auf fallende Aktien setzt, kämpft gegen den langfristigen Aufwärtstrend der Preise. Seine Erfolgschancen sind viel geringer als die eines Händlers, der sich darauf beschränkt, auf Aufwärtsbewegungen zu setzen.

Der Leerverkauf hat seinen legitimen Platz in der Spekulation. Es ist jedoch eine Transaktion, die ein berechnender Händler viel seltener als eine Kaufposition eingehen wird. Er wird erkennen, daß die Erfahrung gezeigt hat, daß die menschliche Natur so gestaltet ist, daß nur wenige Menschen eine größere Leerverkaufsposition eingehen können und dabei klaren Kopf behalten. Bei der Auswahl seiner Instrumente wird er sich nicht nur vergewissern, daß die Aktien deutlich überbewertet sind, sondern auch, daß es keine Schwierigkeiten geben wird, genügend Aktien für die Lieferung zu besorgen. Dies bedeutet, daß er nur Aktien mit großer Kapitalisierung auswählen wird, von denen jederzeit ein großes, gut verteiltes Angebot an der Wall Street erhältlich ist. Und sollte der Laie sich dazu entscheiden, Leerverkäufe denen zu überlassen, deren Geschäft die Spekulation ist, wird dies eine gewinnbringende Entscheidung sein.

KAPITEL X

Was ist eine Hausse?

Jede Aktie bewegt sich auf seine eigene Art – Indizes zeigen nur eine Seite der Medaille – Aktien bewegen sich in der Regel gruppenweise – Modeerscheinungen haben ihren Platz im Aktienmarkt – Management ist der entscheidende Faktor – Management trifft für Unternehmen, nicht für Industrien zu – Nicht einmal Stahlaktien bewegen sich immer gleichzeitig

Am nützlichsten und am gefährlichsten sind die Aktienmarktindizes; am nützlichsten dafür, die allgemeine Tendenz des Marktes aufzudecken, und am gefährlichsten, wenn sie den Händler vergessen lassen, daß sein Gewinn letztendlich von der Bewegung der einzelnen Aktien, mit denen er handelt, abhängt. Die 30 im Dow-Jones Industrieindex enthaltenen Aktien spiegeln die allgemeine Richtung des Marktes genauso gut wider wie es ein Index aus 50 oder 100 Aktien machen könnte. Eine Demonstration dessen bedeutet eine mühsame Berechnung. Es genügt zu sagen, daß es getan wurde. Die Verläßlichkeit der Indizes als Kriterium für Marktbewegungen kann auf andere Weise geprüft werden, nämlich durch die Feststellung, wieviele Aktien sich gegen die allgemeine, durch die Indizes vorgegebene Richtung bewegen, und wieviele Industrieaktien beispielsweise höher lagen als das vorherige Hoch des Indexes zu dem Zeitpunkt, als der Industrieindex seinen letzten deutlichen Tiefpunkt erreichte. Durch eine solche Überprüfung einer Anzahl größerer Marktbewegungen wird der Betrachter herausfinden, daß sich in jedem der Fälle nur eine Handvoll von Emissionen gegen den allgemeinen Trend bewegen.

Die Bewegung von siebzig Aktien

Daß eine überwältigende Mehrzahl von Aktien niedriger stehen wird, wenn sich die Indizes auf einem Tiefpunkt anstatt auf einem Höhepunkt befinden, verleitet dazu, die Tatsache zu übersehen, daß einzelne Aktien sich in grundsätzlich unterschiedliche Richtungen bewegen.

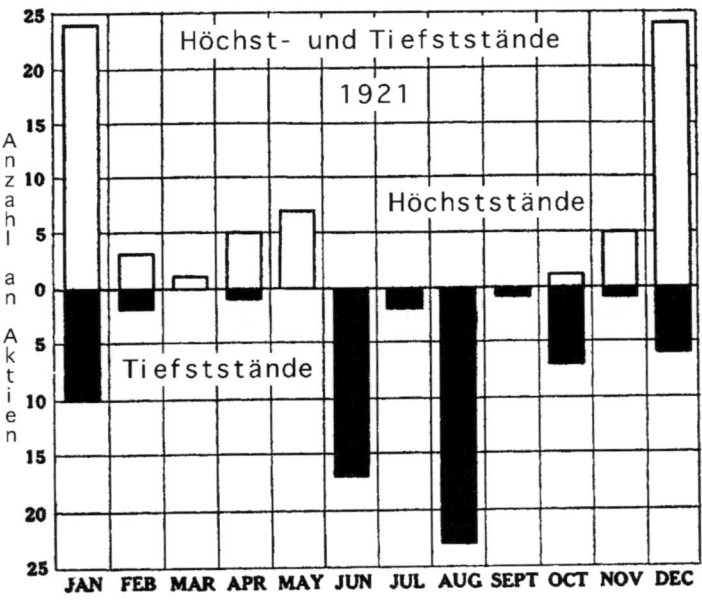

Das begleitende Diagramm zeigt das Ergebnis einer Nachforschung des Verhaltens von 70 Stammaktien aus der Industrie im Jahr 1921, einem Jahr, in dem bekannterweise die Talsohle einer großen Baisse erreicht wurde. Die 70 Aktien wurden durch ein Zufallsverfahren ausgewählt, indem alle Stammaktien der Industrieunternehmen genommen wurden, deren Name mit A, B, C, D, E und F beginnt, die an der New York Stock Exchange notiert werden und die in jedem Monat des Jahres gehandelt worden waren. Das Diagramm zeigt die Anzahl dieser Aktien, die im jeweiligen Monat ihre Höchst- beziehungsweise Tiefstpunkte erreicht haben. Im Januar wurden also 24 Aktien zu einem Preis verkauft, der sich später als ihr Jahreshöchststand erwies, und neun zu einem Preis, der sich später als Tiefststand herausstellte. Graphisch wird dies durch ein vertikales Rechteck dargestellt, dessen Höhepunkt über der Horizontallinie im Diagramms 24 und dessen Tiefststand unter der Linie neun Einheiten repräsentiert. Es gab zwei Monate, in denen keine Aktie ihren Jahrestiefststand erreichte, und vier, in denen keine Aktie ihren Jahreshöchststand erreichte.

Ein Diagramm der Höhen und Tiefen

Das Diagramm entspricht deutlich der Entwicklung des Dow-Jones Industrieindexes, der die Talsohle im August erreichte. Im Januar, als 24 Aktien ihren Jahreshöchststand erreichten, befand sich der Markt auf dem Weg nach unten. Gegen Ende des Jahres befand sich der Markt am Anfang der Hausse, die von 1921 bis 1923 dauerte. Die Talsohle der Baisse wird sehr gut durch die Augustzahlen verdeutlicht, als 23 von 70 Aktien ihre Jahrestiefststände erreichten, keine jedoch ihren Höchststand.

Interessanter noch sind die Abweichungen der einzelnen Aktien vom Kurs der Indizes. Von den 70 betrachteten Aktien erreichten elf ihren Höhepunkt im ersten Quartal des Jahres und bewegten sich danach abwärts, nachdem der Markt sich gedreht hatte. Erst in den letzten drei Monaten erreichten sie ihre tiefsten Notierungen. Dagegen erreichten 13 Ausgaben ihre Tiefststände einige Zeit vor dem Markt, im April oder früher, und bewegten sich bereits wieder aufwärts, während der allgemeine Markt sich immer noch auf dem Weg nach unten befand. Diese 13 Aktien erreichten ihre Jahreshöchststände im letzten Quartal. Die zwei Listen lauteten wie folgt:

Hoch im ersten Quartal *Tief im letzten Quartal*	*Tief im ersten Quartal* *Hoch im letzten Quartal*
Advance-Rumely	Am. Bank Note
Ajax Rubber	Am. Ice
Am. Beet Sugar	Am. Radiator
Am. Chicle	Am. Snuff
Am. Sugar Ref.	Am. Tel. & Tel.
Assets Realization	Am. Woolen
Atlantic Fruit	Assoc. Dry Goods
Am. Sumatra Tob.	Brooklyn Union Gas
Cuba Cane Sugar	Butterick
Cuban-Am. Sugar	California Pet.
Emerson-Brantingham	Coca-Cola
	Cons. Gas N. Y.
	Endicott-Johnson

Aktien zur Spekulation und zu Anlagezwecken

Weitere unterrichtende Lektionen können durch die Analyse dieser zwei Listen gewonnen werden. Die erste Liste beinhaltet größtenteils Aktien, die hochspekulativer Natur sind. Nur drei der Aktien schütteten Dividenden aus, und alle verringerten diese später oder setzten sie aus. Fünf der Unternehmen, deren Aktien auf der Liste erscheinen, wurden seither freiwillig oder unfreiwillig reorganisiert. In einigen Fällen notierten die Aktien am Höhepunkt der Baisse von 1923-1926 tiefer als während des Höhepunktes des Baisse-Jahres 1921. Dagegen handelt es sich bei der zweiten Liste klar um eine Gruppe von Investmentaktien. Alle diese Aktien, außer einer, bezahlten im Jahr 1921 Dividenden. Mit wenigen Ausnahmen verzeichneten alle diese Aktien bedeutende Anstiege in den Hausse-Jahren von 1921-1923 und 1923-1926.

Aus diesen Beispielen könnte die vorläufige Erkenntnis gewonnen werden, daß Investmentaktien dazu neigen, ihre Tiefpunkte früh während einer Baisse zu erreichen, und daß sie sicherere und in der Regel größere Gewinne bieten als die viel spekulativeren, billigen Emissionen, die keine Dividenden mit sich bringen. Diese Erkenntnis würde durch eine ausführlichere Analyse belegt werden. Es wäre allerdings sehr mühselig, diese hier reproduzieren zu wollen.

Gegensätzliche Tendenzen

Eine wichtigere Erkenntnis ergibt sich aus dem Diagramm und aus den Zahlen, aus denen es zusammengestellt wurde. Einzelne Aktien können offensichtlich sehr verschiedene Wege verfolgen. Advance-Rumely sank von einem Hoch von 19¾ im Januar auf ein Tief von 10¹/₈ im Dezember. Zwischen diesen beiden Monaten stieg American Ice von einem Tief von 42 auf ein Hoch von 83½. Im Falle der zwei alten Anlagefavoriten American Sugar Refining und American Telephone fiel die erstgenannte Firma von einem Hoch von 96 im Januar auf ein Tief im Oktober von 47⁵/₈, und die zweite Firma kletterte von 95¾ im Januar auf 119½ im Oktober. Viele ähnliche Beispiele könnten hinzugefügt werden, aber diese genügen wahrscheinlich. Es ist eindeutig, daß die korrekte Einschätzung der Tendenz des allgemeinen Marktes nicht ausgereicht hätte, um mit diesen Aktien Gewinne zu erzielen. Der Händler, der sich im Januar weigerte, American Ice oder American Telephone zu kaufen, weil er dachte, die Baisse hätte ihren Tiefstand noch nicht erreicht, verlor durch das Warten Geld. Ebenso hätte die richtige Einschätzung der allgemeinen Markttendenz wenig genützt, hätte er im August anstatt besserer Aktien Advance Rumely oder American Sugar gekauft.

Gruppenbewegung

Eine weitere Studie des Verhaltens von 70 Aktien im Jahr 1921 schlägt eine andere Art vor, das Problem der rentablen Spekulation anzupacken. Es sollte erwähnt werden, daß unter den elf Aktien, die ihre Höhepunkte im ersten und ihre Tiefstände im letzten Quartal erreichten, vier Zuckeraktien waren. Dagegen waren unter den 13 Emissionen, die sich gegensätzlich verhielten, keine Zuckeraktien. Es handelt sich hier kaum um einen Zufall. Es deutet darauf hin, daß für die Berechnungen des Spekulanten die Zukunftsaussichten für eine bestimmte Industrie der wichtigste Faktor sind. 1921 war für die Zuckerindustrie ein Jahr heftiger Preisverluste, in dem kubanischer Rohzucker auf einen Tiefstpreis von 2 Cents pro Pfund fiel, im Gegensatz zu den 20 Cents pro Pfund des Vorjahres. Durch die sinkenden Rohzuckerpreise war es für die Raffinerien unmöglich, rentabel zu arbeiten. Die Gewinnspanne des Raffineriebesitzers ist bestenfalls gering, und der Preis für verfeinerten Zucker paßt sich dem Rohzuckerpreis schnell an. Wenn die Rohzuckerpreise in der Zeit zwischen dem Kauf einer Ladung Rohzucker und dem Zeitpunkt, an dem der verfeinerte Zucker auf den Markt gebracht werden kann, ständig auch nur um ein Achtel Prozent fallen würde, wären Verluste unvermeidlich. Hinzu kommt, daß kein Rohzuckerproduzent bei einem Preis von 2 Cents pro Pfund einen Gewinn erzielen könnte. Bis der Rohzucker eindeutig die Talsohle erreicht hatte, konnte der Besitzer von Zuckeraktien weder sicher sein, daß seine Dividenden in Sicherheit waren, noch daß seine Firma diese Krise überleben würde.

Gründe für Gruppenbewegungen

Außer Zuckerfirmen gibt es viele andere Unternehmen, die durch spezielle Umstände betroffen werden. Die Richtungstendenzen im Rinder- und Schweinemarkt betreffen alle Packer gleichermaßen.

Die Schwankungen im Rohgummimarkt betreffen alle Gummiproduzenten, die aufgrund der Distanz von 9000 Meilen, die sie von der Lieferquelle trennen, große Bestände an Rohmaterial auf Lager halten müssen. Eine ungünstige Zinssituation im Nordwesten verringert die Einkommenskraft aller Eisenbahngesellschaften, die in diesem Gebiet tätig sind. Wenn der Baumwollkapselkäfer in einem bestimmten Jahr besonders zuschlägt, leiden alle Baumwollfabriken unter den Auswirkungen einer knappen Baumwollernte. Größtenteils können Aktien auf diese Weise einzelnen Gruppen zugeordnet werden, und die Aktien in einer bestimmten Gruppe reagieren auf Bedingungen, die diese Industrie betreffen, und nicht auf die allgemeine Tendenz des Aktienmarktes.

Ein deutlicher Kontrast

Man könnte viele Beispiele aufführen, die zeigen, wie unterschiedlich sich bestimmte Aktiengruppen verhalten können. Das folgende Diagramm des Dow-Jones Industrieindexes und den Durchschnittswerten zweier führender Billigkettenaktien und dreier Düngemittelaktien weist deutlich darauf hin, daß es für Spekulationszwecke nicht ausreicht, nur die reine Vorhersage über die Richtung des allgemeinen Marktes in die Überlegungen miteinzubeziehen. Der Durchschnitt der Preise für Woolworth- und Kresgeaktien wurden angepaßt, um die Aktiendividenden miteinzubeziehen. Der Index, bestehend aus American Agricultural Chemical, International Agricultural Corp. und Virginia-Carolina Chemical, wurde auf ähnliche Weise angeglichen, um den Kapitalanpassungen Rechnung zu tragen.
1922 wurde die Kapitalstruktur der Firma Virginia-Carolina neu angepaßt. Für jeweils vier Stammaktien erhielt der Aktionär zusätzlich eine Stammaktie mit besonderem Stimmrecht. Die Zahl, die darauhin in den Index aufgenommen wurde, war der Preis einer Stamm-

aktie plus ein Viertel des Preises einer Aktie mit besonderem Stimmrecht.
Der Maßstab des Diagramms wird technisch als logarithmische Skala bezeichnet. Sie basiert auf der Annahme, daß ein Anstieg von 10 auf 12 prozentual gesehen mit einem Anstieg von 100 auf 120 gleichzusetzen ist. Ein solches Diagramm hat den großen Vorteil, daß es Bewegungen von sehr großem Umfang ohne Verzerrung darstellen kann. In einem normalen Diagramm würde die Bewegung der Ladenkettenaktien von einem Tief von $128^3/4$ im Jahr 1920 auf das Hoch von 482 im Jahr 1923 die Bewegungen der anderen zwei Indizes völ-

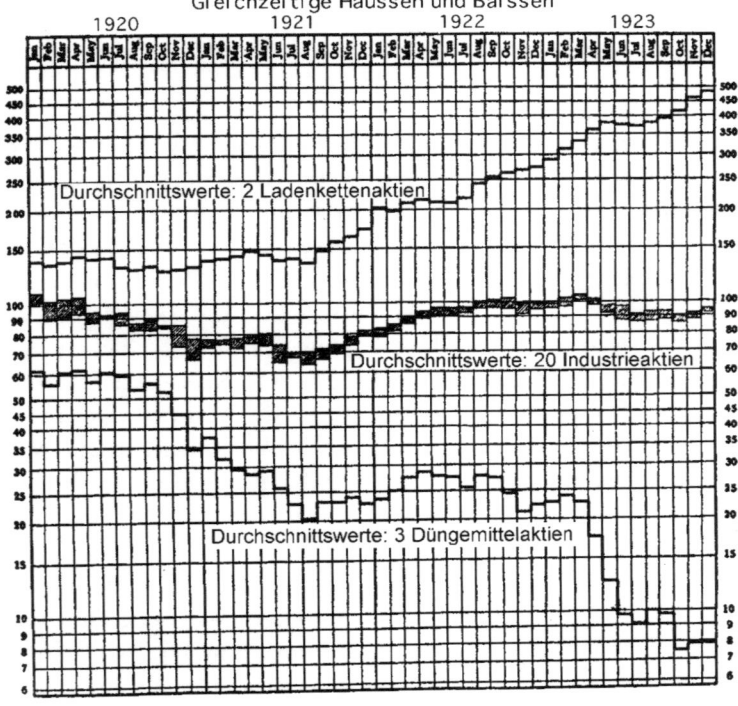

lig in den Schatten stellen. Durch die Anwendung der logarithmischen Skala werden alle drei in der richtigen Perspektive dargestellt.

Ladenketten im Vergleich zu Düngemitteln

Eine Betrachtung des Diagramms ergibt, daß der Industrieindex in den vier betrachteten Jahren eine größere Baisse, gefolgt von einer bedeutenden Hausse, angibt. Als die Baisse ihren Tiefststand erreicht hatte, lag der Durchschnittswert der Ladenkettenaktien jedoch lediglich fünf Punkte unter dem Höchststand von 1920. Ab jenem Zeitpunkt fand eine stetige Aufwärtsbewegung statt. Hinzu kommt, daß dem Höhepunkt der Aufwärtsbewegung anderer Industriewerte im März 1923 keinerlei Bedeutung zugemessen wurde. Zum Ende des Jahres 1923 lagen die Ladenkettenaktien 50% über ihrem Märzwert. Im Gegensatz dazu verhielten sich die Düngemittelaktien während der Baisse, die ihren Höhepunkt im August 1921 erreichte, auf orthodoxe Weise. Von Anfang 1920 an bis zu jenem Datum fielen sie um 67%. Die Baisse der Jahre 1922 bis 1923 ging jedoch fast völlig an ihnen vorbei. Im März 1923 lag der Durchschnittswert der Düngemittelaktien nur $2^1/8$ Punkte über dem Tiefststand von 1921. Ende 1923 war ihr Verkaufspreis auf dem niedrigsten Stand der ganzen Vierjahresperiode angelangt. Während dieser ganzen Periode erfreuten sich die Billigkettenaktien einer eigenen Hausse; die Düngemittelaktien hingegen durchliefen eine eigene Baisse.

Gruppenbewegung im Jahre 1929

Damit nicht der Eindruck entsteht, es handele sich hier um ein Ausnahmebeispiel für eine Gruppenbewegung, sollen die Ergebnisse der letzten zwölf Monate der 1926-1929 Hausse aufgezeigt werden. Standard Statistics Co. veröffentlicht nützliche und ausführliche wöchentliche Indizes von Aktienpreisen für die einzelnen Gruppen. Die 404

Aktien, die in diesen Indizes enthalten sind, teilen sich in 46 Gruppen auf. Elf von diesen Gruppen bewegten sich während der letzten

Gruppe	August 1929	August 1928	Veränderung	Veränderung in %
Leder, 4 Aktien	117,4	182,1	-64,7	-35,5
Rayon, 5 Aktien	127,5	170,1	-42,6	-25,0
Düngemittel, 4 Aktien	92,8	120,3	-27,5	-22,9
Wolle und Wollartikel, 4 Aktien	81,3	96,9	-15,6	-16,1
Kleidung, 8 Aktien	117,9	137,7	-19,8	-14,4
Öffentliche Versorgung, Transport, 9Aktien	83,3	96,4	-13,1	-13,6
Chemie, 9 Aktien	342,5	180,8	+161,7	+89,4
Büroausstattung, 5 Aktien	388,2	200,8	+187,4	+93,3
Versorgung, Gas & Elektrizität (Betrieb), 7 Aktien	330,0	163,1	+169,9	+104,2
Bergbau und Hütten, 9 Aktien	337,7	164,4	+173,3	+105,4
Elektroartikel, 4 Aktien	419,0	180,4	+138,6	+132,3
Versorgung, Gas & Elektrizität (Verwaltung), 13 Aktien	424,6	173,6	+251,0	+144,6

zwölf Monate der größten Hausse der Geschichte nach unten. Die sechs Aktien mit der schlechtesten und die sechs mit der besten Entwicklung waren die folgenden:

Die Indizes basieren auf einem Preisdurchschnitt aus dem Jahr 1926 von 100. Die 34 Aktien in den sechs schlechtesten Gruppen wurden für Preise angeboten, die um nur 2,8% über ihren Durchschnittspreisen aus dem Jahr 1926 zum Höhepunkt der Hausse lagen; die 47 Aktien in den besten sechs Gruppen lagen dagegen um 274,2% höher. Erwartungsgemäß fielen die 47 »Blue Chip«-Aktien während der Panik schneller, Mitte November lagen sie jedoch immer noch um 96,9% über ihren Durchschnittspreisen von 1926, während die 34 Nachzügler um 32,9% unter dem Durchschnitt von 1926 lagen.

Modetrend im Aktienmarkt

Modetrends spielen im Aktienmarkt genauso eine Rolle wie in anderen Bereichen des Lebens. Nach der Notierung von Woolworth und Kresge an der New York Stock Exchange betrachteten Anleger und Händler mehrere Jahre lang das zunehmende Wachstum dieser Unternehmen mit Skepsis, da sie nicht an dem kriegsbedingten Wohlstand teilnahmen, den viele Industrieunternehmen durch Munitions- und Schiffbauaufträge erfuhren. Sie fuhren lediglich damit fort, neue Läden zu eröffnen, mehr Ware in den bestehenden Geschäften zu verkaufen, mehr Gewinn zu erzielen, und dies über Jahre hinweg. Bis zum Jahr 1920 hatte die Öffentlichkeit endlich die enormen Möglichkeiten von Unternehmen erkannt, die, unabhängig von wirtschaftlichen Umständen, Monat für Monat ununterbrochenes Wachstum aufzeigten. Da dieses Wachstum sich 1920 und 1921 fortsetzte, gab es für Aktien, die zu Beginn dieser Periode eine billige Anlage boten und die sich nicht breit gestreut in den Händen von Anlegern und kleinen Händlern befanden, natürlich keinen Grund, mit dem allgemeinen Markt zu fallen. Als der Markt sich drehte, befanden sich Woolworth und Kresge daher in einer viel stärkeren Position, um anzusteigen, als die durchschnittlichen Aktien. Über mehrere darauf folgende Jahre hinweg war es sehr beliebt, mit diesen Aktien zu handeln.

Die Popularität von Aktien öffentlicher Versorgungsbetriebe

Etwas später fand ein ähnlicher Wechsel der öffentlichen Meinung im Bereich öffentlicher Versorgungsbetriebe statt. Schwierigkeiten im Transportwesen und das Unvermögen, 1919 und 1920 vom Nachkriegsaufschwung der Warenpreise zu profitieren, verdeckten das bemerkenswerte Ergebnis der Beleuchtungs- und Stromindustrie und lenkte die Aufmerksamkeit der Öffentlichkeit davon ab. 1923 hatte das Wirtschaftswachstum den Markt für Aktien öffentlicher Versorgungsbetriebe mehr als nur aufgeholt. Die Öffentlichkeit wurde daraufhin auf die Versorgungswirtschaft aufmerksam, deren Aktien so beliebt wurden, daß sie während der Hausse der Jahre 1923-26 zu den am meisten gehandelten Ausgaben gehörten. Hier finden wir eine der Schwierigkeiten des Spekulanten. Eine Aktiengruppe mit entscheidenden Vorteilen kann über Monate oder sogar Jahre hinweg unbeliebt sein. Der wachsame Werteanlytiker mag diese Ausgaben kaufen und sie über einen langandauernden und entmutigenden Zeitraum hinweg, wenn alle anderen Aktien ansteigen, halten, ohne daß sie einen Gewinn erzielen. Letztendlich wird seine Geduld belohnt werden, sie mag jedoch durch die Unsicherheit spekulativen Gefühls stark auf die Folter gespannt worden sein.

Auch beim Preisverfall der Düngemittelaktien spielte Gefühl eine Rolle. Bis zum Jahr 1920 galten die Aktien von American Agricultural Chemical und Virginia-Carolina Chemical als Halb-Investment-Aktien. Die Öffentlichkeit erkannte nur langsam das Ausmaß des Unglücks, das durch die landwirtschaftliche Rezession des Jahres 1921 über diese Firmen kam. Es gab viele Händler, die bereit waren, die Aktien auf das leichteste Anzeichen einer Verbesserung hin zu kaufen, nachdem sie gesehen hatten, von welchen Höchstständen diese Aktien gefallen waren. Dadurch nahmen sie in bescheidenem Maß an der Anfangsphase der Hausse von 1921-1923 teil, ohne eine wirkliche Berechtigung für eine solche Veränderung ihres Einkommens oder ihrer finanziellen Situation gehabt zu haben.

Der Faktor Management

Es ist klar, daß der intelligente Spekulant bei seinen Aktivitäten nicht nur der Markttendenz, sondern auch der Lage bestimmter Aktiengruppen die nötige Aufmerksamkeit widmen muß. Muß er noch weiter gehen und sein Augenmerk auf die Analyse einzelner Ausgaben richten? Wie groß ist die Aussicht, daß eine bestimmte Aktie vom Kursverlauf eines Gruppenindexes abweichen wird? Es scheint logisch, daß wir diesen letzten Schritt vollziehen. Unsere Gruppen sind nie homogen. Die Händler sehen die Gummiaktien als eine Gruppe an, zu der sie jedoch sowohl Aktien von Firmen zählen, die ausschließlich Reifen herstellen, als auch Aktien von Firmen, die mehr Gummischuhsohlen und Maschinenmaterial aus Gummi herstellen als Reifen. Beide Arten von Unternehmen reagieren auf Schwankungen im Rohmaterialmarkt. In vielerlei anderer Hinsicht jedoch werden sie durch unterschiedliche Faktoren beeinflußt. Sogar zwei Unternehmen in einer noch homogeneren Gruppe können sich sehr unterschiedlich verhalten. So kann es bei zwei kubanischen, an gegenüberliegenden Seiten der Insel ansässigen Zuckerherstellern vorkommen, daß der eine mit Streik und Dürre zu kämpfen hat, während der andere in friedlichem Umfeld eine Rekordernte erzielt.

Aktien eher nach Gruppe als nach Einzelunternehmen zu betrachten, bedeutet zudem, den wichtigen Faktor Management außer Acht zu lassen. Kommen wir auf grundlegende Prinzipien zurück, und betrachten wir zwei konkurrierende Einzelhandelskaufleute; der eine ist eine schlecht gelaunte Person, dessen Laden fliegenbeschmutzte Fenster hat und in dessen Regalen schimmeliges Getreide steht; der andere ist ein aufmerksamer Kaufmann mit einladendem Lächeln, einem makellosen Geschäft und frischer Ware. Wird die Bank, deren Kunden beide sind, ihre Entscheidung über deren Darlehensanträge aufgrund von Statistiken über den Stand der Einzelhandelsindustrie treffen?

Erfolg und Mißerfolg in der Früchteindustrie

Betrachten wir einen Extremfall: es wird deutlich, daß die Aktien einer Firma, die auf den Konkurs zusteuert, nur schwach auf eine einsetzende Hausse reagieren wird. Im Gegenteil, sie wird entgegen der allgemeinen Tendenz dazu neigen, aus dem Blickfeld zu verschwinden. Vor einigen Jahren wurde der ehrgeizige Versuch unternommen, einen Konkurrenten für die phänomenal erfolgreiche Firma United Fruit Co. aufzubauen. Mit der Unterstützung einer hervorragenden Gruppe von Direktoren leitete die Atlantic Fruit Co. 1920 ein Erweiterungsprogramm in die Wege, indem sie zuerst Schuldverschreibungen in Höhe von $ 10.000.000,- und später Anleihen im Wert von weiteren $ 6.000.000,- begab, um das Programm zu finanzieren. Trotz der besonderen Unterstützung war die Firma nie erfolgreich, und als die Aktien von ihrem Höchststand von 20 ¼ des Jahres 1920 im Jahr 1921 auf unter $ 2,- pro Aktie fielen, war damit für die spekulierende Öffentlichkeit kein gutes Geschäft zu machen. 1922 erholten sich die Aktien nicht, und mit der Zeit verschwanden sie gänzlich. Im Gegensatz dazu waren die Aktien der United Fruit Co. durch die Baisse des Jahres 1921 kaum betroffen. Im Dezember 1920, kurz vor der Bekanntmachung einer Dividendenausschüttung von 100%, stiegen die Aktien auf einen Rekordhöchststand von 224⁷/₈. Ohne diese Dividendenzahlung war der niedrigste Preis, zu dem die Aktie je verkauft wurde, 95³/₄ (erreicht im folgenden Jahr), oder der den ursprünglichen Aktien entsprechende Preis von 191¹/₂. Die Differenz war kaum mehr als eine Reaktion während einer Hausse. Von diesem tiefen Stand stieg die Aktie am Vorabend eines weiteren Aktiensplits fast gleichmäßig auf ein weiteres Hoch von 297, das im Februar 1926 erreicht wurde. Dieses Mal gab es 2¹/₂ Aktien pro Stück und im November lag der Verkaufspreis entsprechend bei 315. Ein Händler, der die Umschwünge am Markt korrekt erkannt hätte, wäre weder beim Handel mit United Fruit noch mit Atlantic Fruit besonders erfolgreich gewesen.

Der Prinz und der Bettler

Wenn Prinz und Bettler schon wie Extremfälle scheinen, sollten Sie die Fälle zweier führender Unternehmen in der Basisindustrie betrachten. Bethlehem Steel und United States Steel sind die zwei größten Stahlproduzenten des Landes. Ihre Aktien sind unter den am aktivsten gehandelten Industrieaktien an der New York Stock Exchange. Die Stahlindustrie ist seit langem als »Prinz und Bettler«-Industrie bekannt, aufgrund der großen Bandbreite der Schwankungen zwischen Wohlstand und Rezession. Aus diesem Grund sind auch die Stahlaktien ziemlich großen Preisschwankungen unterworfen. In einer echten Baisse ist es beinahe sicher, daß eine aktiv gehandelte Stahlaktie im Preis fallen wird. Daher können wir annehmen, daß die Aktien der zwei führenden Stahlfirmen sich über einen längeren Zeitraum hinweg nahezu synchron bewegen. Eine Betrachtung des folgenden Diagramms ergibt eine interessante Abweichung. Zur Zeit ihres Höchststandes des Jahres 1920 wurden beide Aktien über ihrem Nominalwert und mit einem Preisunterschied von weniger als 8 Punkten angeboten. Durch die Entwicklung der Baisse, die ihren Höhepunkt 1921 erreichte, fielen beide von jenem Niveau stark ab. Im Fall von Bethlehem Steel war der Preisverfall jedoch viel ausgeprägter als im Fall der größeren Firma. Obwohl beide Aktien ihr Tief für das Jahr 1921 im gleichen Monat, im Juni, erreichten, war der Tiefststand im einen Fall $41^{1}/_{2}$ und im anderen 70¼.

Eine wachsende Spanne

Im Anschluß an die Baisse von 1921 erholten sich beide, Bethlehem Steel und United States Steel, aber Bethlehem erschöpfte ihre Kursanstiegsmöglichkeiten früh und erreichte ein Hoch von 82 ¼ im Mai 1922. Der Anstieg von United States Steel setzte sich fort, bis die Aktie im Oktober jenes Jahres ein Hoch von 111 ½ erreichte. Für den Rest des Jahres 1922 und die Hälfte des Jahres 1923 ging der Trend für beide Aktien nach unten, wobei Bethlehem ihr Tief im Juni, United States Steel ihres im Juli mit 41 ¾ bzw. 85 ½ erreichte. Es fällt auf, daß die zwei Aktien mit dem selben Ausgangsniveau an diesem Wendepunkt über 43 Punkte auseinander lagen. Im Spätjahr 1923 entwickelte sich eine leichte Hausse, die für beide Aktien im Februar 1924 gipfelte. Zu diesem Zeitpunkt lagen sie 46⁷/₈ Punkte auseinander.

Es wäre ermüdend, die weitere Entwicklung dieser beiden Aktien zu verfolgen, die in der Grafik klar gezeigt wird. Die Lektion ist offensichtlich. Obwohl die beiden Aktien sich die meiste Zeit in die gleiche Richtung bewegten, war die Geschwindigkeit unterschiedlich. Die Anstiege, die United States Steel erzielte, übertrafen im allgemeinen die Rückgänge, so daß die langfristige Tendenz nach oben ging. Im Fall von Bethlehem traf das Gegenteil zu. Ihre Höchstkurse im Januar 1920 lagen in einer Spanne von 7 Punkten, im November 1925 über 88 Punkte auseinander. Beide Aktien bewegten sich überwiegend in die selbe Richtung wie der Dow-Jones Index. Für den Spekulanten machte es offensichtlich einen großen Unterschied, welche dieser zwei führenden Stahlaktien er als sein Handelsinstrument auswählte.

Der Kursrückgang von 1922-1925 bei Bethlehem drückt im wesentlichen die Ungeduld der Aktionäre mit dem ermüdend langen Vorgang der Verbesserung der Industrieanlagen aus. Deren erfolgreicher Abschluß trug die Aktie 1929 auf einen Wert, der 143³/₈ entspricht. Selbst dieser Anstieg vom Tiefstkurs 1925 von 37 war nur unwesentlich größer als der Anstieg der Steel Stammaktien im gleichen Zeitraum.

Die Bestimmung von Werten

Daher muß der Spekulant, wenn er erfolgreich sein will, mehr als nur ausreichend über die allgemeine Lage informiert sein, um die Richtungstendenz des gesamten Marktes bestimmen zu können. Er muß die Werte der einzelnen Wertpapiere regelrecht studieren. Um die Werte einzelner Wertpapiere richtig einschätzen zu können, muß er über eine Menge verschiedener Industrien Bescheid wissen. Er benötigt Allgemeinwissen über die Geschäftspraktiken in der Gummiindustrie, muß das Colono-System in der Zuckerindustrie verstehen, mit der Abschreibung bei öffentlichen Versorgern vertraut sein und die Bedeutung von Tonnen pro Meile und andere logistische und technische Details in der Eisenbahnindustrie einzuschätzen wissen. Vor allem aber muß er etwas von Buchhaltung verstehen. Er muß, wenn auch aus einem anderen Blickwinkel heraus, Bilanzen so sorgfältig prüfen wie eine Bank diejenigen eines Darlehensanwärters. Die Frage der Bestimmung der Richtung eines Marktes ist für den Spekulanten wichtig, sollte jedoch nicht als wichtiger eingestuft werden als die Frage der intelligenten Auswahl seiner Instrumente.

KAPITEL XI

Wie eine Bilanz gelesen wird

Bilanzen, das Grundgerüst der Finanzen – Berechnung des Buchwerts – Das Anlagevermögen kann eingefroren sein – Der Posten Umlaufvermögen – Inventar sollte manchmal vom Analysten abgewertet werden – Wie das Liquiditätsverhältnis verändert werden kann – Der Bedarf an Betriebsmitteln ist unterschiedlich – Der Anteil des Eigentümers ist wichtig

Die Finanzwirtschaft hat ihre eigene Anatomie und Physiologie. Erstere wird mittels der Bilanzen betrachtet, letztere mittels der Gewinn- und Verlustrechnungen.

Die Bilanz ist ein Ausdruck des Zustandes eines Unternehmens zu einem gegebenen Zeitpunkt. Sie zeigt Soll und Haben der Firma zu jenem Zeitpunkt. Normalerweise ist der gewählte Zeitpunkt der Geschäftsschluß an dem Tag, an dem das Geschäftsjahr oder ein Rumpfgeschäftsjahr endet. Praktisch alle Betriebe schließen ihre Bücher mindestens einmal pro Jahr - weniger zu tun, wäre ein Verstoß gegen das Einkommensteuergesetz. Fortschrittliche Geschäftsleute möchten normalerweise in kürzeren Abständen, quartalsweise oder monatlich, wissen, wo sie stehen. Da die Monate von unterschiedlicher Länge sind, teilen manche Geschäftsleute das Jahr in 13 vierwöchige Perioden. Während Berichte über den Zustand des Geschäftes Geschäftsleuten oft in kurzen Abständen zur Verfügung stehen, hat die anlegende Öffentlichkeit selten das Privileg, den Zustand einer Firma öfter als einmal im Quartal zu begutachten, und selbst bei vielen großen Unternehmen steht die Bilanz nur einmal pro Jahr zur Verfügung.

Warum eine Bilanz ausgeglichen ist

Das auffälligste Kriterium einer Bilanz ist, daß die beiden Seiten, Soll und Haben, immer ausgeglichen sind. Dies ist das Ergebnis der Vorstellung, daß das Unternehmen seinen Besitzern den Gegenwert des Teils ihres Vermögens schuldet, der nicht benötigt wird, um die Forderungen außenstehender Gläubiger zu befriedigen. Dieser Unterschied zwischen Haben und der Verschuldung an außenstehende Gläubiger ist das Eigenkapital des Unternehmens. Handelt es sich um eine Aktiengesellschaft, wird es in erster Linie durch Aktien einer oder mehrerer Klassen vertreten. Diese Aktien können einen Nominal- oder Pariwert haben, der den Betrag darstellen soll, der ursprünglich von den Aktionären eingezahlt wurde. Wenn die ursprüngliche Anlage durch kluge Geschäftsführung aus den Erträgen vermehrt wurde, gibt es einen weiteren Posten im Eigenkapitalkonto, der entweder als Gewinn und Verlust, unverteilter Gewinn oder Rücklagen bekannt ist.

Die Bilanz der Lehigh Portland Cement Co. per 30. November 1929 liegt vor dem Autor und wird, genauso gut wie jede andere, als Beispiel dienen. In diesem Fall gibt es vier Eigenkapitalkonten: Vorzugsaktien $ 21.119.100,-, Stammaktien $ 22.517.400,- »nicht realisierte Aufwertung aus der Bewertung der Mineralvorkommen per 1. März 1912« $ 410.138,-, Rücklagen $ 8.424.385,-. Der Nominalwert der Vorzüge ist $100,-, der Stämme $ 50,-. Das Eigenkapital, das den Besitzern der 211.191 Vorzugsaktien und der 450.348 Stammaktien gehört, ist die Summe dieser vier Beträge, also $52.471.023. Würde die Firma per 30. November 1929 aufgelöst,bliebe theoretisch diese Summe zur Verteilung unter den Aktionären übrig, nachdem alle Schulden bezahlt sind.

Was passiert bei der Auflösung?

Im Falle einer Auflösung würden die zwei Klassen von Aktienbesitzern nicht gleichermaßen teilen. Per Abmachung besitzt die Vorzugsaktie gewisse höhere aber begrenzte Rechte. Ihre Besitzer sind bei einer Liquidation berechtigt, $100,- pro Aktie plus aufgelaufene, unbezahlte Dividenden zu erhalten, bevor den Stammaktien etwas gezahlt wird. Diese $ 110,- pro Aktien entsprechen einem Gesamtbetrag von $ 23.231.010,-. Wenn die Vermögensgegenstände der Lehigh Portland Cement bei der Auflösung tatsächlich ihren Buchwert zum 30. November 1929 erbrächten, bleiben $ 29.240.013,- zur Verteilung an die Besitzer der Stammaktien. Dies ergäbe $ 64,92 pro Aktie. Damit haben wir den theoretischen Buchwert der Stammaktien. In Klammern sei angemerkt, daß die nächste Notierung für Lehigh Portland Cement Stämme nach dem Abschluß des Geschäftsjahres 1929 bei $ 39,- pro Aktie lag, was Zweifel am praktischen Wert unserer Berechnung aufkommen läßt.

Die Bilanz von Lehigh Portland Cement ist ein gutes Beispiel eines Geschäftsberichts der Industrie und soll daher eingehender betrachtet werden. Zu Vergleichszwecken ist die des Vorjahres ebenfalls aufgeführt (s. nächste Doppelseite)

Es fällt auf, daß Klassen von Vermögen und Verbindlichkeiten sorgfältig gruppiert sind. Die erste Gruppe ist das »Anlagevermögen«, das sogenannte Sachvermögen. Diese Posten sind so detailliert aufgeführt, daß sie kaum einer Kommentierung bedürfen. Es ist sehr hilfreich, die Betriebsanlagen zum Anschaffungswert aufgeführt zu haben, einer Bewertungsbasis, die fest steht und verständlich ist. Die Bewertungsbasis wird in Geschäftsberichten nicht immer erwähnt. Der Vergleich der zwei Bilanzen zeigt, daß Lehigh während des Jahres $1.407.872,- für die Verbesserung ihrer Betriebsanlagen ausgab, aber daß die großzügigen Abschreibungen netto zu einer Verminderung der Betriebsanlagen führte. Die Mineralvorkommen umfassen die Steinbrüche der Firma für Kalk und anderes Gestein, das bei der Zementherstellung verwendet wird. Die Existenz des Postens »nicht realisierte Aufwertung«, der bereits erwähnt wurde, zeigt, daß die Mineralvorkommen zu dem Zeitpunkt, als das erste bundesstaatliche Einkommensteuergesetz in Kraft trat, neu bewertet wurden.

HABEN

Anlagevermögen	*30.11.1929*	*30.11.1928*
Grund & Boden, Gebäude, Betriebs-		
ausrüstung zum Anschaffungswert	$48.501.299,62	$47.093.428,19
Minus - Abschreibungen.....................	18.724.684,71	16.767.107,20
	$29.776.614,91	$30.326.320,99
Mineralvorkommen, minus		
Substanzverzehr	1.682.583,18	1.729.808,17
Gesamt	$31.459.198,09	$32.056.129,16

Anlagen und Vorschüsse

Anlagen in und Vorschüsse an		
verbundene Unternehmen und nicht		
konsolidierte Tochtergesellschaften	$2.986.927,41	$3.114.481,22
Fonds der Arbeiterentschädigungsver-		
sicherung, in U.S. Staatsanleihen angelegt ..	325.343,00	314.729,82
Bestand eigener Aktien - Stämme zu Pari ...	65.950,00	30.750,00
Verschiedene Anleihen und Aktien zu		
Anschaffungskosten	84.429,44	107.520,44
Gesamt	$ 3.462.649,85	$ 3.567.481,48

Umlaufvermögen

Bargeld	$ 3.929.544,84	$ 5.057.284,97
Tagesgeld	8.000.000,00	2.500.000,00
Kriegsanleihen & U.S. Schatz-		
anweisungen zum Anschaffungswert	1.258.500,00	5.158.500,00
Betriebsmittel und Vorschüsse	203.569,84	166.190,64
Forderungen minus Rückstellungen		
für Skonto und zweifelhafte Konten	1.277.325,10	1.745.376,56
Inventar zum niedrigeren von		
Anschaffungs- und Marktwert	4.204.283,72	4.645.452,45
Gesamt	$18.873.223,50	$19.272.804,62

Rückstellungen

Steuerlich noch nicht		
verbrauchte Freilegungskosten, etc.	$1.296.082,96	$1.041.282,25
Vorausbezahlte Versicherungen	30.918,38	56.637,53
Gesamt	$1.327.001,34	$1.097.919,78
GESAMT	55.122.072,78	$55.994.335,04

SOLL

Aktienkapital	30.11.1929	30.11.1928
Vorzugsaktien 7% kumuliert: genehmigt - 300.000 Aktien von je $100		

Ausgegeben - 225.174 Aktien $22.517.400,00		$22.517.400,00
Minus - Eingezogene und zum		
Einzug gekaufte 1.398.300,00		820.700,00
Gesamt $21.119.100,00		$21.696.700,00

Stammaktien:
Genehmigt - 600.000 Aktien von je $50

Ausgegeben - 450.348 Aktien $22.517.400,00		$22.517.400,00

Kurzfristige Verbindlichkeiten

Kreditoren $642.678,24		$775.059,24
Aufgelaufene Gehälter und		
allgemeine Steuern 302.140,06		316.952,43
Einkommenssteuerrückstellungen 315.158,85		556.317,82
Zu Zahlende Dividende 650.129,25		662.137,50
Gesamt $1.910.106,40		$2.310.466,99

Rückstellungen

Zurückzugebende Baumwollsäcke $152.555,91		$226.812,54
Rückstellungen für Ausgleichs-		
zahlungen und Feuerversicherung 588.387,32		489.663,6
Gesamt $740.943,23		$716.476,17

Nicht realisierte Aufwertung aus der		
Bewertung der Mineralvorkommen		
per 1. März 1913 .... 410.138,26		429.160,58

Überschuß. 8.424.384,89		8.324.131,30

GESAMT $55.122.072,78		$55.994.335,04

Trotz dieser Neubewertung scheint der Posten angesichts der Größe des Unternehmens sehr klein.

Unsicherer Wert des Sachvermögens

Das Sachvermögen allein stellt etwa 60% von Lehighs Eigenkapital dar. Hier haben wir einen offensichtlichen Grund für die Diskrepanz zwischen Buch- und Marktwert. Das Sachvermögen könnte relativ unproduktiv sein. Eine Firma mag es, zum Beispiel, nötig finden, große Summen in eine Quelle ihres Ausgangsmaterials zu investieren, die das Unternehmen auf Jahre hinaus noch nicht benötigt. Öfter steht der Buchwert der Sachanlagen für Betriebsanlagen zu Anschaffungs- oder sogar Wiederbeschaffungskosten, die mit überholten Maschinen ausgestattet sind und mit anderen Unternehmen nicht konkurrieren können. Eine alte Fabrik eines Unternehmens, das sein Geschäft aufgegeben hat, ist normalerweise eine Anlage von höchst unsicherem Wert. Die Baumwollmühlen New Englands, deren Wiederbeschaffung Millionen Dollar kosten würde, sind vom Aktienmarkt schon lange mit Null bewertet worden. Die Erklärung liegt in der Tatsache, daß Anleger, die jene Millionen von Dollars in bar haben, niemals daran denken würden, Baumwollmühlen wieder aufzubauen, die ihren Besitzern in vielen Fällen über Jahre keinen Gewinn gezeigt haben.

Wann Sachvermögen wichtig ist

Manchmal sind Sachanlagen viel mehr wert als ihr Buchwert. Einige Düngemittelhersteller konnten Land in Florida, aus dem sie die Phosphate gewonnen hatten, während der Grundstückshausse von 1925 in jenem Staat zu phantastischen Preisen verkaufen. Konservativ geführte Industrieunternehmen setzen die Werte für ihre Betriebsanlagen, in denen sie Waren mit einem großzügigen Gewinn herstellen, gewöhnlich erheblich zu tief an. Im Fall der öffentlichen Versorgungsunternehmen, die der staatlichen Tarifaufsicht unterliegen, ist es im Gesetz genau festgeschrieben, daß sie Anspruch auf Tarife haben, die es ihnen bei kompetenter Geschäftsführung erlauben, eine angemessene Rendite auf das eingesetzte Kapital zu erwirtschaften. Die Eisenbahnen des Landes sind insgesamt theoretisch durch das Transportgesetz berechtigt, 5 ¾ % auf ihr eingesetztes Kapital zu verdienen. Wenn sie mehr verdienen, unterliegt der Überschuß dem »Wiedereinfangen« durch das selbe Gesetz. Im Fall der Eisenbahnen und öffentlichen Versorger ist deshalb der Wert der Sachanlagen ein wichtiger Faktor bei der Schätzung des Wertes ihrer Wertpapiere. Das Gegenteil ist bei Industrieunternehmen der Fall, wo der Buchwert der Sachanlagen von relativ geringer Bedeutung ist.

Einige unbestimmbare Werte

Nach dem Anlagevermögen steht in der Bilanz von Lehigh eine »Anlagen und Vorschüsse« genannte Gruppe. Der größte Posten besteht aus ständigen Anlagen in und Kredite an verbundene Unternehmen. Die Bilanz gibt uns keine Hinweise auf den wahrscheinlichen, realen Wert dieser Papiere und Kredite. Es ist vorstellbar, daß der Buchwert ihren realen Wert weit übersteigt, er kann andererseits um viele Millionen zu tief angesetzt sein. Wenn der Posten nur »Anlagen« hieße, wie er in den Bilanzen vieler Firmen erscheint, wären wir noch mehr im dunkeln und wüßten lediglich, daß er gute, marktgängige Wertpapiere enthalten könnte. »Fonds der Arbeiterentschädigungsversicherung« steht für Wertpapiere, die dafür vorgesehen sind, Ansprüche aus den staatlichen Schadensersatzgesetzen von Angestellten zu befriedigen, die einem Unfall zum Opfer fielen. Ein entsprechender Posten taucht auf der Sollseite zusammen mit weiteren Rückstellungen auf. Die Höhe der Rückstellungen wird aufgrund der Unfallstatistik der Firma in der Vergangenheit festgelegt. »Bestand eigener Aktien« sind die Aktien der Firma selbst, die im Markt zurückgekauft wurden. Sie können nach Ermessen der Aufsichtsräte wieder verkauft werden. »Anleihen und Aktien zu Anschaffungskosten« können hochwertige, marktgängige Wertpapiere oder das Gegenteil davon sein. In diesem Fall ist der Betrag unerheblich. Insgesamt kann der Wert dieser Gruppe von Vermögensgegenständen in der Einschätzung des Analysten eine starke Abwertung erfahren. Vielleicht sind hier große Werte versteckt, aber in Abwesenheit konkreter Information ist es für den Analysten sicherer, im Zweifel auf seiner eigenen Seite zu stehen und nicht auf der des Unternehmens.

Selbst Bargeld ist nicht immer gut

Das Umlaufvermögen besteht aus dem, was auch als »schnelle« oder »flüssige« Mittel bekannt ist. Theoretisch können sie innerhalb kurzer Zeit zu Geld gemacht werden. Der erste Posten dieser Gruppe ist das »Bargeld« selbst. Er besteht aus Bankguthaben und der Portokasse im Bürosafe. Eine große Firma kann Einlagen bei Dutzenden Banken im ganzen Land haben, ein kleines Unternehmen führt Konten bei ein oder zwei Banken. Es handelt sich normalerweise um einen soliden Posten, der 100 Cents pro Dollar wert ist. Im Fall eines Unternehmens, dessen Kreditwürdigkeit nicht sehr gut ist, gibt es vielleicht Beschränkungen der Konten, so daß diese keinesfalls 100% liquide sind. Der Anleger oder Spekulant, der sich auf veröffentlichte Geschäftsberichte stützt, kann nicht wissen, ob dies der Fall ist, und falls der Rest der Bilanz befriedigend ist, braucht er nicht zu zögern, das Bargeld als völlig in Ordnung anzusehen.

»Tagesgeld« steht wahrscheinlich für Beträge, die für das Konto der Firma auf Basis reichlicher Sicherheiten in Form von börsennotierten Wertpapieren an Brokerhäuser an der Wall Street verliehen wurden. Solche Kredite sind 100% solide. Sowohl Tagesgeld als auch U.S. Staatsanleihen können bei der Bilanzanalyse gleichwertig mit Bargeld behandelt werden.

»Betriebsmittel und Vorschüsse« könnte aus Geschäftsausstattung und Vorräten, Vorschüssen auf den Spesenkonten der Vertriebsmitarbeiter und ähnlichen relativ einfachen Posten bestehen. Der Gesamtbetrag ist in diesem Fall bedeutungslos.

Kredite an Kunden

Hinter diesem Betrag finden sich in der Bilanz von Lehigh zwei Posten, die zusammengefaßt wurden, nämlich »Wechsel« und »Forderungen«. Es wäre besser, wenn sie getrennt aufgeführt würden. Forderungen sind die Beträge, die der Firma von ihren Kunden zustehen. Waren werden von Herstellern, Groß- und sogar Einzelhändlern nur in geringem Umfang gegen Barkasse, sondern zumeist auf Kredit verkauft. Ein Hersteller, der an einen Großhändler verkauft, wird den Verkauf normalerweise mit Konditionen wie »2% zehn Tage, Netto 30 Tage« ausstatten. Dies bedeutet, daß der Kunde 2% des Rechnungsbetrags sparen kann, indem er innerhalb von zehn Tagen für die Waren bezahlt, und daß erwartet wird, daß er sie danach netto innerhalb von 30 Tagen bezahlt. Weniger als 30 Tage alte Forderungen an Kunden, die ihre Rechnungen in der Vergangenheit immer pünktlich bezahlt haben, sind gute Vermögenswerte von fast 100 Cents pro Dollar. Für Forderungen, die älter sind als 30 Tage, sollte eine Rückstellung gebildet und vom Forderungsbetrag abgezogen werden, bevor die Bilanz veröffentlicht wird. Wenn überfällige Forderungen einbezogen werden, ist der Posten offensichtlich weniger liquide als wenn angemessene Abzüge gemacht wurden. Beim Lesen der veröffentlichten Bilanz kann der Händler nicht wissen, ob die Forderungen vorsichtig aufgeführt sind oder nicht. Wenn sich im Vergleich mit vorhergehenden Bilanzen zeigt, daß sie schneller wachsen, als das Geschäft selbst, kann er dies in Frage stellen. In der Lehigh Bilanz dagegen zeigt sich 1929 ein gesunder Rückgang.

Eine Frage der Geschäftspraktiken

»Wechsel« steht für eine Summe, die einer Firma gegen Wechsel, die sie hält, geschuldet wird. In einigen Branchen ist es üblich, Ware gegen Wechsel zu verkaufen statt die Schulden als Forderungen zu verbuchen. Landwirte, zum Beispiel, sind es seit langem gewöhnt, für Düngemittel und landwirtschaftliche Geräte Wechsel auszustellen. Wo es nicht branchenüblich ist, Waren gegen Wechsel zu verkaufen, stehen Wechsel normalerweise für Konten, bei denen es Probleme mit der Bezahlung gibt. Wenn ein Schuldner unter solchen Umständen gemahnt wird, wird er oft einen Wechsel als Zeichen seines guten Willens ausstellen. Solche Wechsel sind offensichtlich keine so guten Sicherheiten wie Forderungen gegen gute Kunden. Wechsel können auch Vorschüsse an leitende Angestellte und Mitarbeiter der Firma darstellen. Wenn ein Unternehmen in einen Engpaß kommt, wird es sehr schwer werden, von den eigenen Mitarbeitern einzutreiben. Solche Wechsel sind deshalb keine sehr liquiden Mittel.

In anderen Bilanzen können »Vorschüsse« auch Mittel darstellen, die an Lieferanten von Rohstoffen für zu beschaffendes Material vorgeschossen wurden. In der kubanischen Zuckerindustrie wird ein Großteil des Rohres von sogenannten Colonos angebaut, die sich verpflichten, die nächstgelegene Fabrik auf Basis von Staffelpreisen zu beliefern. Viele der Colonos werden von den Fabriken finanziert, und »Vorschüsse an Colonos« ist gewöhnlich ein auffälliger Posten in der Bilanz einer kubanischen Zuckerfabrik. Ähnliche Praktiken gibt es in gewissen Maß in anderen Branchen. Die Frage ist, wieviel Gewicht einem solchen Posten gegeben werden sollte.

Das Inventar

Der letzte Posten in der Gruppe des Umlaufvermögens ist das »Inventar«. Dies ist typischerweise der wichtigste Posten in einer Industriebilanz, obwohl er in diesem speziellen Fall nicht sehr umfangreich ist. Ein anderer Ausdruck für Inventar ist »Waren«. Eine ausführliche Bilanz eines Produktionsunternehmens würde Rohstoffe, Halbfabrikate und fertige Waren zeigen, aber detaillierte Informationen dieser Art werden der Öffentlichkeit selten anvertraut. Das Inventar wird von konservativ geführten Unternehmen immer »zum niedrigeren von Anschaffungs- und Marktwert« angegeben. Falls der Markt für den Rohstoff, den die Firma verwendet, über einen beträchtlichen Zeitraum gestiegen ist, kann eine Bilanz so den wahren Wert des Vermögensgegenstandes erheblich zu niedrig darstellen. Einige Unternehmen praktizieren eine noch vorsichtigere Methode und bewerten ihre Rohstoffe mit einem willkürlichen Preis, der weit unter dem tatsächlichen Marktpreis liegt. Einige Mühlen in New England haben es sich angewöhnt, ihre Baumwolle mit 2 Cents pro Pfund anzugeben. Die National Lead Co. verfolgt eine ähnliche Politik in der Bewertung ihres Bleiinventars mit einem konstanten Preis weit unter dem niedrigsten Marktpreis der letzten Jahre. Es ist klar, daß es manchmal erhebliche »stille Reserven« im Posten Inventar in einer Bilanz geben kann.

Das Auf und Ab der Warenmärkte

Es ist gewöhnlich ein Fehler, zu stark auf die Aufwertung des Inventars eines Unternehmens als Faktor für die Aufwärtsbewegung des Aktienmarkts zu zählen. Wenn ein Rohstoff aufgrund einer kurzfristigen Angebotsverknappung steigt, folgt darauf gewöhnlich ein entsprechender Preisverfall, der die zusätzlichen Gewinne, die sich aus dem Preisanstieg ergaben, wieder aufzehrt. Der Anstieg 1925 von Rohgummi von unter 40 Cents auf $ 1,20 pro Pfund tat der Gummiindustrie keinen wirklichen Gefallen. Die Preise für fertige Gummiwaren stiegen nicht so schnell wie die Rohstoffpreise. Die Gegenbewegung des Gummimarktes 1926 glich die zusätzlichen Gewinne von 1925 in ausreichendem Maße aus. Das Geschäft läßt sich daher am besten in stabilen Märkten betreiben.

Wenn ein Spekulant also einer möglichen Aufwertung des Inventars nicht zu viel Gewicht beimessen sollte, so folgt daraus, daß er entsprechende Puffer für eine mögliche Abwertung einrechnen sollte. Hier kommt nicht nur der Faktor der Marktänderung ins Spiel, sondern auch der Faktor der Ansammlung von angestaubten Waren. Wenn ein Geschäft lasch geführt wird, ist es gut möglich, daß überflüssige, altmodische oder angestaubte Waren angesammelt werden. Als ein führender Textilgroßhändler, dessen Name in Bankkreisen für Stärke stand, vor ein paar Jahren unterging, stellte sich heraus, daß er auf seinen Regalen Waren hatte, die seit Jahren aus der Mode und praktisch unverkäuflich waren. Es besteht also eindeutig die Möglichkeit, daß das Inventar nicht nur aufgrund von Preisverfall im Markt eines Rohstoffes, sondern auch durch die Ansammlung unverkäuflicher Ware weniger wert ist als sein Buchwert.

Die Notwendigkeit ausgeglichener Warenbestände

Im Fall eines Produktionsunternehmens gibt es noch einen weiteren möglichen Grund für die Verkleinerung des tatsächlichen Wertes eines Inventarpostens. Nehmen wir an, daß der Herstellungsprozeß so extrem einfach ist, daß er lediglich das Zusammenbauen von vier Teilen umfaßt, die wir A,B,C und D nennen wollen, im Verhältnis 2A, 1B, 5C und 1D. Nehmen wir weiter an, daß A im Inventar mit 39 Cents bewertet ist, B mit $1,18, C mit 42 Cents und D mit 68 Cents. Offensichtlich haben diese verschiedenen Teile selbst einen geringen Wert. Sie müssen zusammengefügt werden, damit sie verkauft werden können. Wenn die Geschäftsführung der betreffenden Firma effizient ist, wird der Vorrat an Teilen im Lager sich eng an das Verhältnis anlehnen, in dem die Teile verbraucht werden. Die Geschäftsführung könnte aber auch ineffizient sein und zum Beispiel 200 A, 300 B, 500 C und 400 D besitzen. Das Inventar kann dann mit $ 914,00 bewertet werden, obwohl tatsächlich nur 100 Artikel mit einem Wert ihrer Teile von $ 276,00 aus ihnen hergestellt werden können. So gesehen ist der Rest des Inventars praktisch wertlos und kann nur dann Wert erlangen, wenn eine erhebliche Summe für zusätzliche Teile im richtigen Verhältnis ausgegeben wird. Es zeigt sich, daß der Buchwert des Inventars aus vielen Gründen stark schrumpfen kann. Ohne eine genaue Untersuchung, die der durchschnittliche Spekulant nicht durchführen kann, ist es unmöglich anzugeben, wie liquide ein Inventar sein könnte. Zur Vorsicht sollten daher bei der Analyse des Aktienwerts beträchtliche Abstriche in diesem Konto gemacht werden.

Aufwendungen als Vermögensgegenstand

»Rückstellungen« sind eigentlich vorausbezahlte Aufwendungen. »Steuerlich noch nicht verbrauchte Freilegungskosten« sind zweifellos Kosten für das Abtragen von Erde und anderem Abraum, die ein Zementgesteinsvorkommen bedecken. Geld, das in einem Jahr für diesen Zweck ausgegeben wurde, kann dazu dienen, einen Steinbruch offenzulegen, der einen Vorrat für 15 Jahre für eine bestimmte Mühle enthält. Die Kosten werden dann durch die geschätzte Tonnage geteilt, und ein fester Betrag pro Tonne, der so errechnet wurde, wird als Kosten für das Rohmaterial in den zukünftigen Jahren angewendet und dazu verwandt, das Vermögenskonto abzuschreiben. Dieser Vermögensgegenstand besitzt für eine Firma, die in Produktion ist und bleibt, einen Wert.

Wenn eine Dreijahresprämie für eine Versicherungspolice einen Monat vor dem Bilanzstichtag bezahlt würde, so ist klar, daß am Stichtag erst 1/36 des gekauften Schutzes erhalten war. Die verbleibenden 35/36 können theoretisch als Vermögensgegenstand betrachtet werden. Lehigh besitzt weit verstreute Anlagen eines Typs, der gering feuergefährdet ist, und trägt ihre Feuerversicherung selbst, wie ein Posten unter den Verbindlichkeiten anzeigt. Anscheinend werden Prämien in herkömmlicher Weise für eine andere Art von Versicherungsschutz bezahlt.

Kapitalrückzahlung

Die Eigenkapitalpositionen auf der Sollseite wurden bereits besprochen. Es fällt auf, daß Lehigh einen Teil ihrer Vorzugsaktien zurückgezahlt hat. Querverweise auf andere Quellen offenbaren, daß die Firma jedes Jahr mindestens 1 ½% des höchsten jemals ausstehenden Aktienbetrages zurücknehmen muß. Bis zum 30. November 1929 hatte sie bereits mehr als das Doppelte des vorgeschriebenen Betrages zurückgezahlt. Schrittweise Auslöschung der vorrangigen Wertpapiere führt natürlich zu einer Stärkung der Stammaktien.

»Kurzfristige Verbindlichkeiten« sind Schulden, die auf jeden Fall innerhalb eines Jahres fällig sind. In diesem Posten finden sich Steuerrückstellungen, eigene Wechsel, Verbindlichkeiten aus Lieferungen und Leistungen, aufgelaufene Gehälter und gelegentlich andere Posten. »Steuerrückstellungen« ist der einzige Posten in dieser Gruppe, der nicht mit absoluter Genauigkeit angegeben, aber sehr genau geschätzt werden kann. Im Gegensatz zu anderen Rückstellungen ist Steuerrückstellung nicht nur ein Bilanzposten, sondern eine echte Schuld. Wechsel stehen für Kredite unter anderem von Banken mit Fälligkeiten zwischen 60 Tagen und sechs Monaten. Verbindlichkeiten aus Lieferungen und Leistungen repräsentieren Beträge, die für Käufe von Materialien geschuldet werden. Aufgelaufene Gehälter verstehen sich von selbst. Manchmal finden sich noch andere Posten unter den kurzfristigen Verbindlichkeiten, so wie Spareinlagen, die ein Angestellter bei seinem Arbeitgeber macht.

Abschreibungsrückstellung eine Verbindlichkeit

Obwohl Abschreibungsrückstellungen auf der andern Seite der Bilanz von Lehigh Portland Cement auftauchen, werden sie als Abzug von einem Vermögensgegenstand gezeigt. Genauso gut hätten sie als zusätzliche Verbindlichkeit aufgenommen werden können. In diesem Fall wären die Gesamtsummen der Bilanz 1929 auf jeder Seite offensichtlich $18.724.685 höher gewesen. Egal, welche Methode für die Handhabung der Abschreibungen benutzt wird, ist es sehr nützlich, einerseits zu wissen, welche Abzüge vorgenommen wurden, und andererseits die Veränderungen von Jahr zu Jahr nachzuprüfen. Gemäß den Prinzipien ordnungsmäßiger Buchführung schrieb Lehigh das Anlagevermögen zum Anschaffungswert in die Bücher. Mit steigendem Alter der Gebäude und Maschinen werden Rückstellungen für ihre Erneuerung gebildet, indem jedes Jahr eine angemessene Summe in die Abschreibungsrückstellungen übertragen wird. Ersetzungsaufwand für größere Vermögensgegenstände – im Unterschied zu kleinen Reparaturen, die direkt als Betriebsaufwand verbucht werden – wird gegen diese Rückstellungen verbucht. Im Geschäftsjahr 1929 zeigt die Gewinn- und Verlustrechnung von Lehigh, daß $2.292.205 abgeschrieben wurden. Der Unterschied zwischen diesem Betrag und dem Anstieg der Abschreibungsrückstellungen von $ 1.957.577, die in der Bilanz ausgewiesen wurden, muß $ 334.628,- repräsentieren – zusätzlich dem Verschrottungswert ausrangierter Maschinen und anderen Besitzes, die für Ersatz ausgegeben wurden. Wären nicht $ 1.407.871,- für dauerhafte Zugänge zum Besitz – nicht Ersatz – ausgegeben worden, würde der gesamte Anstieg in den Abschreibungsrückstellungen an anderer Stelle in der Bilanz auftauchen, nämlich entweder als Anstieg beim Umlaufvermögen oder als Rückgang in den Posten der Verschuldung.

Wenn eine Firma zu geringe Abschreibungen vornimmt, wird sie letztendlich alte Gebäude und verschlissene Maschinen haben und nicht mehr in der Lage sein, mit fortschrittlicheren Konkurrenten im Wettbewerb zu bestehen. Andererseits kann eine Firma durch zu hohe Abschreibungen erhebliche »stille Reserven« aufbauen. Die Zahlen für dieses Konto gehören zu denen, die der Spekulant aufmerksam betrachten sollte. Durch Vergleich der Praktiken verschiedener Firmen in der gleichen Branche, bilden sich vielleicht bestimmte Muster heraus, die hilfreich sein können.

»Zurückzugebende Baumwollsäcke« sind eine Rückstellung, die der Zementindustrie eigen ist. Die Hersteller zahlen den Kunden normalerweise 5 Cents pro Sack für die Rückgabe jener Behälter in gutem Zustand. Von den etwa 3.000.000 Lehigh Säcken, die am 30. November 1929 im Umlauf waren, waren zweifellos viele verloren, kaputt oder anderen Bestimmungen zugeführt. Der Anteil der Rückstellungen, der für solche Säcke steht, kann letztlich zu den Rücklagen gezählt werden. Ausgleichszahlungen und Feuerversicherung wurden schon besprochen.

Sonstige Rückstellungen

Neben der Rückstellungen für Abschreibungen kann eine Firma für eine Vielzahl von Zwecken Rückstellungen bilden. Wenn ein hohes Preisniveau für Rohstoffe instabil zu sein scheint, entspricht es der kaufmännischen Vorsicht, eine »Eventualrückstellung« für die drohenden Wertverluste des Inventars zu bilden. Diese Rückstellung kann entweder als eine Verbindlichkeit oder direkt als Abzug vom Inventarkonto erfolgen. Letzteres sollte explizit erwähnt werden. Für eine Firma, die weitverstreute Produktionsanlagen hat, kann es sich rechnen, die Feuer- und Haftpflichtversicherung selbst zu übernehmen und dafür Rückstellungen zu bilden. Eine betriebliche Altersversorgung erfordert wieder eine andere Art von Rückstellung. Wenn die Geschäftsführung ungewöhnlichen Reichtum vor oberflächlicher Begutachtung verbergen möchte, können sonstige Rückstellungen ohne einen speziellen Zweck nur auf gut Glück gebildet werden. Eine Rückstellung kann also eine Gegenposition zu einem Vermögensgegenstand sein, der sonst überbewertet wäre, eine Eventual- oder zukünftige Verbindlichkeit oder verstecktes Eigenkapital.

Rücklagen wurden bereits als ein Eigenkapitalkonto erwähnt. In der Lehigh-Bilanz von 1929 steht dort die beträchtliche Summe von $8.424.385. Die Bilanz verschweigt eine interessante Tatsache, die anderswo einfach zur Verfügung steht. Eine Regel der Geschäftsordnung verbietet die Zahlung von Bardividenden auf Stammaktien, außer aus Rücklagen, die nach dem 31. Mai 1927 verdient wurden.

Im gesamten Geschäftsjahr 1927 betrugen die Rücklagen nach Dividenden $2.544.233; für die Jahre 1928 und 1929 zusammen waren es $ 1.872.854. Daher standen am 30. November 1929 weniger als $4.417.087 – und nicht $ 8.424.385 – zwischen den Besitzern von Stammaktien und dem Aussetzen der Dividendenzahlungen, für den unwahrscheinlichen Fall, daß die Firma danach für die Stämme nichts mehr verdienen würde. Die Differenz war zum Schutz der Vorzugsaktionäre »eingefroren« worden.

Was sind »kurzfristige Verbindlichkeiten«?

Schulden, die auf jeden Fall innerhalb eines Jahres zahlbar sind, nennt man kurzfristige Verbindlichkeiten. In diese Gruppe fallen Steuerrückstellungen, Wechsel, Verbindlichkeiten aus Lieferungen und Leistungen, aufgelaufene Gehälter, und gelegentlich andere Posten. Wechsel repräsentieren Kredite von Banken, die normalerweise zwischen 60 Tagen und sechs Monaten fällig werden. Verbindlichkeiten sind Beträge, die für Einkäufe von Material und Leistungen geschuldet werden. Aufgelaufene Gehälter bedürfen keiner Erklärung. Gelegentlich finden sich andere Posten unter den kurzfristigen Verbindlichkeiten, so wie Spareinlagen, die ein Angestellter bei seinem Arbeitgeber macht.

Ein flüchtiger Blick

Eine Bilanz ist eine Momentaufnahme. Der Betrachter darf nicht vergessen, daß eine Bilanz von einem bestimmten Zeitpunkt ganz anders aussehen könnte, wenn sie ein paar Wochen später aufgestellt worden wäre. Natürlich sind sich intelligente Geschäftsleute dieser Tatsache bewußt und betreiben als Konsequenz mehr oder weniger »Kosmetik«, um ein positives Bild zu zeigen. Es kommt auch oft vor, daß eine Firma ihr Geschäftsjahr abweichend vom Kalenderjahr so

bestimmt, daß das Ende des Geschäftsjahres in eine Zeit fällt, die normalerweise geschäftlich ruhig ist. Eine Firma, die Obst oder Gemüse
konserviert, mag zum Beispiel ein Geschäftsjahr wählen, das am
Ende des Winters endet, wenn der Großteil ihrer Konserven verkauft
ist. Zu dieser Zeit sind die Kredite von Banken am niedrigsten, Bargeld und Forderungen am höchsten. Es gibt noch einen anderen
Grund, dieses Geschäftsjahr anzunehmen. Es ist körperlich einfacher,
Inventur zu machen, wenn das Inventar niedrig ist, als wenn es hoch
ist. Zudem sind die möglichen Fehler in der Nebensaison auch geringer.

Das Liquiditätsverhältnis

Die altmodische Bank, der eine Bilanz von einem Kunden vorgelegt
wurde, der einen Kredit beantragte, verglich zuerst zwei Posten: die
Summe des Umlaufvermögens und die Summe der kurzfristigen Verbindlichkeiten. Falls das Verhältnis zwischen den beiden 2:1 oder
besser war, wurde der Kredit wahrscheinlich vergeben. Nach dem
Grund, diesen Standard anzunehmen, braucht nicht lange gesucht
zu werden. Das Umlaufvermögen ist im Falle einer Zwangsliquidie-
rung in unterschiedlichem Ausmaß Abwertungen ausgesetzt, die
kurzfristigen Verbindlichkeiten können nur durch den Bankrott verkleinert werden. Beträgt das Umlaufvermögen das Zweifache der
kurzfristigen Verbindlichkeiten, so war die Sicherheitstoleranz wohl
ausreichend. Modernes Denken und Forschung haben diesen einfachen Test des Zustandes einer Firma stark verfeinert. Offensichtlich
macht es einen großen Unterschied, in welchem Verhältnis Bargeld,
Forderungen und Inventar zueinander stehen. 1924 ging die Virginia-Carolina Chemical Co. in die Konkursverwaltung, obwohl ihr
Betriebskapitalverhältnis 1,88 : 1 betrug.

Wie »Kosmetik« bewerkstelligt werden kann

Es gibt weitere Schwächen des Liquiditätsverhältnisses als Test von Stärke. Nehmen wir an, eine Firma hat $ 10.000.000,- Inventar, $ 4.000.000,- Forderungen und $ 1.000.000,- Bargeld, während die kurzfristigen Verbindlichkeiten sich auf $ 10.000.000,- belaufen. Hier haben wir ein Liquiditätsverhältnis von 1,5 : 1. Ein paar Monate später mag die Firma $ 5.000.000,- das Inventar verkauft und dafür Bargeld erhalten haben. Wäre das Geld zur Zahlung der Schulden verwandt worden, gäbe es jetzt $ 10.000.000,- Umlaufvermögen und $ 5.000.000,- kurzfristige Verbindlichkeiten. Es zeigt sich, daß das Verhältnis nur dadurch verändert wurde, daß derselbe Betrag von beiden Seiten der Bilanz abgezogen wurde. Es wurde nicht einmal eine Aufwertung für den Gewinn vorgenommen, der normalerweise erwartet wird, wenn Ware in Geld oder Forderungen umgewandelt wird. Deswegen kann eine Firma sich am besten darstellen, indem sie einfach ihr Geschäftsjahr zu einer Zeit innerhalb des Jahres abschließt, in der das Geschäft träge und das Inventar am niedrigsten ist. Dasselbe Ergebnis kann auf weniger ethische Art erzielt werden, indem ein Teil der Forderungen gegen Bargeld an eine Diskontfirma verkauft oder heimlich ein Teil des Inventars verpfändet wird, ohne daß die Rücknahmeverpflichtung offengelegt wird.

Unterschiedlicher Bedarf an Betriebskapital

Das Liquiditätsverhältnis ist aus einem weiteren Grund unbefriedigend. In einigen Branchen besteht kein hoher Bedarf an Betriebskapital. Eine Restaurantkette, zum Beispiel, die Bargeschäft macht und ein Inventar an Vorräten für nur wenige Tage vorhält, braucht nicht die große Summe an Betriebskapital, die eine Firma benötigt, die auf Kredit verkauft und durch Umstände außerhalb ihrer Kontrolle gezwungen ist, Vorräte an Rohstoffen für mehrere Monate vorzuhalten oder für saisonale Nachfrage mehrere Monate im voraus zu produ-

oder für saisonale Nachfrage mehrere Monate im voraus zu produzieren. Firmen mit hohen Investitionskosten und stabiler Ertragskraft brauchen auch kein hohes Betriebskapital. Eine öffentliche Versorgungsgesellschaft, die ein Bauvorhaben von $ 10.000.000,- plant, wäre dumm, Anleihen oder Vorzugsaktien am Anfang zu verkaufen, um die benötigten Mittel aufzunehmen. So lange die Erträge der Firma befriedigend sind und sie kreditwürdig ist, ist es viel billiger in dem Maß bei Banken Kredite aufzunehmen, wie die Arbeit voranschreitet und die Gesamtschuld zu finanzieren, wenn sie beendet ist. Das Liquiditätsverhältnis oder das Betriebskapital sind bei der Betrachtung einer erfolgreichen Eisenbahn oder Versorgungsgesellschaft von geringer Bedeutung; sie erhalten dann große Bedeutung, wenn die Ertragskraft zurückgeht und die Möglichkeit dauerhaftes Kapital aufzunehmen verschwindet.

Innere Zusammensetzung

Es ist klar, daß die innere Zusammensetzung des Umlaufvermögens lebenswichtig ist. Um einen extremen Fall zu nehmen, gehen wir von einer Firma aus, die $ 1.000.000,- Bargeld, $ 300.000,- Forderungen und $ 200.000,- Inventar hat, um $ 1.000.000,- kurzfristige Verbindlichkeiten zu decken. Dieses 1,5:1 Verhältnis ist klar besser als die Position einer Firma mit $ 200.000,- Bargeld, $ 500.000,- Forderungen und $1.300.000,- Inventar und derselben Verschuldung, obwohl letzteres eine herkömmliche 2:1 Bilanz ist.

Es wurde bereits angedeutet, daß die Umwandlung von Ware in Forderungen mit Gewinn verbunden ist. Wenn $ 1.500.000,- an Inventar mit einem Gewinn von 33 1/3 % verkauft wird und sonst keine Veränderung der Bilanz erfolgt, ist es klar, daß sich das Liquiditätsverhältnis durch Zufuhr von $ 500.000,- zum Umlaufvermögen ohne eine Verminderung der kurzfristigen Verbindlichkeiten verbessert hat. Andererseits kann in zwei aufeinanderfolgenden Bilanzen der Warenbestand sich erhöht haben und die Forderungen zurückgegangen sein, was eine Verschlechterung des Liquiditätsverhältnisses zur Folge hat. In bestimmten Phasen des Geschäftsverlaufs würde eine derartige Veränderung keineswegs eine ungesunde Entwicklung des Geschäfts anzeigen. Das Verhältnis zwischen Forderungen und Warenbestand sollte daraufhin beobachtet werden.

Eigentümer und Gläubiger

Ein weiterer Umstand, der für den Spekulanten oder Anleger von großer Bedeutung ist, ist das Verhältnis zwischen Eigen- und Fremdkapital. Wenn die kurzfristigen Verbindlichkeiten plus Fremdmittel gleich dem Eigenkapital sind, dann tragen die Gläubiger genauso viel Risiko in der Firma wie die Eigentümer. Wenn das Verhältnis zwischen Fremd- und Eigenkapital 2:1 ist, haben die Gläubiger mehr zu verlieren als die Eigentümer. Ein derartiger Zustand ist für die Eigentümer jedoch gefährlich, es sei denn, die Ertragskraft wäre sehr stabil. Wenn Fremd- und Eigenkapital in einem ernsthaften Mißverhältnis stehen, beherrschen die Gläubiger das Geschäft, die Geschäftsführung hat keine freie Hand, und in einer Krise ist eine Reorganisation das wahrscheinliche Ergebnis. Der Marktwert des Eigenkapitals und nicht der Buchwert ist bei dieser Form der Betrachtung die wichtige Größe. Ein ernsthaftes Mißverhältnis zwischen Fremdmitteln und Eigenkapital oder zwischen Fremd- plus Vorzugskapital und Stammkapital ist ein Gefahrensignal für den anlegenden Besitzer des vorrangigen Wertpapiers; unter bestimmten Bedingungen kann es für den Spekulanten Chancen bieten. Wenn eine Firma in solchem Zustand sich den verbessernden Erträgen erfreut, sind die Auswirkungen auf den Marktwert der Aktien vielfach vergrößert. Ein klassisches Beispiel ist die American Water Works & Electric Co., deren 100.000 Aktien am Tiefpunkt 1921 mit $ 400.000,- im Gegensatz zu über $ 150.000.000,- an vorrangigen Wertpapieren bewertet waren. Es bedürfte keines überraschenden Anstiegs der Ertragskraft, um die Aktie innerhalb von vier Jahren von vier auf den Gegenwert von 380 zu bringen.

Es gibt außer den erwähnten viele Verhältnisse, die für den Analysten von Bilanzen nützlich sind. Die meisten beziehen sich auf die Gewinn- und Verlustrechnung und werden im folgenden Kapitel behandelt.

KAPITEL XII

Wie eine Gewinn- und Verlustrechnung gelesen wird

Der Gewinn kann durch den Vergleich von Bilanzen errechnet werden – Eine reale Gewinn- und Verlustrechnung ist wünschenswert - Der Umsatz ist am nützlichsten – Lagerumschlag ein wertvoller Index der Effizienz – Eisenbahnkonten sind sehr detailliert – Jede Gewinn- und Verlustrechnung sollte von einem Prüfer bescheinigt werden

Ist die Bilanz eine Momentaufnahme, so sind zwei Bilanzen der Anfang und das Ende einer Zeitspanne. Die Gewinn- und Verlustrechnung schließt die Lücke und informiert den Analytiker darüber, was dem Geschäft in dieser Zeit widerfuhr. Selbst wenn keine Gewinn- und Verlustrechnung vorliegt, kann er sehr viele Informationen durch den Vergleich der beiden Bilanzen erhalten. Der erste verfügbare Geschäftsbericht dient als Beispiel. Er zeigt den Zustand einer Schuhfabrik, die ihre Produkte über eine eigene Ladenkette vertreibt.

HABEN

	1925	*1924*
Grundstücke, Ausrüstung etc.	$ 676.384	$633.594
Firmenwert	2.500.000	2.500.000
Vorausbezahlte Güter	27.613	-
Hypothekarischer Wechsel	138.000	144.500
Forderungen und Wechsel	39.721	45.616
Lagerbestand	1.278.633	1.274.882
Bargeld	646.470	558.340
Werbekosten	38.094	70.642
Lebensversicherungspolicen	83.472	78.317
	$5.428.387	$5.305.891

SOLL

	1925	1924
Stammaktien	$2.000.000	$2.000.000
Vorzugsaktien	2.029.800	2.029.800
Dividenden, fällig am 2. Januar	35.521	35.521
Verbindlichkeiten	80.677	63.725
Steuerrückstellungen	16.592	96.000
Aufgelaufene Posten	145.631	129.465
Gewinn	1.120.166	951.380
	$5.428.387	$5.428.387

Vielleicht das erste, das sich der Analyst in diesen Bilanzen anschauen würde, wäre die Veränderung in den Eigenkapitalkonten. Ausstehende Stamm- und Vorzugsaktien veränderten sich während des Jahres nicht, aber die Rücklagen wuchsen um $168.786,-. Dieser Zuwachs der Rücklagen konnte nur auf eine von zwei Arten erfolgen: durch den Rückfluß von in diesem Zeitraum erzielten Gewinnen in das Unternehmen oder durch die Neubewertung von Vermögensgegenständen beziehungsweise die Umbuchung eines Teils der aufgelaufenen Rückstellungen. Die einzigen Zuwächse bei den Vermögensgegenständen sind betragsmäßig bescheiden und in einem gesunden, wachsenden Unternehmen zu erwarten. Der einzige Rückstellungsposten ist die Steuerrückstellung, die eine bedeutende Verminderung zeigt, was auf die Möglichkeit hindeutet, daß ein Teil der unnötig hohen Rückstellung in die Rücklagen überstellt wurde. Höchstwahrscheinlich stammt der Großteil des Anstiegs der Rücklagen von $ 168.786,- aber aus dem Gewinn. Es fällt auf, daß wir keine Möglichkeit haben herauszufinden, wie hoch der Gesamtgewinn des Unternehmens war, sondern lediglich den Anteil schätzen können, der nicht an die Aktionäre ausgeschüttet wurde. Es ist möglich, zu dem Schluß zu kommen, daß die Vorzugsdividende in Höhe von 7% regelmäßig gezahlt wurde. Der Posten »Dividenden, fällig am 2. Januar« beträgt genau 1 ¾ % des Betrages der ausstehenden Vorzugsaktien.

Feststellung des Firmenwerts

Es gibt ein oder zwei Posten in den oben abgebildeten Bilanzen, die im vorigen Kapitel nicht erklärt wurden. Deshalb hier einige Worte darüber: Der Firmenwert ist ein gänzlich immaterieller Vermögenswert mit einer künstlichen Bewertung. Es ist die konservative Praxis, den Firmenwert, Schutzmarken, Patente und ähnliche immateriellen Werte mit einem nominellen Wert, oft $ 1,-, anzusetzen. Wenn aber die Aktionäre einer Firma glücklicher sind, eine großzügigere Zahl für solche Posten zu sehen, ist das letztlich ihre Angelegenheit. Der Betrachter ignoriert entweder die immateriellen Werte oder betrachtet eine großzügige Schätzung ihrer Werte durch die Firma als ein ungünstiges Zeichen. »Hypothekarischer Wechsel« steht wahrscheinlich für eine Hypothek, die die Firma beim Verkauf einer ihrer Anlagen eingegangen ist. »Werbekosten« ist lediglich ein vorausbezahlter Posten. »Lebensversicherungspolicen« steht für den Barauszahlungswert der Lebensversicherungen auf die Geschäftsführer der Firma, deren Begünstigte sie ist.

Ein Eindruck von Stärke

Trotz des Firmenwerts vermittelt dieses Bilanzenpaar einen Eindruck von Stärke und Reichtum. Das Verhältnis des Umlaufvermögens zu den kurzfristigen Verbindlichkeiten verbesserte sich von 5,77:1 auf 7,07:1. Des weiteren verbesserte sich die Zusammensetzung des Umlaufvermögens. Ein unbedeutender Anstieg des Inventars und eine Verringerung der Forderungen und Wechsel wurden von einem beträchtlichen Anstieg des Bargelds mehr als kompensiert. Das Verhältnis der Barmittel selbst zu allen Schulden stieg von 1,72:1 auf 2,32:1. Eine leichte Verminderung der hypothekarischen Wechsel deutet darauf hin, daß der Aussteller Raten bezahlt und daß der Wechsel wahrscheinlich gut ist, aber nicht zum Umlaufvermögen zählt.

Eine echte Gewinn- und Verlustrechnung ist wertvoll

Obwohl dieser Bilanzvergleich uns eine Menge über das Geschäft der fraglichen Schuhfabrik im Jahr 1925 sagt, ist es dennoch wahr, daß viele Dinge nur aus einer echten Gewinn- und Verlustrechnung hervorgehen. Der Umsatz der Firma, Betriebsaufwand, außerordentliche und andere Einnahmen, Steuern, Abschreibungsbeträge, Zinsaufwendungen, Erträge und deren Zustand sind für den Spekulanten oder Anleger von Interesse. Viele Firmen, die Geschäftsberichte veröffentlichen, beschränken sich auf Bilanzen, und viele von denen, die Gewinn- und Verlustrechnungen veröffentlichen, lassen viele Einzelheiten aus. Für ein Studium der Werte ist es dennoch unerläßlich, mit der Gewinn- und Verlustrechnung vertraut zu sein. Die folgende ausführliche Gewinn- und Verlustrechnung entstammt einem Verkaufsprospekt, der im Zusammenhang mit der Börseneinführung eines zusätzlichen Blocks von Remington Rand Stammaktien veröffentlicht wurde. Sie beinhaltet die Geschäfte der Firma für das Geschäftsjahr bis zum 31. März 1930 und zum Vergleich für das vorhergehende Geschäftsjahr.

Die erste Zahl in einer Gewinn- und Verlustrechnung ist häufig entweder der Bruttoumsatz oder die Bruttoeinkünfte oder die Bruttoeinnahmen. Dies ist der Gesamtbetrag der Bareinnahmen oder der den Kunden in Rechnung gestellten Beträge in den Büchern der Firma für verkaufte Waren oder geleistete Dienstleistungen. In manchen Fällen ist der Posten aufgeschlüsselt. Stellt eine Firma zum Beispiel Gummischuhe, Reifen und technische Gummiartikel her, wäre es interessant zu wissen, welchen Anteil der Gesamtproduktion diese Waren darstellen. Eisenbahnen unterteilen ihre Einnahmen immer in Fracht,Passagiere und Sonstige. Manchmal wird »Sonstige« in Post, Express und so weiter unterteilt.

	31. 3. 1929	*31. 3. 1930*
Nettoumsatz.....................................	$ 63.291.623	$ 64.180.507
Minus: Herstellungskosten...................	29.493.322	28.137.825
Rohertrag.......................................	$ 33.798.301	$ 36.042.682
Minus: Verkaufs- und		
Verwaltungsaufwand.................	27.732.132	27.124.845
Überschuß....................................	$6.066.169	$8.917.837
Plus: Sonstige Einkünfte...................	375.906	797.584
Nettoertrag vor Abschreibungen,		
Zinsaufwendungen und Steuern................	$ 6.442.075	$ 9.715.421
Minus: Abschreibungen......................	$ 1.591.497	$ 1.652.516
Zinsen.............................	1.444.053	1.299.504
Steuerrückstellungen.................	407.032	705.774
	$ 3.442.582	$ 3.657.794
Reingewinn...................................	$ 2.999.493	$ 6.057.627
Minus: Anteil der Minderheitsbeteiligung....	71.726	17.071
Überschuß für die Rücklagen.................	$ 2.927.767	$ 6.040.556

Rücklagenkonto

Übertrag am Jahresanfang......................	$ 514.820	$ 2.053.379
Plus: Gewinne aus dem		
laufenden Jahr, wie oben..............	2.927.767	6.040.556
	$ 3.442.587	$ 8.093.935
Minus: Dividenden:		
Erste Vorzugsaktien...................	$ 1.135.405	$ 1.126.243
Zweite Vorzugsaktien.................	253.802	226.106
Stammaktien.........................	--	1.201.107
	$ 1.389.207	$ 2.553.456
Rücklagen am Jahresende	$ 2.053.380	$ 5.540.479

Händlerrabatte

In dem gewählten typischen Fall ist der erste Posten »Nettoumsatz«. Wäre der Bruttoumsatz angegeben worden, hätte der zweite Posten »Rabatte und Abschläge« geheißen, und aus dem Saldo ergäbe sich der Nettoumsatz. Rabatte, die Kunden für sofortige Zahlung eingeräumt werden, und Abschläge für zurückgegebene Waren stellen den ersten Abzug vom Bruttoumsatz dar. Solche Rabatte würden in vielen Branchen durch Rabatte beim Wareneinkauf ausgeglichen. Solche verdienten Rabatte könnten in den »sonstige Einkünfte« der

Remington Rand Gewinn- und Verlustrechnung enthalten sein. Gut geführte Betriebe nutzen immer die Händlerrabatte, die in den meisten Branchen einen bedeutenden Zusatz zum Gewinn darstellen. »Herstellungskosten« ergeben sich aus der Summe der Rohstoffe, Arbeit, Energie und anderer Posten, die zur Herstellung der Waren gebraucht werden, die an die Kunden verkauft werden. Nachdem die Waren hergestellt worden sind, müssen sie verkauft werden, und die allgemeine Überwachung des Geschäftes erfordert eine teure Organisation. Diese beiden Notwendigkeiten werden durch die Posten »Verkaufsaufwand« und »Allgemein- und Verwaltungskosten« abgedeckt, die hier zusammengefaßt sind. Nach Abzug des gesamten Betriebsaufwands vom Umsatz verbleiben die »Betriebseinnahmen« als Restbetrag.

Der Posten »sonstige Einnahmen«, der auch »andere Einnahmen« heißen könnte, enthält alle Einnahmen, die nicht direkt dem gewöhnlichen Geschäftsbetrieb zugeordnet werden können. Zinsen und Dividenden von Wertpapieren, die als Anlage gehalten werden, Miete für Teile des Besitzes, der an Dritte vermietet ist, Gewinne, die sich ergeben, machen die Gruppe der Posten der sonstigen Einkünfte aus.

Abzüge von den Einnahmen

Abzüge von den Einnahmen bestehen aus Zinsen auf Anleihen und kurzfristige Kredite, Abschreibungen und Steuern. Da Gemeindesteuern auf den Wert des Besitzes erhoben werden, egal wie das Ergebnis des Geschäftsbetriebs aussieht, sind sie Betriebskosten wie Löhne und Gehälter und die Kosten für Rohstoffe. Bundessteuern werden jedoch auf den Nettoertrag erhoben und stellen somit einen Aufwand dar, der nach den direkten Betriebskosten anfällt. Abschreibungen sind ein buchhalterischer Posten, wenn auch ein sehr wichtiger. Wenn eine Firma in der Vergangenheit mehr als genug an Abschreibungen vorgenommen hat, kann sie es sich vielleicht leisten, in einem schlechten Jahr etwas zu geizen, um das Endergebnis besser darzustellen. Zinsen auf kurz- und langfristiges Fremdkapital ist ein weiterer Aufwand ohne direkten Bezug zum Geschäftsbetrieb. Die Angemessenheit des Kapitals, das die Eigentümer zur Verfügung gestellt haben, bestimmt die Höhe dieses Aufwands.

Prüfung des Rohertrags gegen die Steuern

Wo Rückstellungen für Steuern ausgewiesen werden, kann eine interessante Prüfung auf stille Reserven vorgenommen werden, die dadurch viel Raum in den Gerüchten über reiche Firmen an der Wall Street einnehmen. Die Steuerrückstellungen für ein bestimmtes Jahr geteilt durch den Unternehmenssteuersatz für jenes Jahr sollte gleich dem Nettoertrag nach Zinsen und Abschreibungen sein. Falls der auf diese Weise errechnete und dem Staat ausgewiesene Ertrag größer ist als der, der den Aktionären berichtet wird, vermutet der Betrachter, daß die Buchhaltung der Firma ihre Bücher auf einer noch konservativeren Basis führt, als es die Regeln des Finanzministeriums erlauben.

In der Remington Rand Gewinn- und Verlustrechnung von 1930 deutet eine Rückstellung von $ 705.774,- bei einem Steuersatz von 11% auf ein zu versteuernden Einkommen von $ 6.416.127,-. Im Vergleich dazu wurde ein Nettoertrag nach Zinsen und Abschreibungen von $ 6.763.400,- ausgewiesen. Der Unterschied ist unbedeutend, da ein Unternehmen erhebliche steuerfreie Einnahmen haben kann, wie Dividenden aus Aktien anderer Firmen oder zulässige Abzüge, zum Beispiel ausländische Steuern.

Nachdem alle Aufwendungen bezahlt wurden, die entweder aus Verpflichtungen der Firma entstanden oder nötig sind, um die Rückstellung gemäß den Prinzipen guter Unternehmensführung zu erhalten, ist der verbleibende Überschuß das Einkommen für den Zeitraum. Es kann entweder als Rücklage im Unternehmen bleiben oder an die Aktionäre ausgeschüttet werden. Konservativ geführte Unternehmen behalten normalerweise einen beträchtlichen Teil davon zur

Wiederanlage im Unternehmen. Die Existenz einiger Minderheitsaktionäre bei Tochtergesellschaften von Remington Rand wird durch den Abzug vom »Anteil der Minderheitsbeteiligung« offenbart. Ihr Anteil am Gewinn solcher Tochtergesellschaften muß vor Berechnung des Überschusses, der den Besitzern der Vorzugs- und Stammaktien der Muttergesellschaft zur Verfügung steht, abgesondert werden.

Der Umsatzverlauf

Es gibt viele Punkte, an denen eine Gewinn- und Verlustrechnung analysiert werden kann. Zu Beginn zieht der Posten »Umsatz« die Aufmerksamkeit auf sich. Alleine betrachtet, ist dies eine interessante Zahl. Ein gut geführtes Unternehmen sollte jedes Jahr einen höheren Umsatz machen. Es gibt wenige Branchen, in denen es vernünftig ist zu erwarten, daß jedes Jahr eine Steigerung im Vergleich zum Vorjahr zeigt, die Tendenz aber sollte stetig aufwärts gehen. Wenn die Zahlen etwas sprunghaft in ihren Veränderungen sind, gibt es eine einfache Methode, um die Tendenz zu bestimmen: nämlich den Vergleich des gewichteten Durchschnitts mit dem arithmetischen Mittel. Nehmen wir an, eine Firma hat über einen Fünfjahreszeitraum folgende Umsätze ausgewiesen: erstes Jahr $ 38.350.000,-; zweites Jahr $ 29.700.000,-, drittes Jahr $ 48.200.000,- viertes Jahr $ 56.150.000,- fünftes Jahr $ 36.800.000,-. Auf einen Blick ist es etwas schwer zu sagen, ob die Tendenz aufwärts verläuft oder nicht. Ein gewichteter Umsatzdurchschnitt wird die Sache klären. Er wird errechnet, indem der Umsatz des fünften Jahres mit fünf, des vierten mit vier, des dritten mit drei und so weiter multipliziert wird. Dann wird der Gesamtbetrag durch die Summe von fünf, vier, drei, zwei, eins oder 15 geteilt. Das Ergebnis ist ein gewichteter Durchschnitt von $ 43.396.667,-. Im Vergleich mit dem tatsächlichen Durchschnitt von $ 41.840.000,- zeigt sich eine Aufwärtstendenz.

Einen elastischen Dollar berücksichtigen

Bei der Schätzung der Umsatztendenz ist es wichtig, auch Preisschwankungen in Betracht zu ziehen. War der Umsatz eines Kaufhauses 1920 $ 20.000.000,- im Vergleich zu $ 10.000.000,- 1913, so gab es keinen tatsächlichen Zuwachs im Geschäftsvolumen. Der allgemeine Preisauftrieb während des Krieges erklärt den Zuwachs. Es ist wichtig, wo immer es möglich ist, den Umsatz sowohl in Zahlen für die Waren als auch in Dollars zu erhalten. Falls dies nicht möglich ist, kann manchmal eine Schätzung auf der Basis bekannter Preisänderungen für die Waren, mit denen eine bestimmte Firma handelt, gemacht werden. Inoffizielle Veröffentlichungen über den Warenumsatz werden oft von so zuverlässigen Finanzblättern wie dem Wall Street Journal, dem Boston News Bureau und Barron's gemacht, die ebenfalls zuverlässige Informationsquellen sind.

Umschlag

Der Umsatz in der Gewinn- und Verlustrechnung hat viele andere Verwendungszwecke. Der wichtigste bei der Analyse vieler Arten von Unternehmen ist die Bestimmung der Umschlagshäufigkeit der Waren. Je schneller ein Unternehmen seinen Warenbestand in Bargeld und Forderungen umwandeln und durch neue Lagerbestände ersetzen kann, desto höher ist der prozentuale Gewinn und desto geringer ist das Verlustrisiko durch Preisschwankungen und andere Ursachen. Der Tante-Emma-Laden mit einem Warenbestand von $5000,- und einer Gewinnspanne von 5% erzielt einen Gewinn von $ 3000,- pro Jahr, wenn die Ware monatlich umgeschlagen wird, und nur $ 1500,- wenn die Ware nur sechs Mal pro Jahr umgeschlagen werden kann. Im zweiten Fall werden die Verluste durch Ausschuß höher sein, und mit größerer Wahrscheinlichkeit werden Kunden abwandern, weil ihnen alte Ware verkauft wird. Die Gewinnspanne wird mit großer Wahrscheinlichkeit für die zwei Umschlagshäufigkeiten unterschiedlich

sein. Sie wird bei dem Kaufmann mit der höheren Umschlagsge-
schwindigkeit größer sein. Dasselbe Prinzip gilt für alle Unternehmen, ob groß oder klein, die mit der Verteilung von Waren beschäftigt sind.

Ideen und schweres Gerät

Das Verhältnis Umsatz/Warenbestand ist in verschiedenen Branchen
sehr unterschiedlich. Eine Kette von Billigläden kann ihr Inventar
viel öfter umschlagen als ein Hersteller von Großanlagen. Die Tatsache, daß F. W. Woolworth 1929 einen Umsatz von $ 303.000.000,-
und einen Lagerbestand von $ 37.954.000,- hatte, während Gene-
ral Electric von einem Umsatz von $ 415.000.000,- und einem Inven-
tar von $ 80.836.000,- berichtete, sagt nichts über die Geschäfts-
führung des zweiten Unternehmens aus. Beim Versuch, den Führungs-
stil in einem bestimmten Fall zu bestimmen, muß das Verhältnis
Umsatz/ Warenbestand mit einem ähnlichen Verhältnis anderer
führender Unternehmen, die ungefähr das selbe Geschäft betreiben,
verglichen werden. Die Schwankungen in dem Verhältnis von Jahr
zu Jahr können auch nützliche Hinweise auf den Verlauf der Effizienz der Geschäftsführung geben. In diesem Zusammenhang ist es
wichtig anzumerken, daß es normale saisonale Veränderungen in
dem Verhältnis gibt. Sollte das Umsatz/Warenbestandsverhältnis per
31. Dezember im Vergleich zum 30. Juni schlecht abschneiden, kann
dies völlig belanglos sein. Die Verhältnisse sollten für jeweils denselben Tag in den Folgejahren verglichen werden. Ein abnehmendes Verhältnis kann in einer Zeit steigender Preise gerechtfertigt sein, wenn
die Waren auf den Regalen ihrer Besitzer an Wert gewinnen; im fallenden Markt liegt die Rettung für den Kaufmann oder Fabrikant in
der Beschleunigung seines Umschlags.

Die Kreditpolitik

Umsatz zu Forderungen ist ein weiteres interessantes Verhältnis. Seine Schwankungen enthüllen einiges über die Kreditpolitik des Unternehmens. Wenn eine Firma ein konstant hohes Verhältnis von Forderungen zum Umsatz hat, bleibt der Verdacht nicht aus, daß die Firma ihre Kreditpraxis lockert, daß eventuell ein wachsender Betrag an zweifelhaften Forderungen in ihrer Gewinn- und Verlustrechnung als laufende Forderungen ausgewiesen werden. In einer Zeit der Rezession und fallender Preise kann eine Lockerung der Kreditpraxis wünschenswert sein, da Forderungen in solchen Zeiten bessere Vermögenswerte sind als Bestände. Mit der Verbesserung der gesamtwirtschaftlichen Lage sollte die Kreditabteilung die Zügel kürzer halten.

Abschreibungen erhellt

Eine Geschichte von Effizienz oder Vorsicht kann aus dem fortschreitenden Anstieg des Verhältnisses Umsatz zu Anlagevermögen gelesen werden. Die folgende Tabelle zeigt den Umsatz von General Electric für die sieben Jahre von 1923 bis einschließlich 1929, den Buchwert der Betriebsanlagen jeweils am Jahresende und das Verhältnis dieser beiden Zahlen:

Jahr	Umsatz	Betriebsanlagen, netto	Verhältnis
1929	$415.330.000	$49.236.000	8,44
1928	337.189.000	47.556.000	7,09
1927	312.604.000	50.338.000	6,21
1926	326.974.000	50.557.000	6,47
1925	290.290.000	55.169.000	5,26
1924	299.252.000	55.770.000	5,37
1923	271.310.000	57.869.000	4,69

Das durchschnittliche Verhältnis für den Betrachtungszeitraum war 6,21. Der gewichtete Durchschnitt, mit dem größten Gewicht für die jüngste Zahl, war 6,78. Die Tendenz des Verhältnisses war daher eindeutig positiv. Dies deutet darauf hin, daß die Firma ihre Anlagen am Ende des Betrachtungszeitraums effizienter nutzte, oder daß die Anlagen aufgrund einer übervorsichtigen Abschreibungspolitik deutlich unter ihren tatsächlichen Wert abgeschrieben waren. Der Eindruck von Effizienz und Vorsicht verstärkt sich noch, wenn man bedenkt, daß die allgemeine Tendenz der Warenpreise in diesen sieben Jahren abwärts ging, so daß der Umsatz in Tonnen wahrscheinlich viel mehr anstieg als der Umsatz in Dollars.

Die Gewinnspanne

Neben den verschiedenen Verhältnissen zwischen Umsatz und Bilanzposten gibt es ein Verhältnis zwischen dem Umsatz und einem anderen Posten der Gewinn- und Verlustrechnung, das bedeutend ist. Es ist das Verhältnis zwischen den Betriebsreineinnahmen und dem Umsatz oder der Gewinnspanne. Eine sinkende Tendenz der Gewinnspanne kann auf sinkende Effizienz der Geschäftsführung, steigende Konkurrenz in der Industrie oder wachsende Probleme aufgrund von Bedingungen, über die die Geschäftsführung keine Kontrolle hat, hindeuten. Es ist möglich, daß ein ganzer Industriezweig derartigen Problemen ausgesetzt ist, daß die Gewinnspanne für die meisten Firmen über Jahre ausgelöscht ist. Andererseits kann eine Tendenz wachsender Gewinnspannen nicht lange aufrecht erhalten werden, ohne Konkurrenz anzuziehen, die ein normales Verhältnis wieder herstellt. Aus Sicht des Spekulanten ist der ideale Zustand die Stabilität. Natürlich sollte der Verlauf des Wirtschaftszyklus entsprechend berücksichtigt werden. Ein Rückgang der Gewinnspanne war 1921 kein Alarmsignal; ein Unternehmen mußte entweder sehr viel Glück haben oder sehr gut geführt sein, um in jenem Jahr überhaupt einen Gewinn auszuweisen.

Sonstige Einnahmen sind bei vielen Firmen ein bedeutender Posten. Die Größe dieses Postens kann etwas Licht auf den Posten »Anlagen« in der Bilanz werfen. Selten wird er im einzelnen beschrieben, und in vielen Fällen wird er mit den Bruttoeinnahmen aus dem Geschäftsbetrieb zusammengefaßt.

Abschreibungen sind lebenswichtig

Abschreibungen sind in vieler Hinsicht vielleicht der wichtigste Posten in der Gewinn- und Verlustrechnung. Alle anderen Posten sind mehr oder weniger außerhalb der Kontrolle der Geschäftsführung. Die Abschreibung aber ist ein buchhalterischer Posten, der auf den Dollar genau von der Geschäftsführung bestimmt wird. Wenn die Erträge schwach sind, können die Zuweisungen zu den Abschreibungsrückstellungen beschnitten werden, um ein besseres Endergebnis zu zeigen. Wenn die Erträge außergewöhnlich hoch sind und die Geschäftsführung etwas »Fett« ansetzen möchte, ohne große Störungen durch Forderungen nach höheren Dividenden, können die Abschreibungsrückstellungen großzügig aufgebläht werden. Der Spekulant wird daher den Abschreibungsbetrag genau betrachten, um zu sehen, ob er unzureichend, angebracht oder überzogen ist. Für die Bestimmung dieses Punktes gibt es keine feste Regel, die man aufstellen könnte. Das Finanzamt erlaubt den Steuerzahlern unter normalen Bedingungen 4% pro Jahr als Abschreibung auf Holzgebäude, 2% auf Zement- und Stahlgebäude, 10% auf Maschinen und 20% auf Fahrzeuge. Das Anlagevermögen einer Fabrik enthält wahrscheinlich sowohl derlei Besitz als auch den Grund auf dem die Fabrikanlage steht. Der Grund wird natürlich nicht abgeschrieben. Kann der Betrachter nur grob bestimmen, was die angebrachte Summe in einem bestimmten Fall sein sollte, kann er zumindest feststellen, ob und mit welcher Tendenz sich das Verhältnis von Abschreibungen zu Anlagevermögen von Jahr zu Jahr ändert.

Ein vorteilhafter Vergleich

Der Vergleich der Gewinn- und Verlustrechnung von Remington Rand von 1930 mit der des Vorjahres ergibt einen vorteilhaften Eindruck. Der Umsatz wuchs trotz der Rezession, die Mitte 1929 einsetzte, geringfügig. Trotz des höheren Umsatzes gelang es der Geschäftsführung, sowohl die direkten als auch die Gemeinkosten zu senken. Die Abschreibung wurde leicht erhöht und belief sich auf fast 12% des Buchwertes des Anlagevermögens am Ende des späteren Jahres. Die Zinszahlungen wurden entweder durch Rücknahme von Anleihen oder von variabel verzinslichen Schulden verringert. Die Minderheitsbeteiligungen an Tochtergesellschaften wurden anscheinend reduziert. Die Verringerung der Vorzugsdividende deutet auf die teilweise Rücknahme der Vorzugsaktien hin. Einige dieser Schlüsse würden durch einen Bilanzvergleich bestätigt werden.

Einheitliche Eisenbahnbuchhaltung

Bisher beschränkte sich die Betrachtung auf Berichte von Industrieunternehmen. Die Gewinn- und Verlustrechnungen von Eisenbahnen und öffentlichen Versorgungsunternehmen erscheinen oberflächlich als etwas anders und werden etwas anders analysiert. Sie sind von noch größerer Bedeutung für den Spekulanten, weil sie einfacher zur Verfügung stehen. Alle Eisenbahnen des Landes unterliegen der Gesetzgebung der Interstate Commerce Commission, die ihnen vorschreibt, ihre Konten in einheitlicher Form zu führen und ihre Gewinne und Verluste regelmäßig zu berichten. Monatliche Gewinn- und Verlustrechnungen der führenden Eisenbahnen sind einfach zu bekommen. In ähnlicher Weise berichten die meisten öffentlichen Versorgungsunternehmen ihr Einkommen in regelmäßigen Abständen an die verschiedenen staatlichen Aufsichtsbehörden, aber es besteht nicht dieselbe landesweite Einheitlichkeit der Kontoführung wie im Fall der Eisenbahnen.

Die auf der folgenden Seite etwas zusammengefaßte Gewinn- und Verlustrechnung der Colorado & Southern Railway von 1925 dient als Beispiel.

Die Analyse eines Eisenbahnberichtes wird in einem anderen Kapital ausführlicher behandelt, aber die wesentlichen Punkte können hier gut aufgezeigt werden. Das Verhältnis von Betriebsausgaben zu Betriebseinnahmen heißt Betriebszahl. Vor dem Krieg lag sie irgendwo um 70% für eine normale, erfolgreiche Bahn. Eine Aufwärtstendenz der Betriebszahl über einen Zeitraum von Jahren ist offensichtlich eine ernsthafte Bedrohung der Ertragskraft. Das Verhältnis der Erhaltung zu den Betriebseinnahmen gibt oft Hinweise auf den Zustand des Besitzes. Es liegt normalerweise irgendwo zwischen 30 % und 35%. Erscheint es ungewöhnlich hoch, kommt der Verdacht auf, daß die Geschäftsführung Erträge versteckt, indem Verbesserungen des Besitzes vorgenommen und als Erhaltungen deklariert werden. Erscheint es niedrig, führt dies den Betrachter zu der Furcht, daß die Geschäftsführung den Besitz verfallen läßt, um Dividenden- und Zinszahlungen aufrecht zu erhalten. Dieses ungute Gefühl würde noch verstärkt, wenn die offensichtlichen Einsparungen bei der Erhaltung einen Anstieg der relativen Fracht- und Passagierkosten, das heißt des Verhältnisses zwischen Transportaufwand

Frachteinnahmen. 19.598.517
Passagiereinnahmen.   4.140.562
Andere Einnahmen. 1.915.076
Gesamte Betriebseinnahmen. . . . . $ 25.654.155
Erhaltung der Gleise etc. . . . . $ 2.888.666
Erhaltung der Ausrüstung. 4.934.683
Verkehr. 348.603
Transport. 8.461.550
Sonstiger Betrieb. 203.689
Allgemein. 958.267
Transport für Anlagen - Gutschrift. 44.830
Gesamte Betriebskosten. . . . . $ 17750.628

Nettobetriebseinnahmen. . . . . $ 7.903.527
Aufgelaufene Eisenbahnsteuer. $1.637.703
Nicht eintreibbare Eisenbahneinnahmen. . .   6.992

Abzüge von den Nettobetriebseinnahmen. . . . . $ 1.644.695

Eisenbahnbetriebseinnahmen. . . . . $ 6.258.832
Leihe von Ausrüstung. . . . . $ 378.164
Mieteinnahmen aus gemeinsamen Anlagen   98.193
Sonstige Mieteinnahmen. 95. 261
Dividenden und sonstige Zinsen. 596.012
Sonstige Einnahmen.   2.945

Gesamte nicht-Betriebseinnahmen. 1.170.575

Bruttoeinnahmen. . . . . $ 7.429.407
Leihe von Ausrüstung. . . . . $ 909.589
Miete für gemeinsame Anlagen. 164.116
Zinsen auf Fremdkapital. 2.551.365
Andere Abzüge. 138.398

Gesamte Abzüge von den Bruttoeinnahmen. 3.763.468

Nettoeinnahmen. . . . . $ 3.665.939

und Betriebseinnahmen, zur Folge hätten. Andererseits sollten ungewöhnlich hohe Erhaltungsaufwendungen, falls der Zustand des Besitzes verbessert wurde, ein sinkendes Transportverhältnis zur Folge
haben.

Eisenbahnbesitz nutzt sich langsam ab

Abschreibung spielt in der Eisenbahn Gewinn- und Verlustrechnung
nicht die hervorragende Rolle, die sie in der Gewinn- und Verlustrechnung eines Industrieunternehmens spielt. Zu einem außerordentlichen Grad sind Eisenbahnen immerwährende Anlagen. Das
Wegerecht wird nicht abgeschrieben, die Erneuerung von Schienen,
Verbindungen, Schaltern, Signalen werden unter den Betriebsauf-
wendungen als Erhaltung verbucht. Dasselbe gilt für die meisten Posten
des Eisenbahnbesitzes außer den Lokomotiven und Waggons.
Abschreibungsrückstellungen werden für ihre Wiederbeschaffung
gebildet, Mittelbereitstellungen werden unter Erhaltung der Ausrüstung verbucht. In der Gewinn- und Verlustrechnung von Colorado
& Southern, das als Beispiel diente, wurden $ 439.711,- auf diese
Weise angesetzt.

Die Gewinn- und Verlustrechnung öffentlicher Versorgungsunternehmen unterscheidet sich ebenfalls stark von der Gewinn- und
Verlustrechnung eines Industrieunternehmens. Die folgende Gewinn-
und Verlustrechnung der Pacific Gas & Electric Co. für 1929 ist ein
gutes Beispiel.

Vielleicht die interessantesten Zahlen in dieser Gewinn- und Verlustrechnung sind die Abzüge für Erhaltung und Abschreibung.
Öffentliche Versorgungsunternehmen geben für Erhaltung und
Abschreibungsaufwendungen eine jährliche Summe von 12 ½% bis
15% des Bruttoertrages aus. Da ein öffentliches Versorgungsunternehmen normalerweise $ 5.- bis $ 7,- an Anlagevermögen für jeden
Dollar an jährlichem Ertrag hat, beträgt der Aufwand für Erhaltung
und Abschreibung 1,8% bis 3% des Vermögenswertes. Es ist zum

Bruttobetriebseinnahmen		$ 64.440.588
Betriebsaufwand:		
Erhaltung	$ 2.981.187	
Betriebs-, Verteilungs- und		
Verwaltungsaufwand	21.453.195	
Steuern	6.813.406	
Abschreibungen	7.477.634	
Summe		38.725.422
Nettobetriebseinnahmen		$ 25.715.166
Sonstige Einnahmen		380.306
Bruttoertrag		$ 26.095.472
Abzüglich:		
Zinsen auf Anleihen	$ 10.630.021	
Sonstige Zinsen	258.247	
Summe	$ 10.888.268	
Minus: Zinsen aus Baumaßnahmen	1.039.703	
Restbetrag	$ 9.848.565	
Amortisierung des Anleihendisagios		
und Aufwand	506.419	
Summe		10.354.984
Nettoertrag		$ 15.740.488

großen Teil eine Frage der Unternehmenspolitik, ob die Abschreibungen den Erhaltungsaufwand weit überschreiten, wie im gezeigten Fall, oder umgekehrt. Unglücklicherweise fassen viele Unternehmen in den Berichten »Erhaltung« mit anderen Betriebsaufwen-
dungen zusammen. Einige weisen nicht einmal die Abschreibung
gesondert aus, sondern behandeln sie als Abzug vom Überschuß
nach Dividenden. In diesem Fall hieße der Restbetrag nach Abzug
des Zinsaufwands »Restbetrag für Dividenden, Abschreibungen und
Rücklagen«. Da die meisten Experten der Meinung sind, daß es
genauso notwendig ist, Rückstellungen für größere Wiederanschaf-
fungen von Anlagen zu bilden, wie Zinszahlungen vorzunehmen, ist

es offensichtlich, daß es in solchen Fällen für den Analysten gerechtfertigt ist, bei der Berechnung des Restbetrages, der den Aktien zur
Verfügung steht, eigene Abzüge vorzunehmen.
»Zinsen für Anlagen« erklärt sich selbst. Da bis zur Fertigstellung
eines großen Bauprojekts Zeit vergeht, in der Geld, das in das Projekt investiert wurde, keinen Ertrag bringt, ist es offensichtlich legi-
tim, diese Zinsen zu kapitalisieren, statt sie als laufenden Aufwand
zu verbuchen. »Amortisierung des Anleihedisagios« ist Teil der jährlichen Kosten der Kapitalaufnahme. Wenn eine Emission von
$ 25.000.000,- einer 30-jährigen Anleihe zu netto 94 verkauft wird,
muß das Disagio von $ 1.500.000,- über 30 Jahre amortisiert wer-
den, d.h. in Teilbeträgen von $ 50.000,- pro Jahr.

Die Bescheinigung des Prüfers

Ein Abschnitt des herkömmlichen Geschäftsberichts, der von den
Aktionären selten gelesen wird, ist der Bericht des Prüfers. Der folgende Bericht einer führenden Wirtschaftsprüfungsgesellschaft über
den Geschäftsbericht von Westinghouse Electric für 1915 ist ein Beispiel eines ungewöhnlich ausführlichen Berichts:

> »Wir haben für das Jahr bis 31. März 1915 die Bücher und Konten der
> Westinghouse Electric & Manufacturing Company und der folgenden
> Tochtergesellschaften, nämlich..., durchgeführt....
> Wir haben die Forderungen geprüft, und unserer Meinung nach reichen
> die gebildeten Rückstellungen aus, um wahrscheinliche Verluste zu decken...
> Der Lagerbestand an Rohstoffen und Betriebsmitteln, fertigen Teilstücken
> und fertigen Anlagen, sowie Halbfabrikaten wurde unter unserer allgemei-
> nen Aufsicht erstellt und zu den Kosten oder auch niedriger bewertet, und
> Wir bestätigen hiermit, daß nach unserer Meinung die beiliegende kon-
> solidierte Bilanz zum 31. März 1915 der Westinghouse Electric & Manu-
> facturing Company und ihrer oben namentlich genannten Tochtergesell-
> schaften eine akkurate Darstellung der finanziellen Situation an diesem Tag
> ist, daß die beiliegende Gewinn- und Verlustrechnung für das Jahr zum 31.
> März 1915 das Geschäftsergebnis für diesen Zeitraum korrekt wiedergibt
> und daß die Bücher der Firmen mit diesen Berichten übereinstimmen.«

Ein naiver Amtsinhaber

In diesem Bericht gibt es keine »Hintertür« und die Prüfer untersuchten den Geschäftsbetrieb der Firma offensichtlich weit über das
Aufstellen einer Rohbilanz. Die Geschäftsberichte vieler Firmen enthalten immer noch keinen Prüfungsbericht. Es ist klar, daß es eine
regelmäßige, unabhängige Prüfung der Bücher jedes Unternehmens
geben sollte, und daß die Besitzer der Wertpapiere berechtigt sind zu
wissen, daß eine verantwortungsvolle Wirtschaftsprüfungsgesellschaft
dafür bürgt, daß die vorgelegten Berichte korrekt sind. Es kommt
nicht sehr oft vor, daß in großen Unternehmen ernsthafte Verun-
treuungen geschehen, aber dies ist eines der minderen Risiken der
Spekulation. Vor einiger Zeit veranlaßte die Entdeckung, daß der
Finanzchef einer bedeutenden Baumwollmühle den Lagerbestand zu
hoch bewertet hatte, um ein besseres Ergebnis zu zeigen, den Vor-
standsvorsitzenden dazu, folgenden naiven Kommentar abzugeben:
»Die Aktionäre haben nichts verloren, sie besaßen nur nicht so viel,
wie sie dachten.« Das ist ein schwacher Trost für Anleger, deren
Aktien als Resultat der Aufdeckung im Wert von etwa $ 40,- pro Stück
auf etwa $ 1,- fielen.

KAPITEL XIII

Eisenbahnen und Versorger – Opfer oder Nutznießer der Aufsicht?

Eisenbahnen und Versorger werden streng beaufsichtigt – Sowohl Vorteile als auch Nachteile durch die Aufsicht – Ergebnisse des Aktienhandels – Eine kopflastige Kapitalstruktur ist attraktiv für Spekulanten – Aktien gesund finanzierter Firmen bewegen sich normalerweise langsam – Wie die Effizienz von Eisenbahnen bewertet werden kann

Eine bestimmte, sehr bekannte Marke für Dosenfrüchte und eingelegte Lebensmittel wird dafür gefeiert, daß sie in 57 Sorten verfügbar ist. Diese Zahl erscheint klein, verglichen mit den etwa 167 Arten von regelmäßigen Berichten, die die Eisenbahnen des Landes wöchentlich, monatlich oder quartalsweise der Interstate Commerce Commission abgeben müssen. Die Art der Sicherheitseinrichtungen, die benutzt werden, ebenso die Tarife, die den Kunden berechnet werden dürfen, wie auch die Emissionsbedingungen für neue Wertpapiere, ob vorgeschlagene Erweiterungen zum Streckennetz gebaut werden dürfen oder nicht, unterliegt der Aufsicht der Interstate Commerce Commission. Das Verhältnis der Eisenbahnen mit ihren Angestellten unterliegen der Aufsicht einer anderen staatlichen Stelle. Außerdem unterliegen die Eisenbahnen in den meisten Staaten einer örtlichen Aufsicht durch die Landeskommissionen für Versorger und Eisenbahnen.

Staatliche Aufsicht über Versorger

Öffentliche Versorgungsunternehmen - Gas, elektrisches Licht und Energie, Transport und Wasser - unterliegen bisher noch nicht der Aufsicht einer Bundesbehörde. Aber praktisch jeder Staat in der Union hat eine öffentliche Versorgungskommission oder eine ähnliche Einrichtung, die den Betrieb der Versorgungsunternehmen in ihrem Gebiet beaufsichtigt. Wenn ein feuriger Bürger denkt, daß seine Gasrechnung zu hoch ist, beschwert er sich bei der Kommission. Wenn eine Anhebung der Gebühren nötig ist, um einen angemessenen Ertrag auf die Anlageinvestitionen zu erzielen, kann eine ganze Gemeinde durch den Vorschlag in Aufregung versetzt werden. Welche Chancen gibt es in solchen Bereichen für Initiative? Wie können Geschäfte in einem Bereich erfolgreich durchgeführt werden, der dermaßen mit Formalitäten und Reglements belastet ist? Wenn wir davon ausgehen, daß der vitale und intelligente Geschäftsführer eines Industrieunternehmens dessen Wert um ein Vielfaches steigern kann, welche Hoffnung gibt es angesichts der Beschränkungen, die es umgeben, daß sich der Wert eines öffentlichen Versorgungsunternehmens in vergleichbarer Weise steigern läßt?

Die Versorgungsaktien schwanken stark

Die Antwort findet sich natürlich in den Fakten. Öffentliche Versorgungsaktien weisen Preisschwankungen auf, die im Ausmaß mit denen von Industriepapieren sehr wohl vergleichbar sind. Die Boston & Maine Railroad Stammaktie stieg von 10 im Jahr 1924 innerhalb von fünf Jahren auf einem Höchstkurs von 145. Commonwealth Power stieg von einem Tiefstkurs von 28 5/8 1926, (in einem Jahr, vor dem öffentliche Versorgungsaktien bereits fünf Jahre lang bemerkenswerte Anstiege verzeichneten) auf den Gegenwert von 246 ½ im Jahr 1929. Solche Bewegungen können vom Industriesegment kaum vorgewiesen werden.

Restriktive Aufsicht, so scheint es, ist genau dies. Eine Regierungsbehörde kann sagen »Du sollst nicht« dies oder jenes tun. Sie nimmt niemals die Stelle der Geschäftsführung ein. Kommissionsmitglieder und Prüfer, die vom Staat bezahlt werden, können prüfen und untersuchen, nachschauen und inspizieren, verbieten und kritisieren. Sie übernehmen nie die Initiative. Wenn sie ihre Verbote ausgesprochen haben, bleibt noch ein weites Feld, in dem die von den Aktionären gewählte Geschäftsführung zusätzlich ein Geschäft auftun und die Kosten für ein bereits erworbenes Geschäft eindämmen kann, genauso wie der Industriegeschäftsführer darin erfolgreich sein muß, das Problem zu lösen, ein Geschäft zu akquirieren und es mit möglichst geringen Kosten abzuwickeln. In einem öffentlichen Dienstleistungsunternehmen kann schlechte Geschäftsführung die Gewinne beschneiden oder Verluste erzeugen, gute Geschäftsführung kann eine schwache Gesellschaft in eine starke verwandeln. Der Spekulant braucht Bahnen und Versorger nicht zu meiden, nur weil solche Firmen in höherem Maß der staatlichen Aufsicht über ihren Geschäftsbetrieb unterliegen als Industrieunternehmen.

Vorteile der öffentlichen Aufsicht

Andererseits hat die öffentliche Aufsicht eindeutige Vorteile für den Spekulanten. Sie sichert ihm eine große Menge detaillierter Informationen über Firmen, an denen er interessiert ist, die andernfalls nicht zur Verfügung stünden. Im Fall der Eisenbahnen stehen neben den detaillierten monatlichen Informationen über die Erträge auch regelmäßig eine Menge weiterer Informationen zur Verfügung. Außerdem ist die Information in der Darstellung standardisiert. Der Betrachter braucht sich nicht zu fragen, was ein bestimmtes Konto wirklich sein soll. Er weiß, daß es genau dasselbe ist, wie das gleichnamige Konto in den Berichten von 50 anderen Bahnen. Für Versorger gibt es nicht den gleichen Informationsüberfluß, noch die Gleichförmigkeit der Konten. Sie unterliegen zu unterschiedlichen Graden der Aufsicht nicht einer zentralen Stelle, sondern von 49 unterschiedlichen Gesetzgebern. Insgesamt ist dadurch mehr angemessene Information über die Versorger verfügbar, als dies für Industrieunternehmen der Fall ist.

Die Ethik der Großunternehmen

Radikale Kritiker der Sozialordnung gehen oft davon aus, daß großer Reichtum nur auf unehrliche Weise erworben werden kann, daß Unehrlichkeit und große Geschäfte unzertrennliche Begleiter sind. Das ist natürlich eine sehr ignorante und unvorteilhafte Sicht der Geschäftswelt, aber es ist auch wahr, daß bei einigen wenigen Gelegenheiten Geschäfte stattfanden, die vom strikten, ethischen Standpunkt nicht verteidigt werden können. Durch solche Abweichungen vom strikten Moralkodex werden die Kleinaktionäre, Anleger oder Spekulanten zu Verlierern. Offensichtlich können unehrliche Geschäfte nur im Schutz der Dunkelheit stattfinden. Volle und dauernde Veröffentlichung über die Geschäftsabläufe macht es unmöglich, daß irgendein unehrliches Geschäft mit einem großen Unternehmen zustande gebracht werden könnte. Derart vollständige und dauernde Veröffentlichung ist im Fall der öffentlichen Versorgungsunternehmen in höherem Maß sichergestellt als im Fall der Industrieunternehmen. Außerdem sucht eine bestimmte Art von Politiker dauernd nach Schwachstellen im Panzer der öffentlichen Versorgungsunternehmen und würde sich mit unchristlichem Eifer auf eine solche Chance stürzen. Im Bereich der öffentlichen Versorgungsunternehmen ist der Druck, auf dem geraden und schmalen Pfad zu bleiben, noch größer, als er für Industrieunternehmen ist.

Handel auf das Eigenkapital

Ein Faktor, der größtenteils dafür verantwortlich ist, daß die Aktien öffentlicher Versorgungsunternehmen stark schwanken können, ist die Politik des »Handels auf das Eigenkapital« bei der Erstellung der Kapitalstruktur solcher Firmen. Die ideale Kapitalstruktur eines Industrieunternehmens besteht aus null Anleihen, null Vorzugsaktien und einer Klasse Stammaktien. Für öffentliche Versorger oder Eisenbahnen ist eine solche Kapitalstruktur fast unbekannt. Dank des immerwährenden Anlagevermögens, der relativen Stabilität der Ertragskraft, können und werden Eisenbahnen und Versorger traditionell einen Großteil ihres langfristigen Kapitals durch den Verkauf von Anleihen oder vorrangiger Aktien aufnehmen. Mehr als die Hälfte der Kapitalisierung der amerikanischen Eisenbahnen besteht aus Anleihen, und ein bedeutender Teil des Rests besteht aus Vorzugsaktien, denen eine begrenzte Dividende zusteht. Im Fall der öffentlichen Versorger stellt das Stammkapital in vielen Fällen einen noch kleineren Anteil an der gesamten Kapitalisierung dar, als dies normalerweise bei den Eisenbahnen der Fall ist. Dies gilt insbesondere für Beteiligungsgesellschaften, die verstreuten Besitz durch den Besitz aller oder der Mehrheit ihrer Stammaktien kontrollieren. Es ist keineswegs ungewöhnlich, daß $ 10.000.000,- an Stammkapital in solchen Fällen $ 100.000.000,- an Vermögen kontrollieren.

Ein tatsächlicher Fall

Das Prinzip des Handels auf das Eigenkapital kann leicht an einem beispielhaften Fall erklärt werden. Nehmen wir an, daß eine Beteiligungsgesellschaft eines öffentlichen Versorgungsunternehmens $60.000.000,- (5% Anleihen, $ 30.000.000,- 7% Vorzugsaktien und $ 10.000.000,- Stammkapital) ausstehen hat. Wenn die Kommission für öffentliche Dienstleistungen des Gebietes, in dem die Gesellschaft arbeitet, die Gebühren auf ein Niveau festlegt, bei dem die Firma mit kompetenter Geschäftsführung 8% auf ihre Investition verdienen kann, ist ein Ertrag von $ 8.000.000,- möglich. Die Anleihebesitzer erhalten $ 3.000.000,-, die Vorzugsaktionäre $ 2.100.000,- und es verbleiben $ 2.900.000,- für das Stammkapital oder $ 29,- pro Aktie. Wenn aber die Gebühren unzureichend sind, die Geschäftsführung weniger kompetent ist oder aus anderen Gründen der Ertrag nur bei 6% des Besitzwertes liegt, ist der Restbetrag für die Stammaktien nur $ 9,- pro Stück. Mit anderen Worten, ein Ertragsrückgang von 25% pro Dollar an Vermögen resultiert in einem Verfall von 69% des Ertrags pro Aktie. Unter diesen Bedingungen würde ein Ertragsrückgang von 36% auf das Gesamtkapital den Restbetrag für das Stammkapital aufzehren.

Wenn die Auswirkungen vergleichsweise kleiner Schwankungen der Rendite pro Dollar an Investitionen so bemerkenswert sind, ist das Ergebnis am Aktienmarkt wahrscheinlich noch bemerkenswerter. Wenn eine Gruppe von öffentlichen Versorgungsunternehmen einen so kleinen Ertrag auf den Besitzwert erzielt, daß ein kleiner oder kein Restbetrag für das Stammkapital bleibt, kann der Marktwert dieser Aktie irgendwo zwischen $ 5,- und $ 20,- sein. Ein geringfügiger Rückgang der Betriebskosten, ein Umsatzanstieg oder eine Gebührenerhöhung können einen etwas höheren Ertrag auf die Investition ergeben sowie einen Restbetrag von $ 10,- oder mehr pro Aktie. In einer Hausse, wie der von 1929, würde diese Ertragskraft den Stammaktien einen Wert zwischen $ 250,- und $ 300,- pro Stück geben.

Sensationelle Aktienmarktbewegungen

Die zwei angeführten Beispiele sensationeller Bewegungen von Aktien öffentlicher Dienstleistungsunternehmen unterstreichen die Theorie, daß solche Bewegungen primär bei Aktien von Firmen erwartet werden können, die eine kopflastige Kapitalstruktur haben. Am 31. Dezember 1924 hatte Boston & Maine $ 132.700.000,- Fremdkapital und $ 41.900.000,- Vorzugsaktien vorrangig zu nur 394.730 Stammaktien. 1923 schrieb die Bahn ihr drittes aufeinanderfolgendes jährliches Defizit nach Fixkosten. Es ist kaum verwunderlich, daß die Aktie bei $ 10 notierte. Eine neue Geschäftsführung sicherte die Zustimmung der Vorzugsaktionäre, auf die aufgelaufenen Dividenden zum großen Teil zu verzichten, reduzierte energisch die Kosten und verbesserte schnell den Besitz. Fünf Jahre später war der Umsatz tatsächlich geringer als 1923, aber der effizientere Betrieb erlaubte es, einen Ertrag von $ 8,62 pro Aktie auszuweisen. Unter diesen

Umständen stieg ein Anteil an dem $230.000.000,- Besitz, der vom Markt 1924 mit weniger als $4.000.000,- bewertet wurde, ganz natürlich fast fünfzehnfach im Wert. Commonwealth Power war Ende 1926 ein Unternehmen vergleichbarer Größe. Fremdkapital und Vorzugsaktien der Firma und der Tochtergesellschaften beliefen sich auf $ 252.000.000,-, gefolgt von 1.233.000 Stammaktien. Zum Jahrestiefstkurs wurde das Eigenkapital vom Markt mit weniger als $ 36.000.000,- bewertet. Im Vorjahr verdiente die Firma $ 2,61 pro Aktie. Dank der Kapitalstruktur der Firma ergab ein Anstieg von 33% im Bruttoertrag und eine bescheidene Verbesserung im Betriebskoeffizient einen Anstieg von 220% im Einkommen, das 1928 zur Zahlung von Dividenden zur Verfügung stand. Öffentliche Wahrnehmung, daß solche Möglichkeiten bei Versorgern gegeben sind, trieben die Kurse der Versorger 1929 auf phantastische Höhen.

Wo sich die Wege des Anlegers und des Spekulanten trennen

Es ist weniger wahrscheinlich, daß große Preisbewegungen bei den Aktien gut kapitalisierter öffentlicher Dienstleister vorkommen. Die Pennsylvania Railroad ist ein Beispiel. Ende 1929 standen $575.000.000,- an Eigenmitteln $ 550.000.000,- an Fremdkapital gegenüber. Wo das Eigenkapital so groß ist, bedarf es einer relativ großen Veränderung im Gewinn pro angelegtem Dollar, um eine merkliche Änderung im Gewinn pro Aktie zu bewirken. Stabilität des Ertrags ist ein natürlicher Begleiter einer solchen Kapitalstruktur. Pennsylvania zahlte seit 1856 jedes Jahr Dividenden. Ihre Aktie ist ein Anlagewert, der sich innerhalb enger Grenzen bewegt. Die katastrophalen Folgen des Krieges und der staatlichen Kontrolle aller Eisenbahnen bewirkte einen Einschnitt in die Dividenden der Pennsylvania im Jahr 1921, und die Aktie fiel auf 32 ¼. Von diesem Niveau erholte sie sich 1929 bis auf 110, in sich ein sehr ansehnlicher Anstieg, aber klein im Vergleich mit dem von Boston & Maine.

Ein gut finanzierter Versorger

Unter den Versorgern ist Commonwealth Edison ein Beispiel für eine konservativ finanzierte Firma mit $ 135.000.000 ,-Eigenkapital, das 1929 nur hinter $ 120.000.000,- Anleihen rangierte und keine Vorzugsaktien hatte. Im Vergleich zu 1925 zeigte die Gewinn- und Verlustrechnung von 1928 einen 33%igen Anstieg der Bruttoeinnahmen, genau wie bei Commonwealth & Power. Die Verbesserung des Betriebskoeffizienten war nur geringfügig kleiner. Aufgrund der stabileren Kapitalstruktur erzielte Commonwealth Edison unter fast den gleichen Umständen, die den Stammaktionären von Commonwealth Power einen Zugewinn von 220% bescherten, nur einen Anstieg von 44% des Einkommens, das für Dividenden zur Verfügung stand. Vom Tiefpunkt 1926 stieg der Kurs von Edison in drei Jahren auf mehr als das Dreifache, aber diese Leistung ist viel geringer als der fast 900%ige Anstieg bei Commonwealth Power.

Es ist offensichtlich, daß ein öffentliches Dienstleistungsunternehmen, das normalerweise seinen Kapitaleinsatz stark vergrößern muß, um einen Umsatzanstieg zu erzielen, eine konservative Kapitalstruktur nur auf Kosten jeglicher Möglichkeit eines sensationellen Kursanstiegs beibehalten kann. Weiterhin scheint es, daß die Wege des Anlegers und des Spekulanten sich in diesem Bereich definitiv trennen. Die Kapitalstruktur, die aus Sicht des Anlegers ideal ist, verringert in starkem Maß die Wahrscheinlichkeit der großen Preisausschläge, die Chancen für den Spekulanten mit sich bringen.

Natürlich sind starke Kursbewegungen im Fall einer Firma, deren Kapitalstruktur dem Ideal nahe kommt, nicht unmöglich. Die Struktur von New Haven bestand 1913 aus $ 180.000.000,- Eigenkapital und $ 200.000.000,- Anleihen, aber diese Tatsache alleine verhinderte nicht, daß die Aktie vom Höchstkurs 1913 von 129 7/8 auf einen Tiefstkurs 1923 von 9 5/8 fiel. 1922 hatte Pere Marquette eine ideale Kapitalstruktur mit $ 42.000.000,- Fremdkapital, $ 23.000.000,- Vorzugs- und $ 45.000.000,- Stammaktien, aber die

Stämme stiegen trotzdem von 19 in jenem Jahr auf einen Höchstkurs von 122 im Jahr 1926. Ein gesundes Unternehmen, dessen Aktien ein Anlagewert sind, kann in harte Zeiten kommen, eines, das nur mittelmäßigen Erfolg hat, kann aufgrund harter Arbeit der Geschäftsführung wirklich aufblühen. Es ist wahrscheinlich, daß Marktbewegungen aufgrund solcher Änderungen trotzdem weniger rasch geschehen als solche, die sich aufgrund von Änderungen bei geringem Eigenkapital ergeben.

Berücksichtigung saisonaler Schwankungen

Soweit die Bewegung von Eisenbahnaktien von individuellen Faktoren abhängen und nicht von der Tendenz des Gesamtmarktes, ist es wichtig, daß der Spekulant weiß, wie die Konten der Eisenbahnen zu analysieren sind. Im Fall aller Eisenbahnen, außer der geringer Größe, finden sich die monatlichen Gewinn- und Verlustrechnungen in der Finanzpresse, sobald die Zahlen der Interstate Commerce Commission vorliegen. Ein Monat ist ein kurzer Zeitraum, und das Einkommen eines einzelnen Monats kann sehr viel mehr oder weniger sein als ein Zwölftel des Einkommens eines ganzen Jahres. Bahnen mit hohem Getreidefrachtaufkommen verdienen im Frühjahr vielleicht nicht einmal ihre Fixkosten, weisen aber für das gesamte Jahr einen ansehnlichen Gewinn aus. Die Bahnen in Florida erleben andererseits das stärkste Aufkommen im Winter und Frühjahr. Indem der Durchschnitt mehrerer Jahre genommen wird, ist es möglich, den prozentualen Anteil des Jahresumsatzes des Betriebsergebnisses zu berechnen, der normalerweise in einem bestimmten Monat von einer bestimmten Bahn erzielt wird. Mit diesen Zahlen, die in einer Reihe von Statistiken ohne weiteres verfügbar sind, ist es einfach, den jährlichen Gewinn einer Eisenbahn mit einem beträchtlichen Maß an Genauigkeit zu berechnen, sobald die Ergebnisse der ersten vier oder fünf Monate vorliegen. Die detaillierten monatlichen Zahlen zeigen auch, ob es irgendwelche Tendenzen gibt, Unterhal-

tungskosten zu beschneiden, und ob die anteiligen Kosten für die
Durchführung des Transports verringert werden oder steigen.

Der Eisenbahnmaßstab

Neben den Dollars und Cents der Gewinn- und Verlustrechnung gibt
es wichtige Einzelheiten des Geschäftsberichts, die normalerweise jährlich erhältlich sind und in Tonnen und Meilen ausgedrückt werden.
Von Jahr zu Jahr wird das Verkehrsaufkommen am besten in der Anzahl
der Tonnen-Meilen ausgedrückt - der Anzahl an Tonnen von Fracht,
die eine Meile bewegt wurden. Diese Zahl sollte über einen mehrjährigen Zeitraum eine deutliche Aufwärtstendenz zeigen. Die durchschnittliche Frachtstrecke in Meilen ist eine weitere wichtige Zahl.
Da die Umschlagkosten ein bedeutender Teil der Kosten für den
Frachttransport sind, ist der Langstreckenverkehr für eine Eisenbahn
am profitabelsten. Die Bahnen, die ein großes Aufkommen an ver-
derblichen Früchten und Gemüse zu hohen Sätzen von Kalifornien
an die Mississippi-Flußübergänge oder von Florida in den Norden
transportieren, sind glücklich plaziert. Wenn die durchschnittliche
Fracht einer Eisenbahn über einen mehrjährigen Zeitraum tenden-
ziell ansteigt, wird ihr Geschäft wahrscheinlich profitabler. Die Klassifizierung der Fracht ist ein weiteres, wichtiges Detail der Eisen-
bahnberichte. Eine Tendenz zu einem höheren Anteil an Industrie-
und sonstiger Fracht und landwirtschaftlichen Produkten einerseits
und ein kleinerer Anteil an Minen- und Forstprodukten, die weniger wertvoll sind und niedrigere Säte bringen,andererseits, ist ein
Zeichen für einen ansteigend profitablen Verkehr. Bei den meisten
Bahnen ist der Personenverkehr weniger wichtig, aber im Langstreckenverkehr wird Geld verdient.

Zugbeladungszahlen

Die Effizienz des Betriebs einer Eisenbahn wird zumeist am Gewicht einer durchschnittlichen Zugladung gemessen. Je größer die Anzahl Tonnen, die von einer einzelnen Zugbesatzung bewegt wird, je voller die Frachtwaggons beladen werden können, desto kleiner sind die direkten Betriebskosten. Das Ziel jedes Eisenbahnbetreibers ist es, eine bessere Waggon- und Zugbeladung zu erreichen. Eine Art, dies zu erreichen, ist Leerfrachten zu reduzieren. Dies ist ein ernstliches Problem für viele Bahnen, deren Schwerverkehr hauptsächlich in eine Richtung geht, wie im Fall der Weichkohlebahnen von den Minen zum Meer. Das hohe Aufkommen an Leerfrachten in die Gegenrichtung verschlechtert natürlich die durchschnittliche Beladungszahl erheblich. Erfolg in der Schaffung von Frachtverkehr, der ein Gegengewicht zum vorherrschenden Verkehr bildet, wird sich entsprechend in den Ladungszahlen niederschlagen. Die durchschnittliche Zugbeladung einer gut geführten Eisenbahn wird so dazu neigen, über einen mehrjährigen Zeitraum anzusteigen. Es ist unmöglich, die Zugbeladung einer Bahn befriedigend mit der einer anderen zu vergleichen. Eine Eisenbahn, die hauptsächlich Kohle befördert, kann eine durchschnittliche Beladung von 800 oder 900 Tonnen erreichen. Eine andere Bahn mit leichterem Verkehr bringt es vielleicht nur auf 300 bis 400 Tonnen für einen durchschnittlichen Zug. Die Zugbeladung ist dennoch eine wichtige Größe für den Eisenbahnanalysten.

Effizienz von Atchison

Wenden wir diese Untersuchungen bei einer der stärksten Eisenbahnen des Landes, der Atchison, Topeka & Santa Fe, an. 1913 beförderte die Firma 25.062.000 Tonnen Fracht; 1925 42.782.000 Tonnen. Der Anstieg der Tonnenmeilen war etwas höher, von 7.802.000.000 auf 13.862.000.000. Eine einfache Rechnung ergibt, daß die durchschnittliche Frachtstrecke von 311 auf 314 Meilen leicht anstieg. Als Ergebnis des Verlustes des Kurzstreckenverkehrs an private Automobile und Busse ging das Passagieraufkommen um über 50% zurück, aber die durchschnittliche Strecke stieg von 90 auf 209 Meilen.

Bei den meisten Bahnen führte der Krieg zu einem hohen Anstieg des Betriebskoeffizienten. Im Vergleich zu 1913 gab die Mehrheit der Bahnen einen großen Anteil ihres Bruttoeinkommens für Unterhaltung und Transport aus. Atchisons Zahlen von 1925 sind darin bemerkenswert, daß die Verhältnisse denen von 1913 sehr nahe sind. Die Unterhaltung betrug 1913 32% des Bruttoeinkommens und 1925 nur 34,3%. Die Transportkosten beliefen sich 1913 auf 30% des Umsatzes und 1925 auf nur 30,8%. Der Eindruck von Effizienz, der damit vermittelt wird, spiegelt sich auch in den Zugbeladungszahlen wider. Die durchschnittliche Zugfracht betrug 1913 425 Tonnen und stieg auf 670 Tonnen im Jahr 1925. Dies war eine außerordentlich gute Leistung für eine Bahn, die nicht vorrangig Kohle befördert. 1925 bestand über 32% der Fracht aus Industrie-, Handels- und sonstiger Ware. Diese Gruppe machte 1913 weniger als 25% aus.

St. Pauls Probleme

Ein Vergleich der Zahlen für die Chicago, Milwaukee & St. Paul von 1913 und 1924, dem Jahr bevor die Bahn in die Konkursverwaltung ging, könnte ebenso aufschlußreich sein. Der Anstieg der beförderten Frachttonnage war erheblich geringer als im Fall von Atchison, und die durchschnittliche Frachtstrecke ging sogar zurück. St. Pauls anteilige Frachtkosten stiegen an und waren in jedem Jahr erheblich höher als die von Atchison. Das Verhältnis von Unterhaltung zu Umsatz war 1913 viel geringer als bei Atchison und 1924 nur geringfügig höher, was Zweifel daran aufkommen läßt, ob die Aufwendungen hoch genug waren. St. Paul erzielte im Betrachtungszeitraum einen etwas besseren Zuwachs bei der Zugbeladung als Atchison. Ein ausgeprägter Rückschritt zeigte sich aber in der Veränderung der Art des Frachtverkehrs. 1913 bestand etwas mehr als 30% der beförderten Fracht aus Industrie-, Handels- und sonstiger Ware, 1924 weniger als 23%. Ein weiterer interessanter Kontrast zwischen Atchison und St. Paul ist die Behandlung der Abschreibung der Ausrüstung. Leider weist St. Paul Bahn und Ausrüstung in den Bilanzen nicht gesondert aus. Die Gesamtsumme aber betrug am 31. Dezember 1923 $689.000.000,- im Vergleich zu $ 824.000.000,- für Atchison am gleichen Tag. Letztere Zahl beinhaltet $ 191.000.000,- an Ausrüstung. Die stärkere Firma hatte zu diesem Stichtag in den Rückstellungen einen Posten von $ 76.000.000,- für aufgelaufene Abschreibungen auf die Ausrüstung. Derselbe Posten in der Bilanz von St. Paul vom selben Tag war nur $ 25.000.000,-. Selbst wenn man den bescheidenen Größenunterschied zwischen den beiden Bahnen in Betracht zieht, scheint es doch, daß es damals schon Gründe gab zu vermuten, daß die Aufwandszahlen von St. Paul ungenügende Abschreibungen für die Unterhaltung enthielten. Es sollte natürlich nicht vergessen werden, daß die Abschreibungszahlen in den Eisenbahnberichten Teil der Unterhaltsaufwendungen sind. Angesichts dieses vernünftigen Verdachts und ausgewiesener Erträge für 1923 von 30 Cents pro Aktie auf die Vorzüge notierten die Vorzüge von St. Paul 1924 tatsächlich bei $32^1/_8$.

Kilowatt und Kilowattstunden

Sind Tonnen und Tonnenmeilen die typischen Zahlen eines Eisenbahngeschäftsberichts, so sind Kilowatt und Kilowattstunden die wichtigsten Einheiten im Zusammenhang mit Energieversorgungsunternehmen. Kilowatt ist eine Einheit für Energie, die von Ingenieuren viel öfter benutzt wird als PS. Ein Kilowatt entspricht ungefähr $1^1/_3$ PS. Ein Elektrizitätsunternehmen verkauft sein Produkt in

Kilowattstunden. Die Umsätze der allergrößten Firmen überschritten 1925 die Marke von 1 Milliarde Kilowattstunden. New York Edison verkaufte in jenem Jahr zum Beispiel 1.216.000.000 Kilowattstunden. Von dieser Gesamtsumme wurden 976.000.000 in eigenen Werken generiert und der Rest zugekauft. Die Firma hatte eine Erzeugungskapazität von 416.000 Kilowatt. Wäre jeder Generator während des Jahres 24 Stunden pro Tag gelaufen, hätte der Elektrizitätsausstoß 3.640.000 Kilowattstunden betragen. Die Produktion und der Absatz dieser Summe an Energie entspräche 100% theoretischer Effizienz. Das Verhältnis des tatsächlichen theoretischen maximalen Ausstoßes wird als Kapazitätsausnutzungsgrad bezeichnet. Jeder Verantwortliche eines Versorgers ist darum bemüht, Kunden zu finden, die Strom außerhalb der Stoßzeiten oder außerhalb der Saison abnehmen und so den Kapazitätsausnutzungsgrad verbessern. In der Praxis ist es niemals möglich, sehr nahe an einen Kapazitätsausnutzungsgrad von 100% heranzukommen.

Beim Vergleich von Eisenbahnen ist es nicht nötig, Unterschiede zwischen zwei Firmen in Betracht zu ziehen; bei öffentlichen Versorgern ist die Unterschiedlichkeit wahrscheinlich viel größer. Eine Firma generiert vielleicht Energie in verschiedenen Wasserkraftwerken und verkauft den Strom im Großhandel an wenige Großkunden, eine andere hat keine eigenen Kraftwerke, sondern kauft den Strom im Großhandel und verteilt ihn an Kleinkunden in ihrem Gebiet, wieder andere erzeugen und verteilen Strom. Die Firma, die Strom ganz oder überwiegend in Wasserkraftwerken erzeugt, weist eine ganz andere Art von Gewinn- und Verlustrechnung auf als eine Firma, die nur mit Dampf erzeugt. Schneller Fortschritt der Fusionsbewegung im Bereich der Versorger führt zu einer Glättung dieser Ungleichheiten.

Langsamer Kapitalumsatz

Im allgemeinen ist eines der wichtigsten Dinge, die ein Analyst bei öffentlichen Versorgern bedenken muß, die Tatsache, daß sie ihr Anlagekapital sehr langsam umsetzen. Es bedarf normalerweise $ 5,- oder mehr an Anlagevermögen, um $ 1,- an jährlichem Bruttoeinkommen zu erzeugen. Das Verhältnis ist im Fall von Wasserkraftwerken viel höher, die $ 100,- bis $ 300,- pro Kilowatt in Kraftwerke investieren müssen, und dazu noch lange Übertragungsleitungen und ein Verteilersystem benötigen. Ende 1925 bewertete die Montana Power Co. ihr Anlagevermögen mit $ 95.000.000,- oder mehr als dem Elffachen ihres Bruttoumsatzes aus dem Jahr 1925 von $ 8.438.000,-. Andererseits ist der Betriebsaufwand eines Wasserkraftwerkes sehr gering. Die Aufwendung für etwas Schmiermittel und die Löhne einer Handvoll Angestellter umfassen die direkten Betriebskosten. 1929 nahmen die Betriebskosten der Pennsylvania Water & Power Co. nur 35% ihrer Bruttoeinnahmen in Anspruch. Eine Firma, die für die Stromerzeugung ganz oder hauptsächlich auf Dampf angewiesen ist, hat ein höheres Betriebsverhältnis als ein Wasserkraftunternehmen, aber erheblich geringere Kapitalkosten.

Abschreibungsaufwendungen einer öffentlichen Versorgungsgesellschaft sollten normalerweise 6-10% des Bruttoertrags betragen. Falls die aufgelaufenen Rückstellungen aber 10% oder mehr des Vermögenswerts betragen, kann eine Firma ihre Abschreibungsaufwendungen vernünftigerweise etwas reduzieren. Die Emissionsbedingungen von Anleihen öffentlicher Versorger verpflichten die emittierende Firma oft dazu, bestimmte Summen für Unterhaltung und Abschreibung bereitzustellen. Eine weit verbreitete Regel verpflichtet die Firma dazu, »dem Treuhänder jährlich eine Summe zu zahlen, die auf mindestens 12,5 % der Bruttobetriebseinnahmen beziffert ist, minus der Beträge, die im Vorjahr für nicht finanzierte Verbesserungen, Anbauten, Unterhaltung, Reparaturen, Erneuerungen und Ersatz ausgegeben wurde.«

Eine aussagekräftige Analyse

Am 13. April 1925 veröffentlichte Barron's einen Artikel über lateinamerikanische Versorgungsunternehmen, in dem die bemerkenswerte Abschreibungspolitik der Havana Electric Railway, Light & Power Co. besprochen wurde. Es wurde gezeigt, daß die Firma 1923 24,9% ihrer Bruttoeinnahmen zur Bildung von Rückstellungen für Abschreibungen und Eventualfälle ansetzte. Hätte sie nur die üblichen 10% für Rückstellungen angesetzt, hätte der Rest für das Stammkapital $ 21,94 pro Aktie, statt der tatsächlich ausgewiesenen $ 8,57, betragen. Die Aktie wurde damals um 102 notiert, fiel innerhalb der nächsten paar Wochen unter Pari, überstieg aber innerhalb eines Jahres 250. Diese Marktbewegung hatte, wie wir sehen werden, nichts mit einer Änderung der allgemeinen Vorstellung davon zu tun, was ein Dollar an Versorger-Ertragskraft wert war, die zum großen Teil den enormen Anstieg der Versorger 1929 erklärt. Sie steht lediglich für eine plötzliche Anpassung an vorherrschende Wertvorstellungen über eine große aber wenig bekannte Situation. Solche Gelegenheiten gibt es selten, aber sie zeigen, daß es sich lohnt, die Abschreibungszahlen anzuschauen.

Es gibt viel weniger Erzeuger von Kunstgas, und sie sind von geringerer Bedeutung als Elektrizitätsfirmen. In vielen bedeutenden Städten, einschließlich New York, Baltimore, Denver und San Francisco, liefert ein und dieselbe Firma Gas und Strom. Für solche Firmen und für Konzerne, deren Tochtergesellschaften sowohl Gas als auch Strom liefern, können bei der Analyse die selben Kennzahlen verwandt werden wie für Elektrizitätsfirmen. Es gibt wenige wichtige Gasunternehmen: Brooklyn Union, Massachusetts, Peoples of Chicago. Man geht normalerweise davon aus, daß Gasfirmen etwas geringere Abschreibungen vornehmen müssen als Stromunternehmen.

Ein idealer Brennstoff

Rasches Wachstum der Erdgasindustrie in den vergangenen Jahren hat den Fortschritt beim Kunstgas etwas in den Schatten gestellt. Verbesserungen bei der Erstellung von Pipelines erlaubten die schnelle Erweiterung der Märkte für Erdgas. Innerhalb einiger Jahre könnte dieser ideale Brennstoff im größten Teil der USA sogar mehr oder weniger frei zur Verfügung stehen. Gas, das an der Quelle nur wenige Cents pro Kubikmeter kosten mag, und das den doppelten Brennwert von Kunstgas besitzt, könnte so das Kunstgas ersetzen, das bisher über $ 1,- pro Kubikmeter im Einzelhandel kostet. Die Kosten einer Pipeline sind hoch, so daß Gas, das Hunderte von Meilen von seiner Quelle entfernt geliefert wird, das Mehrfache seines Wertes an der Quelle kosten kann. Die Versorgung ist auch nicht so sicher wie bei dem industriell hergestellten Produkt. Diese dem Produkt innewohnenden Nachteile werden es wahrscheinlich immer verhindern, daß der Markt die Erträge aus Erdgas auf annähernd der gleichen Basis bewertet wie die von Elektrizitätsgesellschaften.

Probleme der Verkehrsbetriebe

Verkehrsbetriebe sind natürlich eine spezialisierte Art von Eisenbahn, und die Kennzahlen, die für die Analyse von Eisenbahnen verwandt werden, können einfach für eine Untersuchung der Verkehrsbetriebe angepaßt werden. Es sollte zwischen innerstädtischen Linien, die besonders stark unter dem Wettbewerb von Bussen und Privatfahrzeugen leiden, und Systemen unterschieden werden, die Massentransporte innerhalb großer Städte anbieten, da sie unterirdische Gleise wie auch Schwebestrecken erfordern. Die finanziellen Probleme, die die Verkehrsbetriebe während des Krieges zu plagen begannen, als sie Schwierigkeiten hatten, den öffentlichen Widerstand gegen höhere Beförderungsentgelte als die herkömmlichen 5 Cents pro Fahrt zu überwinden, und die später durch den strengen Wettbewerb

privater Automobile und Busse verstärkt wurden, führten zum all-
mählichen Verlust ihrer Freunde in der anlegenden und spekulierenden
Öffentlichkeit. Während dies geschrieben wird, ist die Ausmerzung
schwacher Verkehrsbetriebe durch Konkursverwaltung und Strecken-
aufgabe noch nicht beendet. Firmen, die die größeren Städte des Landes bedienen, zeigen dennoch in einigen Fällen Zuwächse im Passagieraufkommen und im Ertrag. Selbst die Situation der innerstädtischen Strecken ist nicht hoffnungslos. So schwach die meisten
von ihnen auch sind, sind sie doch in einer besseren Lage, Busver-
kehre zu finanzieren, als unabhängige Anbieter. Der ruinöse Wettbewerb der Buslinien und der innerstädtischen Bahnen wird letztlich durch die finanzielle Erschöpfung der schwächeren Teilnehmer
und durch gesetzgeberische und gerichtliche Maßnahmen zur Bereit-
stellung sicherer und ausreichender öffentlicher Dienstleistungen
beendet werden. Wenn dieser Tag kommt, ist eine echte Hausse der
Verkehrsbetriebspapiere nicht unvorstellbar.

Die Aktien öffentlicher Dienstleister – Eisenbahnen, Strom- und
Gasgesellschaften und Verkehrsbetriebe – bieten dem Spekulanten
ein weites Betätigungsfeld, das für ihn viele Vorteile besitzt. Informationen über sie sind vollständig und zuverlässiger als die, die im
Fall von Industrie-, Bergwerk- oder Ölgesellschaften in Erfahrung
gebracht werden können, und es gibt genaue Analysemethoden.

KAPITEL XIV

Die Analyse von Industrieaktien

Wachstum der Wirtschaftsriesen – Ein Beispiel der Voraussicht – Wohlstand in Zigaretten – Pferde und Traktoren – Wie Stahlaktien verglichen werden – Mechanische Analyse ist wertlos, Urteilsvermögen unerläßlich – Betrachtung der Branchen – Wie Führung erlangt wird

Über den Türen vieler Läden in unseren Großstädten sind leuchtend rote Schilder angebracht, die aus Glasröhren geformt sind, die mit dem Edelgas Neon gefüllt sind, das rot wird, wenn Strom hindurchgeleitet wird. Der Verkauf von Neon an die Hersteller dieser Schilder ist eines der minderen Geschäftsfelder eines bedeutenden Industrieunternehmens, dessen Aktien an der New Yorker Börse gehandelt werden. Dies ist nur ein Beispiel für die Vielzahl der Geschäftsfelder, die es heute gibt, und von denen eine Generation zuvor noch niemand geträumt hat. Neben der Herstellung einer Vielzahl neuer Waren produzieren die heutigen Industrieunternehmen die bekannten Waren vergangener Generationen in erstaunlichen Größenordnungen. Vor einer Generation war die Fabrik eine kleine Angelegenheit mit höchstens ein paar hundert Angestellten, die einer Einzelperson oder einer begrenzten Gruppe gehörte. Heute geschieht die Fabrikation in einem sehr viel größeren Umfang, und das Kapital eines bestimmten Unternehmens muß von Tausenden anstatt von einer Handvoll Einzelpersonen zur Verfügung gestellt werden.

Der Aufstieg der Treuhandfonds

Der Spekulant der Generation zwischen dem Bürgerkrieg und dem spanischen Krieg hatte praktisch keine Industrieaktien als Handelsinstrumente. In den 90ern erfolgte dann die Schaffung von »Treuhandfonds« durch die Fusion von Wettbewerbern in vielen Branchen: Stahl, Zucker, Papier, Gummi und so weiter. So begann damals die Einführung von Industriepapieren zum öffentlichen Handel, ein Prozeß, der bis heute anhält. Wo einst die Eisenbahnaktien das Hauptspekulationsvehikel waren, sind sie heute gegenüber den Industrieaktien, die die verschiedensten Geschäftsfelder repräsentieren, in der Minderheit. Laut den Aufzeichnungen über Börsengeschäfte an einem der vergangenen Tage zeigt sich, daß die alphabetisch ersten zehn Firmen die folgenden Bereiche abdecken: Kaufhaus, Kapitalanlagegesellschaft, Strumpfwaren, Büroausstattung, landwirtschaftliche Maschinen, Bleibergwerk, atmosphärische Gase, Staubsauger, Reifen, Goldmine.

Warum Aktien dazu neigen, sich zusammen zu bewegen

Bis in die ersten Jahre des 20. Jahrhunderts war die Zahl der Industrieaktien, die dem Spekulanten für seine Engagements zur Verfügung standen, deutlich begrenzt. United States Steel, American Sugar, ein paar Kupfergesellschaften und Vertreter einiger anderer »Treuhandfonds« waren fast die einzigen Aktien, für die es einen aktiven Markt gab. Mit dem Ergebnis, daß das spekulative Interesse sich auf diese begrenzte Gruppe konzentrierte und es für diese Aktien eine starke Tendenz gab, sich zusammen zu bewegen. Eine entschiedene Bewegung in eine Richtung einer einzelnen Aktie erregte mehr Aufmerksamkeit, als eine ähnliche Bewegung einer der vielen hundert Aktien, die heute an der Börse notiert sind. Außerdem war das Land selbst industriell viel weniger diversifiziert als heute, so daß ungünstige Bedingungen, die eine einzelne Branche betrafen, auf andere Branchen in höherem Maß Auswirkungen hatten. Da heute sowohl der Aktienmarkt als auch die industrielle Struktur breit diversifiziert sind, gibt es viel größere Toleranzen für Abweichungen einzelner innerhalb der allgemeinen Bewegung des Aktienmarkts als früher.

Wirtschaftskrise und Wohlstand Seite an Seite

Es ist heute möglich, daß eine erhebliche Anzahl von Branchen eine schwere Krise erleben, während des Land insgesamt Wohlstand erlebt. In den Jahren 1923-1926 durchlitten zum Beispiel die Lederfabrikanten, Buch- und Papierhersteller, Düngemittelhersteller, Abpacker, die meisten Textilfabrikanten und die Betreiber von Kohlebergwerken Wirtschaftskrisen unterschiedlichen Ausmaßes. Die Wertpapiere von Firmen dieser Branchen wurden von den Bedingungen in ihrer Branche genauso beeinflußt wie von den Konditionen des Geldmarkts und dem Verlauf des Aktienmarkts im allgemeinen. In einem der vorigen Kapitel wurde darauf aufmerksam gemacht, daß sogar innerhalb derselben Branche Aktien sich in verschiedene Richtungen oder sich mit ganz unterschiedlicher Geschwindigkeit in die selbe Richtung bewegen können. Es scheint also, daß der Spekulant nicht nur bestimmen muß, ob der Allgemeinzustand des Marktes für einen Kauf oder Verkauf günstig ist, sondern auch ob der Zustand in einer bestimmten Branche für einen Kauf oder Verkauf von Wertpapieren von Firmen in jener Branche günstig ist, und letztlich, ob der Zustand einer bestimmten Firma für den Kauf oder Verkauf ihrer Aktie günstig ist. Da Industrieaktien das breiteste Betätigungsfeld bieten, wird die Analyse der Industrieaktien einen bedeutenden Teil der Aufmerksamkeit einnehmen.

Betrachtung der Tabakfirmen

Rückblick ist einfacher als Voraussicht. Es wäre einfach, heute die Lage einer Industrieaktie zu betrachten, wie sie sich vor einigen Jahren darstellte, und zu zeigen, wie der intelligente Spekulant gewußt haben könnte, daß sie dazu bestimmt war, sich so zu verhalten, wie sie es tatsächlich tat. Statt dessen wollen wir betrachten, wie eine Analyse, die in der Vergangenheit tatsächlich durchgeführt wurde, sich entwickelte. Am 5. Mai 1924 veröffentlichte Barron's einen ausführlichen Artikel, der die Geschichte der vier führenden Tabakfirmen seit der Auflösung der American Tobacco Co. 1911 und ihre Lage zum Zeitpunkt des Erscheinens des Artikels besprach. Man erinnert sich, daß der Tabak-Treuhandfonds durch eine Auflage des Obersten Gerichts 1911 aufgelöst und in vier Haupthersteller von Kau- und Rauchtabak und Zigaretten und eine Anzahl weniger bedeutender Hersteller von Schnupftabak, Lakritze und verwandter Produkte überführt wurde. Die vier bedeutenden Nachfolgeunternehmen - American Tobacco, Liggett & Myers, P. Lorillard und R. J. Reynolds - traten in ein Zeitalter aktiven Wettbewerbs ein. Alle waren erfolgreich, zum Großteil aufgrund des enormen Wachstums des Zigarettenkonsums. Reynolds konzentrierte seine Aktivitäten größtenteils auf eine einzige Zigarettenmarke, die »Camels«, mit sichtbarem Erfolg, und wurde 1924, gemessen am Gewinn, die größte der vier Firmen (im Gegensatz zu 1912, als sie noch die kleinste war). American Tobacco produzierte weiterhin eine breite Palette an Zigaretten und anderen Tabakprodukten und erfreute sich anhaltenden Wohlstands, wuchs aber viel langsamer als Reynolds. Liggett & Myers verfolgte dieselbe breitgefächerte Strategie wie American Tobacco, wuchs aber etwas schneller. Lorillard konzentrierte ihre Aufmerksamkeit auf die relativ hochpreisigen Marken türkischer Zigaretten. Ihr bis 1924 bedeutendster Versuch, eine billige Mischtabakzigarette weit zu verbreiten, war gescheitert. Unmittelbar vor Veröffentlichung des Artikels hatte die Geschäftsführung von Lorillard gewechselt.

Vorhersage und Ergebnis

Die Kommentare des Artikels über die vier Aktien in den abschließenden Paragraphen waren wie folgt:

American Tobacco - » Die Erträge sind beständig und scheinen die Aktie zu einer Anlagebewertung zu berechtigen. Insgesamt hat die Aktie entschiedene Anziehungspunkte.«

Liggett & Myers – »Verdiente pro Aktie letztes Jahr praktisch genauso viel wie Reynolds. Die Firma hat nicht die selbe Wachstumsgeschichte wie Reynolds, aber die Rendite der Aktie ist attraktiver, die Zukunftsaussichten sind gut.«

Lorillard – »Bis 1923 waren die Ergebnisse gut, aber es bleibt abzuwarten, ob der Einbruch nur vorübergehend ist.«

Reynolds – »Sollte seine beherrschende Stellung in der Branche behaupten können. Der derzeitige Markt in der Aktie scheint aber günstige Entwicklungen auf lange Sicht schon in die Bewertung einbezogen zu haben.«

Die Branche – »Die Zigarettenhersteller erwarten einen letztendlichen Verbrauch in diesem Land von 1.000 Zigaretten pro Person pro Jahr. Daher sollten sich alle vier Firmen anhaltenden Wohlstands erfreuen.«

Angesichts dieser Kommentare ist eine Tabelle, die die Notierungen dieser vier Aktien am 5. Mai 1924 und am 31. Dezember 1929 unter Berücksichtigung von Aktiendividenden und Änderungen des Nominalwertes zeigt, von großem Interesse:

	31.12.1929	5.5.1924	% Anstieg
American Tobacco »B«	409	140	192
Liggett & Myers »B«	118 5/8	50	137
Lorillard	16	35 ¾	-55
R.J. Reynolds »B«	155	65 ¾	136

Produkte und Strategien

Die günstige Beurteilung von American Tobacco und Liggett & Myers wurde durch die folgenden Anstiege voll gerechtfertigt. Es stellt sich jedoch heraus, daß der Kommentar zu Reynolds viel zu vorsichtig, der über Lorillard nicht pessimistisch genug war.

Insgesamt ist dies ein gutes Beispiel einer profitablen Analyse. Sie wurde darüber hinaus unter gewissen Schwierigkeiten erstellt. Statistiken über den Gesamtverbrauch an Zigaretten stehen frei zur Verfügung und Produktionskosten können mit ziemlicher Genauigkeit geschätzt werden. Produktionszahlen nach Marken, auf der anderen Seite, sind eifersüchtig gehütete Geschäftsgeheimnisse, und ein Analyst der Tabakindustrie hat viel geringere Vergleichsmöglichkeiten für den relativen Fortschritt zwischen den Firmen als in vielen anderen Branchen.

Die Strategie von Bethlehem Steel

Die unterschiedliche Kursbewegung zweier führender Stahlaktien in den vergangenen Jahren war bereits das Thema eines vorigen Kapitels. In diesem Zusammenhang ist ein Kommentar in der Ausgabe des Barron's vom 22. Oktober 1923 von Interesse. In Antwort auf einen Leserbrief, der eine günstige Anlage suchte und eventuell Bethlehem Steel Stammaktien, die unter 50 notierten, als solche in Betracht zog, wurde gesagt: »Vielleicht ist die Dividende von $ 5,- nicht ernsthaft in Gefahr, aber die Zweifel an ihrer Dauerhaftigkeit sind groß genug, um die Frage aufzuwerfen, ob eine ansonsten attraktive Rendite sich nicht als illusorisch herausstellen wird.« Innerhalb eines Jahres wurde die Dividende ausgesetzt. Als der Kommentar veröffentlicht wurde, verdiente Bethlehem ihre Dividende von $ 5,- mit einer geringen Toleranz, nahm aber großzügige Ausgaben für einen Katalog von Verbesserungsmaßnahmen für ihre Anlagen vor. Ein Vorhaben der Kostenreduzierung durch Ausgaben für Anlageverbesserungen war offensichtlich gute Geschäftspolitik, es war aber ebenso klar, daß Ergebnisse in Form stark gestiegener Ertragskraft nicht innerhalb weniger Monate zu erzielen waren. Unter diesen Umständen mußte sich der Spekulant die selbe Frage stellen, vor der auch die Direktoren standen. Wäre es eine bessere Strategie für Bethlehem, das Betriebskapitals für die Durchführung der geplanten Verbesserungen aufzuzehren, die Kosten über Anleihen oder Vorzugsaktien zu finanzieren und damit die Abzüge vor den Dividenden der Stammaktien zu erhöhen oder sie aus dem Gewinn zu finanzieren, selbst wenn es nötig werden könnte, die Dividende für die Stammaktien auszusetzen?

Vergleich zweier industrieller Riesen

Die Tatsache, daß das Betriebskapital von Bethlehem Steel Ende 1923 im Verhältnis zu ihrer Größe erheblich geringer war als das ihres Hauptwettbewerbers, hatte offensichtlich einigen Einfluß auf die Dividendenpolitik. Beim Vergleich von Stahlherstellern ist die Größeneinheit für die jährliche Kapazität die Flußstahltonne. Stahlkocher stellen Platten, Barren, Schienen, Rollen, Stangen und Rohre her. Manche Firmen stellen eine viel größere Vielfalt an Produkten her als andere. Der größte gemeinsame Nenner ist die Flußstahltonne. Die Kapazität des ganzen Landes Ende 1923 betrug ungefähr 50.000.000 Flußstahltonnen. United States Steel hatte eine Kapazität von 22.000.000 Tonnen, Bethlehem von 7.600.000 Tonnen. Gleichzeitig verfügte Bethlehem Steel über $ 119.724.000,- an Betriebskapital, United States Steel über $ 451.192.000,-. Auf einen vergleichbaren Wert von Dollars an Betriebskapital pro Tonne an Kapazität gebracht, ergeben sich Zahlen von $ 15,75 für die kleinere Firma und $ 20,51 für den Branchenriesen. Der Unterschied zugunsten der größeren Firma war erheblich.

Genauso hätte ein Vergleich zwischen United States Steel und Bethlehem auf Basis der Kapitalisierung erfolgen können. Erstere hatte $ 527.160.000,- an Fremdkapital, $ 360.281.000 Vorzugsaktien und $ 508.302.000,- Stammaktien gegenüber $ 212.884.000,- Fremdkapital, $ 58.776.000,- Vorzugs- und $ 180.152.000,- Stammaktien bei Bethlehem. Der Vergleich pro Tonne folgt:

	Bethlehem	United States
Fremdkapital............................	$ 28,01	$ 23,96
Vorzugsaktien...........................	7,73	16,37
Stammaktien.............................	23,70	23,10
Gesamtkapitalisierung....................	$ 59,44	$ 63,43
Betriebskapital..........................	15,75	20,51
Nettokapitalisierung.....................	$43,69	$ 42,92

Die Abweichung zugunsten von United States Steel war bedeutender, als es oberflächlich schien. Das große Unternehmen besaß tausende Meilen an Eisenbahnen, große Zementwerke und andere Vermögenswerte, die Bethlehem nicht vorweisen konnte. Die Diversifizierung ihres Ausstoßes war gleichfalls größer. Die Flußstahltonne als Einheit war nicht in der Lage, die ganze Geschichte zu erzählen.

Gebrauch physischer Einheiten

Bei der Analyse von Wertpapieren muß der Spekulant immer daran denken, daß keine zwei Firmen wirklich vergleichbar sind. Er muß immer darauf vorbereitet sein, die Unterschiede angemessen zu berücksichtigen. Ein Rohzuckerhersteller besitzt vielleicht eine eigene Raffinerie, ein anderer ist nur ein reiner Zuckerhersteller. Eine Lederfirma stellt vielleicht Sohlenleder her, eine andere Oberleder, eine weitere Gurte. Selbst anscheinend so ähnliche Konzerne wie Woolworth und Kresge sind nicht völlig vergleichbar. Einer hält sich an die 10%-Grenze bei den Preisen seiner Ware, der andere führt in vielen seiner Läden teurere Waren. Das Vorgehen beim Vergleich von Firmen auf der Grundlage physischer Einheiten, so wertvoll es ist, ist auch aus anderen Gründen von begrenzter Anwendbarkeit. Viele Konzerne sind so stark diversifiziert, daß keine einzelne Einheit ihre Aktivitäten abdeckt. Allied Chemical & Dye stellt Dachdeck- und pharmazeutische Chemikalien her. Es wäre unmöglich, diese Firma mit irgendeinem anderen Chemieunternehmen zum Beispiel auf der Basis der Tonnage an Ausstoß zu vergleichen. Congoleum-Nairn und Mohawk Carpet stellen beide Bodenbeläge her, aber ein Vergleich auf Basis der Kapitalisierung pro Quadratmeter an Ausstoß wäre lächerlich.

Herstellungskosten sind lebenswichtig

Eine weitere Tatsache darf beim Versuch, zu einem gerechten Schluß durch den Vergleich zweier Werke zu gelangen, nicht vergessen werden. Ein lebenswichtiger Aspekt im Zusammenhang mit einem Wertpapier ist die Ertragskraft. Zwei Immobilien mit dem gleichen Wiederbeschaffungswert, Buchwert oder ausstehenden Kapital können sich in der Ertragskraft stark voneinander unterscheiden. So können zwei Zementwerke dieselbe jährliche Kapazität, in Tonnen gemessen, haben, die Immobilien des einen aber können viel günstiger gelegen sein als die des anderen, sowohl im bezug auf die Rohstoffe als auch auf die Märkte. Eine Schätzung des Werts der Wertpapiere, die nur auf der Kapitalisierung pro Tonne an Kapazität beruht, wäre so völlig irreführend. Die Aussage wird oft gemacht, und scheint auch begründet, daß die Stell Corporation Stahl um 50 Cents pro Tonne billiger herstellen kann als ihre Wettbewerber. Selbst wenn die Kapitalisierung und das Betriebskapital genau gleich wären wie bei Bethlehem Steel und United States Steel, gäbe es dennoch gute Gründe für eine große Preisdifferenz zwischen den Aktien.

Obwohl er beim Vergleichen vorsichtig sein sollte, sollte der Spekulant so viel wie möglich über das Geschäft der Firma, an der er interessiert ist, in Erfahrung bringen. Die Preistendenz ihres Hauptrohstoffes oder Hauptprodukts kann eine Information von größter Bedeutung sein. Die Aktien kubanischer Zuckerfabriken schwanken in hohem Maß im Einklang mit dem Rohzuckermarkt. Ölaktien reagieren sehr sensibel auf die Tendenz des Ölpreises. Die Zahlen der wöchentlichen Fördermenge an Rohöl sind auch ein wichtiger Faktor im Markt der aktiven Ölaktien. In beiden Fällen stehen die Zahlen jedem Spekulanten frei zur Verfügung. Die Finanzpresse veröffentlicht täglich Preisindikationen für Rohzucker, für Öl immer dann, wenn der Preis sich ändert, sowie die Angaben über Ölfördermengen wöchentlich. Preise anderer Waren sind nicht immer so einfach erhältlich. Der Spekulant, der mehrere tausend Dollar für ein Engagement in United States Industrial Alcohol eingesetzt hat, fände es wohl trotzdem einen gewissen Aufwand wert, den Bewegungen des Industrialkoholmarktes zu folgen. Wie die Händler, die im Winter 1929-1930 Kaufpositionen in Alkohol-Aktien hielten, herausfanden, erfordert dies einen beträchtlichen Aufwand. Damals stellte sich heraus, daß die Chemie-Fachzeitschriften noch mehrere Wochen, nachdem ein heftiger Preiskrieg ausgebrochen war, nominale Preisindikationen für Alkohol zeigten.

Wichtige Faktoren bei der Analyse

Aus der vorangegangenen kurzen Analyse bekannter Industrieaktien läßt sich eine Liste der Faktoren erstellen, die der Spekulant bewußt oder unbewußt in Betracht zieht, um zu einem Schluß über den inneren Wert einer Industrieaktie zu gelangen. Er schätzt folgendes ein:

  (I) Die Aussichten für die Industrie
      (1) die Aussichten für langfristiges Wachstum
      (2) die Aussichten für die unmittelbare Gewinntendenz
        (a) die wahrscheinliche Preisbewegung der Hauptwaren
        (b) die Konkurrenzsituation
  (II) Die Position der Firma in der Branche
      (1) Relative Größe im Vergleich zu Wettbewerbern
      (2) Relative Wachstumsrate im Vergleich zu Wettbewerbern
 (III) Zustand der Firma
      (1) Ertragshistorie und -tendenz
      (2) Bestand und Tendenz des Betriebskapitals
      (3) Kapitalstruktur

Erfolgreiche Branchen

Im ersten Schritt, der Betrachtung der Branche, in der die untersuchte Firma tätig ist, wird er wissen wollen, ob diese im allgemeinen erfolgreich ist oder nicht. Laut der orthodoxen volkswirtschaftlichen Theorie hält der Wettbewerb die Rendite auf das Kapital auf einem ziemlich gleichbleibenden Niveau. Wenn der Gemüseeinzelhandel bemerkenswert erfolgreich ist, wird, laut der Theorie, solange neues Kapital dorthin fließen, bis der Wettbewerb die Gewinne auf ein normales Niveau reduziert hat. Wenn Schuhfabriken kaum überleben können, werden genug von ihnen das Feld verlassen, um Gewinnträchtigeres zu unternehmen, so daß ein normales Gleichgewicht wieder hergestellt wird. Die Logik ist gut, aber sie geht davon aus, daß Kapital einfach von einem Bereich in einen anderen bewegt werden kann. Diese Annahme ist falsch. Der Schuhhersteller kann sein Geschäft nicht einfach liquidieren, wenn es nicht gewinnbringend ist. Statt dadurch schwere Verluste zu erleiden, wird er so lange wie möglich durchhalten und auf eine Änderung zum Besseren hoffen. Diese natürliche Neigung wird durch die Tatsache verstärkt, daß er alles über die Herstellung und den Vertrieb von Schuhen weiß und wahrscheinlich nichts über die benötigten Fähigkeiten einer anderen Branche, die zu dieser Zeit außergewöhnlich gewinnbringend ist. Die Anpassungen, die die volkswirtschaftliche Theorie vorhersagt, werden sich daher wohl sehr langsam vollziehen.

Pferde und Traktoren

Logik und Theorie haben natürlich ihren Platz bei der Suche nach unterbewerteten Aktien. Im Anfangsstadium der Hausse der Jahre 1926-1929 führte eine führende Forschungsgesellschaft eine Studie der landwirtschaftlichen Gerätebranche durch. Unter anderem deutete die niedrige Geburtenrate bei Pferden darauf hin, daß die amerikanischen Landwirte in naher Zukunft gezwungen sein würden, stärker auf mechanische als auf natürliche Pferdestärke zurückzugreifen. Die Kapitalanlagegesellschaften, die Zugang zu dieser Studie hatten, realisierten ansehnliche Gewinne mit Aktien landwirtschaftlicher Gerätehersteller.

Chronische Krisen vermeiden

Unter normalen Umständen wird der Spekulant Branchen vermeiden wollen, die chronisch in Krisen sind, und sich an jene Branchen halten, die ungewöhnlich und beständig gewinnträchtig sind. Auf der Verkaufsseite des Marktes ist seine Einstellung natürlich gegenteilig. Selbst bei oberflächlicher Betrachtung fällt auf, daß Branchen in ihrer Rentabilität weit auseinander liegen. Trotz der heroischen Anstrengungen der Gerber, sich selbst und die Verbraucher davon zu überzeugen, daß »Leder durch nichts ersetzt werden kann«, ist es offensichtlich, daß die Lederindustrie in den letzten Jahren nicht im gleichen Maß expandierte wie die Gesamtwirtschaft, daß Gewinne in der Industrie gering und selten waren. Andererseits erfreuten sich die Zigarettenhersteller eines Wachstums, das viel schneller war als das Wachstum der Bevölkerung und des Wohlstandes des Landes. Ihre Betriebe waren folglich stark und beständig gewinnbringend. Der Spekulant muß nach solchen Unterschieden suchen und die künftige Tendenz so gut wie möglich abschätzen.

Die kurzfristigen Aussichten für eine Branche sind für einen Spekulanten von besonderem Interesse. Hier ist die Preistendenz der Waren, mit denen die Firma zu tun hat, besonders wichtig. Dies gilt umso mehr, wenn der Herstellungsprozeß ein außergewöhnliches Maß an Zeit erfordert oder der Verkauf des Produktes sich zum Großteil auf eine bestimmte Saison konzentriert, so daß die Firma aus einem dieser Gründe einen geringen Umschlag des Lagerbestandes hat. Die Konkurrenzsituation in einer Branche läßt sich weniger leicht analysieren, sollte aber so gut wie möglich eingeschätzt werden. Politik, die Aussicht auf Gebührenänderungen, auf neue Erfindungen, den

Eintritt neuer Interessenten in ein bestimmtes Feld hat, hat auf diesen Aspekt Auswirkungen.

Tendenz - im Vergleich zu zyklischen Aktien

Seit vielen Jahren wächst der Zigarettenkonsum in den Vereinigten Staaten Jahr für Jahr fast ohne Unterbrechung. Dies ist ein gutes Beispiel für eine sogenannte »Tendenzindustrie«. Ein Händler oder Anleger, der sich eine solche Wachstumsgeschichte anschaut, kann mit Recht annehmen, daß die Tendenz sich nicht in unmittelbarer Zukunft umkehren wird. Da die Kosten für das Rohmaterial einen relativ kleinen Teil des Verkaufspreises von Zigaretten ausmachen, und da die Großhandelspreise selten geändert werden, verändert sich die Summe der Gewinne der Zigarettenhersteller in fast direktem Verhältnis zum Konsum. Solche Gewinne können mit einiger Gewißheit fast ein Jahr im voraus geschätzt werden.

Betrachten wir im Gegensatz zu der glücklichen Situation, die oben geschildert wurde, die Reifenindustrie. In den Jahren 1921 bis 1929 wuchs die Produktion von Autoreifen schneller als der Zigarettenkonsum. Bedeutete dies gleichmäßigen Wohlstand für die Reifenhersteller? Im Gegenteil, Zeiten des Wohlstandes für die Branche waren selten und flüchtig. Obwohl die Reifenherstellung eine deutliche Aufwärtstendenz zeigte, war dieser Anstieg nicht gleichmäßig, sondern zeigte deutliche Schwankungen im Einklang mit der Automobilbranche und der gesamten Wirtschaft. Außerdem beherrschen die Rohstoffkosten die Herstellungskosten der Reifen, und Schwankungen der Baumwoll- und Gummipreise ziehen ziemlich häufig Reifenpreisänderungen nach sich. Hier handelt es sich also um eine »zyklische« Branche, die gewaltigen Änderungen im Ertragsniveau unterliegt.

Jede Branche zeigt eine mehr oder weniger deutliche langfristige Tendenz und unterliegt zyklischen Änderungen. In einigen Branchen ist die langfristige Tendenz vorherrschend, in anderen wird sie von

den zyklischen Änderungen fast verdeckt. Aktien, die die erstgenannte Art von Branche vertreten, sind viel sicherere Instrumente,
sowohl für die Spekulation als auch für die Anlage, als die des zweiten Typs.

Spitzenpositionen sind selten Zufall

Die Stellung einer Firma innerhalb ihrer Branche ist für den inneren Wert ihrer Aktien von Bedeutung. Die führende Firma hat ihre
Position kaum zufällig erlangt, sondern durch überlegene Fähigkeiten der Geschäftsführung. Es ist außerdem unwahrscheinlich, daß
es sich um eine »Ein-Mann-Firma« handelt, was im Fall einer erfolgreichen Firma kleiner Größe der Fall sein kann. Das große Unternehmen besitzt zweifellos eine effiziente Führungsmannschaft, die
erfolgreich weiter arbeiten kann, selbst wenn einer oder mehrere
Mitglieder ausscheiden. Außerdem spricht die Eigendynamik in noch
höherem Maß für den anhaltenden Wohlstand eines großen Unternehmens mit einer erfolgreichen Vergangenheit als für eine kleine
Firma. Das Großunternehmen, das das jüngste Produkt einer von
den Banken, die Wertpapiere für ihren Vertrieb suchen, herbeige-
führten Konsolidierung ist, könnte natürlich eine ganz andere
Geschichte sein. Im allgemeinen verschafft aber alleine die Größe einer
Firma einen gewissen Vorteil gegenüber den kleineren Konkurrenten.

Der Vergleich des relativen Wachstums

Wo die Zahlen verfügbar sind, ist es nützlich, Firmen innerhalb derselben Branche zu vergleichen und auf das relative Wachstum ihres
Umsatzes, Gewinns und ihrer Finanzkraft zu achten. Es ist keine Ver-
urteilung eines großen Unternehmens, zu sagen, daß es seinen Markt-
anteil nicht gehalten hat. So starke Marktführer wie United States

Steel und Standard Oil of New Jersey produzieren zum Beispiel heute nicht den selben Anteil am Ausstoß des Landes an Stahl beziehungsweise raffiniertem Öl wie noch vor 20 Jahren. Sie sind der Konkurrenz immer noch um Längen voraus. Mit dem Wachstum des Landes ergibt sich eine natürliche Tendenz für seine Wirtschaft, sich auf eine größere Anzahl an Einheiten zu verteilen. Sollte es aber im Vergleich der beiden führenden Unternehmen einer Branche so sein, daß eines offensichtlich gegenüber dem anderen Zugewinne hat, so ist dies eine wichtige Tatsache für die Überlegungen des Händlers.

Der Wert reichlich vorhandenen Bargelds

Die Analyse der Gewinn- und Verlustrechnung und der Bilanz wurde bereits in einem vorigen Kapitel besprochen. Der Spekulant wird kaum einen Kursanstieg für die Aktie einer Firma erwarten, die nicht über einen mehrjährigen Zeitraum eine deutliche Aufwärtstendenz der Erträge zeigt, es sei denn, es gab eine deutliche Änderung in den Angelegenheiten, die ihn zu dem Schluß kommen läßt, daß ein scharfe Aufwärtsbewegung bevorsteht. Er möchte ebenso eine ziemlich konstante Verbesserung des Betriebskapitals sehen. Manchmal erscheint es dem Einsteiger, als ob eine Firma, die Millionen in bar und in Staatsanleihen besitzt, einen Überschuß an Betriebskapital hat, und daß sie ihre Dividende erhöhen oder eine hohe außerordentliche Dividende zahlen könnte. Er sollte sich ins Gedächtnis rufen, daß hohe Barreserven, die normalerweise nicht gebraucht werden, der Geschäftsführung die absolute Kontrolle über das Geschäft sichern. Wenn eine Krise in der Branche eine Gelegenheit bietet, einen außerordentlich vorteilhaften Kauf von Rohmaterial oder sogar dem Geschäft eines in Not geratenen Konkurrenten zu tätigen, stehen die Mittel bereit. Keine Bank kann unter diesen Umständen ihr Veto gegen die fundierten Expansionspläne einer solchen Firma einlegen.
Das Prinzip des Handels auf das Eigenkapital trifft auf Industrieunternehmen genauso wie auf öffentliche Versorgungsunternehmen zu,

allerdings nicht im gleichen Maß. Ein Industrieunternehmen, das vollständig einer Klasse von Aktien gehört, kann unter günstigen Umständen trotzdem spektakuläres Wachstum des Gewinns pro Aktie aufweisen. Viele Arten von Industrieunternehmen sind gewöhnlich in der Lage, Erweiterungen aus dem Ertrag zu finanzieren. Gelegentlich hat ein Industrieunternehmen, dessen Geschäft sehr hohe Anlageinvestitionen im Verhältnis zu Umsatz und Gewinn erfordert, eine Kapitalstruktur, die für ein öffentliches Versorgungsunternehmen typisch wäre. In einem solchen Fall ist das Prinzip, daß ein kleiner Zuwachs des Gesamtertrags sich bei der Betrachtung des Gewinns pro Aktie und einer kleinen Eigenkapitalbasis stark vergrößert, voll anwendbar.

Hohe Gewinnspannen sind vorteilhaft

Eine entscheidende Tatsache in jedem Geschäft ist ihre gewöhnliche Gewinnspanne. In der Theorie zieht eine große Gewinnspanne Konkurrenz an; geringe Gewinnspannen sind sicherer. In der Praxis ist das Gegenteil der Fall. Der übliche Gewinn der Fleischpacker von weniger als zwei Cents pro Dollar an Umsatz ist für Anleger nicht attraktiv, da selbst eine geringe Abweichung vom üblichen ausreichend ist, um ihn ganz auszulöschen. Eine Firma andererseits, die Büroausstattung herstellt und 20% ihres Umsatzes als Gewinn zurückbehält, ist in einer weit stärkeren Position. Ihre Fähigkeit, diese Spanne zu verdienen, hängt von der Qualität eines komplexen Produkts, einer gut ausgebildeten Belegschaft in Technik und Produktion, einer fähigen Vertriebsorganisation oder einem bekannten Markennamen ab. Der Käufer einer Batterie von Buchhaltungsmaschinen verlangt Jahre ununterbrochener Leistung. Der Preis ist relativ unerheblich. Die Firma, die seine Ansprüche erfüllen kann, braucht keine reine Preiskonkurrenz zu fürchten. Ihre Aktien sind viel stärker als die einer Firma, die Massenartikel herstellt, die allein auf Preisbasis gekauft werden.

KAPITEL XV

Die Romanze des vergrabenen Schatzes

*Stellvertretendes Abenteuer – Die Anziehung der Bergwerkswerbung –
Ein Bergwerk ist mehr als ein Erzkörper – Vielversprechende Aussichten
werden selten öffentlich finanziert – Eine Grube zu erschließen, braucht
Zeit – Die Konsolidierungstendenz bei den Bergwerken – Ölaktien sind
den Industrieaktien ähnlicher*

Opfer der Finanzunterwelt, die sprichwörtlichen Witwen und Wai-
sen, die ihre Mittel in wertlose Papiere stecken, neigen dazu, Berg-
werks- und Ölaktien als Instrumente ihres Unglücks auszuwählen.
Das Abenteuer, der Erdkruste ihren Mineralreichtum zu entziehen,
umgibt unbestreitbar ein gewisser Glanz. Eine verlassene, trockene
Wüste, eine arktische Tundra, ein ferner Berg kann unter der Oberfläche riesige Reichtümer in Form einer Gold-, Silber-, Kupfer-, Blei-,
Zink-, Zinnablagerung oder ein anderes Mineral, wie zum Beispiel
jenes »flüssige Gold«, Erdöl, besitzen. Der durchschnittliche Mensch
kann nicht direkt an der vermeintlich romantischen Karriere des
Schürfers teilnehmen, aber er kann sich stellvertretend durch den Kauf
von Bergwerks- und Ölaktien, deren Verkäufer ihm versichern, daß
es gute Aussichten für einen enormen Wertanstieg gibt, an der Suche
nach mineralischem Reichtum beteiligen.

Geldgier ist natürlich der Hauptfaktor, der es dem Hochdruck-
verkäufer leicht macht, wertlose Bergwerks- und Ölaktien zu vertreiben. Jeder Mensch hat mehr oder minder wahre Geschichten
über die Reichtümer gehört, die glückliche Schürfer oder glückliche
Käufer von Aktien auf Schürfrechte gewannen. In einer Stadt im
Westen lebt ein begüterter Geschäftsmann, der vor dreißig Jahren ein
Turnlehrer des YMCA war. Er beteiligte sich am Goldrausch am Klon-
dike und war einer der wenigen die mit einem Vermögen zurückka-
men. Für Tausende, die ihn zumindest dem Namen nach kennen,

ist er das lebende Beispiel dafür, daß Vermögen beim Schürfen schnell erworben werden kann.

Ein historisches Vermögen

Über Jahrzehnte war der Name Calumet & Hecla eine Beschwörung. Jeder Verkäufer von Bergwerksaktien seit 50 Jahren hat Calumet & Hecla als ein Beispiel der Möglichkeiten angeführt, die sich aus der Verwandlung von Schürfrechten in eine aktive Goldgrube ergeben. Ein ausgezeichneter Wissenschaftler wurde als Ergebnis seiner Entdeckung dieser großen Kupfermine zum Millionär und machte seine Familie zu einer der reichsten in einer reichen alten Stadt. In den frühen Entwicklungsstadien waren Agassiz und seine Partner gezwungen, jeden Cent, den sie auftreiben konnten in die Mine zu stecken und zeitweise ging es ihnen so schlecht, daß sie gezwungen waren, ihren Dienern und Handwerkern Anteile an der Mine, statt barer Bezahlung für ihre Verbindlichkeiten anzubieten. Diejenigen, die dies annahmen, kassierten kleine Vermögen als Belohnung für ihren Glauben. Es fällt auf, daß obwohl ein geringer Anteil auf diese Weise verteilt wurde, die Agassizs keine ausgefeilte Aktienvertriebsorganisation aufbauten oder Verkäufer anstellten, um von Tür zu Tür zu gehen und ihre Aktien zu verkaufen. Auf diese Tatsache aber werden die potentiellen Käufer von den Verkäufern spekulativer Bergwerksaktien heute nicht aufmerksam gemacht.

Mehr als eine Erzablagerung

Eine Tatsache, die oft von den Leichtgläubigen vergessen wird, ist, daß ein Bergwerk sehr viel mehr ist als eine Ablagerung von Mineralien. Das Vorkommen von edlem oder unedlem Metall ist kein ungewöhnliches Phänomen. Gold ist im Meerwasser aufgelöst; Gold ist Bestandteil der Ziegel, aus denen die älteren Teile von Philadelphia

erbaut wurden; die unedlen Metalle sind auf der ganzen Welt weit
verbreitet. Ein Bergwerk jedoch ist eine Ablagerung von Mineralerz
plus Ausrüstung im Bereich Grubenarbeit: Mühle, Schmelze und
andere überirdische Ausrüstung, Transportmöglichkeiten, Techniker
und Arbeiter. Wenn das Bergwerk erfolgreich sein soll, müssen alle,
Umfang, Grad und Charakter des Erzes, Design, Qualität und Zuläng-
lichkeit der Ausrüstung, Transportkosten für Betriebsmittel und das
Produkt wie auch Charakter der Belegschaft zur Förderung und dem
Verkauf des Metalls oder der Metalle mit Gewinn beitragen.

Ein großer Fehlschlag

Ein Erzflöz mag 5.000.000 Unzen Gold enthalten, die bei der United States Mint für jeweils $ 20.67 in US-Münzen umgetauscht wer-
den können. Wenn es aber im Durchschnitt $20.75 kostet, jede
Unze dem Boden zu entziehen, kann kein Bergwerk aufgebaut werden. Die Geschichte der Alaska Gold Mines spiegelt diesen angenommenen Fall ziemlich genau. Die Firma besaß ein großes Flöz nied-
riggradigen Erzes nahe Juneau in Alaska. Bergbauingenieure mit
gutem Ruf schätzten, daß es 75.000.000 bis 100.000.000 Tonnen
an Erz mit einem erzielbaren Wert von $ 1,50 pro Tonne enthielt.
Die erwarteten Förder- und Mühlenkosten lagen bei etwa einem Dollar
pro Tonne. Die Firma wurde mit $ 3.000.000 Wandelanleihen und
750.000 Aktien finanziert, die von angesehenen Banken verkauft wurden. Bei Betriebsbeginn 1915 notierte die Aktie bei $ 40,-.

Im tatsächlichen Betrieb erwies sich Alaska Gold als ein technisches Glanzstück. Die Kosten für die Förderung und Vermahlung
einer Tonne an Erz wurde unter 80 Cents gedrückt. Trotz dieser
außerordentlichen Leistung war das Bergwerk ein Mißerfolg. Im
tatsächlichen Betrieb stellte sich heraus, daß der erzielbare Wert des
Goldes pro Tonne nicht $ 1,50, sondern weniger als die Hälfte war.
Die Lücke zwischen dem gewonnenen Gold und den Kosten für die
Gewinnung befand sich auf der falschen Seite des Kontos, das Berg-

werk wurde letztlich aufgegeben, und seine Wertpapierbesitzer gingen leer aus.

Wie Schürfrechte finanziert werden

Bisher konzentrierte sich die Besprechung auf Schürfrechte und Bergwerke in der Entwicklungsphase. Ein Schürfrecht ist lediglich ein Stück Land, von dem mehr oder weniger begründet angenommen wird, daß es Erz in gewinnbringender Menge enthält. Um es in ein aktives Bergwerk zu verwandeln, muß es geöffnet und ausgerüstet werden, ein Prozeß, der hohe Anlageinvestitionen und viel Zeit erfordern kann. Im Fall eines großen Bergwerks können Millionen Dollar und jahrelange Anstrengungen nötig sein, um ein Schürfrecht in ein aktives Bergwerk zu verwandeln. Vergleichsweise wenige Bergwerke haben ausreichend reiches Oberflächenerz, um ihre eigenen Entwicklungskosten zu bezahlen. Der Entdecker eines Schürfrechts muß die Entwicklung auf eine von drei Arten finanzieren: Verkauf an eine große Fördergesellschaft, eventuell unter Beibehaltung einer Lizenz, Zusammenarbeit mit einer reichen Einzelperson oder einem kleinen Syndikat oder Organisation einer Firma, deren Wertpapiere ans breite Publikum vertrieben werden. Wenn er letztere Alternative wählt, ist das Risiko groß, daß er in die Hände von Finanzpiraten fällt, die nur an den großzügigen Kommissionen für den Verkauf der Aktien interessiert sind. Auf diese Wiese kann ein potentiell wertvoller Besitz als Mittel einer Schwindlerbande benutzt werden, die keinen ernsthaften Versuch macht, ihn zu entwickeln. Wenn der Besitz aber echte Vorzüge hat, ist es wahrscheinlicher, daß er von einer Fördergesellschaft oder einem kleinen aber reichen Syndikat finanziert wird, als daß er in einem frühen Stadium zum Gegenstand eines breiten Aktienvertriebs an die Öffentlichkeit gemacht wird.

Die größten Gewinnmöglichkeiten und das größte Verlustrisiko birgt die Aktie einer Grube im Schürfrechtstadium. Ein unfruchtbares Stück Erde, das ansonsten nur als Weide für ein paar Ziegen verwertet werden könnte, kann sich durch die Entwicklung als äußerst wertvoll erweisen.

Der Spekulant, der Bergwerksaktien im Schürfrechtstadium kauft, kann angemessenerweise erwarten, an den Gewinnen in disem dramatischen Verhältnis teilzuhaben. Die Verlustrisiken sind fast genauso groß, worauf die Tatsache hindeutet, daß kaum eines von hundert Schürfrechten, das den großen Fördergesellschaften – American Metals, American Smelting & Refining, United States Smelting – jedes Jahr angeboten wird, angenommen wird. Der gemeine Bürger sollte Aktien dieser Bergwerke strikt meiden.

Risiken während der Entwicklung

Auf das Schürfrechtstadium folgt, nachdem die Bergbauexperten die Grube befürwortet, starke Interessenten ihre Wertpapiere unterstützt haben und die Arbeit der Öffnung und Ausrüstung der Grube im Gange sind, das Entwicklungsprogramm. In dieser Phase wurden Anleihen und Aktien der Alaska Gold der Öffentlichkeit angeboten. Schätzungen des Erzwertes, Anteile und Kosten der Gewinnung des Goldes im Erz wurden von angesehenen Ingenieuren erstellt, das Projekt wurde von Finanziers unterstützt, die für sich selbst und ihre Kunden mit Bergwerkspapieren Vermögen verdient hatten. Auf der Basis der Schätzungen waren die hohen Preise für Alaska Gold Aktien völlig gerechtfertigt. Die Schätzungen waren leider zu optimistisch, und die Unternehmung war ein völliger Fehlschlag. Selbst Aktien eines Bergwerks, das unter den vorteilhaftesten Vorzeichen entwickelt wird, tragen erhebliches Risiko.

Die Entwicklung kann langsam sein

Der an ein Bergwerk im Schürfrechtstadium interessierte Spekulant ist dafür anfällig, die Zeit zu unterschätzen, die benötigt wird, bis

eine gewinnbringende Produktion erreicht wird. Die Geschichte der
Chile Copper Co. verdeutlicht diesen Punkt. 1910 und 1911 erwarb
ein Bergmann aus Boston Optionen auf ausgedehnte Grundstücke
in den Bergen Nordchiles. 1912 begann die Familie Guggenheim sich
dafür zu interessieren, und Bohrungen zur Bestimmung des Aus-
masses des Erzflözes wurden begonnen. Der Kauf und die Entwicklung des Bergwerks wurden zum Teil durch den Verkauf von 7% Wandelanleihen zu $ 15.000.000,- von 1923 finanziert. Später wurden
6% Wandelanleihen zu $ 35.000.000,- verkauft. Erst 1915 begann
tatsächlich die Kupferproduktion, und im Folgejahr wurden
41.000.000 Pfund Kupfer produziert. Dies steht im Gegensatz zu
360.000.000 Pfund Jahresproduktion, die von den für die Entwicklung zuständigen Ingenieuren empfohlen wurde. 1915 waren
3.800.000 Aktien an der New York Stock Exchange notiert, wo sie
zwischen 23 3/8 und 26 3/8 gehandelt wurden.

Chile Copper erreichte die Marke von 100.000.000 Pfund an
Ausstoß im Jahr 1918, überschritt die 200.000.000 Pfund Marke
1923. In jenem letzten Jahr wurden die Produktionskosten vor Anleihezinsen auf weniger als acht Cents pro Pfund gesenkt und die Aktie
auf eine Dividendenbasis von $ 2,50 gesetzt. In jenem Jahr verkauf-
ten die Guggenheims die Aktienmehrheit an die Anaconda Copper
Co. für $ 35,- pro Aktie, aber erst 1924 wurde die Aktie im offenen
Markt so hoch gehandelt.

Spekulanten, die die Aktie 1915 im Entwicklungsstadium kauften, mußten acht Jahre auf Dividenden und einen bescheidenen
Gewinn auf ihre Mittel warten. Dennoch kann Chile Copper streng
genommen als einer der hervorragenden Bergwerkserfolge der Welt
angesehen werden.

Bewertung mittels einer Formel

Der Großteil der Bergbaugesellschaften, deren Aktien an der New
Yorker Börse notiert sind, sind aktive Bergwerke. Der Wert einer akti-

ven Grube kann durch mathematische Berechnung, in die drei Faktoren einfließen, bestimmt werden: die Lebensdauer des Bergwerks, die Produktionskosten und der Marktwert des Produkts. Jene Bergbauingenieure, die Vermögen mit Bergwerksaktien verdienten, taten dies, indem sie einfache Mathematik auf die Bewertung der Bergwerksaktien anwandten. Offensichtlich kann man diese drei Faktoren niemals mit absoluter Genauigkeit kennen, außer daß das Produkt einer Goldgrubengesellschaft immer genau $ 20,67 pro Unze wert ist. Die Geologie einer bestimmten Grube kann es praktisch unmöglich machen, ihre Lebensdauer mit einer gewissen Sicherheit einzuschätzen. Im Fall einer Mine mit einer Tiefenader und einer komplexen geologischen Struktur kann es möglicherweise unbezahlbar teuer sein, ihre Erzreserven auf mehr als ein Jahr im voraus zu bestimmen. In den meisten Fällen ist aber eine akzeptable Schätzung der Erzreserven der Mine verfügbar. Die Tonnage der Erzreserven geteilt durch die jährliche Fördermenge ergibt das Leben der Mine in Jahren. Im Fall eines aktiven Bergwerks stehen auch Produktionskosten zur Verfügung. Diese Kosten variieren mit Veränderungen am Bergwerk und mit Veränderungen des Warenpreisniveaus geringfügig, aber nur wenn es einen Grund gibt, eine drastische Änderung zu erwarten, wird der aktuelle Wert einer Bergwerksaktie einen gewissen Bezug zu den aktuellen Produktionskosten haben. Der Preis des hergestellten Metalls ist eine weitere sich verändernde Größe, außer bei Gold, aber auch hier gilt, daß der Markt der Bergwerksaktien dazu neigt, sich mit dem Metallmarkt zu bewegen, so daß der Spekulant, der unterbewertete Emissionen sucht, normalerweise den aktuellen Metallmarkt für seine Berechnungen verwenden kann.

Ein Bewertungsbeispiel

Ein Industrieunternehmen oder ein öffentlicher Dienstleister kann und wird theoretisch für immer im Geschäft bleiben. Wenn es $ 2,- pro Aktie an Dividenden zahlen kann und bei 20 notiert, kann der

Spekulant durch den Kauf eine Rendite von 10% erhalten. Das Leben einer Bergwerksgesellschaft ist beschränkt. Wenn eine Grube eine wahrscheinliche Lebensdauer von zehn Jahren hat und eine jährliche Dividende von $ 2 zahlen kann, bis das Erz erschöpft ist, erhält der Käufer nicht einmal eine Rendite von 6%. Das ist der Grund, weshalb Bergwerksaktien auf einer Basis notieren müssen, die oberflächlich wie eine hohe Rendite aussieht, um ihren Besitzern einen angemessenen Ertrag zu geben. Es gibt Tabellen, die den Barwert einer jährlichen Dividende von $ 1.- angeben, unter Berücksichtigung einer jährlichen Kapitalaufstockung von 4%. Nehmen wir an, eine derartige Tabelle wäre Anfang 1923 auf die Aktie der Hecla Mining Co. angewandt worden. Hecla ist ein Silber- und Blei-Hersteller aus Idaho, der 1922 42.490.000 Pfund Blei und 1.178.000 Unzen Silber herstellte. Bei dieser Produktionsrate waren Ende 1922 Erzreserven für die Produktion der nächsten acht Jahre vorhanden. Mit Blei bei sechs Cents und Silber bei 70 Cents lägen die Bruttoeinnahmen bei $ 3.375.000 bei einer Produktion im Umfang von 1922. 1922 lagen die Kosten bei $ 4,30 pro Tonne geförderten Erzes oder etwas über $ 1.000.000 für 237.000 Tonnen. Der Nettoertrag vor Abschreibung und Substanzverzehr wäre daher ungefähr $ 2.350.000 oder $ 2,35 pro Aktie für die 1.000.000 ausstehenden Aktien. Unter Berücksichtigung einer angemessenen Abschreibung stünde theoretisch ein Restbetrag von $ 2,- pro Aktie für Dividenden zur Verfügung. Ein Blick auf eine Barwerttabelle zeigt, daß eine Dividende von $ 1,- über acht Jahre auf einer Basis von 10% $ 4.79 wert ist. Das Doppelte dieser Zahl ist $ 9,58 als der theoretische Wert der Aktie. Tatsächlich waren Heclas Kosten 1923 erheblich höher als 1922, und der Rohertrag blieb unter $ 2.350.000,-. Die Firma konnte aber ihre Ausstoßkapazität weiter steigern. Blei stieg auf über neun Cents pro Pfund, und neue Erzentdeckungen fügten 1925 ungefähr 13 Jahre zur Lebenserwartung der Mine hinzu. Als Ergebnis dieser günstigen Entwicklungen notierte die Aktie 1925 auf einem Höchstniveau von 18$^1/_8$.

Bergwerkskonsolidierung

Die moderne Tendenz zur Vergrößerung von Firmeneinheiten hat die Bergwerke nicht ausgelassen. Viele Bergwerke sind im Besitz von großen Fördergesellschaften wie American Smelting und United States Smelting. Firmen dieser Art sind immer am Markt für vielversprechende Schürfrechte. American Smelting besitzt zum Beispiel eine große Anzahl von Kupfer-, Blei- und Zinkhütten sowie Raffinerien in den Vereinigten Staaten, Mexiko und Chile. Ebenso befinden sich Bergwerke in Chile, Neufundland, Jugoslawien, Mexiko und Peru, Anteile an Grubenbesitz in Australien, Neu Guinea und Südafrika, Anteile an zwei führenden heimischen Kupfer- und Messingverarbeitern in ihrem Besitz. Eine Firma dieser Art bezieht neben ihren Bergbaugewinnen ein stetiges Einkommen aus ihren Verhüttungs- und Raffineriebetrieben. Es handelt sich eher um ein Industrie- als ein Bergbauunternehmen. Eine weitere große Gruppe von Grundbesitz ist die Anaconda Gruppe. Ursprünglich war Anaconda lediglich der führende Bergwerksgrundbesitzer in Butte, Montana. Heute gehören ihr nicht nur dieser Besitz zusätzlich einer Hütte und einer Raffinerie, sondern sie kontrolliert auch die International Smelting Co. mit Hütten in anderen Ländern, die große Chile Copper Co., die Andes Copper Co., die Amrican Brass Co., führender Hersteller von Messingartikeln der Welt, und andere Tochtergesellschaften. Auch diese Firma ist ebensoviel ein Industrie- wie ein Bergbauunternehmen. Kennecott besitzt ihre eigene Kupfermine in Alaska, Kontrolle über andere Kupferminen in Alaska, Utah, Nevada und Chile, eine Eisenbahn und ein wichtiges Messingwerk. Immer mehr Bergbauunternehmen erweitern so ihre Interessen und neigen dazu, ihre Lebensdauer fast unendlich zu verlängern. Die Analyse derart großer Einheiten ist viel schwieriger als die Analyse einer Firma, die ein einzelnes Bergwerk besitzt. Die allgemeinen Prinzipien sind aber dieselben, und die Streuung der Aktivitäten vermindert erheblich die Risiken, die unvermeidlich mit dem Bergbau verbunden sind.

Die Bedeutung des Substanzverzehrs

Substanzverzehr und Abschreibung sind zwei Abzüge im Ertragskonto einer Bergbaugesellschaft, mit denen sich der Spekulant nicht ernsthaft beschäftigen muß. Wenn er intelligent ist, ist ihm klar, daß seine Dividenden ebenso eine Kapitalrückerstattung wie ein Einkommen darstellen. Er erwartet nicht, daß die Bergbaugesellschaft versucht, für die Rückzahlung des Nominalwerts ihrer Aktien, wenn die Grube erschöpft ist, Barreserven aus ihren Gewinnen aufzubauen. Andererseits erkennt die Regierung, daß es aus einkommensteuerlicher Sicht ungerecht wäre, nicht einen Abzug von den Erträgen zu erlauben, die theoretisch ausreichend wären, um einen Fonds aufzubauen, der letztlich den Anteilseignern die Kosten des Erwerbs, der Erschließung und der Ausrüstung des Besitzes ersetzt. Bei der Berechnung des zu versteuernden Einkommens der Firma ist es daher richtig, Zuweisungen zu den Rücklagen für Substanzverzehr - des Erzflözes - und für Abschreibungen - der Ausrüstung - vorzunehmen. Es ist keine Angelegenheit der Regierung, was die Firma mit diesen Rückstellungen macht, und sie kann und wird den größten Teil davon als Dividende ausschütten. Jener Anteil der Dividende einer Bergbaugesellschaft, der aus den Rückstellungen und nicht aus dem Überschuß entnommen wurde, ist von der Einkommensteuer befreit.

Indem ihre Bücher auf der aus steuerlicher Sicht günstigsten Basis geführt werden, kann es sehr wohl vorkommen, daß eine Bergbaugesellschaft anscheinend über Jahre mehr an Dividenden zahlt als sie verdient. Der Spekulant ist aber weder am Ausweis des Nettoertrags nach Abschreibung und Substanzverzehr noch am buchhalterischen Defizit aus großzügigen Einstellungen in jene Rückstellungen interessiert. Wenn der Nettoertrag vor Abschreibungen und Substanzverzehr mehr als ausreichend für den Dividendenbedarf ist, wenn das Nettoumlaufvermögen der Firma beibehalten wird, ist er zufrieden.

Technische Hindernisse für die Spekulation mit Bergwerksaktien

Eine Besprechung von Bergwerksaktien wäre kaum vollständig ohne die Erwähnung der Begriffe Abbauort, Querschlag, Erzlinse, Porphyr, Schlammteich, Flotation, Hangende, Mandelstein, Nebengestein, Strecke, Widerstandsfähigkeit, etc. Diese und viele andere Fachbegriffe müssen dem Spekulanten geläufig sein, bevor er in der Lage ist, einen Bergwerksbericht zu verstehen. Wenn er Wirtschaftsgeologie zu studieren wünscht, wird er feststellen, daß es ein faszinierendes Fach ist, eine notwendige Vorbereitung auf jede umfangreichere Spekulation in Bergwerksaktien, die auf Erfolg hoffen darf. Der durchschnittliche Spekulant wird Bergwerksaktien vielleicht keine große Aufmerksamkeit widmen. Das benötigte Fachwissen zum Verständnis der Vorzüge und Nachteile von Industrie- und öffentlichen Versorgungsunternehmen sind selbst ein weites Studienfeld, und die Gewinnmöglichkeiten in solchen Wertpapieren sind mindestens genauso groß wie in Bergwerksaktien. Ein gelegentlicher Ausflug in Bergwerkswandelanleihen, wenn die Aussichten auf dem Metallmarkt günstig sind, und in die Aktien der großen Fördergesellschaften wird den meisten Spekulanten genug sein.

Die Jugend der Ölindustrie

Noch in der Erinnerung vieler Lebender wurde die Ölindustrie gegründet, als 1859 Öl in Pennsylvania gefunden wurde. Heute zählt sie zu den größten Branchen, liefert den Treibstoff für 20.000.000 Automobile alleine in den Vereinigten Staaten, den Treibstoff für einen Großteil des Weltschiffahrtsverkehrs, beleuchtet die weniger zivilisierten Teile der Welt, wo Gas und Strom unbekannt sind, liefert die Schmierstoffe, ohne die keine Maschine fünf Minuten laufen könnte. Soweit es die Förderung des Rohöls aus dem Boden betrifft, hat die Ölindustrie viel mit Bergwerken gemeinsam. Die Lage der unterirdischen Vorräte ist immer noch größtenteils Glückssache, ihre gewinnbringende Förderung eine gefährliche Arbeit. Im Fall von Öl hat die Durchführung des Transports, der Raffinerie und der Verteilung eine viel größere verhältnismäßige Bedeutung als im Fall von mineralischen Produkten. Weil es flüssig ist, braucht Rohöl spezielle Ausrüstungsgegenstände, Tankwagen, Tankschiffe und Pipelines für den Transport, und ein großer Teil der in der Ölindustrie investierten Milliarden an Dollars geht in die Ausrüstung, für die es im Bergbau nichts Vergleichbares gibt. Und auch der Vertrieb der raffinierten Ölprodukte bedarf hoher Investitionen, für die es im Bergbau keinen Vergleich gibt.

Herstellung, Transport, Raffinerie, Vertrieb

Es gibt sehr wenige Ölfirmen, an denen der intelligente Spekulant wahrscheinlich ein Interesse haben könnte, die ihre Aktivitäten auf die Förderung von Rohöl aus dem Boden und den Verkauf im Rohzustand im Großhandel beschränken. Jene Firmen von Bedeutung, die ihre Aktivitäten tatsächlich auf die Förderung von Rohöl beschränken, haben normalerweise Besitz in einer Reihe von Feldern, so daß die Gefahren dieses Zweigs der Industrie etwas verringert werden. Die sprichwörtliche Probebohrungs-Ölaktie, die auf die einfachen Leute eine solche Faszination ausübt, stellt im Gegensatz dazu nur den Teilbesitz einer einzelnen Parzelle dar, unter der sich Öl in ertragbringenden Mengen befinden kann oder nicht. Die Risiken einer solchen Entwicklung, selbst wenn man von ehrlicher und kompetenter Geschäftsführung ausgeht, sind sehr groß. Es gibt nicht nur wenige bedeutende Ölfirmen, die lediglich Produzenten von Rohöl sind, sondern es gibt auch viele wichtige Firmen, die überhaupt nicht an der Rohölproduktion interessiert sind. Bis vor vergleichsweise wenigen Jahren war es traditionelle Geschäftspolitik der Standard Oil, »die anderen Leute« das Risiko, nach Öl zu bohren, übernehmen zu lassen. Über Jahre beschränkte Standard Oil ihre Aufmerksamkeit auf die Raffinierung und den Vertrieb an die Verbraucher. Um einen ausreichenden und ununterbrochenen Nachschub an Rohöl für die teuren Raffinerien sicherzustellen, ergab sich für die meisten führenden Ölfirmen in den letzten Jahren die Notwendigkeit, in den Produktionsbereich des Geschäfts einzusteigen. Aber es gibt immer noch einige, die ihr gesamtes Rohöl oder einen bedeutenden Teil davon von Dritten kaufen.

Schwierigkeiten der Pipeline

Es gibt eine Reihe von Firmen, die sich auf den Transportbereich der Industrie beschränken. Es handelt sich zumeist um frühere Tochtergesellschaften von Standard Oil, die Pipelines oder Tanklastzüge betreiben. Die Pipelinebetreiber leiden an einem ernsthaften Nachteil. Wie Langholz-Eisenbahnen, befördern sie Verkehr, der letztlich auf ein unprofitabel kleines Aufkommen schrumpfen wird. In auffälligem Gegensatz zur Geschichte der meisten Firmen, die als Ergebnis eines Auflösungsgesetzes von 1912 von Standard Oil of New Jersey abgetrennt wurden, fiel der Wohlstand der Pipelinebetreiber in den folgenden 17 Jahren. Die meisten von ihnen betrieben entweder kurze Linien, die Felder von begrenztem Ausmaß bedienten, oder Teile der großen Hauptlinie vom Inneren des Kontinents zu den Raffinerien an der Ostküste, für die es letztlich billiger war, ihr Rohöl übers Wasser zu beziehen. Die große Tankwagentochtergesellschaft dagegen wuchs stetig in Stärke und Ertragskraft. Als dies geschrieben wird, hat sich das Blatt etwas gewendet, und der Einsatz von Pipelines zum Transport von Brennstoff, ein Geschäftsbereich, der bis dato auf Tanklastwagen und Tankschiffe beschränkt war, wächst rasch.

Eine große Palette von Geschäftsfeldern

Die typische, große Ölgesellschaft von heute deckt die gesamte Palette des Geschäfts ab. Ihr Rohöl stammt wahrscheinlich aus ihren eigenen Quellen nicht nur auf vielen unterschiedlichen Feldern, sondern von Feldern, die über mehrere Kontinente verstreut sind. Ihre eigenen Pipelines und Tankschiffe transportieren dieses Rohöl zu ihren Raffinerien und ihre raffinierten Produkte auf den Markt. Die Raffinerien destillieren Benzin und andere Produkte aus dem Rohöl. Von diesen ist Benzin in Dollars gesehen das Hauptprodukt. Kerosin, einst das Hauptdestillat des Rohöls, ist jetzt ein geringer Geschäftsfaktor im Vergleich mit Benzin, obwohl es sich im Fernen Osten und in anderen entlegenen Teilen der Welt noch eines guten Marktes erfreut. Schmierstoffe sind äußerst wichtig als eine grundlegende Ware, für die es keinen Ersatz gibt, aber sie tragen nur einen kleinen Teil zum Umsatz der Industrie bei. Heizöl ist ein weiteres wichtiges Produkt der Ölraffinerie. Gewöhnlich entsteht es aus minderwertigem Rohöl und ist vielleicht der Ausstoß einer Raffinerie, die dafür ausgerüstet ist, lediglich einen kleinen Teil an Benzin zu destillieren und den Großteil des Rohöls als Heizöl zu belassen. Die Raffinerien machen jedoch ständig Fortschritte in der Technik der Industrie und erhöhen ständig den Anteil an Benzin und anderen wertvollen Produkten, die aus jedem Barrel an Rohöl gewonnen werden. Der Ausstoß der Raffinerien einer großen Gesellschaft wird nicht mehr ausschließlich im Großhandel verkauft, sondern wird heute größtenteils im Einzelhandel über die firmeneigenen Tankstellen vertrieben.

Ölfirmen ähneln Industrieunternehmen

Die Analyse von Ölaktien ist eher mit der Analyse von Industrieaktien als mit der von Bergwerksaktien vergleichbar. Der Faktor Substanzverzehr spielt sicherlich in der Buchhaltung der Ölfirmen eine Rolle, aber im Fall der großen Firmen ist er nicht von überragender Bedeutung. Ihr Landbesitz mit Ölvorkommen ist normalerweise so verstreut, daß der Spekulant sich über die Erschöpfung der Vorräte keine Sorgen machen muß, was bei der Analyse einer Bergwerksaktie ein sehr wichtiges Element ist. Bei der Berechnung des Einkommens einer Ölfirma, das für die Zahlung von Dividenden zur Verfügung steht, kann das Einkommen vor Substanzverzehr – aber nach vernünftigen Zuweisungen zu den Abschreibungen – als die richtige Zahl angesetzt werden. Wie im Fall aller anderen Unternehmen deuten Anzeichen von überhöhten Reserven für Abschreibungen darauf hin, daß eine bestimmte Aktie unterbewertet sein könnte und umgekehrt.

Statistiken stehen zur Verfügung

Das allgemeine Preisniveau von Ölaktien bewegt sich in enger Anlehnung an die Bewegungen im Preis und der gelagerten Menge von Rohöl. Wenn ein Ölvorkommen unter Land entdeckt wird, das im Streubesitz ist, wird unweigerlich ein Wettlauf um die Extrahierung des Öls erfolgen. Jeder Landbesitzer, der nicht unverzüglich mit den Bohrungen nach Öl beginnen würde, würde einfach seinen Nachbarn erlauben, Öl unter seinem Land abzuziehen, ohne ihn dafür zu kompensieren. Da immer solche Probebohrungen in Arbeit sind, kommt es oft vor, daß das Angebot an Öl in überirdischen Lagern angesichts fallender Märkte sehr stark erhöht wird. Unter solchen Umständen ist ein Preisanstieg bei Ölaktien sehr unwahrscheinlich. Andererseits kommt es vor, daß die Probebohrungen über Monate keine nennenswerten neuen Ölvorkommen erbringen. Bei kleiner werdender Produktion aus alten Quellen, ohne die Aussicht auf neue Produktion, mit ständig steigendem Verbrauch, würde der Ölpreis natürlich steigen und die Kurse aktiver Ölaktien würden wahrscheinlich folgen. Zahlen zur Produktion und zum Lagerbestand von Öl sind wöchentlich verfügbar, und Veränderungen im Preisniveau von Rohöl und Benzin werden auf breiter Basis veröffentlicht.

Ein attraktives Feld für die Spekulation

Der Spekulant wird unter den Ölaktien viele vielversprechende Instrumente für seine Aktivitäten finden. Die Gruppe deckt eine breite Palette von Firmen ab. Sie reichen von Unternehmen, die außer dem Land, daß Öl enthalten könnte, kaum etwas besitzen, bis zu Firmen mit weitverstreuten aktiven Ölquellen zuzüglich sämtlicher Anlagen, um ihr Produkt in verkäufliche Formen umzuwandeln und es zu den Verbrauchern oder von Firmen, die vornehmlich in politisch instabilen Regionen wie Mexiko arbeiten, zu bringen. Im allgemeinen wird er in der Finanzpresse reichlich Informationen über die führenden Ölfirmen und die Lage der Industrie finden. Dank des Glanzes des Wortes »Öl« wird er bei seinen Transaktionen immer viel Gesellschaft haben und kann deshalb sicher sein, immer einen guten Markt für den Kauf oder Verkauf der führenden Werte vorzufinden.

KAPITEL XVI

Gewinne bei finanziellen Einschnitten

Was eine Auswechslung der Verantwortlichen bewirken kann – Konkursverwaltung für angeschlagene Firmen – Die Reorganisation – Warum der Wertpapierbesitzer verwöhnt wird – Das Interesse des Bankiers bei der Reorganisation – Die Anfangsschwierigkeiten einer großen Eisenbahn

Eine Operation durch einen erfahrenen Chirurgen verwandelt oft einen Sterbenden in einen Rekonvaleszenten, dessen Leben bald seinen Wert für ihn selbst und die Gesellschaft wiedererlangt. Genau wie in der Medizin gibt es auch im Finanzbereich Chirurgen. Ein Unternehmen mit großem Geschäftsumfang, Anlagevermögen und Mitarbeiterstab kann allein deswegen unrentabel sein, weil entweder die Kapitalstruktur unausgeglichen ist oder zuwenig Betriebskapital vorhanden ist. Ohne Ertragskraft ist es allerdings unwahrscheinlich, daß die Firma sich über die üblichen Wege durch Emission von Anleihen oder zusätzliche Aktien finanzieren kann. Ein Anpassung der Kapitalstruktur könnte nötig sein. Hier gibt es Arbeit für einen Finanzchirurgen, durch dessen Bemühungen ein schwaches Unternehmen in ein starkes verwandelt werden kann, mit dem entsprechenden Nutzen für Gläubiger und Aktionäre.

Erfolg hängt von der Unternehmensführung ab

So drastische Maßnahmen, wie ein Vergleich oder ein Konkurs, sind nicht unbedingt notwendig. Vielleicht genügt einfach eine Auswechslung der Unternehmensführung. Geschäftlicher Erfolg ist größtenteils eine Frage der Unternehmensführung. Die Geschäftspraktiken ändern sich ständig. Die Führung eines Unternehmens muß wachsam sein, um diese Veränderungen zu spüren und jene zu übernehmen, die eine Verbesserung gegenüber den alten Praktiken darstellen. Es genügt nicht, daß ein Konzern reich an Vermögen ist, einen bekannten Namen besitzt und die Konten vieler Kunden führt. Trotz der Vorteile von Größe, Reichtum, eines guten Namens und einer langen Tradition wird ein großes Unternehmen aufhören, gewinnbringend zu arbeiten, wenn die Männer an der Spitze an Arterienverkalkung oder Atrophie des Gehirns leiden, oder wenn die Erben der ererbten Verantwortung nicht gewachsen sind. Ein jüngere und aggressivere Gruppe wird die Führung in der Industrie übernehmen.

Enthusiasmus und Erfahrung

Alter alleine stellt keine Anklage gegen eine Führungspersönlichkeit dar. Ein Elbert H. Gary oder ein George F. Baker mögen in den Achtzigern geistig jünger und empfänglicher für neue Ideen gewesen sein und über ein besseres Urteil verfügt haben, als alle um die fünfzig, ausgenommen die herausragenden Geschäftsleute. 30 Jahre zusätzliche Geschäftserfahrung geben dem älteren Mann einen entschiedenen Vorteil. Manchmal passiert es aber, daß ein Geschäftsmann seine geistige Aufmerksamkeit, seine Aufnahmebereitschaft für neue Ideen, sein Urteilsvermögen mit fortschreitendem Alter verliert. Die Firma, deren Geschäftsführung von einem derartigen Mann beherrscht wird, wird sehr wahrscheinlich eine schwindende Rendite aufweisen. Ein Führungswechsel wird wohl die einzige Erfrischung sein, die benötigt wird, um sie zu ihrer Führungsposition zurückzuführen.

Vergleich und Konkurs

Wenn eine Firma sich finanziell so engagiert hat, daß ihr Betriebskapital in Mitleidenschaft gezogen wurde, die Kreditwürdigkeit beeinträchtigt ist, ihr Zugang zu den gewöhnlichen Finanzierungsmöglichkeiten nicht mehr möglich ist, kann ihre finanzielle Position auf eine von zwei Arten wiederhergestellt werden, nämlich durch einen Vergleich ohne Konkurs oder durch einen Konkurs. Da die Einsetzung eines Konkursverwalters durch die Gerichte den Anteilseignern die Kontrolle entzieht, hohe Rechtskosten nach sich zieht, negative Außenwirkung hat und das Vertrauen der Kunden erschüttert, wird oft der Versuch gemacht, das gewünschte Resultat durch einen Vergleich zu erzielen, ohne einen Konkursverwalter einzusetzen. Da ein Vergleich die einstimmige Zustimmung aller Beteiligten, einschließlich Gläubigern und Aktionären, mit unterschiedlichen Interessen zu den Bedingungen erfordert, ist dies eine schwer zu erzielende Art der Anpassung. Wenn ein Vergleich erfolgreich abgeschlossen wird, sind die Bedingungen oft so großzügig zu den Eigentümern der Wertpapiere, daß der Eingriff nicht gründlich genug war. Spekulanten bevorzugen eine klare, drastische Anpassung, da die Erholung danach wahrscheinlich schneller erfolgt und die einhergehenden Preisanstiege für die neuen Wertpapiere größer sind.

Konkurs und Bankrott

Normalerweise erfolgt die Reorganisierung nach dem Konkurs. Dieser ist die Verwaltung eines Besitzes durch eine von einem Bundesgericht ernannten Person, nachdem gerichtlich die Unfähigkeit der Firma festgestellt wurde, ihre Schulden bei Fälligkeit zu bezahlen. Es sollte beachtet werden, daß Konkurs und Bankrott nicht gleichbedeutend sind. Letzteres ist nur der Fall, wenn die Schulden das Vermögen übersteigen, während ein Konkurs gewöhnlich schon eintritt, wenn das Vermögen die Schulden noch weit übersteigt. Es ist allerdings wahrscheinlich, daß ein Großteil des Vermögens Anlagevermögen ist und erst mit erheblicher Verzögerung liquidiert werden kann. Wenn dann die Gläubiger ihre Forderungen vehement durchsetzen, führt der Versuch des Unternehmens, sie zu bezahlen, schnell dazu, daß das Umlaufvermögen verbraucht ist und weiterer Besitz angegriffen wird. Zum Schutz aller Beteiligten kann das Gericht unter diesen Umständen und auf Antrag eines Gläubigers einen Konkursverwalter einsetzen. Es ist die Pflicht dieser Amtsperson, das Vermögen mit dem Ziel zu erhalten, daß alle Gläubiger eine Gleichbehandlung erfahren. Im Fall eines öffentlichen Dienstleisters oder eines größeren Industrieunternehmens wird der Konkursverwalter auch den Auftrag erhalten, den Besitz zu bewirtschaften. Normalerweise wird der Vorstandsvorsitzende der Firma einer der Konkursverwalter sein, vielleicht unterstützt von einem bekannten Rechtsanwalt als Mit-Konkursverwalter.

Der Konkursverwalter beschützt die Gläubiger

Das oberste Ziel des Konkurses ist, den Wert des Besitzes für die Gläubiger zu erhalten. Der Konkurs ist beendet, wenn das Unternehmen finanziell wieder gesund ist. Sehr selten mag dies durch eine plötzliche Änderung des Schicksals des angeschlagenen Unternehmens ohne die Aufnahme neuen Kapitals geschehen. Der Ausbruch des ersten Weltkriegs 1914 zwang die International Mercantile Co., deren Ertragsgeschichte über viele Jahre enttäuschend war, in den Konkurs. Der Krieg, der zuerst ein Unglück zu sein schien, entpuppte sich als außerordentliche Gewinnquelle für Reedereien. 1916 kam die Firma aus dem Konkurs, ohne neue Mittel durch den Verkauf von Wertpapieren aufgenommen zu haben, und war sogar in der Lage, einen Großteil der Fremdmittel, durch die es finanziert war, zurückzuzahlen. Dies ist allerdings ein außergewöhnlicher Fall. Die Beendigung eines Konkurses bringt normalerweise Opfer seitens der Besitzer der Schuldpapiere sowie die Zahlung einer Schätzung durch die Aktionäre mit sich.

Wiederherstellung der Ertragskraft

Bevor ein erfolgreicher Plan für die Reorganisation eines Unternehmens im Konkurs formuliert werden kann, muß die Ertragskraft des Patienten wiederhergestellt werden. Dies wird in den meisten Fällen ein langwieriger Prozeß sein und kann Jahre dauern. Der Konkursverwalter braucht sich nicht darum zu kümmern, auf die Schuldverschreibungen des Unternehmens Zinsen zu bezahlen, außer vielleicht auf zugrundeliegende Pfandrechte, die wahrscheinlich während der Reorganisation nicht verändert werden, sondern kann die zur Verfügung stehenden Erträge zur Verbesserung der Besitztümer unter seiner Kontrolle verwenden. Vielleicht wurde die Instandhaltung vor dem Konkurs durch die Erhöhung der Barkonten auf Kosten des Anlagevermögens vernachlässigt. Der Konkursverwalter wird diese Politik umkehren und große Ausgaben für Instandhaltung machen, vielleicht sogar Verbesserungen unter Instandhaltung verbuchen. Mit Erlaubnis des Gerichts kann er sich Geld gegen sogenannte Receiver's Certificates (Konkurszertifikate) leihen, die einen Anspruch auf den Besitz haben, der vor dem der ausstehenden Schuldverschreibungen befriedigt werden muß. Wenn er den Besitz in einen guten Zustand gebracht hat, muß er als nächstes die Ertragskraft entwickeln, die die Aktionäre ermuntern wird, an der Reorganisation teilzunehmen. All dies kann lange dauern. Die Second Avenue Railroad Co., die eine Überlandverbindung in New York betrieb, ging 1908 in Konkurs. Sie wurde erst 1929 neu organisiert, als alle Wertpapiere außer den Konkurszertifikaten wertlos wurden. Sogar für die Konkurszertifikate wurden lediglich Aktien in der neuen Firma ausgezahlt.

Priorität der Ansprüche

Theoretisch sollte die Reorganisation eines Unternehmens im Konkurs eine einfache Angelegenheit sein. Nehmen wir zum Beispiel eine ziemlich komplizierte Kapitalstruktur für das Unternehmen mit drei verschiedenen Anleihen, zwei Genußscheinen und Stammaktien. Nehmen wir weiterhin an, daß es sich bei den Anleihen um einen durch erste Hypothek gesicherten Pfandbrief, einen durch erste Hypothek gesicherten Umtauschpfandbrief – also tatsächlich um einen durch zweite Hypothek gesicherten Pfandbrief – und Obligationen handelt, und daß die beiden Emissionen der Vorzugsaktien erste Vorzugsaktien sind, die bei der Liquidation ein Anrecht auf den Nominalwert und die aufgelaufenen Dividenden haben, bevor den Stammaktien etwas ausgezahlt wird. Theoretisch wird der Besitz verkauft, um die Ansprüche der Gläubiger zu befriedigen. Die erste Hypothekenanleihe wird vollständig zurückgezahlt, und der eventuell verbleibende Betrag wird zur Rückzahlung des Umtauschpfandbriefs verwendet. Sollte der Betrag ausreichen, um diese ganz auszuzahlen, wird der Restbetrag für die Schuldverschreibung verwandt. Sollte auch die Schuldverschreibung bezahlt werden können, so werden vom Restbetrag die ersten Genußscheinhalter bezahlt, usw.

Theorie und Praxis

In der Finanzwelt, wie anderswo auch, unterscheidet sich die Theorie manchmal von der Praxis. In Wirklichkeit wird ein großes Unternehmen im Konkurs keineswegs so, wie beschrieben, liquidiert werden. Denn das Vermögen, über das der Konkursverwalter verfügt, ist in erster Linie Anlagevermögen. Gäbe es reichlich Umlaufvermögen, gäbe es wohl keinen Konkursverwalter. Das Anlagevermögen kann in den Büchern des Unternehmens mit vielen Millionen Dollar bewertet sein, es mag noch weit mehr gekostet haben, und der Wiederbeschaffungswert könnte noch höher sein. Die Tatsache bleibt, daß dieses Anlagevermögen keine Gewinne erwirtschaftet, sonst gäbe es ja wahrscheinlich keinen Konkurs. Unter diesen Umständen ist es nicht wahrscheinlich, daß andere daran interessiert sind, große Summen aufzunehmen, um die Gegenstände des Anlagevermögens zu kaufen. Als Schrott aber haben sie nur einen Bruchteil ihres Wertes im laufenden Betrieb. Die einzige Alternative zur Verschrottung des Anlagevermögens, eines Vorgangs, der wahrscheinlich alle nachrangigen Gläubiger unbefriedigt ließe, ist, daß die Wertpapierbesitzer eine neue Firma gründen, die ihnen das Anlagevermögen abkauft.

Vereinfacht dargestellt, besteht die Reorganisation eines Unternehmens im Konkurs aus der Gründung einer neuen Firma, die den Besitz der alten Firma erwirbt, und die Besitzer von Wertpapieren der alten Firma erwerben die Wertpapiere der neuen Firma zu unterschiedlichen Konditionen. Die Besitzer von Anleihen sind aufgrund der Vorrangigkeit ihrer Ansprüche auf den Besitz in einer starken Position während der Verhandlungen, die die Bedingungen der Reorganisation festlegen. Ihre Position ist aber nicht unverletzlich, außer vielleicht im Falle von ein oder zwei vorrangigen Emissionen. Denn erstens sind sie gewöhnlich im Streubesitz, und ein gemeinsames Vorgehen ist schwer zu erreichen. Zweitens sind sie von ihrer Einstellung Gläubiger und nicht Eigentümer; sie wünschen eine feste Verzinsung und die Rückzahlung ihres Kapitals und nicht die Risiken und Gewinne aus Eigentum. Drittens sind sie gewöhnlich nicht gewillt, die zusätzlichen Mittel aufzubringen, die zur Verfügung gestellt werden müssen, um die Firma wieder auf die Füße zu stellen. Viertens haben sie die Geschäftsführung nicht ausgewählt und sind wahrscheinlich auch nicht in der Lage, eine neue Geschäftsführung zu stellen.

Stärke der Position der Aktionäre

Trotz ihrer theoretisch schwachen Position haben die Aktionäre gewisse Vorteile in den Verhandlungen, die der Formulierung des Neuordnungsplans vorausgehen. Erstens sind sie in dem Versuch, Verlorenes zu retten, wahrscheinlich gewillt, neue Mittel zur Verfügung zu stellen. Zweitens haben sie die Geschäftsführung gewählt, auf die die Besitzer der vorrangigen Wertpapiere wahrscheinlich für den

Erfolg in der Rettung zumindest eines Teils ihres Kapitals und der ursprünglichen Kuponzahlungen vertrauen müssen. Wenn die Vorrangigen die Nachrangigen in den Verhandlungen zu stark fordern, können letztere sagen:»Gut, nehmt den Besitz. Wir haben kein Interesse an einer Reorganisation zu derart schlechten Bedingungen.« Da die Besitzer der vorrangigen Papiere den Besitz, auf den sie ein Recht haben, nicht wollen, bringt eine solche Drohung sie normalerweise zur Raison. Die Aktionäre können so gewöhnlich an der Reorganisation zu ziemlich günstigen Bedingungen teilnehmen.

Beendigung der Konkursverwaltung

Wenn der Konkursverwalter den Zustand des Besitzes in seiner Obhut und dessen Ertragskraft in angemessenem Maß verbessert hat, wenn die Wertpapierbesitzer ihre unterschiedlichen Ansichten über einen vernünftigen Plan für die Reorganisation ausgefochten und endlich Einigung erzielt haben, ist das Ende der Konkursverwaltung gekommen. Der Plan wird den Wertpapierbesitzern vorgelegt. Wahrscheinlich haben die meisten von ihnen ihre Papiere bereits bei den zahlreichen Schutzkomitees hinterlegt, die ihre Interessen bei der Formulierung des Planes vertraten. Im normalen Ablauf haben diese jetzt die Gelegenheit, ihre Wertpapiere abzuziehen, um ihre Nichtzustimmung zu zeigen. Erfolgt der Abzug nicht innerhalb einer bestimmten Periode, gilt dies automatisch als Zustimmung. Wenige werden bei normalem Ablauf abziehen, ganz im Gegenteil, Besitzer nicht hinterlegter Papiere werden jetzt hinterlegen, bis vielleicht 90-95% der verschiedenen Wertpapiere dem Plan zugestimmt haben. Der Plan wurde auch dem zuständigen Gericht vorgelegt und hat dessen Zustimmung erhalten.

Rechtliche Schritte

Nachdem im wesentlichen Übereinstimmung aller betroffenen Parteien erzielt wurde, wird die neue Firma, die den Besitz übernehmen soll, gegründet. Um den Firmenwert der alten Firma zu erhalten, erhält die neue gewöhnlich denselben Namen mit einigen kleinen Veränderungen, oder sie trägt sogar genau den gleichen Namen, ist aber in einem anderen Staat eingetragen. Das Reorganisationskomitee wird nun damit beginnen, eine der Hypotheken, die eine Anleihe der alten Firma besichert, für verfallen zu erklären. Das Gericht setzt einen Anschlagpreis fest, unter dem der Besitz nicht verkauft werden kann. Es wird eine öffentliche Versteigerung abgehalten, zu der normalerweise keine anderen Bieter auftauchen, und das Komitee bietet den Anschlagpreis für den Besitz. Wertpapiere der neuen Firma werden nun gemäß den Bedingungen des Planes emittiert, und sie startet ihre Karriere. Alle Beteiligten hoffen natürlich, daß sie eine erfolgreichere haben wird als ihre Vorgängerin. Zumindest verfügt sie über Besitztümer in gutem Zustand und ist ausreichend mit Betriebskapital ausgestattet. Ihre Geschäftsführung ist zweifellos von neuem Eifer beseelt und hat vielleicht sogar ein technisches Gutachten des Besitzes zur Verfügung, das sie erheblich bei den Bemühungen unterstützen sollte, den Produktionsprozeß zu optimieren.

Wenn die Zeit gegen den Spekulanten arbeitet

Ein Aspekt bei spekulativen Einschätzungen, dessen Bedeutung oft unterschätzt wird, ist der zeitliche. Wenn ein großes Unternehmen in Konkurs geht, kann der Spekulant geneigt sein, dessen Wertpapiere mit dem Argument zu kaufen, daß alle schlechten Nachrichten bereits bekannt sind, und daß die nächste Veränderung im Geschick des Unternehmens eine Verbesserung sein muß. Generell ist dies eine fundierte Überlegung, aber der Spekulant sollte bedenken, daß die Konkursverwaltung ein längerer Zustand sein könnte, währenddessen nur sehr wenige Nachrichten über die Firma veröffentlicht werden und das Interesse der Öffentlichkeit an ihren Wertpapieren auf einem Tiefstand angelangt sein könnte. Darüber hinaus wird er während dieser Zeit keine Rendite auf seinen Einsatz erhalten. Es ist anzunehmen, daß der Spekulant seine Operation nicht als erfolgreich ansehen wird, wenn er nicht mindestens eine Rendite von 6% auf sein Kapital erzielt. Er sollte beim Kauf eines Wertpapiers, daß keine Ausschüttung verspricht, immer bedenken, daß er sein Kapital durch den Kauf eines soliden Anlagepapiers mit einer Rendite von 6% rasch vermehren kann. Angenommen er kauft eine Anleihe zu Beginn einer dreijährigen Konkursverwaltung zu 50, sollte er wissen, daß die Anleihe am Ende dieses Zeitraums mindestens 59 ¾ wert sein muß, damit er bei halbjährlicher Aufzinsung eine Rendite von 6% erzielt. Die simple Mathematik rät also zu einer Verschiebung des Kaufs von Wertpapieren eines Unternehmens unter Konkursverwaltung, bis zumindest die Bedingungen für die Reorganisation bekannt sind.

Entmutigende Verzögerungen

Konkursverwaltung und Reorganisation sind mit vielen rechtlichen Komplikationen verbunden. Selbst nachdem weitgehend alle Wertpapierbesitzer dem Plan zugestimmt haben, dieser in Kraft gesetzt wurde, die neue Firma gegründet ist und der Zwangsverkauf erfolgt ist, kann es noch Verzögerungen bei der tatsächlichen Emission der Wertpapiere der neuen Firma und beim Abrufen der Zahlung für die neuen Wertpapiere von den Aktionären der alten Firma geben. In üblicher Zurückhaltung wird die neue Firma die erste Dividende auf ihre Aktien wohl erst einige Monate später zahlen. Dem ersten Enthusiasmus, der durch den Plan für die Reorganisierung ausgelöst wurde, dessen Verkündung ein impliziter Ausdruck des Vertrauens in die Zukunft des Unternehmens seitens der Bankiers und anderer Nahestehender ist, folgt daher wahrscheinlich Entmutigung. Die Tatsache, daß zwischen der Veröffentlichung des Planes und seiner endgültigen Umsetzung die Wertpapiere »per Erscheinen« gehandelt werden, trägt dazu bei, daß der Marktwert der Wertpapiere kurz nach Erscheinen sinkt. Viele Spekulanten, deren Kreditrahmen größer ist als ihr Kontostand, haben die Gewohnheit, Wertpapiere »per Erscheinen« zu kaufen, wenn der Handel beginnt. Mit hoher Wahrscheinlichkeit werden sie wieder verkaufen, wenn diese Verträge zur Erfüllung kommen und ihre Broker echtes Geld einfordern.

Der normale Verlauf der Preisbewegungen

Nachdem der erste Enthusiasmus verflogen ist und bevor die neue Firma fällt, gibt es daher eine starke Tendenz von Wertpapieren einer reorganisierten Firma, vorläufig zu steigen, wenn die Emission in der »per Erscheinen«-Phase ist. Falls aber eine neue Firma gut organisiert ist, von einigen ihrer unrentablen Besitztümer befreit wurde, ihre Kapitalisierung wesentlich herabgesetzt hat, ihre Finanzen erheblich verstärkt wurden, gibt es trotzdem hervorragende Aussichten, daß die neuen Wertpapiere in ein paar Monaten oder Jahren erheblich an Wert gewinnen werden. Der Anleger, der ein Einkommen braucht wie auch der Spekulant sind beide durch den mühsamen Prozeß der Konkursverwaltung und Reorganisation ausgesiebt worden. Die neuen Wertpapiere sind wahrscheinlich ziemlich in »starken Händen« großer Besitzer konzentriert, die sie nicht für ein paar Punkte Gewinn kauften, und die auch die Fähigkeit haben, den Wert der Firma im Vergleich zum Tiefpunkt des Geschehens wesentlich zu steigern.

Das Prestige der Banken

Es gibt einen zusätzlichen Faktor, der dazu beiträgt, den Wert der Papiere einer reorganisierten Firma steigen zu lassen. Dieser Faktor ist der Wunsch der Bank, die mit der Firma identifiziert wird, ihr

Prestige und ihren Ruf zu wahren. Die durchschnittliche Großbank, die eine Anleiheemission plaziert und sich so mit einer bestimmten Firma identifiziert, fühlt sich ihren Kunden gegenüber für das anhaltende Gedeihen der Firma und das Schicksal der Anleihen sehr stark verantwortlich. Sollte sich ein Zahlungsrückstand ereignen, wird ein durch und durch verantwortungsbewußtes Haus Zeit, Geld und Anstrengungen unternehmen, die in keinem Verhältnis zum ursprünglichen Gewinn aus der eigentlichen Finanzierung stehen, um die Verluste, die die Kunden erlitten haben, wiedergutzumachen. Es gibt in dieser Hinsicht große Unterschiede zwischen den Banken, aber ein Spekulant sollte für eine bestimmte Firma in diesem Zusammenhang den Ruf von Banken herausfinden.

Bei der Suche nach Gewinnen aus Wertpapieren reorganisierter Firmen wird der Spekulant sich erstens versichern, daß der Plan für die Reorganisation fundiert ist, und zweitens, daß die Erwartung für den Sektor, in dem die Firma tätig ist, verhältnismäßig gut ist. Wenn die Reorganisation bei einem kranken Unternehmen in einer chronisch kranken Industrie vorgenommen wird, kann es sein, daß die Aktionäre der alten Firma, die weitere Mittel in die neue Firma stecken, mehr von der Hoffnung als von gesunder Urteilskraft getrieben sind. Es gibt in so einer Situation nichts, was den intelligenten Spekulanten interessieren könnte. Andererseits kann ein Reorganisationsplan zwar nur bescheidene Eingriffe vorsehen, aber wenn die fundamentalen Bedingungen für die neue Firma günstig sind, werden die Papiere hohe Gewinne abwerfen. Die Analyse der Bedingungen in einer bestimmten Industrie wurde bereits an anderer Stelle erwähnt und braucht hier nicht weiter vertieft zu werden. Die Analyse der Neuordungsbedingungen ist ein Thema, daß einige Aufmerksamkeit verdient.

Einheitliche Reorganisationsbedingungen

Die Erfahrung der Finanzwelt mit Reorganisationen in den letzten Jahrzehnten war so ausgiebig, daß das Vorgehen ziemlich stark vereinheitlicht wurde. Für eine Firma in Konkursverwaltung mit einer bestimmten Kapitalstruktur, gewisser normaler Ertragskraft und gewissem Bedarf an zusätzlichem Kapital braucht der intelligente Spekulant kein Diktiergerät im Büro anzubringen, in dem die verschiedenen Schutzkomitees sich treffen, um ziemlich sicher zu wissen, wie die endgültigen Reorganisationsbedingugen wahrscheinlich aussehen werden. Am weitesten vereinheitlicht sind wohl die Reorganisationen von Eisenbahnfirmen. Der Großteil der Eisenbahnmeilen der Vereinigten Staaten ist mindestens einmal in Konkursverwaltung gewesen, ein erheblicher Teil zweimal. Die Einzelheiten der Reorganisationen verschiedener Bahnen sind einfach zur Einsicht zugänglich, die Ergebnisse der Reorganisationen sind bekannt, und gewisse allgemeingültige Prinzipien können auf jeden Fall angewandt werden.

Reorganisation von Eisenbahnen

Im Fall einer Eisenbahn, egal welcher Größenordnung, kann man sicher davon ausgehen, daß der Betrieb aufrechterhalten und nur unbedeutende Teile aufgegeben werden. Bestimmter Besitz ist so wesentlich für die Bahn, daß Anleihen, die durch eine erste Hypothek auf ihn besichert sind, unverletzt durch die Konkursverwaltung und die Reorganisation gehen. Dies gilt fast immer für Ausrüstungsfonds-Anleihen, gewöhnlich auch für Anleihen mit einer ersten Hypothek auf die wichtigsten Meilen. Ein Blick auf die Karte und vernünftige Kenntnis der Geographie des bedienten Gebietes wird zeigen, auf welchen Meilen wahrscheinlich der meiste Verkehr abläuft. Der Konkurs kam durch ungenügende Erträge zur Deckung der Fixkosten zustande, daher müssen einige Anleihen in der Reorganisation leiden. Die Emissionen, deren Besitzer Opfer bringen müssen, sind natürlich die Anleihen mit nachrangiger Hypothek, Schuldverschreibungen und Anleihen, die durch unwichtige Meilen besichert sind. Diese müssen eventuell durch Einkommensanleihen, die nur Zinsen zahlen, wenn diese verdient wurden, oder durch Vorzugsaktien oder beides ersetzt werden. Wenn eine Einkommens- oder Anpassungsanleiheemission aufgelegt wird, werden wahrscheinlich auch Vorkehrungen für die Ermächtigung einer neuen Hypothek getroffen werden, die für die Finanzierung künftiger Verbesserungen benutzt werden kann.

Um den dringenden Geldbedarf zu versorgen, werden die Aktien wahrscheinlich geschätzt, und die Aktionäre erhalten neue Anleihen zum Nominalwert für ihre Schätzung. Die Aktien, deren Besitzer diese Schätzung bezahlen, werden dann gegen Aktien der neuen Firma ausgetauscht, deren Anzahl vielleicht etwas geringer sein könnte. Aktien, deren Besitzer die Schätzung nicht bezahlen, werden in größerem Maße verkleinert. Durch diese Maßnahmen werden die Fixkosten der neuen Firma der normalen Ertragskraft des Besitzes gut angepaßt. Bei steigender Ertragskraft, die entweder durch Wachstum der Einnahmen oder durch effizienteren Betrieb nach einer Verbesserung der Anlagen erzielt wurde, können die Zinsen an Anpassungs- und Einkommensanleihen bezahlt werden und für die verschiedenen Papiere nach und nach Dividenden ausgeschüttet werden.

Atchisons frühe Schwierigkeiten

Atchison, heute wahrscheinlich die stärkste Eisenbahn in Amerika, wurde Ende des letzten Jahrhunderts zweimal reorganisiert, einmal ohne Zwangsverkauf 1889 und einmal durch einen Konkurs 1894. Letzterer war eine ziemlich drastische Angelegenheit. Anleihen im Wert von $ 232.000.000,- und Aktien im Wert von $ 102.000.000,- wurden durch $ 97.000.000,- allgemeine 4prozentige Pfandbriefe von 1995, $ 52.000.000,- 4prozentige Anpassungsanleihen von 1995, für die Zinsen nur dann gezahlt wurden, wenn sie verdient waren, $111.500.000,- und 5% Vorzugsaktien und $102.000.000,- Stammaktien ersetzt. Neben dem drastischen Schnitt der Fixkosten wurde der Weg zur Finanzierung von Verbesserungen durch die Reservierung eines großen Blocks der allgemeinen 4s für diesen Zweck und durch die Schaffung einer vorrangigen Hypothek geebnet. Die Position der Anleihen war durch die gewaltige Verkleinerung des Fremdkapitals gesichert, und es blieb dem normalen Wachstum des Geschäfts der Bahn unter guter Leitung überlassen, den nachrangigen Papieren Wert zu verleihen. Die neuen Vorzugsaktien wurden anfangs zu einem so niedrigen Preis wie $14^1/_8$ verkauft. Innerhalb von zwei Jahren hatte sich der Preis verdoppelt, 1900 erreichten sie das Niveau, das sie seither als Anlagewert aufweisen. Kurz nach der Reorganisation von Atchinson notierten die Stammaktien bei nur 8¼; innerhalb von zwei Jahren verdreifachte sich der Preis, 1901 erreichte er 91 und wurde auch zum Anlagewert.

Industrieunternehmen sind eine viel weniger homogene Gruppe als Eisenbahnen, und das Vorgehen bei Neuordnungen ist weit weniger standardisiert. Im allgemeinen wird jeglicher Plan, der angenommen wird, um eine Konkursverwaltung zu beenden, wahrscheinlich viel drastischer sein als im Fall einer Eisenbahn. Das Fremdkapital kann ganz entfernt werden, wie in der Neuordnung der Virginia-Carolina Chemiewerke 1925. Falls es zugelassen wird, daß irgendwelche Anleihen im Umlauf bleiben, werden die Reorganisatoren wahrscheinlich streng darauf achten, daß die Festkosten der neuen Firma klar innerhalb der Ertragskraft liegen. Erfahrene Reorganisatoren werden auch darauf bestehen, daß die neue Firma ihre Tätigkeit mit einem mehr als ausreichenden Polster an Betriebsmitteln aufnimmt. Der Spekulant wird den Plan auf diese Aspekte hin durcharbeiten.

Vergleich von Marktwerten

Ein interessanter Vergleich kann zwischen der alten und der neuen Firma zum Vorteil des Spekulanten gezogen werden. Was war die alte Firma, gemessen an den durchschnittlichen Preisen ihrer Wertpapiere in einem normalen Jahr, wert? Von dieser Summe wird ein angemessener Schätzwert für die in der Reorganisation abgestoßenen Besitztümer abgezogen. Die Veränderung des Betriebsvermögens wird hier von besonderem Interesse sein. Nun wird diese Zahl mit dem Marktwert der Papiere der neuen Firma verglichen. Letzterer wird wahrscheinlich viel kleiner sein als Ersterer. Die Differenz mißt die mögliche Aufwertung der Papiere der reorganisierten Firma bei einer Wiedererlangung ihrer früheren Stellung in der Industrie und in der Wertschätzung des anlegenden und spekulierenden Publikums. Der Spekulant muß die Chancen für einen solchen Wiederaufstieg im Licht seiner Einschätzung für die Aussicht der Industrie und seiner Bewertung der Fähigkeit der Geschäftsführung beurteilen.

Kapitel XVII

Handel mit nicht börsennotierten Wertpapieren

Wie Wertpapiere quotiert werden – Immer eine Spanne zwischen Geld und Brief – Auswahl eines Brokers für nicht börsennotierte Werte – Nicht börsennotierte Papiere als Pfand – Manchmal gibt es Sonderangebote im Verborgenen – Aktien von Finanzinstituten – Die Besten des Marktes für nicht börsennotierte Werte – Analyse eines Kontoauszugs – Technische Aspekte der Buchhaltung bei Versicherungen

»Ich kaufe niemals nicht börsennotierte Wertpapiere« sagen viele Investoren oder Spekulanten und schließen damit viele tausend Wertpapiere aus ihrem Betätigungsfeld aus, die wesentliche Anlage- oder Spekulationsmöglichkeiten bieten. Wird diese Einstellung beibehalten, wird so fast die Gesamtheit wichtiger Wertpapierklassen, wie Banken- und Versicherungsaktien, viele gute öffentliche Versorger, eine Reihe mehr oder weniger wertvoller Industrieemissionen, ignoriert. Eine so große Anzahl und Auswahl an Papieren über einen Kamm zu scheren, scheint eine allzu drastische Politik zu sein. Der intelligente Spekulant wird im Gegenteil versuchen, etwas über den Markt für nicht börsennotierte Wertpapiere zu erfahren, nämlich, worin der Unterschied im Handel zu den börsennotierten Papieren liegt.

Genauigkeit der Notierungen

Der erste und offensichtlichste Unterschied zwischen börsennotierten und nicht börsennotierten Wertpapieren ist die Schwierigkeit, genaue Notierungen für letztere zu erhalten. Ein vollständiger Bericht aller Abschlüsse am Parkett der New York Stock Exchange wird täglich vom Wall Street Journal und anderen führenden Tageszeitungen in New York und anderen bedeutenden Städten veröffentlicht. Diese

Notierungen werden mit größter Sorgfalt zusammengestellt und sind zu über 99% korrekt. Es handelt sich um tatsächliche, öffentliche Abschlüsse in einem Markt, in dem Käufer und Verkäufer durch alle möglichen aufsichtsrechtlichen Bestimmungen zum Schutz des Handels und der Anleger eingeschränkt sind. Ähnliche Notierungen tatsächlicher Verkäufe an der New York Curb und an Börsen außerhalb New Yorks stehen fast genauso bequem zur Verfügung und sind fast genauso akkurat.

Ausgewaschene Verkäufe

Offensichtlich hat die Tatsache, daß eine bestimmte Aktie tatsächlich an einem bestimmten Zeitpunkt zu einem bestimmten Preis verkauft wurde, eine bestimmte Bedeutung für den Spekulanten. Es gibt ihm eine Vorstellung, zu welchem Preis er kurz danach kaufen oder verkaufen kann. Im Falle nicht börsennotierter Wertpapiere hat der Spekulant keine vergleichbare, authentische Preisinformation. Eine große Anzahl nicht börsennotierter Wertpapiere wird gewiß bei den wöchentlichen Auktionen in Boston, New York und Philiadelphia ge- und verkauft, und Aufzeichnungen über diese Transaktionen stehen zur Verfügung. Handelsabschlüsse in einzelnen Papieren finden in unregelmäßigen Abständen statt, und selbst dann spiegeln sie nicht immer den wahren Markt wider. Während ausgewaschene Verkäufe beim Handel auf dem Parkett der Börse unter den strengen Regeln, denen die Mitglieder unterliegen, fast unmöglich sind, sind sie bei Auktionen keineswegs ungewöhnlich. Ein ausgewaschener Verkauf ist ein Verkauf eines Händlers an sich selbst, der benutzt wird, um einen Marktpreis zu erzeugen. Ein Händler, der einen großen Block einer bestimmten Aktie aufgebaut hat, könnte ein Angebot weit über dem wahren Wert bei einem öffentlichen Verkauf abgeben, um eine öffentliche Notierung zu erhalten, die beim Verkauf seiner Papiere nützlich wäre. Aus ganz anderem Grund werden jedes Jahr viele wertlose oder fast wertlose Wertpapiere in der Auktion verkauft, nämlich um die Verluste für die Einkommensteuer festzustellen. Eine veröffentlichte Notierung, daß eine nicht börsennotierte Aktie bei der Auktion zu einem bestimmten Preis verkauft wurde, stellt keineswegs einen echten Markt für die Aktie zu oder um diesen Preis dar. Der interessierte Spekulant sollte herausfinden, ob die Notierung sich aus einem einzigen Angebot ergab, oder ob es mehrere Anbieter gab, die den Block kaufen wollten.

Fehler bei Geld- und Briefnotierungen

Gewöhnlich sind die einzigen verfügbaren Notierungen für ein nicht börsennotiertes Wertpapier Geld- und Briefnotierungen. Führende Tageszeitungen in den Finanzzentren veröffentlichen heutzutage einmal pro Woche oder öfter solche Notierungen für eine lange Liste der wichtigeren nicht börsennotierten Aktien und Anleihen. Diese Notierungen stammen von führenden Firmen, die auf Geschäfte außerhalb der Börse spezialisiert sind. Es handelt sich nicht um Broker, die eine festgelegte Kommission für jeden Abschluß erhalten, sondern zumeist um Händler, die auf eigene Rechnung arbeiten und sowohl im Handel mit Dritten als auch untereinander versuchen, so billig wie möglich zu kaufen und so teuer wie möglich zu verkaufen. Manchmal nehmen sie eine Kommission für die Ausführung eines Kundenauftrags, aber öfter versuchen sie, einen Gewinn von ¼ Punkt oder fünf Punkten oder soviel, wie der Markt hergibt, zu machen. Aus diesem Grund neigen sie natürlich dazu, Geld- und Briefkurse mit einer Spanne anzugeben, die weit genug ist, um einen vernünftigen Gewinn und einen Puffer für Fehler abzudecken. Eine weitere Fehlerquelle bei veröffentlichten Geld- und Briefnotierungen ist die Wahrscheinlichkeit, daß zu einem gegebenen Zeitpunkt ein bestimmtes Haus die allerbesten Geld- und Briefkurse im Markt gar nicht kennt. Das Endergebnis all dieser Fehlerquellen ist die Tatsache, daß der Spekulant veröffentlichte Geld- und Briefkurse als Näherungen betrachten muß, die das ungefähre Niveau anzeigen, zu dem ge- oder verkauft werden könnte.

Die Auswahl eines nicht börsennotierten Brokers

Der Spekulant, der an einer nicht börsennotierten Aktie interessiert ist, muß sich natürlich zuerst eine Notierung geben lassen, die ihren ungefähren Preis zeigt, und dann eine Firma aussuchen, mit der er zu handeln gedenkt. Dies ist eine Sache von einiger Schwierigkeit. Der alte Rechtsgrundsatz »Caveat emptor« gilt in vollem Umfang im Markt für nicht börsennotierte Papiere. Ohne Einführung zu einer Firma zu gehen, die ihn nicht kennt, würde für den Spekulanten wahrscheinlich bedeuten, daß er beim Kauf den Höchstpreis bezahlt und beim Verkauf den niedrigsten Preis erzielt. Fragte er bei einem halben Dutzend Firmen an, könnten seine Anfragen einen verheerenden Effekt auf den Markt haben. Anfragen selbst für ein Paket von zehn Aktien unterschiedlicher Firmen könnte den Eindruck erwecken, daß aktive Nachfrage für die Aktie besteht, mit einem schlimmeren Ergebnis, als sich einfach der Gnade einer Firma auszuliefern. Beim Handel mit einer Firma, für die er ein Unbekannter ist, könnte der Spekulant natürlich die einfache Vorsichtsmaßnahme ergreifen, seine Position bei der ersten Anfrage zu verschleiern. Möchte er zum Beispiel 100 Aktien einer bestimmten nicht börsennotierten Firma kaufen, könnte er anfragen, zu welchem Preis er einen solchen Aktienblock verkaufen kann. Der Broker, der sich mit einem Geldkurs auf die Anfrage festgelegt hat, wird kaum einen Briefkurs nennen, der eine zu große Spanne zum ersten Gebot aufweist.

Der Spekulant würde wahrscheinlich lieber die zuverlässigste Handelsfirma finden, als sich auf solche Finten oder aufs Glück zu verlassen. Zu diesem Zweck könnte er vielleicht seine Bank und mehrere Broker fragen, wer nach ihrer Meinung die zwei oder drei zuverlässigsten Handelshäuser sind. Die Firma, die in einer solchen informellen Umfrage die meisten Stimmen erhält, verdient wahrscheinlich ein erhebliches Maß an Vertrauen. Was der Spekulant nicht tun sollte, ist jemanden zu fragen, ob diese oder jene Firma »O.K.« ist. Außer wenn die befragte Person ihm sehr nahe steht oder die Firma, über die er sich erkundigt, einen bekannt schlechten Ruf hat, wird die Antwort wahrscheinlich so vorsichtig ausfallen, daß sie wenig wert ist.

Die Schwierigkeit der Auswahl eines Handelshauses würde sich nicht ergeben, wenn der Broker, über den der Spekulant börsennotierte Papiere handelt, eine Handelsabteilung unterhält. Viele der führenden Börsenhäuser unterhalten in der Tat solche Abteilungen als Service für ihre Kunden. Obwohl es wahrscheinlich ist, daß eine derartige Handelsabteilung nicht so gute Preise für jede Aktie hat wie eines der anderen Handelshäuser, so ist sie zumindest in einer besseren Position zu handeln als der einzelne Kunde und steht ihm in der Regel als Dienstleister auf Kommissionsbasis zur Verfügung.

Immer eine Spanne

Wahrscheinlich ist der Haupteinwand, den Spekulanten, die es gewöhnt sind, börsennotierte Papiere zu handeln, gegen nicht börsennotierte Wertpapiere vorbringen, die übermäßige Spanne zwischen Geld- und Briefkurs. Tatsächlich ist diese Spanne normalerweise nicht übermäßig groß, und der Kritiker bemerkt oftmals nicht, daß es bei börsennotierten Aktien eine vergleichbare Spanne gibt. Der durchschnittliche Händler ist jedoch daran gewöhnt, Notierungen börsengehandelter Aktien in der Form von Verkäufen zu sehen, selten sieht er die Geld- und Briefkurse, während er bei den nicht börsennotierten Papieren normalerweise die Geld- und Briefkurse, aber fast nie Verkaufsnotierungen sieht. Zu jedem Zeitpunkt muß es aber immer eine Spanne zwischen Geld- und Briefkursen geben. Die Größe der Spanne steht in umgekehrtem Verhältnis zur Aktivität in der Aktie. Im Fall einer sehr aktiven Aktie wie United States Steel kann die Spanne nur $1/8$ oder $1/4$ eines Punktes sein. Eine ziemlich aktive Aktie kann im Geldkurs zwischen ½ und 2 Punkten niedriger notieren als im Briefkurs. Wenn von einer Aktie nur ein – oder zweihundert Stücke pro Tag umgehen, kann die Spanne vier oder fünf Punkte erreichen. Im Fall der großen Anzahl börsennotierter Aktien, die nur selten verkauft werden, kann es eine Spanne von zehn oder sogar 20 Punkten geben. Zur Zeit notiert z.b. Fidelity-Phoenix Fire Insurance am Parkett der Börse mit $65^5/8$ Geld und 70 Brief. Hartford Fire, eine nicht börsennotierte Aktie, wird gleichzeitig mit 74½ Geld, 76½ Brief von einer außerbörslichen Firma notiert, also ein viel besserer Markt.

Die Einstellung der Banken

Ein weiterer Einwand des Spekulanten gegen nicht börsennotierte Wertpapiere ist ihre relativ begrenzte Akzeptanz als Sicherheiten für Kredite. Die Bank, die das Geld ihrer Einlagenkunden gegen Kreditsicherheiten verleiht, ist in erster Linie an der Verwertbarkeit der Sicherheit interessiert, weniger an ihrer Qualität. Sie bevorzugt eine hochspekulative, aktiv gehandelte, börsennotierte Aktie, die sie innerhalb weniger Minuten verkaufen kann gegenüber einer Anlageemission mit hoher Kreditwürdigkeit und einem engen Markt, die sie nur mit Schwierigkeiten verkaufen könnte. Außerdem ist es für den Bankier leichter zu bestimmen, wieviel er gegen eine börsennotierte Aktie risikolos verleihen kann, deren Notierung sofort verfügbar ist, als gegen eine nicht börsennotierte Aktie, von der er vielleicht noch nie gehört hat. Es ist sehr viel einfacher, das Wall Street Journal auf seinem Schreibtisch aufzuschlagen und nachzusehen, zu welchem Preis eine bestimmte Aktie an der Börse verkauft wurde, als den Markt für eine nicht börsennotierte Aktie zu finden und danach auch noch grob zu bestimmen, wie eng oder breit er sein mag. Im Fall einer nichtbörsennotierten Aktie mit einem engen Markt mag der gewissenhafte Bankier sich bemüßigt fühlen, dem Faktor innerer Wert einiges Gewicht zu geben. Dies würde ihm die Notwendigkeit einer noch ermüdenderen Nachforschung aufbürden. Insgesamt überrascht es daher nicht, daß der Bankier, der um einen Kredit angegangen wird, die börsennotierte Aktie vorzieht.

»Hartgesottene« Broker bevorzugt

Zieht die Bank börsennotierte Wertpapiere als Sicherheiten vor, ist klar, daß der Broker die selben Vorlieben zeigt. Der Broker, der Konten auf Marginbasis für seine Kunden führt, bekommt einen erheblichen Teil der nötigen Mittel durch das Verpfänden ihrer Wertpapiere an die Banken. Wenn er von seinem Kunden Wertpapiere akzeptiert, auf die er von seiner Bank keinen Kredit erhält, wird er schnell in einen gefährlichen »gefrorenen« Zustand kommen. Unter diesen Umständen könnten alle guten Sicherheiten in seinem Büro bei den Banken sein, und der größte Teil seines eigenen Kapitals wäre in unakzepteblen Wertpapieren gebunden. Eine plötzliche, starke Preisbewegung, die einige seiner großen Kunden auslöscht und deren Konten »unter Wasser« bringt, könnte in diesem Fall katastrophal sein. Im allgemeinen gilt für den Spekulanten, der auf Marginbasis handelt, daß der »hartgesottenste« Broker, was die Stellung der Sicherheiten angeht, und gleichzeitig auch die Strenge der Anforderungen an die Marktgängigkeit der Wertpapiere, die ihm als Sicherheit angeboten werden, der sicherste Broker ist, mit dem er handeln kann. Unter Belastung sind es nicht diese Broker, die ihre Türen schließen. Der Broker, der im Versuch, mehr Umsatz zu machen, das Geschäft auf Basis gefährlich niedriger Margins oder gegen schlechte Sicherheiten akzeptiert, ist nicht der sicherste Broker.

Schnäppchen im Verborgenen

Trotz der offensichtlichen Nachteile des außerbörslichen Marktes, sollte alleine die Tatsache, daß die Anzahl der Wertpapiere, die dort zur

Verfügung stehen, weit größer ist als die Anzahl börsennotierter Wertpapiere den Spekulanten dazu veranlassen, diesem Gebiet einige Aufmerksamkeit zu schenken. Das Versäumnis, dies zu tun, wird dazu führen, daß ihm viele gute Geschäfte entgehen. Außerdem haben alle außer einem unbedeutenden Teil der Aktien von Finanzinstituten, die im großen und ganzen die besten erhältlichen Anlagewerte und oft die besten Spekulationswerte sind, ihren Markt außerhalb des Börsenparketts. Die geringe Bekanntheit des außerbörslichen Marktes selbst ist ein Vorteil für den aufmerksamen Spekulanten. Aktien werden oft über beträchtliche Zeiträume auf lächerlich niedrigem Niveau gehandelt, nur weil sie nur wenigen Leuten bekannt sind. Der Spekulant, der eine Aktie in einer solchen Lage entdeckt, braucht den allgemeinen Trend des Marktes nicht zu kennen oder zukünftige Erträge der Firma vorherzusehen. Wenn die Aktie weit unterhalb des Niveaus gehandelt wird, das die jetzigen Erträge und Positionen rechtfertigt – und es gibt nichts, was auf eine Verschlechterung der Position in naher Zukunft hindeutet – kann er sicher sein, daß andere sie entdecken werden und daß sie irgendwann auf ein angemessenes Preisniveau steigen wird. Aktivität im außerbörslichen Markt ist oft ein Vorbote einer Einführung in den Börsenhandel. Ein großer Teil des Geldes, das Hausseure an Aktien verdienen, die eine solche Geschichte haben, wird oft vor der Börseneinführung verdient.

Finanzaktien

Vielleicht die sicherste Spekulation, die es gibt, sind die Aktien von Finanzinstituten, die es in der Regel nur im außerbörslichen Markt gibt. Mit dem Wachstum des Wohlstandes und der Bevölkerung einer Gemeinde oder eines Landes geht ein noch schnelleres Wachstum der Banken einher. Die Finanzorganisation einer Gesellschaft wird mit wachsendem materiellen Wohlstand komplizierter, und die Dienstleistungen solcher Institute werden immer unentbehrlicher. Eine große Bank oder Versicherung wird daher im Lauf der Jahre fast

zwangsläufig wachsen und mit ihr der Wert ihrer Aktien. Der weit-
sichtige Anleger, der Aktien einer solchen Institution kauft und hält,
wird mit großer Sicherheit nach einigen Jahren ansehnliche Gewinne
ernten. Es handelt sich hier kaum um Spekulation im herkömmlichen Sinn, aber der Händler, der den schnellen Gewinn sucht, hat
zumindest die Sicherheit zu wissen, daß er eine gute Anlage besitzt,
selbst wenn die erwarteten Gewinne sich nicht so schnell wie erwartet einstellen und die Erzielung der Gewinne sich nur verzögert.

Die Bankverbindung ist keine Routineangelegenheit

Natürlich will der Spekulant, der an Bank- und Versicherungsaktien
interessiert ist, seine Aktien intelligent auswählen, genau wie in jedem
anderen Sektor. Oberflächlich betrachtet sieht z.b. der Bankensek-
tor wie ein sehr einfaches Geschäft aus. Die Bank sammelt Einlagen,
auf die sie 2% Zinsen oder weniger bezahlt und verleiht den Großteil davon an ihre Kunden zu 4 – 6%. Bei gegebener Kapitalstruktur und Einlagenvolumen der Bank scheint es, daß sich der Ertrag
durch einfache Berechnung ergibt. In Wirklichkeit wird das Bank-
geschäft genauso wenig auf einem einheitlichen Niveau betrieben wie
jedes andere. Von zwei bestimmten Banken mit ungefähr der gleichen Kapitalstruktur, den gleichen Rücklagen und dem gleichen
Einlagenvolumen wird eine wahrscheinlich wesentlich höhere Erträge
erwirtschaften als die andere, und ihre Aktien werden zu einem
wesentlich höheren Preis handeln.

Der Geschäftsbericht der Bank

Bankbilanzen unterscheiden sich von denen von Unternehmen in
anderen Geschäftsfeldern dadurch, daß der Hauptbestandteil Geld
oder geldähnliche Werte sind. Unten ist die typische Bilanz einer starken nationalen Bank abgebildet:

HABEN

Kredite und Diskonti.	$ 42.086.204
US-Staatsanleihen.	9.412.296
Andere Anleihen und Wertpapiere.	3.177.938
Banking House.	2.736.202
Bargeld und Forderungen an Banken.	17.534.164
Forderungen an Kunden und aus Akzepten.	1.870.380
	$ 76.817.184

SOLL

Grundkapital.	$ 3.000.000
Rückstellungen.	2.000.000
Nichtausgezahlte Gewinne.	4.690.687
Einlagen.	61.972.206
Verbindlichkeiten.	1.000.000
Girierte Bankakzepte.	2.252.587
Ausstehende Akzepte.	1.901.704
	$ 76.817.184

Bargeld und geldähnliche Instrumente

Abgesehen von zwei Ausnahmen sind alle Positionen auf der Haben-seite der Bilanz Geld oder Kredite. Die Ausnahmen sind das »Banking House«, eine dauernde Anlage, deren Wert erheblich schwanken kann, und sonstige Wertpapiere. Anleihen sind ja nur langfristige Kredite. Aktien aber beinhalten nicht das Versprechen, daß ihr Besitzer an einem bestimmten Zeitpunkt eine bestimmte Summe erhalten wird. Auf der Sollseite stehen alle Posten für Geld, das die Bank schuldet, sei es auf Verlangen oder auf feststehende Daten, außer den drei Eigenkapitalpositionen Grundkapital, Rückstellungen und nicht ausgezahlte Gewinne. Diese stellen das Eigenkapital der Aktionäre in der Bank dar. In einer Bankbilanz ist die Rückstellung normalerweise eine runde Summe, die sich aus bestimmten Mitteln ergibt, nämlich aus dem Verkauf von Aktien mit einem Aufschlag und aus Zuteilungen aus dem nicht ausgezahlten Gewinn. Normalerweise wird es als genauso sakrosankt angesehen wie das Grundkapital selbst. Nicht ausgezahlte Gewinne, andererseits, stellen aufgelaufene Erträge dar, die nicht für Dividendenzahlungen oder Erhöhungen der Rückstellungen verwendet wurden.

Die Analyse des Einlagenkunden

Es wurde bereits erwähnt, daß die aufgezeigte Bilanz aus Sicht des Einlagenkunden eine starke Verfassung zeigt. Die Analyse ist einfach. Außer den Akzepten, die Eventualverpflichtungen sind, schuldet die Bank knapp $ 63.000.000,-, von denen wahrscheinlich ein Großteil nicht auf Verlangen, sondern an festgelegten Daten rückzahlbar sind. Zur Zahlung dieser Schulden hat sie über $ 17.500.000,- in ihrem Tresor beziehungsweise als Einlagen bei anderen Banken. Sie besitzt Staatsanleihen im Wert von knapp $ 9.500.000,-, die mit einer Frist von wenigen Stunden verkauft oder als Sicherheit bei der Federal Reserve Bank eingesetzt werden könnten. Es steht also eine Gesamtsumme von $ 27 Mio. mit Sicherheit zur Verfügung, um unerwartete Abhebungen zu decken. Das entspricht 43% des von der Bank geschuldeten Betrages. Außerdem besteht ein nicht spezifizierter Anteil der Kredite und Diskonte aus Tagesgeld, das durch börsennotierte Wertpapiere gesichert und auf Verlangen rückzahlbar ist. Ein weiterer großer Teil besteht aus Krediten, die bei der Federal Reserve Bank rediskontfähig sind. Wenn bedacht wird, daß ein großer Teil der Einlagen von Kunden kommt, an die eine noch größere Summe verliehen wurde, stellt sich heraus, daß die Position der Bank am Bilanzstichtag wasserdicht war.

Auch aus Sicht der Aktionäre zeigt die Bilanz große Stärke. Rückstellungen und nicht ausgezahlte Gewinne waren mehr als doppelt so hoch wie der Eigenkapitalbetrag, was den Aktien einen Buchwert von über $ 320,- pro Stück gibt. Einlagen betragen das 6,4fache des gesamten Eigenkapitals. Unter der Annahme, daß die Bank ihre Mittel im Durchschnitt zu 4% verleiht und auf die Einlagen durchschnittlich 2% bezahlt, wird der Rohertrag 4% auf das Eigenkapital plus der Differenz zwischen den beiden Sätzen, also 2% auf die Einlagen betragen. Da die Einlagen das 6,4fache des Eigenkapitals betragen, wird der Gesamtertrag auf das Eigenkapital 16,8% sein. Um den theoretischen Bruttoertrag zu erhalten, wird dies mit 3,2 multipliziert, was hier 53,8% ergibt, aus dem die Bank Verluste abdecken, Steuern und Aufwendungen begleichen muß. Da wir schon einige Annahmen gemacht haben, nehmen wir weiter an, daß diese 1 ½% der zur Verfügung stehenden Mittel ausmachen. Abzüge vom Bruttoertrag sind dann mit 35,6% auf das Eigenkapital anzusetzen, und es verbleibt ein Nettoertrag von 18,2% auf den Nominalwert der Aktie. Ähnliche Berechnungen könnten für jede Bank angestellt werden.

Viele verschiedene Geschäftsfelder

Jede theoretische Berechnung dieser Art wird zum größten Teil durch den Faktor Geschäftsführung aufgehoben. Das Verhältnis von Verlusten und Aufwänden unterscheidet sich stark zwischen verschiedenen Banken genauso wie das Verhältnis von Bruttoerträgen zu eingesetzten Mitteln. In einer großen, modernen Bank gibt es viele Möglichkeiten der Betätigung außerhalb der Bereiche Einlagen- und Kreditgeschäft. Die Bank hat vielleicht eine Auslandsabteilung, die Fremdwährungen für Kunden kauft und verkauft, eine Treuhandabteilung, die als Testamentsvollstrecker und Treuhänder fungiert, eine Firmentreuhandabteilung, die hypothekarischen Besitz für Anleihebesitzer treuhänderisch hält, eine Verwaltungsabteilung, die das Umschreibungsbuch einer Aktiengesellschaft führt und Dividenden für Firmenkunden auszahlt, eine Anleiheabteilung und vieles mehr. Sie kann eine Wertpapiertochtergesellschaft haben, die an Anleiheemissionen und ähnlichem teilnimmt. Mit ungefähr der gleichen

Finanzstruktur wird eine reine Handelsbank wahrscheinlich nicht die gleiche Ertragskraft haben wie eine Bank, die sich auf anderen Gebieten voll entfaltet. Eine Bankbilanz bietet wenige Ansätze für eine Analyse. Die Hauptvermögenswerte, Kredite und Diskonte, können in einem beliebigen Fall zu 99,9% Bargeld entsprechen, oder sie können zu einem erheblichen Teil aus eingefrorenen Krediten an Kreditnehmer bestehen, die in finanziellen Schwierigkeiten sind. In der Bilanz selbst wird der Analysierende keine Hinweise über die Qualität der Kredite und Diskonti finden. Im allgemeinen kann er davon ausgehen, daß die Kredite einer großen Bank gut sind. Diese Aussage mag in Jahren wie 1907 oder 1921 nicht zu 100% korrekt sein, aber es ist für die praktische Anwendung ausreichend genau.

Bestimmung des Buchwertes

Bei der Analyse einer Bankbilanz wird der Spekulant zuerst den Buchwert der Aktie bestimmen. Normalerweise wird die Aktie weit über ihrem Buchwert gehandelt. Als nächstes wird er durch den Vergleich aufeinanderfolgender Bilanzen herausfinden, wie die Einlagen wachsen, ob die Bank schneller oder langsamer wächst als ihre Hauptkonkurrenten. Danach wird er den Posten »nicht ausgezahlte Gewinne« im Zeitverlauf vergleichen. Der Zuwachs der nicht ausgezahlten Gewinne und Rücklagen plus dem Betrag der gezahlten Dividende ergibt den Nettoertrag für die Periode. Der Spekulant möchte natürlich die Aktie einer starken Bank kaufen, die schnell wächst und eine hohe und wachsende Ertragskraft hat.

Manchmal kommt es vor, daß ein Vergleich der Bilanzen nicht die gesamten Erträge einer Bank zeigt. Führende Banken in New York und anderen Städten haben verbundene Wertpapierhäuser, wie die National City Company, Guarantee Company, Chase Securities Corporation. Die drei genannten, verbundenen Unternehmen sind führende Vertreiber von Anleihen und Aktien an private Investoren.

Es ist möglich, die Erträge der Muttergesellschaft durch den Vergleich aufeinanderfolgender Bilanzen zu bestimmen – wo dieser Vergleich nicht durch Firmenverschmelzungen, die zwischenzeitlich stattfanden, unmöglich wird, aber die Erträge der verbundenen Wertpapierhäuser werden traditionell nicht offengelegt. Während einer Hausse ziehen solche stillen Reserven und Erträge spekulative Käufer an.

Die Feuerversicherung

Die Bank schuldet ihren Einlagekunden zu jedem Zeitpunkt eine feste Geldsumme; die Feuerversicherung trägt eine mögliche Verbindlichkeit in Höhe des Mehrfachen ihrer gesamten Mittel. Sie weiß nie, wann sie dazu aufgefordert wird, einen erheblichen Teil dieser Verbindlichkeit zu erfüllen. Aber durch Streuung ihrer Risiken, dadurch, daß sie nicht zu viele Gebäude in der gleichen Gemeinde, sogar nicht zu viel Häuser in der gleichen Straße oder zu viele Gebäude desselben Typs versichert, dadurch, daß die nur einen kleinen Teil ihrer Mittel bei einem einzelnen Gebäude riskiert, kann die Feuerversicherung zum großen Teil Risiko ausschalten. Ihr Geschäft sieht aus wie eine riesige Wette, aber tatsächlich ist eine große Feuerversicherung eine der sichersten. Sie verdient auf zwei Arten. Erstens sollten die Prämieneinnahmen die eingetretenen Schadensfälle und die Aufwendungen für den Geschäftsbetrieb übertreffen und somit ein Gewinn aus der Versicherung entstehen. Zweitens hat sie immer einen hohen Prämienbetrag zur Verfügung, der zusammen mit ihrem Kapital und den Rücklagen zum größten Teil in Wertpapieren angelegt ist. Diese Anlagen, wenn sie gut sind, erwirtschaften Zins- und Dividendeneinkünfte und Wertsteigerungen. Der Wertpapierbestand wird jährlich neu bewertet, und die Rücklagen werden entsprechend angepaßt. Im Fall der bestgeführten Firmen laufen Gewinne aus dieser Quelle mit großer Regelmäßigkeit auf.

Die folgende Bilanz zeigt den Zustand einer großen Feuerversicherung am 1. Juli zweier aufeinanderfolgender Jahre:

HABEN

	Folgejahr	*Vorjahr*
Wertpapiere................................	$ 60.641.147	$ 50.315.929
Grundstücke...............................	1.709.574	1.663.630
Hypotheken- und Anleihenkredite..........	5.200	338.488
Prämien und Inkassokosten................	4.238.261	4.011.455
Aufgelaufene Zinsen und Dividenden.......	553.605	490.944
Bargeld....................................	1.773.059	2.223.881
	$ 68.930.846	$ 59.044.327

SOLL

Noch nicht verdiente Prämien..............	$ 27.140.738	$ 23.217.408
Laufende Schadensfälle.....................	2.940.498	2.644.180
Andere Schadensfälle.......................	757.415	876.893
Rückstellungen für Diverses und Eventualitäten.........................	1.735.000	1.600.000
Rückstellungen für Schwankungen im Marktwert der Wertpapiere..............	3.000.000	--
Eigenkapital...............................	10.000.000	10.000.000
Rücklagen.................................	23.357.195	20.705.846
	$ 68.930.846	$ 59.044.327

Einige technische Aspekte

Die Bedeutung der verschiedenen Posten dieser Bilanz ist zumeist klar. »Prämien und Inkasso« steht für Prämien, die an Agenturen gezahlt, aber noch nicht an die Firma überwiesen wurden. Auf der anderen Seite der Bilanz steht »Laufende Schadensfälle« für Schadensfälle durch Feuer in versicherten Gebäuden, die der Firma gemeldet wurden, die aber am Bilanzstichtag noch nicht ausgezahlt waren. Der undurchsichtigste Posten für Laien sind die »noch nicht verdienten Prämien«. Offensichtlich schuldet die Firma ihren Versicherungsnehmern nicht tatsächlich die hunderte Millionen Dollar, die nötig wären, um für den Schaden aus der gleichzeitigen Vernichtung aller versicherten Gebäude aufzukommen. Es handelt sich um eine Eventualverbindlichkeit, von der nur ein kleiner Bruchteil zu einer tatsächlichen Verbindlichkeit wird. Sie schuldet ihren Versicherungsnehmern dennoch eine bestimmte Summe, nämlich die Summe, auf die sie bei Kündigung ihrer Versicherung Anspruch haben. Wenn ein bestimmtes Gebäude für ein Jahr für eine Prämie von $ 3600,- versichert wurde und die Bilanz 30 Tage später aufgestellt wird, hat die Firma erst $ 300,- der Prämie verdient, der Restbetrag ist eine Verbindlichkeit aus nicht verdienten Prämien. Der Geschäftsumfang einer Firma läßt sich aus dem Betrag der nicht verdienten Prämien ablesen. Bei der Fusion zweier Firmen ist der Käufer gewöhnlich gewillt, einen erheblichen Betrag für dieses Geschäft zu bezahlen. Der Buchwert einer Versicherung ist das Eigenkapital plus Rücklagen geteilt durch die Anzahl der ausstehenden Aktien. Der Liquidationswert der Firma ist der Buchwert plus 40% – als ziemlich genaue Faustregel – der nicht verdienten Prämien. Bei der Berechnung der Erträge wird gewöhnlich ähnlich vorgegangen, indem die Dividendenzahlung im Betrachtungszeitraum, die Vermehrung der Rücklagen und 40% der Vermehrung der nicht verdienten Prämien addiert werden. Die Firma, deren Bilanz abgebildet wurde, zahlte eine Dividende von 24% auf das Eigenkapital und vermehrte ihre Rücklagen um einen Betrag, der 26,50% entspricht. 40% des Anstieges in nicht verdienten Prämien entspricht weiteren 15,60%. Daraus ergibt sich ein Gesamtertrag für den Betrachtungszeitraum von 66,10% nach Abzug von $3.000.000,- als Rückstellung für Wertverluste der Wertpapiere.

Offizielle Berichte

Feuerversicherungen müssen über ihre Geschäfte sehr detailliert an die Versicherungsbeauftragten der einzelnen Bundesstaaten berichten. Daher kann der Spekulant herausfinden, ob eine Firma, an der er interessiert ist, im Schnitt über mehrere Jahre einen Versicherungsgewinn oder -verlust macht. Mehr Firmen machen durch die Risikoübernahme mehr Verluste als Gewinne, aber die bestgeführten Firmen erzielen langfristig kleine Gewinne. Er kann auch herausfinden, ob die Firma ihr Geschäftsvolumen regelmäßig ausweitet, ob das Geschäft stillsteht oder ob das Geschäft verliert. Er kann dann den Buchwert des Wertpapierbesitzes mit dessen Anschaffungskosten vergleichen und sich einen Eindruck von der Fähigkeit der Geschäftsführung in diesem wichtigen Bereich ihrer Aufgaben verschaffen. Die Aktie der Firma, die sich in diesen drei wichtigen Hinsichten am besten zeigt, wird den größten Reiz für ihn haben.

Die Verbindlichkeiten von Lebensversicherungen sind gewiß

Lebensversicherungen unterscheiden sich von Feuerversicherungen dadurch, daß die Verbindlichkeiten gegenüber den Versicherungsnehmern sich auf der Basis von Sterblichkeitstabellen genau berechnen lassen. Die Firmen legen ihre Prämien gemäß alter Sterblichkeitstabellen fest und wählen ihre Risiken durch medizinische Untersuchung so aus, daß sich ein versteckter Überschuß in den Reserven der Versicherten ergibt: er beträgt etwa 10% der Reserven. Der Liquidationswert einer Lebensversicherung und die Erträge der Firma werden auf gleiche Weise berechnet wie bei einer Feuerversicherung, außer daß dieses Verhältnis statt der 40% der Reserven angewendet wird. Lebensversicherung ist ein viel sichereres Geschäft als Feuerversicherung, deren anhaltendes Wachstum ein bemerkenswert beständiges Phänomen ist. Aus Sicht des Spekulanten beziehungsweise Anlegers ist es schade, daß es nur wenige Lebensversicherungsaktien gibt.

Die Aktien der Finanzinstitute sind die Elite unter den nicht börsennotierten Wertpapieren. Im außerbörslichen Markt gibt es auch noch Hunderte von Industrie- und Versorgeraktien, die die Aufmerksamkeit des intelligenten Spekulanten verdienen.

KAPITEL XVIII

Optionen und Arbitrage

Ein verstehenswertes Rätsel – Wie Optionen notiert werden – Wetten mit kleinstem Einsatz – Optionen als Versicherung – Der Stillhalter ist kein Dummkopf – Langfristige Optionen, ein attraktives Feld – Die Nachteile von Optionen – Bewertung von Rechten – Arbitrage bei Reorganisationen

Puts, Calls, Spreads und Straddles sind für den normalen Spekulanten rätselhafte Dinge, obwohl sie die beste Möglichkeit sind, bei geringem Einsatz mit irgendeiner Gewinnmöglichkeit zu wetten. Außerdem sind sie die einzige Art der Versicherung gegen Verluste, die dem Händler auf Marginbasis zur Verfügung steht, und dem Leerverkäufer absoluten Schutz gegen die Drohung einer künstlichen Verknappung geben. Während jeder britische Aktienhändler mit der Theorie und dem praktischen Nutzen der Optionen vertraut ist, spekulieren viele Amerikaner seit Jahren, ohne mehr als den Namen gelernt zu haben.

Was sind Optionen?

Kurz gesagt ist eine Option ein Recht zum Kauf vom beziehungsweise Verkauf an den Stillhalter einer bestimmten Anzahl einer Aktie zu einem festgelegten Preis innerhalb eines befristeten Zeitraumes. Der Stillhalter oder Schreiber einer Calloption, zum Beispiel, erlaubt dem Inhaber, ihm eine bestimmte Anzahl Aktien zu einem bestimmten Preis während der Laufzeit der Option abzukaufen. Der Verkäufer eines Puts vereinbart, dem Inhaber jederzeit innerhalb der Optionsfrist abzukaufen. Der Verkäufer eines Spreads vereinbart, entweder vom Inhaber zu einem Preis zu kaufen oder an ihn zu einem höheren Preis zu verkaufen. Der Verkäufer eines Straddles vereinbart, zum selben Preis an den Inhaber zu verkaufen und von ihm zu kaufen. Am New Yorker Markt sind 100 Aktien die gehandelte Einheit für Optionen. Optionen über 25 oder 50 Aktien können gekauft werden, allerdings zu schlechteren Preisen. Manchmal werden Optionen in großem Stil geschrieben, Optionen über 1000 Aktien sind keine Seltenheit, und auch Optionen über 10 000 Aktien kommen vor. Der Großteil des Geschäftes wird zum Festpreis gemacht; der Käufer der Option bezahlt $ 137,50 für einen Put oder Call auf 100 Aktien (plus eine Steuer von $ 2,- im Fall eines Calls) oder das Doppelte dieser Summe für einen Spread. Von diesem Betrag erhält der Stillhalter $ 112,50, und den Rest teilen sich der Broker des Käufers und der Spezialist.

Die Position des Stillhalters

Auf den ersten Blick erscheint es unlogisch, daß es möglich sein sollte, eine Option auf 100 Aktien jeglicher Firma zu einem Festpreis zu kaufen. Die Option wird aber nicht auf den Marktpreis zur Zeit ihres Handels geschrieben, sondern auf einen Preis, der ungleich dem Marktwert ist. Optionen werden daher gewöhnlich so und so viele Punkte über oder unter dem Markt für 30 Tage, die Standardlaufzeit des Großteils der Optionen, notiert. Optionen auf United States Steel, zum Beispiel, wurden zu einem bestimmten Zeitpunkt vier unter und sechs über notiert. Nehmen wir an, daß Steel zu diesem Zeitpunkt für 140 verkauft wird. Die Notierung bedeutet, daß ein Händler für $ 139,50 einen Call mit 30 Tagen Laufzeit auf 100 Aktien bei 146 kaufen kann, für 137,50 einen 30tägigen Put bei 136 oder für $ 277,- eine Option, die es ihm erlaubt, 100 Aktien zu $ 136,- an den Stillhalter zu verkaufen bzw. 100 Aktien zu $146,- von ihm zu kaufen – anders ausgedrückt, einen Spread. Im Fall einer Aktie, die um 20 herum handelt, kann die Notierung eines Puts oder Calls nur ½ Punkt vom Markt entfernt liegen. In einem äußerst erregten

Markt kann es sein, daß Optionen selbst auf Aktien, die unter Par gehandelt werden, nicht näher am Markt als zehn oder 20 Punkte zur Verfügung stehen. Natürlich würde der Stillhalter solche Privilegien nicht vergeben, wenn er der Meinung wäre, daß sie ausgeübt werden. Es werden einige Optionsgeschäfte zum Marktpreis gemacht, aber in diesem Fall sind die Kosten für den Käufer viel höher als $ 137,50 für 100 Aktien auf 30 Tage. Wahrscheinlich betragen sie mehrere hundert Dollar, in Abhängigkeit von den Marktbedingungen im Allgemeinen und denen der veroptionierten Aktie im Besonderen. Es werden auch Geschäfte in Optionen mit Laufzeiten von mehr als 30 Tagen gemacht, dies sind allerdings Ausnahmefälle.

Spekulation mit geringem Einsatz

Aus Sicht der Frau, die Optionen kauft, um mit geringem Einsatz spekulieren zu können, sind deren Vorteile klar. Für den durchschnittlichen Broker und den durchschnittlichen Händler ist jeder, der in Einheiten von weniger als 100 Aktien handelt, ein sogenannter Piker (Geizkragen, Penner, kleiner Spekulant a.d.Ü.). Für eine Aktie, die zu einem respektablen Preis gehandelt wird, wird jedes gute Brokerhaus eine Mindestsicherheitsleistung von ungefähr $1500,- verlangen. Die Frau mit nur zwei- oder dreihundert Dollars und dem Drang zur Spekulation hat normalerweise nicht die Geduld, eine solche Summe anzusparen, bevor sie ihre Unternehmung beginnt, aber sie will auch kein Piker sein. Optionen geben ihr ihre Chance. Für $137,50 kann sie 100 Aktien fast aller aktiven, börsengehandelten Firmen für 30 Tage »kontrollieren«. Nehmen wir an, sie wählt Steel als Mittel für ihre Zwecke, glaubt, daß sie billig sind und kauft einen Call sechs Punkte über dem Markt. Sie mag in ihrer Einschätzung, daß die Aktie im Vergleich zu ihrem Wert billig ist, völlig recht haben, aber sie wettet auf die Aussicht, daß sie innerhalb einer vergleichsweise kurzen Zeit einen ziemlich großen Preisanstieg erlebt. Bei ihrer ersten Unternehmung wird sie wahrscheinlich zum ersten

Mal erleben, wie kurz eine Zeitspanne von 30 Tagen wirklich ist. Bevor sie selbst den Preis der Option zurückbekommt, muß die Aktie um sechs Punkte steigen. Ein weiterer Anstieg von 1 5/8 Punkten ist nötig, damit sie ihr eingesetztes Kapital und die Kommission für den Verkauf der Aktien am Markt, die sie vom Stillhalter kaufen wird, zurückerhält. Wenn die Aktie aber um 7 5/8 Punkte gestiegen ist, bedeutet selbst ein bescheidener, weiterer Anstieg eine Verdoppelung und Verdreifachung des eingesetzten Betrages.

Begrenztes Risiko

Obwohl die Wahrscheinlichkeit, daß die veroptionierte Aktie sich innerhalb der Laufzeit der Option nicht weit genug bewegt, um für ihren Besitzer einen Gewinn zu erzielen, in normalen Märkten vier oder fünf zu eins ist, hat diese Art zu handeln zumindest den Vorteil, daß der Händler nur ein sehr begrenztes Verlustrisiko trägt. Wenn er $139,50 für einen Call auf 100 Steel Aktien zu 146 bezahlt und die Aktie sich absolut entgegen seiner Erwartung entwickelt und innerhalb der Laufzeit des Optionsprivilegs auf 130 fällt, hat er nur seinen Einsatz verloren. Hätte er 100 Steel Aktien auf Marginbasis erworben, wäre sein Verlust viel größer gewesen, obwohl er im zweiten Fall seine Position auf unbestimmte Zeit beibehalten könnte, aber wahrscheinlich nur gegen eine höhere Sicherheitsleistung. Der Vorteil des Handels auf Marginbasis gegenüber dem Optionshandel ist nicht so groß wie er aussieht. Der Optionshändler, der seinen Einsatz am Ende der 30 Tage, wie im besprochenen Fall, verloren hat, könnte einen weiteren Call, zu einem besseren Preis kaufen und insgesamt weniger Geld aufwenden als der Verlust, den der Händler auf Marginbasis im angenommenen Fall hinnehmen mußte. Tatsächlich entspricht ein Kursverlust von 10 Punkten für den Marginhändler den Kosten, die ein Optionshändler hat, um seine Option über einen Zeitraum von sieben Monaten zu verlängern.

Handel gegen Optionen

Im gezeigten Fall wurde angenommen, daß der Besitzer der Option nur bis zum Verfalltag der Option abwartet und seine Option dann ausübt, wenn der Markt ihm dies mit Gewinn erlaubt, andernfalls aber nichts tut. Dies heißt keineswegs, daß der Optionshändler diese Strategie anwendet. Nehmen wir an, daß die Steel Aktie innerhalb einer Woche oder zehn Tagen nach dem Kauf der Option gestiegen ist, allerdings noch nicht bis zum Optionspreis. Zwischenzeitlich hat der Optionshändler seine Meinung geändert und glaubt, daß eine Reaktion bevorsteht. Er würde nun 100 Steel Aktien zum Optionspreis verkaufen und wäre gegen einen Verlust aus dem Leerverkauf durch seine Option geschützt. Ein Preis 15 Punkte unterhalb des Optionspreises am Verfalltag des Privilegs würde für diesen Optionshändler keinen Verlust, sondern einen ansehnlichen Gewinn bedeuten. Es sollte auch beachtet werden, daß der Broker für diesen Leerverkauf kaum mehr als ungefähr einen Punkt an Sicherheitsleistung verlangen würde, da sein Kunde durch die Option abgesichert wäre.

Wie aus einem Call ein Straddle wird

Verändern wir unseren angenommenen Fall nochmals und gehen davon aus, daß, als die Steel Aktie bis zum Optionspreis gestiegen war, den Händler Zweifel über deren wahrscheinliche Bewegung während der restlichen Laufzeit des Privilegs plagten. In diesem Zustand der Unsicherheit würde er logischerweise nur 50 Steel Aktien zum Optionspreis leerverkaufen. Jetzt kann ihm die Richtung der Bewegung des Aktienkurses egal sein. Es entsteht immer ein Gewinn, wenn der Kurs sich nur weit genug bewegt. Sollte die Aktie fallen, würde er seinen Leerverkauf von 50 Aktien eindecken und die Option verfallen lassen. Sollte im Gegenteil der Kurs steigen, würde er die Option auf 100 Aktien ausüben, 50 Aktien gegen seinen Leerverkauf liefern und 50 mit Gewinn verkaufen. Ein solches Vorgehen stellt die Verwandlung eines Calls in einen Straddle dar. Dasselbe Ergebnis würde durch den Kauf der Hälfte der Aktien zum Optionspreis gegen einen Put erzielt werden. Es ist vorstellbar, daß der Besitzer einer Option innerhalb ihrer Laufzeit eine Reihe von Positionen gegen sie eingeht.

Optionen als Versicherungen

Bisher wurden Optionen als Mittel zur Spekulation mit begrenztem Kapital und definitiv beschränktem Verlustrisiko, aber unbegrenztem Gewinnpotential vorgestellt. Tatsächlich werden nur etwa ein Viertel der Optionsgeschäfte mit solchen Spekulationsmotiven abgeschlossen. Der Großteil der Optionskäufe erfolgt als Mittel der günstigen Versicherung gegen übermäßige Verluste. Nehmen wir an, ein Händler hat Steel Aktien zu 140 leerverkauft und ist sich seiner Sache nicht allzu sicher. Er hat zwei Möglichkeiten, sich zu schützen. Er kann entweder einen Stop-loss Auftrag einige Punkte über dem Markt erteilen oder einen Call kaufen. Nehmen wir an, zwei Händler sind in dieser Situation. Einer von ihnen kauft einen Call sechs Punkte über dem Markt, der andere erteilt einen Stop-loss Auftrag bei 146. Gehen wir in unseren Annahmen noch einen Schritt weiter und nehmen an, daß innerhalb von 30 Tagen Steel auf 147 steigt und dann abrupt zehn Punkte zurückfällt. Unter diesen Umständen deckte der Händler, der sich mit einem Stop-loss Auftrag zu schützen versuchte, automatisch bei 146 ein und erlitt auf 100 Aktien einen Verlust von $ 600,- plus Kommissionen. Der andere Händler war durch seinen Call geschützt, so daß er nicht mehr als $ 600,- plus die Kosten für seinen Call verlieren würde, egal wie hoch der Aktienkurs steigen würde. Er konnte so den Anstieg auf 147 mit Gleichmut beobachten und einen Vorteil aus dem folgenden Kursverfall ziehen, indem er seinen Leerverkauf mit drei Punkten Bruttogewinn oder einem Nettogewinn von $ 300,- minus Optionspreis und Kommissionen eindeckte.

Steel ist eine Aktie, die sich vergleichsweise langsam bewegt, aber sogar in dieser Aktie können große Bewegungen stattfinden, die dem Optionsbesitzer erhebliche Gewinnmöglichkeiten oder zumindest wertvollen Schutz gegen Verluste auf Margintransaktionen bieten. Im Juni 1926 schwankte zum Beispiel Steel wöchentlich wie folgt:

Woche	1.-5. Juni	7.-12. Juni	14.-19. Juni	21.-26. Juni	28.-30. Juni
Höchst	126 ½	137	139 ¾	139 ¼	144
Tiefst	122 ½	125 3/8	134 ½	136 ¼	137 ¼

Volatilere Aktien bieten dem Optionshändler häufig viel größere Gewinnmöglichkeiten.

Motive des Stillhalters

Eines wundert den Lernenden bei Optionen am Anfang oft, nämlich die offensichtliche Dummheit des Stillhalters. Warum sollte irgend jemand, fragt man sich, für $ 112,50 einen Call auf 100 Aktien einer bestimmten Firma wenige Punkte über dem Markt schreiben, wenn sein möglicher Verlust, falls der Markt gegen ihn läuft, unbegrenzt ist und leicht $ 1000,- oder mehr erreichen kann? Nach einer kurzen Analyse stellt sich heraus, daß diese Situation nicht so absurd ist, wie sie aussieht. Nehmen wir an, daß ein Händler 100 Steel-Aktien besitzt, die zur Zeit bei 140 notieren. Er glaubt, daß sie diesen Preis auch wert sind, ist aber bereit, sie sechs Punkte höher zu verkaufen. Er könnte seine Verkaufsbereitschaft dadurch ausdrücken, daß er seinem Broker einen Verkaufsauftrag mit Limit 146 gibt, oder indem er einen Call zu diesem Preis schreibt. Im letztgenannten Fall erhält er $112,50 zusätzlichen Gewinn, wenn sein Call ausgeübt wird, andernfalls ein leicht erzielter Gewinn. Ein Händler, der eine Leerverkaufsposition in Steel-Aktien eingegangen ist, könnte aus den selben Motiven einen Put schreiben.

Kauf auf dem Weg nach unten

Ein Händler könnte eine Option auch aus einem anderen Grund schreiben. Nehmen wir an, er glaubt, daß Steel-Aktien steigen werden, und beabsichtigt, 1000 Aktien so billig wie möglich zu erwerben. Er kann limitierte Kaufaufträge unterhalb des Marktpreises erteilen, oder er kann Puts schreiben. Es ist genauso wahrscheinlich, daß er die Aktien auf die eine Art bekommt wie auf die andere, aber im zweiten Fall erhält er die Prämie, die für die Option bezahlt wird, als teilweisen Ausgleich für den Kaufpreis der Aktie beziehungsweise als Trostpreis, wenn die Puts nicht ausgeübt werden. Der Händler, der eine Leerverkaufsposition aufbauen möchte, würde es in ähnlicher Weise bevorzugen, Calls zu schreiben als limitierte Verkaufsaufträge über dem Markt zu geben.

Manchmal kommt es vor, daß ein Stillhalter die Möglichkeit hat, sich durch den Kauf ähnlicher Optionen zu einem besseren Preis rückzuversichern. Nehmen wir an, er hat einen Call auf 100 Steel-Aktien zu 146 verkauft, eine Marktbewegung fand statt, und er kann jetzt einen Call auf 100 Steel-Aktien zu 142 kaufen. Dadurch entstünden ihm lediglich Kosten von $ 25,-, nämlich die Kommissionen für seinen eigenen Broker und den Optionsspezialisten für den Call, den er schrieb. Wenn Steel über 146 ansteigt, werden beide Calls ausgeübt, und er hat einen Bruttogewinn von $ 400,-. Wenn sie über 142 aber nicht bis 146 ansteigt, macht er einen kleinen Gewinn auf den gekauften Call. Wenn es keinen Anstieg gibt, hat er eine Versicherung gegen Verluste aus dem geschriebenen Call zu vernachlässigbaren Kosten gehabt.

In der Beschränkung auf ein kurzes Kapitel ist es nicht möglich, alle Auswirkungen des Optionshandels genügend zu behandeln. Der Spekulant, der in diesem Bereich experimentiert, wird faszinierende

Möglichkeiten finden, seine Kreativität einzusetzen. Es gibt allerdings ein oder zwei technische Aspekte, die erwähnt werden sollten. Dividendenzahlungen sind ein wichtiges Detail. Sobald eine Aktie während der Optionslaufzeit ausschließlich Dividende gehandelt wird, wird der Optionspreis an diesem Tag um den Dividendenbetrag verringert.

Verpflichtungen des Stillhalters

Die Verpflichtungen des Stillhalters sind offensichtlich von entscheidender Bedeutung für den Optionshändler. Im New Yorker Markt gilt eine Option erst als gut, wenn sie von einem Mitglied der New Yorker Börse garantiert wird. Sobald eine solche Garantie angehängt ist, ist die Verpflichtung des Stillhalters nicht mehr in Frage gestellt. Dieser Punkt ist besonders wichtig, weil Optionen den Betreibern von zwielichtigen Firmen ein ausgezeichnetes Betätigungsfeld bieten. Solche Mitglieder der Finanzunterwelt mögen in weniger wählerischen Medien in einer Art, wie der folgenden, werben: »Wußten Sie, daß Sie für $ 25,- 25 Aktien einer börsennotierten Gesellschaft kontrollieren können?« Wenn ein kleiner Händler auf eine derartige Anzeige antwortet, wird ihm eine siebentägige Option auf seine Lieblingsaktie angeboten. Wenn er überhaupt Geld aus diesem Abschluß verdient, wird es ihm nicht sofort ausbezahlt, sondern er wird dazu gedrängt, weitere Optionen zu kaufen. Wenn seine Kunden zu erfolgreich und zu nachdrücklich werden, wird ein »Broker« dieser Art einfach seine Türen schließen.

Langfristige Optionen

Innerhalb der letzten Jahre ist eine neue Art der Option am Markt in wachsenden Mengen aufgetaucht. Es handelt sich um einen langfristigen Aktienkaufoptionsschein, der gewöhnlich als »Bonbon« an

eine Anleihe angehängt ist, um ihre Emission zu unterstützen.
Während keine vernünftige Einzelperson eine Option über Jahre
anstatt über ein oder zwei Monate schreiben würde, kann eine Firma
sehr wohl langfristige Optionen auf ihre eigenen Aktien als Anreiz
ausgeben, um sich zusätzliches Kapital zu sichern. Eine der frühesten, bedeutenden Beispiele für eine solche Finanzierung war 1916
die Emission von 100jährigen 6% Schuldverschreibungen der American Power & Light Co. an ihre Aktionäre. Als zusätzlichen Anreiz
für die Zeichnung – zum Preis von 93 – hängte die Firma an jede $
1000,- Schuldverschreibung einen Optionsschein, der den Besitzer
jederzeit bis zum 1.3.1931 zur Zeichnung von 10 Stammaktien der
Firma zu $100,- berechtigte. Es dauerte sechs Jahre, bis dieses Privi-
leg mehr als einen nominellen Wert hatte. Viele der Optionsscheine
wurden von den Anleihebesitzern abgetrennt und fanden für ein
paar Dollar pro Stück ihren eigenen Markt. 1922 überschritt die Aktie
den Nominalwert, und die Optionsscheine begannen, echten Wert
zu haben. Im Folgejahr erreichte die Aktie einen Wert von 177 und
1924 am Vorabend eines 10:1 Aktiensplits einen Höchstkurs von 500.
Beim Preis von $ 500,- für die Aktie wurde der Optionsschein, der
ursprünglich an eine $1000,- Schuldverschreibung angehängt war und
1921 vom Markt mit nur $ 30,- bewertet wurde, $ 4000,- wert.

Für jeden Monat in den sechs Jahren, in denen die American
Power & Light Optionsscheine keinen nennenswerten Wert hatten,
veröffentlichte jene Firma Zuwächse in den Bruttoerträgen im Vergleich zum Vorjahreszeitraum und – bis auf ein oder zwei Monate –
Zuwächse im Nettoertrag. Unter diesen Umständen ist es ziemlich
bemerkenswert, daß irgend jemand überhaupt gewillt war, sich von
einem 15-Jahres Call auf die Aktie zu trennen.

Wenige abgetrennte Optionsscheine

Optionsscheine sind normalerweise abtrennbar. In solchen Fällen gibt
es gewöhnlich getrennte Märkte für Anleihen mit Optionsschein, für

Anleihen ohne Optionsschein und für Optionsscheine alleine. Da die Optionsscheine, die an eine Anleihe angehängt sind, den ursprünglichen Käufer nichts kosten, wird er sich gewöhnlich scheuen, sie abzutrennen und separat zu verkaufen. Nicht nur, daß der intelligente Anleihebesitzer nicht gewillt sein wird, einen ansehnlichen, möglichen zukünftigen Gewinn gegen eine kleine sichere Summe heute zu tauschen, auch der unachtsame Anleihebesitzer wird durch schiere Trägheit daran gehindert, seine Optionsscheine zu verkaufen. Folglich wird in diesen Fällen die Verkäuflichkeit der Anleihen mit Optionsschein viel besser sein als für Anleihen ohne Optionsschein oder die Optionsscheine selbst. Manchmal ist es möglich, Anleihen mit Optionsschein zu kaufen, die Optionsscheine abzutrennen und die Anleihen ohne Optionsschein an den Anleihetilgungsfonds zu verkaufen, aber generell ist es keine einfache Sache, Optionsscheine zu kaufen. In einigen Fällen sind die Optionsscheine außerdem nicht abtrennbar und werden nur entweder während einer begrenzten Zeit oder während der Laufzeit der Optionsscheine eingelöst, wenn sie mit der Anleihe vorgelegt werden, an die sie ursprünglich angehängt waren. Manchmal kann es sich lohnen, einen nicht abtrennbaren Optionsschein abzutrennen, wenn das Verbot zeitlich beschränkt ist. Im Dezember 1925, zum Beispiel, wurde eine Emission von fünfjährigen Schuldscheinen der Rand Kardex Bureau, Inc. mit einem Aktienkaufoptionsschein verkauft, der nach einem Jahr abtrennbar war. Einige Monate später wurde einer der Firmen aus dem ursprünglichen Konsortium ein Block dieser Schuldscheine ohne die Optionsscheine wieder angeboten. Unter diesen Umständen wurden die abgetrennten Optionsscheine erst nach mehreren Monaten gültig, hatten dann aber eine Laufzeit von vier Jahren ohne Strafe.

Vielfalt der Ausgestaltung

Die Ausgestaltung von Optionsscheinen ist von unendlicher Vielfalt. Einige Optionsscheine werden mit einer Laufzeit von wenigen Monaten begeben, andere sind immerwährend. In letztere Kategorie fallen die Optionsscheine, die ursprünglich an die 6prozentigen Obligationen der Southern Power & Light, 2025 angehängt waren. Jede Obligation kam mit zehn Optionsscheinen, die dem Besitzer erlaubten, jederzeit eine Stammaktie zu $ 50,- zu zeichnen. Der Teil der Öffentlichkeit, der an Optionsscheinen interessiert war, nahm sich das Beispiel der American Power & Light Optionsscheine so zu Herzen, daß die Optionsscheine von Southeastern beständig bei etwa $ 9,- oder $ 10,- notierten, als die Aktie kaum halb so viel wert war wie der Optionspreis. Normalerweise haben Optionsscheine Laufzeiten von mehreren Jahren, aber ein Zeitraum von mehr als zehn Jahren ist eine ungewöhnliche Laufzeit für diese Privilegien.

Optionsscheine werden häufig mit einer gleitenden Preisskala emittiert, beziehen sich für ein oder zwei Jahre auf einen bestimmten Preis und dann auf einen höheren Preis. Optionsscheine der General Steel Casting, die an deren $ 20.000.000,- erstrangige $5^{1}/_{2}$prozentige Hypothekenanleihe von 1949 angehängt waren, berechtigen den Besitzer an oder vor dem 1. Juli 1931 Aktien zu $ 55,- pro Stück zu kaufen, zu $ 65,- während der folgenden zwei Jahre, danach zu $ 75 bis zum 1. Juli 1935, zu $ 90,- in den folgenden zwei Jahren und zu $100,- im fünften und letzten Zweijahreszeitraum. Eine weitere Art der gleitenden Skala wird vom Optionsschein verkörpert, der an eine 6 ½prozentige Emission der German General Electric angehängt war, die im Spätjahr 1925 verkauft wurde. Die Anleiheemission betrug $10.000.000,-, und jede $1000,-Anleihe brachte einen Optionsschein mit. Die ersten 2360 vorgelegten Optionsscheine berechtigten die Besitzer, 18 Stammaktien zu je $ 24,- zu kaufen, die nächsten 2150 berechtigen zum Kauf von 18 Aktien zu je $ 26,50 und so weiter, die letzten 1750 Optionsscheine berechtigen zu 17 Aktien zu je $ 34,-. Eine solche Regelung beinhaltet einen offensichtlichen Anreiz zum schnellen Ausüben des Privilegs.

Der geduldige Spekulant

Der Optionsschein als Spekulationsinstrument hat offensichtlich einen starken Reiz für diejenigen, die viel Geduld und geringe Mittel für ihre spekulativen Unternehmungen mitbringen. Der junge Mann mit einem bescheidenen Einkommen, zum Beispiel, mag feststellen, daß sein Überschuß nach Abzug der Lebenshaltungskosten und notwendiger Vorkehrungen für Lebensversicherungsprämien und Barreserven auf Sparkonten und anderer solider Anlagen entschieden klein ist. Wenn er mit dieser kleinen Toleranz spekulieren möchte, ist die Option mit mehreren Jahren Laufzeit auf eine vielversprechende Aktie zu einem vernünftigen Preis ein attraktives Mittel. Hat er beispielsweise $ 500,- pro Jahr zur Spekulation, kann er 50 Aktien mit einer Sicherheitsleistung von zehn Punkten kaufen und sein Geld wahrscheinlich verlieren, oder er kann Optionen auf vielleicht 100 Aktien kaufen. Wenn er die Willenskraft hat, sie »laufen« zu lassen und sie mit vernünftiger Urteilskraft ausgesucht hat, hat er zumindest gute Chancen, daß vor dem Verfall seiner Optionsscheine ihr Wert in einer Hausse auf ein Vielfaches von $ 500,- gestiegen war.

Nachteile von Optionen

Die Nachteile der Optionen sind offensichtlich. Sie sind nur begrenzt verkäuflich und normalerweise als Sicherheiten für einen Kredit wertlos. Fast nie werfen sie ihrem Besitzer eine Rendite ab, obwohl zinszahlende Optionsscheine nicht völlig unbekannt sind. Aus diesen Gründen sollten Optionsscheine nie separat gekauft werden, außer es gibt eine vernünftige Chance, daß ihr Wert auf ein Vielfaches ihrer Kosten ansteigen wird. Der Faktor der Haltekosten von Spekulationen wird unter anderem vom durchschnittlichen Händler zu wenig beachtet. Wahrscheinlich fängt niemand an zu spekulieren, ohne eine durchschnittliche Rendite von 10% auf sein Kapital über einige Jahre zu erwarten. Bei 10% mit halbjährlicher Aufzinsung verdop-

pelt sich ein Betrag in etwas mehr als sieben Jahren. Beim Kauf eines
so hochspekulativen Papiers wie eines Optionsscheins überzeugt sich
der Spekulant natürlich selbst, daß er eine Chance hat, sein Geld in
wesentlich kürzerer Zeit zu verdoppeln und zu verdreifachen.

Eine Bewertungsformel

Dank einer einfachen mathematischen Formel, die Herr Clifford B.
Reeves veröffentlichte, ist es im Einzelfall möglich, mit einiger Sicherheit zu bestimmen, ob der Optionsschein oder die Aktie selbst gekauft
werden sollte. Nehmen wir Commonwealth & Southern Optionsscheine, immerwährende Rechte, die Aktien zu $ 25,- pro Stück zu
kaufen, als Beispiel. X ist der unbekannte Punktanstieg im Preis, der
in einem gegebenen Zeitraum, in diesem Fall fünf Jahre, nötig ist,
damit der Optionsschein einen gleich großen prozentualen Gewinn
zeigt wie die Aktie selbst. D ist der Gesamtbetrag in Dollar pro Aktie
an Dividenden, die im angenommenen Zeitraum gezahlt werden, S
ist der Aktienkurs, W der Optionsscheinkurs. Der verbleibende Faktor ist die Prämie aus dem Preis des Optionsschein, dem Options-
scheinpreis plus dem aktuellen Marktpreis der Aktie. Wir können P
für die Prämie einsetzen.

Nachdem die Variablen definiert sind, kann die Gleichung aufgestellt werden; die Zahlen für Commonwealth & Southern sind
anschließend beispielhaft aufgeführt:

$$(X + D) : S = (X - P) : W$$
$$(X + 3) : 14 = (X - 15) : 4$$
$$X = 22,2$$

Mit Hilfe der Algebra aus der Oberschule ist das Ergebnis schnell
ermittelt. Unter der Annahme eines Kaufs für fünf Jahre und unter
der Annahme, daß Commonwealth & Southern während des gesamten Zeitraums bei einer 60%igen Dividende bleibt, muß die Aktie
von 14 um 22 ¼ Punkte steigen, um dem Käufer des Optionsscheins

zu 4 einen größeren prozentualen Gewinn zu geben, als er durch den Kauf der Aktien selbst erzielen würde. Ein größerer Anstieg würde den Vorteil des Optionsscheinbesitzers vergrößern, ein kleinerer den Aktienbesitzer besser stellen.

Geistige Trägheit

Das sehr nützliche Wissen um die Möglichkeiten bei Optionen bleibt dem Händler manchmal durch geistige Trägheit seinerseits vorenthalten. Da er den unbegründeten Glauben hat, daß das Thema zu technisch und kompliziert sei, um ohne unverhältnismäßige geistige Anstrengungen verstanden zu werden, mag er bewußt unwissend bleiben. Dieselbe Hürde hindert den Spekulanten manchmal daran, eine saubere und gewinnbringende Betrachtung der Arbitrage durchzuführen. Arbitrage ist, kurz definiert, der gleichzeitige Kauf und Verkauf identischer oder gleichwertiger Wertpapiere an verschiedenen Märkten mit Gewinn. Wo das selbe Wertpapier ein Handelsinstrument in zwei weit voneinander getrennten Märkten ist, ergibt sich offensichtlich eine Arbitragegelegenheit. Vor dem Krieg wurden Arbitragegeschäfte zwischen New York und London in großem Stil durchgeführt. Zu einem bestimmten Zeitpunkt kann es sein, daß eine aktive Aktie wie Steel am einen Markt so viel höher als am anderen handelt, daß der Verkauf eines Blocks am höheren Markt und der Kauf am niedrigeren Markt die Kommissionen, Transportkosten für die Wertpapiere und die entgangenen Zinsen aus dem im Transfer gebundenen Geld, die Kommunikationskosten und andere Aufwendungen abdeckt und ein Gewinn übrigbleibt. Solche Geschäfte werden auf jeden Fall immer dann gemacht, wenn ein Wertpapier an zwei Märkten gehandelt wird. Einer dieser zwei Märkte wird für jede Aktie der aktivere sein. Nennen wir diesen den primären Markt und den anderen den sekundären, damit wird deutlich, daß der Arbitrageur einen wertvollen Dienst für die Händler am sekundären Markt leistet, indem er die Preise eng an denen des primären Marktes hält.

Diese Art des Arbitragehandels ist ein Gebiet für Spezialisten und nicht für den durchschnittlichen Händler.

Arbitrage mit gleichwertigen Papieren

Arbitrage mit gleichwertigen Wertpapieren ist eine ganz andere Angelegenheit und eröffnet dem Amateur Möglichkeiten. Das einfachste Beispiel von gleichwertigen Wertpapieren wird durch die Emission von Bezugsrechten für den Kauf neuer Aktien gegeben. American Telephone, zum Beispiel, hat über viele Jahre einen Großteil ihres Kapitalbedarfs durch das Angebot zusätzlicher Aktien an die bestehenden Aktionäre finanziert. Gewöhnlich sind solche Angebote mit der Option der Zahlung des vollen Betrages an einem bestimmten Datum oder der Ratenzahlung ausgestattet. Statt ein tatsächliches Angebot zu nehmen, ist es einfacher, einen fiktiven Fall zu beschreiben. Nehmen wir an, daß American Telephone Ende April ein Angebot für neue Aktien zu par für Aktionäre, die am 15. Mai registriert sind, mit vollständiger Bezahlung der Aktie im Verhältnis von einer neuen Aktie für jede fünf gehaltenen Aktien ankündigt. Ein Aktionär, der am 15. Mai registriert ist, erhält dann für jede Aktie ein Recht oder eine Zeichnungsberechtigung. Er benötigt fünf Rechte, um berechtigt zu sein, eine neue Aktie zu par zu zeichnen. Nehmen wir an, daß am Tag der Angebotsankündigung Telephone bei 210 gehandelt wird. Der Handel mit den Rechten beginnt sofort, und jeder Broker wird sofort darangehen, den Wert der Rechte zu berechnen. Dabei muß er berücksichtigen, daß der Wert der Aktie bis zum 15. Mai den Wert eines Rechtes beinhaltet. Die Berechnung ist dann sehr einfach. Die Differenz zwischen dem Marktwert der Aktie und dem Bezugspreis geteilt durch die Anzahl der zum Kauf einer Aktie benötigten Rechte plus dem einen Recht, das im Marktpreis enthalten ist, ergibt den Wert des Rechts. Die Gleichung in diesem Fall wäre

$$\text{Bezugsrechtswert} = \frac{\text{Marktpreis (210)} - \text{Bezugspreis (100)}}{\text{Anzahl der benötigten Rechte (5)} + 1}$$

Jedes Recht ist also unter diesen Umständen $ 18,33 wert. Auf das nächste 1/16 gerundet ergibt dies 18 5/16. In einer weniger aktiven Aktie als American Telephone wäre die kleinste Preisbewegung wahrscheinlich 1/8 Punkt. Nachdem die Aktie ohne Bezugsrecht gehandelt wird, würde die Prämie auf den Bezugspreis durch die Anzahl der zum Kauf einer Aktie benötigten Rechte geteilt.

Aus Sicht des Arbitragegeschäfts macht es keinen Unterschied, ob man die Aktie selbst oder die Rechte kauft beziehungsweise verkauft. Jedes Recht inklusive genügend anderen, die den Bezug einer Aktie ermöglichen, ist immer gleichwertig mit einer Aktie mit zukünftiger Lieferung minus dem Bezugspreis. Sobald die Rechte erscheinen, stellen interessierte Broker Tabellen gleicher Werte für alle Preise auf, zu denen die Aktie und die Rechte wahrscheinlich gehandelt werden. Immer wenn es danach bis zum Verfall der Rechte eine Abweichung gibt, führen Parketthändler Arbitragegeschäfte durch, die die beiden wieder ins Lot bringen. Dies ist eine weitere Art des Arbitragegeschäfts, die sich nur für Profis anbietet.

Ein weiterer Fall gleichwertiger Wertpapiere tritt auf, wenn eine Aktie durch die Zahlung einer hohen Aktiendividende oder die Herabsetzung des Nennwerts, oder beides, gesplittet wird. Zwischen der Ankündigung einer solchen Dividende oder der Ankündigung einer Aufteilung und der tatsächlichen Durchführung können mehrere Wochen liegen, in denen die alte und die neue Aktie nebeneinander an der Börse, oder vielleicht die alte an der Börse und die neue eine Zeit lang im grauen Markt gehandelt werden. Wenn die zwei aus dem Lot ihrer entsprechenden Werte geraten, gibt es eine weitere Möglichkeit für den Arbitragehändler.

Arbitrage bei Reorganisationen

Reorganisationen und Zusammenschlüsse bieten dem Amateurhändler die beste Chance für eine gewinnbringende Arbitrage. Bei komplexen Reorganisationen mit einer Vielzahl verschiedener Wertpapiere kommt es manchmal vor, daß die vielfältigen alten und neuen Wertpapiere über Wochen aus dem Lot handeln. Wo ein Arbitragegeschäft den Kauf alter Wertpapiere und den Verkauf neuer Wertpapiere beinhaltet, die per Erscheinen gehandelt werden, gibt es natürlich ein gewisses Risiko, daß der Reorganisationsplan letztendlich nicht angenommen wird, daß das per Erscheinen-Geschäft folglich annulliert wird, und daß der Spekulant mit ausstehenden Wertpapieren dasteht, die er außer als Teil eines Arbitragegeschäftes nie gekauft hätte. Gewöhnlich wird ein Reorganisationsplan, der in allen Einzelheiten von einem Komitee, in dem die Banken vertreten sind, die das größte Interesse an der Firma haben, verkündet wurde, ohne Probleme durchgehen, so daß dieses Risiko sehr gering ist. Gelegentlich ist eine Arbitrage mit Wertpapieren möglich, die alle per Erscheinen handeln. Falls dann der Plan nicht angenommen wird, hat der Arbitrageur nur seinen Papiergewinn verloren. Anfang 1925 ergab sich eine solche Gelegenheit im Zusammenhang mit der Reorganisation der Wickwire-Spencer Steel Corp. Im Plan war vorgesehen, daß die Besitzer von Vorzugsaktien das Recht erhielten, neue 7% 5jährige Schuldscheine zu Pari im Verhältnis von $ 1000,- Schuldscheinen für 50 Aktien plus 175 neue Stammaktien zu zeichnen. Für eine beträchtlichen Zeitraum wurden die Vorzugsrechte und die neuen Stammaktien per Erscheinen gut gehandelt. Einmal notierten die Vorzugsrechte bei 8 und die neuen Stämme bei 5. Unter Vernachlässigung von Kommissionen ergibt das einen Preis von 52½ für die neuen Schuldscheine. Die Berechnung sieht wie folgt aus:

Kosten für 50 Rechte à 8	$ 400,-
Zeichnung $1000,- Schuldscheine	1000,-
Kosten für $1000 Schuldscheine und 175 Stammaktien	$1400,-
Erlös aus Verkauf von 175 Aktien zu 5	875,-

Während die neuen Schuldscheine zu dieser Zeit praktisch keinen Markt hatten, war es klar, daß solche Obligationen einer reorganisierten Firma erheblich mehr wert wären als 52 ½, vor allem falls die neuen Aktien $ 5,- wert waren. So war es auch, und für einen beträchtlichen Zeitraum, nachdem der Reorganisationsplan umgesetzt wurde, notierten die 7% Schuldscheine bei 75.

Arbitrage auf eine Fusion

Die Ankündigung einer geplanten Fusion schafft manchmal Arbitragemöglichkeiten, insbesondere wenn der Plan mehrere unterschiedliche Wertpapiere beinhaltet. Der Vorschlag der Van Sweringens, eine neue Eisenbahn durch Leasing der Chesapeake & Ohio, Erie, Hocking Valley, Nickel Plate und Pere Marquette an eine neue Firma zu schaffen und den Aktionären der fünf Bahnen einen Tausch ihrer Aktien gegen Aktien der neuen Bahn in unterschiedliche Verhältnissen anzubieten, schuf eine hervorragende Gelegenheit für Arbitrageure. Während eineinhalb Jahren, bis die Interstate Commerce Commission den Plan ablehnte, wurden die alten Aktien weiterhin an der Börse gehandelt, während die neuen Aktien am grauen Markt gehandelt wurden. Die Preise waren oft weit aus dem Lot. Über mehrere Monate war es möglich, Erie-Stämme zu kaufen und die entsprechende Anzahl an New Nickel Plate-Aktien mit einer Gewinnspanne von mehreren Punkten zu verkaufen. Mit einem kleineren Unterschied handelte Pere Marquette gewöhnlich unter ihrem Vergleichswert, während Chesapeake & Ohio normalerweise darüber lag. In diesem Fall war die Einschätzung des Marktes korrekt. Der Plan wurde von der Interstate Commerce Commission abgelehnt, und die Papiergewinne der Arbitrageure gingen verloren. Die betroffenen Aktien erholten sich dagegen schnell und notierten in etwa gleich oder sogar höher als zu der Zeit, als der Plan noch in der Schwebe war. Der Fall erteilt dem Spekulanten eine Lektion. Beim Kauf einer Aktie für einen Arbitragegewinn gegen den Verkauf ihres Vergleichswertes an Aktien per Erscheinen sollte man sicher sein, daß man auch mit den alten Wertpapieren leben kann, falls die Aktien per Erscheinen eben nie erscheinen.

Absicherung

Die Absicherung ist mit der Arbitrage verwandt. Sie besteht aus dem Kauf einer Aktie und dem Verkauf einer anderen. Ein Spekulant könnte durch Ungewißheit über den Trend des Marktes zu diesem Vorgehen kommen. Vielleicht ist er an Automobilaktien interessiert, ist sich aber nicht sicher, ob der Sektor einen Höchststand erreicht hat oder ob noch weitere Kursanstiege in Sicht sind. Unter dieser Voraussetzung wäre es logisch, die stärkste Aktie im Sektor zu kaufen und einen gleichwertigen Betrag einer in sich schwächeren Aktie leer zu verkaufen. Wenn der Markt fällt, sollte der Gewinn aus der Leerverkaufsposition den Verlust des Kaufes übersteigen und umgekehrt. Absicherung kann auch angewandt werden, wo eines von zwei verwandten Papieren in sich sehr viel billiger als das andere erscheint. In einem früheren Kapitel wurden die unterschiedlichen Entwicklungen von Bethlehem Steel und United States Steel während der Jahre 1921-1926 analysiert. Absicherungsgeschäfte mit diesen beiden Aktien wären in dieser Zeit fast immer profitabel gewesen. Wenn der Spekulant in einem Engagement dieser Art falsch liegt, erleidet er doppelten Verlust. Diese Tatsache spricht allerdings keineswegs gegen dieses Vorgehen. Beim Spekulieren sind Verluste die übliche Strafe für eine schlechte Einschätzung.

KAPITEL XIX

Aus Spekulation wird Anlage

Die Mentalität des Händlers auf Marginbasis – Geschäftsführung eines Fonds – Zwölf Regeln für den Spekulanten – Warum die Dividendenrendite nicht wichtig ist – Der erfolgreiche Spekulant muß hinter seiner eigenen Einschätzung stehen – Die Gefahr, zuviel zu handeln – Vernünftige Aussichten für den Spekulanten

»Ihre Artikel behandeln spekulative Anlagen und nicht Spekulation« sagte ein gewitzter Beobachter beider Gebiete, als er den Großteil dieses Buches als Serie gelesen hatte. Der Autor mußte sich dieser Anklage schuldig bekennen. Immerhin ist es keineswegs einfach, klar zwischen Anlage und Spekulation, zwischen Spekulation und Glücksspiel zu unterscheiden. Wenn man über das Thema Spekulation schreibt und dadurch einige Leser veranlaßt zu spekulieren, die sonst nicht spekuliert hätten, ist es für den durchschnittlichen Leser hilfreicher und für den unerfahrenen Leser, der das Gelesene mißverstehen könnte, weniger gefährlich, die Art der Spekulation, die an Anlage grenzt, zu beschreiben, als die gefährlichere und weniger nützliche Art der Spekulation, die ans Glücksspiel grenzt.

Phantastische Möglichkeiten

Wahrscheinlich hat die durchschnittliche Person, die ein Marginkonto mit $ 1000,- eröffnet, zumindest unterbewußt die Vorstellung, daß sie enttäuscht wäre, wenn sie ihr Geld nicht in einem Jahr verdoppeln würde. Wenn jemand dies dauerhaft tun könnte und die Gewinne im Geschäft belassen würde, wäre er in weniger als 25 Jahren reicher als irgendeine lebende Person. So gesehen ist die Sache absurd. Im wirklichen Leben ist derjenige, der mit $ 1000,- anfängt zu spekulieren entweder erfolglos, oder er verdient mehr als die reine Verzinsung seines Geldes und sammelt ein bescheidenes Vermögen an. Mit zunehmendem Alter gibt es die natürliche Tendenz, kleinere Risiken einzugehen, also eher ein Anleger als ein Spekulant zu werden.

Geschäftsführung

Vielleicht die beste Art der Spekulation und die Art, die die besten Erfolgsaussichten hat, ist die, die sich als Fondsmanagement versteht. Durch die moderne Konzentrationstendenz der Firmen ist es wenig wahrscheinlich, daß eine ehrgeizige Einzelperson der alleinige Eigentümer und autokratische Geschäftsführer eines großen Unternehmens wird. Es gibt noch und auch in Zukunft Chancen für ein Geschäftsgenie, neue Managementideen oder ein neues Produkt mit phänomenalem Erfolg zu nutzen, den Erfolg von Henry Ford mit Autos oder F. W. Woolworth im Einzelhandel auf einem anderen Gebiet zu kopieren. Vergleichsweise wenige Unternehmen können ihr Wachstum alleine aus dem Ertrag finanzieren. Daher wird selbst ein Geschäftsgenie sich wahrscheinlich früher oder später als Angestellter einer großen Gruppe von Aktionären wiederfinden. Jeder, der weniger talentiert ist, wird mit ziemlicher Sicherheit in einem Angestelltenverhältnis landen und in größerem oder geringerem Maß von anderen kontrolliert werden. Bei der Verwaltung seiner persönlichen Mittel, kann der einzelne dagegen seinem unternehmerischen Urteil und seiner Initiative freien Lauf lassen.

Mitarbeiter, Material, Mittel

Was macht der Geschäftsführer eines Unternehmens? Er hat Mitarbeiter, Material und Mittel zur Verfügung und versucht sie so einzusetzen, daß das Unternehmen einen Gewinn produziert. Damit das Unternehmen mehr als ein flüchtiger Erfolg wird, muß dabei eine tatsächliche gesellschaftliche Dienstleistung erbracht werden, entweder indem Material in eine für den Endverbraucher nützlichere Form umgewandelt wird oder indem dieses besser zugänglich gemacht wird. Begreifen wir den Spekulanten als Geschäftsführer, sehen wir, daß auch er über Mitarbeiter, Material und Mittel verfügt. Das Geld ist der Ausgangspunkt seines Geschäftes, das Material sind die Wertpapiere, die er kauft und verkauft, die Mitarbeiter sind die Aufsichtsräte und Geschäftsführer der Unternehmen, in deren Wertpapiere er investiert. Sicherlich wandelt er sein Material nicht um, aber der Vorgang des Kaufens und Verkaufens trägt dazu bei, sie dem vorsichtigen Anleger ziemlich einfach zugänglich zu machen. Auf die selbe Weise übt er einen indirekten Einfluß auf seine »Mitarbeiter« aus. Die Vergütung und Vertragsdauer der Aufsichtsräte und Geschäftsführer selbst der größten Unternehmen hängt langfristig von der Zufriedenheit der intelligenten Spekulanten und von den an Wertpapieren interessierten Anleger mit ihren Leistungen ab. Wenn der Spekulant Anzeichen von inkompetenter Geschäftsführung bei einer Firma feststellt, kann er die betreffende Geschäftsführung nicht entlassen, aber er kann durch den Verkauf der Wertpapiere des Unternehmens bzw. deren Nichtkauf stilles Zeugnis seiner Mißbilligung geben.

Die zwölf Gebote für Spekulanten

Wie in jedem Geschäft gibt es Standards für die Geschäftsführung, die von Geschäftsleuten nicht ignoriert werden können. So ist es auch bei spekulativen Anlagen möglich, gewisse Regeln zu formulieren, die mit Verstand befolgt werden müssen, wenn Erfolge erzielt werden sollen. Der Spekulant wird niemals erfolgreich sein, wenn er versucht, blind bestimmten Regeln zu folgen. Es gibt immer Ausnahmen; er muß jede Situation mit wachem Verstand beurteilen. Trotzdem mag es nützlich sein, die technischen Einzelheiten aus den vorangegangenen 18 Kapiteln, soweit sie sich in einigen Abschnitten zusammenfassen lassen, kurz wiederzugeben. Zwölf Regeln für die spekulative Anlage können wie folgt aufgestellt werden:

(1)   Es sollten niemals weniger als zehn Wertpapiere gehalten werden, die mindestens fünf verschiedene Sektoren abdecken.

(2)   Jedes Wertpapier im Bestand sollte mindestens alle sechs Monate neu bewertet werden.

(3)   Mindestens die Hälfte der gesamten Mittel sollten in Wertpapieren angelegt sein, die ein Einkommen abwerfen.

(4)   Rendite sollte bei der Aktienanalyse die geringste Bedeutung zukommen.

(5)   Verluste sollten schnell, Gewinne zurückhaltend realisiert werden.

(6)   In Wertpapiere, über die genaue Informationen nicht einfach und regelmäßig erhältlich sind, sollten nie mehr als 25% der Mittel investiert werden.

(7)   »Geheimtips« sollten wie die Pest gemieden werden.

(8)   Fakten sollten sorgfältig gesucht werden, Ratschläge nie.

(9)   Mechanische Formeln zur Bewertung von Wertpapieren sollten ignoriert werden.

(10)   Wenn die Aktienkurse hoch sind, die Zinssätze ansteigen und die Wirtschaft prosperiert, sollte mindestens die Hälfte der Mittel in kurzlaufenden Anleihen angelegt werden.

(11)   Geld sollte sparsam und nur dann aufgenommen werden, wenn die Aktienkurse niedrig, die Zinsen niedrig sind oder fallen und die Wirtschaft in Rezession ist.

(12)   Ein kleiner Teil der verfügbaren Mittel sollte für den Kauf langfristiger Optionen auf Aktien vielversprechender Fir men, wenn diese zur Verfügung stehen, reserviert werden.

Den Zufall minimieren

Die erste Regel zielt auf einen Mindeststandard der Diversifizierung. Es ist beim Spekulieren genauso wichtig wie beim Anlegen, daß die Mittel auf mehrere Töpfe verteilt werden. Diversifizierung erzielt drei wichtige Ergebnisse für den Spekulanten. Sie minimiert den Faktor Zufall, trägt dem gelegentlichen Fehlurteil Rechnung und minimiert die Bedeutung des unbekannten Faktors. Wie auf jedem anderen Gebiet menschlicher Betätigung, spielt der Zufall beim Spekulieren eine Rolle. Ein Erdbeben oder ein anderer Akt höherer Gewalt kann aus den bestgehegten Plänen Makulatur machen. Aber kein derartiger Unfall wird alle Wertpapiere gleich treffen, und Diversifizierung bietet den bestmöglichen Schutz gegen die Auswirkungen solcher Zufallsfaktoren. Fehlurteile können genauso wenig vermieden werden. Selbst der cleverste Spekulant wird wahrscheinlich aus den vorhandenen Informationen in 20-25% der Fälle die falschen Schlüsse ziehen. Wenn er seine gesamten Mittel auf ein Papier setzt, über das er falsche Schlüsse gezogen hat, wird er schwere Verluste erleiden. Andererseits wird eine Fehlerquote von 25% den Spekulanten, der seine Engagements auf zehn Wertpapiere gestreut hat, nicht ernsthaft treffen.

Der wichtigste Faktor, der den Wert eines einzelnen Wertpapiers zu einem bestimmten Zeitpunkt beeinflußt, ist der unbekannte Faktor. Nicht einmal der Vorstandsvorsitzende einer Firma kennt alle Faktoren, die den inneren Wert ihrer Wertpapiere beeinflussen. Der Spekulant muß eine beträchtliche Toleranz für das Unbekannte einkalkulieren, selbst für Firmen, die oft über ihren Zustand berichten und ernsthaft versuchen, ihre Aktionäre und die Öffentlichkeit umfassend über ihre Geschäfte zu informieren. Bei ausreichender Diversifikation heben sich diese unbekannten Faktoren, die einzelne Papiere beeinflussen, auf. Der Verlust, der aufgrund des unbekannten Faktors in einem Fall anfällt, wird durch einen unerwartet hohen Gewinn im anderen Fall ausgeglichen.

Eine psychologische Schwierigkeit

Ein üblicher Rat an Investoren ist, mindestens einmal pro Jahr ihre Anlagen auf Schwachstellen zu überprüfen. Der Spekulant wird seine Anlagen natürlich viel aufmerksamer beobachten. Die zweite Regel bedeutet sehr viel mehr als das bloße Durchsehen der Liste seiner Engagements und die Berechnung der Papiergewinne und –verluste, die sie aufweisen. Es bedeutet, daß der Spekulant versuchen sollte, so weit wie möglich jedes Engagement von einem unbeteiligten Standpunkt neu zu analysieren. Psychologisch ist es eine schwierige Sache, unbeteiligt ein Unterfangen zu beurteilen, bei dem er bereits Mittel riskiert hat. Trotzdem sollte der Spekulant einen entschlossenen Versuch unternehmen, genau dies zu tun. Hat er, zum Beispiel, 100 Aktien einer bestimmten Firma, die bei 90 handeln, sollte er den Preis, zu dem er sie erworben hat, völlig ignorieren und sich diese Frage stellen:»Wenn ich heute $ 9000,- in bar hätte, mit denen ich ein Wertpapier kaufen könnte, würde ich diese Aktie jedem der vielen tausend anderen Wertpapiere vorziehen, die mir zur Verfügung stehen?« Wenn die Antwort eindeutig negativ ist, sollte die Aktie verkauft werden. In diesem Zusammenhang sollte es nicht den geringsten Unterschied machen, ob die Aktie 50 oder 130 gekostet hat. Das ist eine Tatsache, die völlig irrelevant ist, aber der Normalbürger wird ihr erhebliches Gewicht geben.

Geduld ist Grundvoraussetzung

Es wird nicht vorgeschlagen, daß der Spekulant diesen Vorgang der Neuanalyse öfter als einmal alle sechs Monate durchführt. Falls er versucht, es öfter zu tun, wird er wahrscheinlich der bösen und gewöhnlich tödlichen Gewohnheit zum Opfer fallen, seine Engagements zu oft zu ändern. Eine der grundlegenden Eigenschaften des erfolgreichen Spekulanten ist Geduld. Es kann Jahre dauern, bis der Marktwert einer Aktie in einem hohen Grad die Werte, die dahin-

ter angesammelt werden, widerspiegelt. Auf 20 Jahre, in denen die
Erträge in den Besitz gesteckt wurden, folgte im Fall von Southern
Railway ein Kursanstieg der Stammaktien von 25 auf 120 innerhalb
von zwei Jahren. Sorgfältige Analyse kann Werte entdecken, die weit
über den Marktpreis einer Aktie hinausgehen. Es kann sein, daß der
Markt diese Werte nicht widerspiegelt, bis das Zusammentreffen
einer Hausse und einer Änderung der Dividendenzahlung den nötigen Anstoß gibt. Selbst in einer Hausse kann eine gute Aktie in ent-
mutigender Weise über Wochen und Monate dem Markt hinter-
herlaufen. Der Händler, der im Markt immer nach »Action« sucht,
wird im Verlauf einer Hausse gewöhnlich von einer Aktie zur anderen springen, nur um am Ende festzustellen, daß er viel weniger
Geld verdient hat, als er verdient hätte, wenn er zu Anfang sein Geld
in zehn oder zwölf sorgfältig ausgewählten Aktien angelegt und diese
gehalten hätte.

Notwendigkeit der Vorsicht

Die dringende Bitte der dritten Regel, mindestens die Hälfte der Mittel in Wertpapieren anzulegen, die ein Einkommen abwerfen, basiert
auf der Tatsache, daß Wertpapiere, die ein Einkommen abwerfen, als
Gruppe von höherer Qualität sind als Wertpapiere, die kein Einkommen abwerfen. Hier ist das Risiko eines ernstlichen Verlustes viel
kleiner als in letzterer Gruppe, aber die Gewinnchancen sind in der
Regel ebenfalls kleiner. Es ist jedoch weise aus der Sicht des Spekulanten, sich in seinen Unternehmungen nicht zu weit vom Ufer zu
entfernen. Im Fall eines plötzlichen Sturms trägt es zu seiner Gemüts-
ruhe bei zu wissen, daß zumindest ein beträchtlicher Teil seiner Anlagen aus erstklassigen Wertpapieren besteht. Nicht vorrangig wegen
der Erträge, die sie abwerfen, sondern weil ein Großteil von ihnen
von hoher Qualität ist, wird vorgeschlagen, daß der Spekulant sich
in hohem Maß an Papiere halten soll, die ein hohes Einkommen abwerfen.

Vier Aktienklassen

So gesehen gibt es keinen Konflikt zwischen der dritten und vierten Regel. Tatsächlich sind sie völlig konsistent, da die besten Aktien normalerweise die geringste Rendite aufweisen. Beim Kauf von Aktien für die Spekulation muß davon ausgegangen werden, daß der Käufer aus den eingesetzten Mitteln kein Einkommen benötigt. Ansonsten kann er es sich nicht leisten zu spekulieren. Ausgehend von dieser Annahme, sind die Dividenden, die er erwartet, von untergeordneter Bedeutung. Ihn interessiert ein Anstieg im Marktwert seiner Aktien. Theoretisch kann man Stammaktien – die wichtigsten Mittel der Spekulation – in vier Klassen unterteilen, nämlich: (1) dividendenzahlende Aktien von hoher Qualität, die Eigentum an starken Firmen mit guten Zukunftsaussichten darstellen und gewöhnlich auf niedrigem Renditeniveau gehandelt werden; (2) dividendenzahlende Aktien von niedriger Qualität, die hohe Renditen abwerfen, weil ihre Dividenden zweifelhaft und die Zukunftsaussichten unsicher sind; (3) Aktien ohne Dividenden von Firmen, die definitive Fortschritte in Stärke und Ertragskraft machen und auf die dividendenzahlende Gruppe zusteuern; (4) Aktien ohne Dividenden von Firmen, die keine Anzeichen von Wachstum der Stärke und Ertragskraft zeigen und die vielleicht auf den Konkurs zusteuern. Aus theoretischen Gründen sollte man die Aktien der Klassen (1) und (3) kaufen. Der sofortige Ertrag des einen Typs ist niedrig, des anderen Null.

Test einer Theorie

Ist es möglich, diese Theorie, daß der Kauf einer bestimmten Art von Aktie vom Einkommen abhängig zu machen sei, zu testen? Das Problem könnte untersucht werden, indem eine beträchtliche Anzahl von Aktien zufällig ausgewählt und in hohe und niedrige Qualitäten aufgeteilt wird, deren Schicksal über einen Zeitraum von Jahren verfolgt wird. Zu diesem Zweck wurden alle Industrieaktien alphabetisch von A bis G untersucht. Es wurde angenommen, daß ein spekulativer Anleger so viele der einzelnen Aktien zu ihrem Durchschnittspreis aus dem Höchst- und Tiefstkurs von 1913 kaufte, wie jeweils für $1000,- zu haben waren. Auf der Basis der gesamten, 1913 ausgezahlten Bardividenden wurde die Rendite auf Basis von Durchschnittspreisen berechnet und daraus zwei Gruppen von Aktien gebildet: diejenigen mit einer Rendite von über 8% und diejenigen, mit einer Rendite von unter 6%. In der ersten Gruppe waren 13 Papiere, in der zweiten 14. Es wird weiter angenommen, daß das Engagement jeweils zum Durchschnittspreis zwischen dem Höchst- und Tiefstkurs von 1922 beendet wurde. Obwohl dem Kaufjahr unmittelbar eine schwere Börsen- und Wirtschaftskrise folgte und dem Verkaufsjahr unmittelbar eine ähnliche Periode voran ging, zeigte das Gesamtengagement in jeder Gruppe bei der Liquidation einen Gewinn. Die interessante Tatsache, die die folgende Tabelle zeigt, ist aber, daß die Aktien mit niedriger Rendite beim Verkauf nicht nur einen viel größeren Gewinn zeigten, sondern daß sie sogar insgesamt eine höhere Rendite auf das Engagement während der gesamten Periode aufwiesen. Die Tabelle zeigt die Wertzuwächse wie folgt:

Aktien mit	Verkauf 1922	Einstand 1913	Absoluter Gewinn	Prozentualer Gewinn
niedriger Rendite	$ 19.356,13	$ 11.307,39	$ 8.048,74	$ 71,2
hoher Rendite	$ 14.635,13	$ 13.026,56	$ 1.608,67	$ 12,3

Die zweite Tabelle zeigt die prozentuale Rendite aus den Bardividenden auf den Einstand pro Jahr:

Aktien mit	1922	1921	1920	1919	1918	1917	1916	1915	1914	1913
niedriger. R.	8,23	9,43	12,82	9,44	9,27	8,82	6,71	4,30	4,28	4,00
h. R.	5,17	6,38	9,04	7,55	7,24	8,32	6,83	6,38	7,57	10,83

Es steht außer Frage, welches Engagement das befriedigendere gewesen wäre.

Ein erstaunliches Ergebnis

Unter den Aktien, die keine Dividende zahlen, ist es unmöglich, objektiv zu unterscheiden, welche ein erfahrener Beobachter als vielversprechend und welche er als hoffnungslos angesehen hätte. Folglich können wir nur die gesamte Gruppe der dividendenlosen Aktien nehmen und ein Engagement in dieser verfolgen. Die Gruppe umfaßt 27 Papiere und somit ein ursprüngliches Engagement zu den Durchschnittspreisen aus den Höchst- und Tiefstkursen des Jahres 1913 von $ 26.645,34. Natürlich gab es 1913 auf diese Aktien keine Dividendenrendite, aber im Folgejahr zahlten drei von ihnen Dividenden, was einen Ertrag von 0,8% ergab. 1915 erhöhte sich das Dividendeneinkommen auf 1,19%, 1916 auf 5,96%. Danach gab es ein rasches Wachstum bis auf 30,9% 1922. Selbst unter Vernachlässigung einer großen Sonderzahlung von Cramp Shipbuilding in jenem Jahr war die Dividendenrendite 18,9%. Die Gesamtrendite für die Periode war viel höher als die Rendite aus den Aktien, die Dividenden zahlten, als sie gekauft wurden. Unter der Annahme, daß diese 27 Aktien 1922 zum Durchschnittspreis zwischen dem Höchst- und Tiefstkurs für das Jahr verkauft wurden, betrug der Wertzuwachs des Engagements $ 56.400,- oder 211%. Diese Zahl ist so auffallend hoch, daß eine geänderte Untersuchung der Ergebnisse unter den schlimmsten annehmbaren Umständen durchgeführt wurde. Zu diesem Zweck wurde angenommen, daß jede der 27 Aktien zu ihrer tiefsten Notierung 1921 verkauft wurde, zum niedrigsten Kurs in einem extremen Rezessionsjahr. Die Wahrscheinlichkeit liegt irgendwo bei etwa einer Million zu eins, daß ein Händler nicht die Jahrestiefstkurse für 27 Aktien treffen kann, wenn er es versucht. Weiter wird angenommen, daß die zwei Aktien, für die 1921 keine Notierungen vorliegen, als Totalverlust abgeschrieben wurden. Selbst unter diesen äußerst ungünstigen Annahmen wäre das Engagement mit $ 47.542,75 liquidiert worden oder mit einem Gewinn von 79,6%. Das ist mehr als der Gewinn, den die dividendenzahlenden Gruppen unter viel günstigeren Annahmen abwarfen.

Zinseszins bei Aktien

Eine Erklärung für das überlegene Ergebnis, das die dividendenlose Gruppe im Vergleich zur dividendenzahlenden Gruppe, die Gruppe mit der niedrigen Rendite im Vergleich zu der mit der hohen Rendite zeigt, ergibt sich einfach. Der Besitzer einer Aktie einer gewinnbringend geführten Firma wird vom Gesetz des Zinseszinses nicht weniger begünstigt, als der Einlagenkunde einer Sparbank. Gehen wir zurück zur Gewinn- und Verlustrechnung von Remington Rand, die in Kapitel XII analysiert wurde. Sie zeigt ein Nettoeinkommen von $ 6.040.554,-, das zur Zahlung von Dividenden zur Verfügung steht, von dem aber nur $ 2.553.457,- tatsächlich als Dividende gezahlt wurden. Es blieben fast $ 3.500.000,- oder etwa $ 2,50 pro Stammaktie zur Wiederanlage im Unternehmen, zum ausschließlichen Nutzen der Stammaktien. Im selben Zeitraum betrug der Ertrag des Unternehmens vor Anleihezinsen mehr als 13% auf die Sachanlagen am Ende des Steuerjahres. Wenn der Überschuß von $ 2,50 pro Aktie zu 13% wiederangelegt werden kann, wird der Ertrag pro Aktie unter unveränderten Umständen um 32% höher sein. Führen wir dieses Programm über fünf Jahre durch, würde der Ertrag pro Aktie theoretisch um über 60% steigen.

Aktien mit niedriger Rendite sind zumeist jene von Firmen, die einen Großteil des Einkommens als Rücklagen behalten. Dividendenlose Aktien wachsender Unternehmen werden noch mehr vom Zinseszinseffekt begünstigt. Dieser Effekt ist der Hintergrund für den Glauben, der 1929 weitverbreitet war, daß man für eine Aktie einer schnell wachsenden Firma gar nicht zuviel bezahlen kann. So gut das Prinzip ist, es kann ad absurdum geführt werden. So groß die Anziehungskraft guter, dividendenloser Aktien auch ist, ihre Auswahl ist sehr viel schwieriger als die dividendenzahlender Aktien. Die gesamten Mittel auf solche Aktien zu riskieren, oder selbst einen großen Teil davon, wäre äußerst fahrlässig.

Realisierte Gewinne sind nicht das verfolgte Ziel

Die fünfte vorgeschlagene Regel zur Anleitung des spekulativen Anlegers scheint einem Sprichwort zu widersprechen, das jeder Händler hört, sobald er zum ersten Mal das Sitzungszimmer eines Brokerhauses betritt: »Du wirst niemals dadurch arm, daß Du Gewinne realisierst«. Tatsächlich kann der Händler seinen letztlichen Mißerfolg nicht sicherer herbeiführen als durch die Realisierung von Gewinnen. Er sollte sich darüber im klaren sein, was er erreichen will. Er sucht nicht realisierte Gewinne, auf die er Einkommensteuer zahlen muß, sondern die maximale Wertsteigerung für seine Mittel. Wenn er im Verlauf seiner Unternehmungen bestimmte Wertpapiere mit Gewinn verkauft und auf andere Papiere umschwenkt, ist die Gewinnrealisierung eine Begleiterscheinung des Hauptzwecks der Schaffung des größtmöglichen Wertzuwachses für seine spekulativen Mittel.

Welche Einstellung sollte der spekulative Anleger zu Veränderungen im Marktwert der von ihm gehaltenen Aktien haben? Wahrscheinlich wurde eine bestimmte Aktie deswegen gekauft, weil sie nach ausgereifter Überlegung unterbewertet schien. Man kann von (1) einer weiterreichenden Erkenntnis der Werte hinter dieser Aktie, (2) einem Anstieg der Ertragskraft und des Vermögens hinter dieser Aktie oder (3) einem allgemeinen Anstieg im Niveau, auf dem Händler und Anleger die Ertragskraft von Unternehmen einschätzen, profitieren. Ein Anstieg der Ertragskraft hinter einer Aktie ist das normale Ergebnis guter Geschäftsführung.

So lange dieser Anstieg anhält, gibt es für den Aktionär keinen Grund, sein Engagement zu beenden, außer der starken Überzeugung, daß die Aktienkurse im allgemeinen ihre Werte weit überholt haben. Mit dieser Ausnahme ist der einzige logische Grund für den spekulativen Anleger, eine Aktie in seinem Besitz zu verkaufen, eine Verschlechterung in der Position der Aktie. Ein Anstieg im Marktwert ist weit davon entfernt, eine solche Verschlechterung anzuzeigen, sondern kann als Bestätigung des guten Urteils gelten, das zum Kauf führte. Umgekehrt deutet ein Verfall des Marktes in der Aktie normalerweise darauf hin, daß der Spekulant falsch lag. Dies ist aber nicht zwingend der Fall, und er mag in einem bestimmten Fall gut daran tun, die Aktien in einem fallenden Markt mit der zuversichtlichen Erwartung eines letztlichen Gewinns zu halten. Würde er seine Entscheidung allein von der Marktbewegung abhängig machen, wäre ein bescheidener Kursrückgang dennoch ein viel besserer Grund für einen Verkauf als ein bescheidener Anstieg.

Die Bedeutung der Information

Regel Nummer sechs unterstreicht nochmals die Bedeutung des »unbekannten« Faktors bei der Wertpapieranalyse. Soweit der Spekulant es mit dem Unbekannten zu tun hat, spielt er. Er muß mit allen Mitteln versuchen, das Element des Glücksspiels auf ein Mindestmaß zu reduzieren. Dazu muß er seine Geschäfte zum größten Teil auf Wertpapiere beschränken, über die er in ziemlich regelmäßigen Abständen und mit möglichst geringem Aufwand angemessene Informationen erhalten kann. Es gibt viele gute Aktien, über die keine angemessenen Informationen vorhanden sind, und oft kann mit ihnen Geld verdient werden. Wo die Informationen, die gegeben werden, günstig sind, oder wo genügend Informationen mit einigem Aufwand beschafft werden können, kann es ratsam sein, eine derartige Aktie zu kaufen. Es ist aber ein guter Grundsatz, keinen zu großen Anteil der vorhandenen Mittel in ein Papier dieser Art zu investieren.

Manchmal lohnt es sich, einige Mühen auf sich zu nehmen, um gute Informationen zu bekommen. Ein bestimmtes Industrieunter-

nehmen von bescheidener Größe veröffentlicht nur eine verkürzte
Bilanz zur Information ihrer Aktionäre über den Geschäftsverlauf.
Über einige Jahre stand in dieser Bilanz ein Posten »Forderungen«,
der entschieden zu groß war angesichts der Größe der Firma. Diese
Tatsache wies darauf hin, daß die Aktie zu einem Preis, der der Hälfte
der dahinterstehenden schnell verwertbaren Vermögensgegenstände
entsprach, vielleicht trotz einer Historie guter Erträge und Dividenden doch kein Schnäppchen sein könnte. Ein Reporter, der gleichzeitig Aktionär war, nahm an der Hauptversammlung 1926 teil. Ihm
und einem anderen Aktionär außerhalb der Geschäftsführung, der
sich die Mühe gemacht hatte teilzunehmen, wurde erlaubt, eine ausführliche Bilanz zu sehen, die auswies, daß über 2/3 der Forderungen aus United States Treasury Obligationen bestand. Hier war eine
Aktie, die echt unterbewertet war, obwohl die Geschäftsberichte
selbst, soweit sie frei zur Verfügung standen, ernsthafte Zweifel an
den Werten aufwarfen.

Wo sich Zynismus auszahlt

Zyniker haben wahrscheinlich wenige Freunde, aber die zynische Einstellung, die in Regel sieben dargestellt wird, erspart dem Händler
viele Verluste. Die Wall Street ist voll von Leichtgläubigen, die für
die wildesten Gerüchte offen sind. Als eine gewisse Vergnügungsak-
tie im Frühjahr 1930 ihren Preis verdoppelte, wurden Ertragsschät-
zungen von 50% über den ausgewiesenen Zahlen im offiziellen
Geschäftsbericht der letzten sechs Monate von allen einfach genannt.
Nach einem ebenso spektakulären Verfall in den folgenden vier
Monaten waren die Sitzungszimmer-Anhänger genauso bereit zu
glauben, daß die Firma kurz vor dem Ruin stand. Eitelkeit spielt eine
große Rolle bei der Bereitschaft, mit der Händler zu Opfern von angeb-
lich »zuverlässigen Quellen« über Kartellangelegenheiten, Fusionen,
Entdeckungen geheimer Prozesse, bevorstehende Finanzierungen
und andere Geschäftsgeheimnisse werden. Als Empfänger derart ver-

traulicher Information hebt sich der durchschnittliche Händler in der eigenen Einschätzung von der unwissenden Masse ab. Wenn er dagegen die Bescheidenheit besitzt zu glauben, daß er der tausendste sein könnte, und nicht der erste oder zweite, der diese positive Geschichte hört, wird sein Mangel an Einbildung wahrscheinlich gut belohnt.

Es gibt eine Ausnahme für die Regel. Es ist wahrscheinlich, daß der unbekannte Urheber eines negativen Gerüchtes, das in einem starken Markt gehört wird, tatsächlich uneigennützig handelt. Solche Tips sind selten, verdienen es weit mehr, daß man ihnen glaubt, als das Hochreden, das am Gipfel einer Marktbewegung weit verbreitet ist.

Jeder trifft seine eigenen Entscheidung

Keiner hat je ein Vermögen gemacht, indem er den Rat anderer suchte. Das ist die Grundlage der achten Regel. Ein Verfahrensexperte kann Wege für technische Verbesserungen im Geschäftsablauf aufzeigen, aber mehr nicht. Die Verantwortung für den Erfolg oder Mißerfolg eines Unternehmens muß letztendlich auf dem Einsatz, dem Charakter, der Fähigkeit und dem Entscheidungsvermögen einer Person beruhen. Die Fords, Rockefellers, Morgans haben ihre gewählten Gebiete nicht dadurch dominiert, daß sie den Rat von »Experten« suchten, sondern indem sie ihrem eigenen Urteilsvermögen folgten, obwohl dies manchmal bedeuten mochte, gegen bestehende Glaubenssätze zu handeln.

Der verehrungswürdige Chauncey M. Depew gab einmal einem nachfragenden Reporter ein Interview und wurde gefragt, was der größte Fehler seines Lebens gewesen sei. Als Antwort nannte Herr Depew drei Fehler. Finanziell war sein größter Fehler, es unterlassen zu haben, für $10.000,- ein Sechstel des jungen Unternehmens zu kaufen, das später die American Telephone & Telegraph Co. wurde. Obwohl ihm die Unternehmung sehr attraktiv schien, verschob er es zu handeln, bis er sich mit Experten beraten hatte. Zu diesem Zweck trat er an einen persönlichen Freund heran, den Vorstandsvorsitzenden der Western Union Telegraph Co., zweifellos der bestqualifizierte Experte, den es überhaupt gab. Ihm wurde in aller Aufrichtigkeit gesagt, daß das Telefon nicht realisierbar sei und daß Western Union sowieso Patente besäße, die ihr ein besseres Anrecht auf die Erfindung gäben. Herr Depew erlebte Western Union noch als Tochtergesellschaft von American Telephone.

Die Moral ist klar. Wer in der Spekulation erfolgreich sein will, sollte alle Fakten gewissenhaft sammeln, denn mit unzureichender oder falscher Information wird selbst der intelligenteste Spekulant die falschen Schlüsse ziehen; aber er sollte auch daran denken, daß er letztendlich selbst die Entscheidung treffen muß, was und wann er kauft und verkauft.

Kursgewinnverhältnisse

Mißbrauch eines nützlichen Wertmaßstabes ist das Thema der neunten Regel. Händler sind dafür anfällig zu denken, daß eine Aktie teuer oder billig sei, weil sie mit einem bestimmten Multiplikator der letztjährigen Erträge pro Aktie oder einer Schätzung der diesjährigen Erträge handelt. Innerhalb sehr weiter Grenzen ist die Berechnung von Kursgewinnverhältnissen nützlich. Wenn eine Aktie, die zum 30fachen Gewinn notierte, $^2/_3$ ihres Gewinns als Dividende ausschüttete, hätte sie eine Rendite von 2%. Nur die brillantesten Zukunftsaussichten könnten einen solchen Preis rechtfertigen. Im Gegensatz dazu mag eine Aktie, die zum sechsfachen Gewinn notiert, nur 1/3 dieses Gewinns als Dividende ausschütten und dennoch eine respektable Rendite von 5 ½ % aufweisen. Wenn alle anderen Umstände gleich wären, was selten der Fall ist, könnte die zweite Aktie als billig, die erste als teuer angesehen werden.

Im speziellen wäre es sehr gefährlich, die Tatsache, daß eine Aktie zum 15fachen Gewinn, eine andere in der gleichen Industrie zum zehnfachen notiert, zu verallgemeinern. Die Untersuchung der Daten der 14 aktivsten börsennotierten Industrieaktien von 1921 bestätigt diesen Schluß. Alle Industrieaktien, die in jedem der Jahre von 1919 bis 1923 Dividenden zahlten und 1921 jeweils einen Umsatz von über einer Million Aktien an der New Yorker Börse hatten, sind in der Aufstellung enthalten. Sie zeigt für jede Aktie den Höchst- und Tiefstkurs 1921, den Gewinn pro Aktie für 1920 und 1921, das höchste und niedrigste Kursgewinnverhältnis auf Basis der Gewinne von 1921 und der durchschnittlichen Gewinne von 1920 und 1921.

Aktie	Preis Höchst	Tiefst	Gewinn pro Aktie 1920	1921	Gewinn1921 Höchst	Tiefst	KGV durchschnittl. Gewinn Höchst	Tiefst
Bald. Loco	100 3/4	62 1/4	$15,14	$18,22	5,5	3,4	6,0	3,7
Beth. Steel B	62 1/2	39 1/2	18,40	11,51	5,4	3,4	4,2	2,6
Chandler	86	38 1/4	15,05	0,15	-	-	11,3	5,0
Cosden	44 1/8	22 1/2	16,80	notl.	-	-	-	-
Crucible Steel	107 1/2	49	20,06	7,59	14,2	6,5	7,8	3,6
Fam. Players	82 1/2	44 5/8	21,05	18,95	4,4	2,4	4,1	2,2
Gen. Motors	16 1/4	9 3/8	1,56	notl.	-	-	-	-
Mexican pet.	167 1/4	84 1/2	19,63	26,83	6,2	3,2	7,2	3,6
Pan-Am Pet.	71 3/4	34 1/8	9,25	12,94	5,5	2,6	6,5	3,1
Royal Dutch	69 7/8	40 1/2	4,62	4,28	16,3	9,5	15,7	9,1
Studebaker	93 1/4	43 3/4	15,19	16,21	5,8	2,7	5,9	2,8
Texas Co.	48	29	5,44	1,41	34,1	20,6	14,0	8,5
Tex. Pac. C.& O.	36 7/8	15 3/4	4,73	2,46	14,9	6,4	10,2	4,4
U.S. Steel	86 1/2	70 1/4	16,62	2,24	38,6	31,4	9,1	7,4

Diese Tabelle zeigt interessante Abweichungen auf. Studebaker war 1921 eindeutig billiger als Chandler, wie das Kursgewinnverhältnis zeigt. Erstere erreichte in den folgenden fünf Jahren über das Doppelte ihres Höchstkurses von 1921. Im Gegensatz dazu übertraf Chandler auf ihrem Gipfel 1926 kaum den Tiefstkurs von 1921. Ein derartiges Ergebnis wurde von den Unterschieden zwischen Texas Co. und Texas Pacific Coal & Oil nicht angedeutet. Spätere Ereignisse zeigten, daß erstere vom Markt im Vergleich zu letzteren korrekt bewertet war. Royal Dutch dagegen, eine hochwertige Anlageaktie, konnte in der folgenden Hausse das Vertrauen, das die Käufer von 1921 in sie setzten, nicht rechtfertigen. Die relativ verachtete Pan-American zeigte ihren Besitzern ansehnliche Gewinne. Diesen Beispielen könnten noch viele hinzugefügt werden. Sie genügen, um zu zeigen, daß das Kursgewinnverhältnis auf einzelne Aktien angewendet, keine Bedeutung hat.

Ein Kompromiß

Die zehnte Regel ist die Erkenntnis der zyklischen Natur der Bewegung des Aktienmarktes und auch ein Kompromiß zwischen zwei Philosophien über die Spekulation auf lange Sicht. Einige sind der Ansicht, daß der auf lange Sicht Spekulierende auf die langen Bewegungen des Aktienmarktes handeln sollte. Ziel sollte es sein, die Aktien nahe der Talsohle einer Baisse zu kaufen und dann die gesamte Anlage nahe dem Gipfel der nachfolgenden Hausse zu verkaufen und die Verkaufserlöse in kurzfristigen Wertpapieren zu halten, bis eine weitere Baisse ihren Verlauf genommen hat. Andere glauben, daß man gute Stammaktien kaufen und halten sollte. Verkäufe sollten nur getätigt werden, wenn die guten Aussichten eines bestimmten Papiers sich zu verschlechtern scheinen. Dann sollte auf ein anderes, vielversprechendes Papier gewechselt werden. In diesem und vorigen Kapiteln wurden theoretische Beispiele beider Handelsarten mit befriedigenden Ergebnissen über einen Zeitraum von Jahren gegeben, trotz der gänzlich zufälligen Auswahl. Das ideale Programm scheint ein Kompromiß zwischen den zwei Extremen zu sein. Obwohl der spekulative Anleger in erster Linie am Kauf von Aktien interessiert ist, die wahrscheinlich im Wert steigen werden, und weniger am Markttrend, kann er vernünftigerweise die langen Bewegungen einer Hausse und Baisse nicht ignorieren. Wenn eine Hausse beträchtliche Gestalt erreicht hat und das Fundament des leichten Geldes anfängt zu bröckeln, sollte man seine Anlagen daraufhin durchgehen, einen beträchtlichen Teil zu veräußern. Dabei, und das kann nicht stark genug betont werden, ist der Einstandspreis eines Wertpapiers ein Faktor, der keine Bedeutung hat.

Zuviel Handeln sollte vermieden werden

Ein Hauptfehler des durchschnittlichen Händlers ist seine Neigung, zuviel zu handeln. Gegen diese Tendenz richtet sich die elfte Regel. Der Wertpapieranalytiker lernt bald, daß die bestgeführten Firmen oft viel mehr Barmittel vorhalten als nötig scheint, daß sie selten Kredite aufnehmen und ihren Kreditrahmen niemals ausschöpfen. Der spekulative Anleger kann dieses Prinzip guter Unternehmensführung auf seine eigene Unternehmung anwenden. Obwohl eine Bank gerne bereit sein mag, ihm 75% bis 80% des Wertes guter, marktgängiger Aktien zu leihen, wäre es töricht von ihm, einen solchen Kreditrahmen voll auszuschöpfen. Wenn er es täte, würde ein bescheidener Kursrückgang sein Kapital derart gefährden, daß seine Urteilsfähigkeit ernsthaft gestört würde. Statt diesem weitverbreiteten Fehler zu verfallen, wird der kluge Spekulant sich in viel geringerem Umfang und nur gelegentlich Geld leihen. Der beste Zeitpunkt, um sich Geld zu leihen, ist offensichtlich dann, wenn die Aktien niedrig sind. Ein Anstieg des Marktes vermehrt das Aktienkapital des Schuldners und stärkt seine Position. Im Verlauf einer Hausse ist es weise, eine der regelmäßigen Aufräumaktionen dazu zu nutzen, den Kredit zurückzuzahlen, und bei einer weiteren Aufräumaktion teilweise auf kurzfristige Anleihen umzusteigen.

Die Gewinnmöglichkeiten sind mit langfristigen Optionen auf den Kauf vielversprechender Aktien so groß, daß die zwölfte Regel Teil der Vorgehensweise jedes spekulativen Anlegers sein sollte. Die zwei Worte »vielversprechende Unternehmen« sind ein wichtiger Teil der Regel. Optionsscheine sind ein immer beliebterer Anhang an Emissionen von Anleihen und Vorzugsaktien. In vielen Fällen werden sie nur deshalb angeboten, um den Anleiheverkäufer einen Anknüpfungspunkt zu geben; ihre Aussichten, Wert zu erlangen, sind mikroskopisch klein. Im Fall vielversprechender Unternehmen aber wird der kluge Spekulant sich mit Blick auf langfristige Gewinne bemühen, ein so komplettes Sortiment wie möglich zu erwerben.

Eine gewinnbringende Nebenbeschäftigung

Die reine und einfache Anlage stellt den Besitzer von Mitteln vor kein ernsthaftes Problem. Sparbanken und verwandte Institutionen, Versicherungen auf den Erlebensfall, Staatsanleihen und die Vermögensverwaltungsabteilungen großer Banken bieten Lösungen für diejenigen, die vor allem Sicherheit suchen, oder für den beschäftigten Geschäftsmann, dem die Zeit fehlt, sich selbst richtig um seine Mittel zu kümmern. Der Geschäftsmann, der der Kontrolle seiner eigenen Finanzen die nötige Zeit widmen kann, wird herausfinden, daß spekulative Anlagen ein faszinierendes Unterfangen sind und ihn immer in Kontakt mit dem materiellen Fortschritt der Welt halten. Er wird ein waches Interesse an der sich entwickelnden Weltwirtschaft haben. Durch die Anwendung der in diesen Kapiteln besprochenen Prinzipien sollte dieses Unterfangen sowohl eine gewinnbringende als auch eine interessante Nebenbeschäftigung sein.

Ende